소비자 투자와 보험

소비자 투자와 보험

허경옥 · 여윤경 · 유현정 · 고선강 · 차경욱 지음

교 문 사

머리말

효율적인 투자와 경제활동은 개인에게는 물론 기업, 국민경제에 긍정적 역할을 수행한다. 개인 소비자는 소득과 자산의 극대화를 위한 합리적이고 효율적인 의사결정을 해야 하며 투자자산의 선택, 효율적 관리, 위험관리에 대한 정보가 필요하다. 따라서 이 책에서는 투자에 대한 기초 이론과 함께 대표적인 투자 방법인 금융상품, 증권, 부동산, 보험에 대해 자세하게 다루고 있다.

이 책은 5명의 교수들이 집필하였는데 8장, 9장, 10장은 허경옥 교수, 1장, 5장, 7장은 여윤경 교수, 11장, 12장, 14장은 고선강 교수, 3장, 4장은 유현정 교수, 그리고 2장, 6장, 13장은 차경욱 교수가 저술하였다.

1부에서는 투자에 대한 이해를 돕고자 1장에서는 가계투자와 경제 환경, 2장에서는 투자의 기초에 대해 설명하고 있다.

2부에서는 금융시장과 금융기관의 상품에 대해 3장과 4장에서 자세하게 다루고 있다.

3부에서는 증권투자에 대해 자세하게 살펴보고 있는데, 5장 증권시장, 6장 증권분석, 7장 파생증권과 증권투자신탁에 대해 설명하고 있다.

4부에서는 부동산 투자에 대해 다루고 있는데 부동산 투자의 전략, 투자분석, 부동산 정책에 대해 논의하고 있다.

끝으로 5부에서는 위험관리와 보험에 대해 다루고 있는데 주로 개인 보험과 사회 보험을 중심으로 설명하고 있다.

이 책은 가계경제 또는 투자 및 보험과 관련한 교양과목 및 전공 기초과목을 강의하는 교재로서 활용할 수 있음은 물론 투자와 보험에 관심 있는 모든 개인 소비자들에게 기초정보를 제공하고 성공적인 투자자가 되는 데 길잡이가 되고자 한다. 날로 변화하는 시장경제환경 속에서 투자에 대한 기본적 지식을 바탕으로 효율적인 투자자가 되기 위한 기술과 전략을 얻을 수 있을 것이다. 나아가 미래 투자분석가 또는 투자 자문가로서의 자질을 쌓아 취업과 진로 그리고 경제적 복지 확보에도 도움이 되었으면 하는 바람이다. 그러나 충분한 시간적 여유 없이 출간을 서두르다보니 여러 가지로 미흡한 부분이 많음을 인정하지 않을 수 없다. 앞으로 시간을 더 갖고 보완하고자 한다.

이 책을 출간하게 해주신 교문사의 류제동 사장님과 무리하게 서둘러 출간하느라 수고가 많으셨던 양계성 편집부장님, 김선형씨 등 편집부에 감사의 말씀을 전한다.

2006년 2월

저자 일동

차 례

제1부 소비자 투자의 이해

제4부 부동산 투자

제5부 위험관리와 보험

재테크 코너

제1부 소비자 투자의 이해

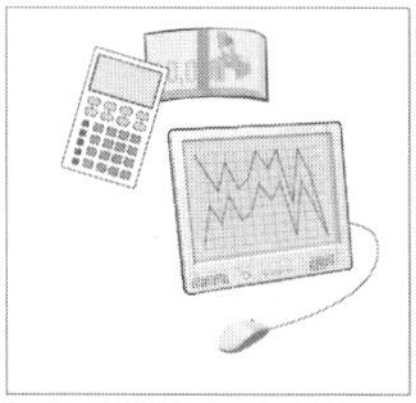

제1장
가계투자와 경제 환경

이 장은 개인 또는 가계의 입장에서 투자와 보험의 영역이 중요해지고 있는 이유와 필요성을 학습하는 도입부이다. 우선, 가계투자의 개념을 살펴보고 개인과 가계를 둘러싸고 있는 경제 환경의 변화에 대해서 학습한다. 이러한 경제 환경의 변화에 따라서 가계의 투자전략 및 위험관리가 왜 중요하게 부각되고 있는지를 이해하며, 투자를 위한 기초지표와 이 지표가 투자 행동에 미치는 영향에 대해서 살펴본다.

1. 가계투자 및 위험관리의 필요성

투자란 미래에 보다 더 큰 수익을 얻기 위한 현재의 경제적 희생이라고 할 수 있다. 이 정의에서 알 수 있듯이 투자란 미래에 보다 더 큰 수익을 얻기 위한 경제적 행위이며 따라서 수익(benefit)이 비용(cost)보다 커야 한다. 사회가 발전하고 복잡해질수록 개인이나 가계의 입장에서 합리적인 투자전략 또는 자산관리의 필요성과 중요성은 점점 더 부각되고 있다. 그 이유 중의 하나로서 개인이나 가계를 둘러싸고 있는 위험요소들의 증가를 들 수 있고 이러한 위험요소들을 효율적으로 관리할 수 있는 다양한 방법들이 모색되고 있다는 점을 들 수 있다.

여기서 위험(risk)이란 손실, 상해, 재난 등이 발생할 가능성을 의미한다. 즉 위험의 의미에는 경제적 손실과 같은 바람직하지 않은 사태와 그러한 사태의 발생에 관한 불확실성이 포함되어 있다. 따라서 물적, 인적 손실과 같이 바람직하지 않은 결과를 수반하지 않거나, 이미 발생했거나 또는 전혀 발생할 가능성이 없는 경우는 위험이라고 하지 않는다.

인간은 항상 이러한 위험 속에서 생활하고 있으며 위험의 존재는 손실의 발생에 관한 불안감이나 손실로 인한 경제적 고통과 같은 부담을 가져온다. 이러한 바람직하지 않은 위험의 효과를 위험의 비용(risk costs)으로 파악하며 위험에 대한 대응은 바로 위험비용을 최소화하려는 노력으로 볼 수 있다. 이러한 위험에 대한 대응노력을 일컬어 위험관리 또는 리스크 메니지먼트(risk management)라고 한다.

인간은 피할 수 없는 두 가지의 큰 위험에 항상 노출 되어 살고 있다. 그 중 하나는 너무 일찍 사망하는 조기사망의 위험이고, 또 하나는 소득 없이 오래 사는 장수위험이다. 너무 일찍 사망하는 것에 대한 대비책으로는 종신 보험이라는 보장성 보험 상품으로 그 위험을 해결해 왔고, 소득 없이 오래 사는 것에 대해서는 연금보험이라는 저축성 보험 상품으로 그 해결책을 제시해 왔었다.

과거에는 장수의 리스크 보다는 인간이 천수를 다 누리지 못하고 일찍 사망하는 것에 그리고 질병에 따른 수술비나 치료비 쪽에 훨씬 더 많은 관심을 가지고 있었다. 하지만 이제는 소득 없이 오래 사는 것 즉 장수의 리스크에 대한 대비를 더욱 철저하게 해야 할 시기가 도래하게 되었다.

왜냐하면 우리나라는 이미 시중은행의 1년 만기 정기예금 금리가 4% 대에 미치지 못하는 저금리 시대로 접어들었다. 물가상승률을 감안한 실질금리는 마이너스에 이르고 있다. 따라서 과거처럼 은행예금에 집중하는 가계의 자산관리 전략으로는 실질구매력이 저하되는 상황을 겪게 되는 것이다.

또한 의료시설의 확대와 의료기술의 비약적인 발달 그리고 유전자 배양으로 대변되는 줄기세포, 게놈 프로젝트 등의 의료 신기술의 발달로 인해서 인간의 평균 수명은 앞으로도 계속해서 늘어나게 될 것이다. 우리나라는 2000년 7월, 이미 고령화 사회(aging society)로 접어들었으며, 고령화의 속도가 그 어느 나라보다도 빠르게 진행될 것으로 예측되고 있다.

이렇게 우리나라는 현재 저금리와 고령화를 동시에 겪고 있으며, 그리고 20년을 벌어서 50년을 먹고 살아야 하는 조기 퇴직의 위험에까지 노출되어 있다. 이러한 저금리와 고령화 시대는 앞으로 지속될 것으로 예상되고 있으며, 따라서 개인이나 가계는 이러한 환경의 변화에 맞게 자산관리 방법과 전략들을 변화시켜가야 하는 것이다. 즉 저축의 개념에서 투자의 개념으로의 전환이 필요한 시점인 것이다. 과거와 같은 고금리 시대나 부동산으로 노후문제가 간단히 해결되었던 그러한 시대는 다시 오기가 힘들 것이다. 결국 각 가계의 자산관리 전략이 투자의 형태로 전환되지 않고서는 현재의 저금리와 고령화 시대의 위험요인들에 대해 합리적으로 대처하기가 힘든 시대가 되었다고 할 수 있다.

2. 가계를 둘러싼 경제 환경의 변화

최근 심각하게 대두되고 있는 '저금리'와 '고령화'는 가계의 자산관리를 재고해보게 만드는 가장 중요한 키워드이다. 특히 이 두 가지 추세는 가계경제에 단기적 충격을 주고 끝나는 요소가 아니라 앞으로 지속될 요소라는데 더 큰 중요성과 심각성이 있다. 특히 저금리 기조는 앞으로 지속될 뿐만 아니라 향후 시장금리가 상승한다고 해도 과거의 두 자리 수 금리시대로 되돌아가지는 않을 것이라는 것이 지배적인 전망이다. 따라서 개별 가계의 입장에서는 금리 상승만을 기다릴 것이 아니라 저금리의 금융환경에 적합한 투자전략 또는 자산관리전략을 모색해야 할 필요가 있다.

과거와 비교해 볼 때 우리를 둘러싸고 있는 경제적 환경은 급속도로 변화하고 있다. 더구나 그 변화의 속도는 점점 더 빨라지고 있으며 개인이나 가계에 미치는 영향력 또한 더욱더 커지고 있다. 개인이나 가계를 둘러싸고 있는 경제환경의 변화는 저축 및 투자에 대한 의식변화를 촉구한다. 그러면 구체적으로 어떠한 경제 환경의 변화들이 개인이나 가계의 자산관리에 영향을 미치는지 살펴보도록 하자.

1) 정보화

우리 사회가 산업사회에서 정보화 사회로 전환되면서 가장 두드러지게 변화하고 있는 것이 투자환경이다. 정보화는 투자 환경적 측면에서 다양한 부분의 경제적 효율성을 증가시키고 있다. 정보통신 및 컴퓨터 시스템의 발달로 인해 투자자들은 변화하는 시장 환경에 능동적으로 대처하려 하고 금융기관 역시 투자자들의 기호에 맞는 상품과 서비스를 출시하고 있다.

정보화 사회는 모든 정보들의 유통속도를 급격하게 증가시켰는데, 특히 투자 관련 정보 또한 빠른 속도로 유통되고 있다. 투자정보의 유통속도가 빨라지고 있을 뿐만 아니라 투자정보의 양도 급증하면서 투자자들에게 많은 영향을 미치고 있다. 특히 인터넷 사용자가 급증하면서 투자관련 정보사이트뿐만 아니라 해외 금융시장 정보사이트도 크게 증가하고 있다. 투자자들은 인터넷을 통해 이러한 정보를 손쉽게 얻을 수 있을 뿐만 아니라 금융거래도 가능해지고 투자거래 비용이 저렴해지는 등의 편리한 측면이 있는 반면에, 개인금융정보 노출문제나 신뢰성 없는 정보에 의해 피해를 입을 수도 있는 문제점들도 있다.

2) 글로벌화

금융시장의 개방으로 국내의 금융시장은 외국 금융시장의 움직임에 의해 끊임없이 영향을 받고 있을 뿐만 아니라 국내의 외국인 투자자들의 재무활동과 외국기업의 생산 활동 등에 의해서도 많은 영향을 받고 있다.

금융시장의 국제화와 개방화는 투자의 환경적 측면에서 긍정적인 면과 부정적인 면을 동시에 갖는다. 긍정적인 면은 국가 간 금융상품의 교류와 금융시장 참여자의 활발한 교류로 인해 투자영역을 세계 여러 나라로 확대시키면서 투자환경의 세계화를 구축하고 있다는 점이다. 투자환경의 국제화는 자본시장에서의 경쟁을 치열하게 만들게 되고 각 금융기관은 금융혁신을 통해 투자자의 기호에 맞는 금융상품을 개발하여 시장에 내놓게 된다. 이에 따라 투자자들은 선택의 폭이 넓어진 환경에서 투자기회를 확대시킬 수 있게 된다. 부정적 측면은 금융시장의 국제화와 금융자유화가 진행됨에 따라 투기성 자금의 움직임이 활발해질 수 있고 그러한 자금의 움직임이 활발해지면 국내자본시장을 불안정하게 할 가능성이 커지게 된다는 것이다.

앞으로 글로벌화의 경향이 더욱 강해지고 가속화됨에 따라 이러한 글로벌화가 국내 금융시장에 미치는 영향력은 더욱 커지고 직접적이 될 것으로 예상되고 있다. 따라서 투자와 관련된 소비자의 의사결정도 이러한 국제금융시장의 움직임과 글로벌화의 추세에 따라 민감하게 영향을 받게 될 것이고 따라서 이러한 추세에 적응하기 위해 보다 합리적인 투자전략과 행동이 뒤따라야 할 것이다.

3) 고령화

우리나라는 2000년 7월 1일을 기준으로 65세 이상 노인인구가 337만 명으로 전체인구의 7.1%를 차지하면서 UN에서 규정하는 고령화 사회(Aging Society)로 접어들었다. 2019년에는 이 노인인구가 14%를 넘어서면서(14.4%) 고령화 사회(Aged Society)로 진입하고 다시 7년 뒤인 2026년에는 20%에 달하면서 초고령 사회로 본격 진입할 것으로 통계청은 전망하고 있다. 이는 미국이나 일본 등의 선진국보다 인구의 노령화 속도가 매우 빠르다는 것을 의미하고 있다.

인구의 고령화는 노인의 부양부담의 증가를 초래하게 된다. 2000년에는 생산가능 인구(15~64세) 10(9.9명)명이 노인 1명을 부양했지만 2020년에는 4.7명이 노인 1명을, 2030년에는 2.8명이 노인 1명을 부양해야 할 것으로 추정된다. 특히 우리나라 국민의 평균수명은 1970년에 63.2세에서 2000년에 75.9세로 30년 동안 11년 이상이나 증가했다. 2030년에는 81.5세, 2050년에는 83세로 계속 높아질 전망이다.

이렇게 인구의 고령화는 최근 개인과 가계, 사회의 경제적 환경을 위협하는 가장 심각한 요인의 하나로 크게 대두되고 있다. 즉, 사회 전체적 측면에서 뿐만 아니라 개인이나 가계의 입장에서도 노후준비를 비롯한 고령화의 위험에 대비한 적절한 재무전략의 수립이 요구되고 있는 것이다.

4) 물가의 지속적 상승

물가의 지속적인 상승은 화폐가치를 하락시키고 결국 소비자의 실질소득과 구매력을 저하시키게 된다. 또한 물가가 지속적으로 상승할 경우 소비자는 물품 특히 내구재와 같은 고가물품의 구입 시기를 현명하게 결정해야 하고 이에 따라 소득과 지출관리, 투자전략 등에 대한 합리적인 판단을 해야 한다. 즉 물가변동에 따른 실질구매력의 변화, 소득의 안정성 등을 파악하여 적정 지출패턴과 저축 및 투자패턴을 찾아나가는 것이 중요해진다.

5) 금융시장의 복잡성

금융시장의 자유화와 금융업무의 겸업화, 외국계 금융기관의 국내진출 등 금융시장환경은 날로 새로워지고 복잡해져 가고 있다. 소비자는 자신에게 가장 적합한 금융상품이나 서비스를 요구하고 있는데, 소비자 스스로가 많은 금융상품들을 이해하고 합리적으로 판단하고 선택하기에는 금융상품의 범위나 내용이 너무 다양하고 복잡한 실정에 있다. 즉 저금리 시대가 도래 하면서 일반 소비자들이 선택할 수 있는 금융상품의 종류가 크게 증가하고 있다. 이렇게 금융상품에 대한 소비자들의 선택의 폭이 넓어지면서 자산관리의 형태도 예금, 적금 위주에서 점차 투자의 형태로 전환되어 가고 있다.

6) 소비자중심주의

시장의 구조가 공급자 중심에서 수요자 중심, 즉 소비자 중심으로 전환되면서 소비자를 대상으로 하는 대부분의 영역에서 최근 '고객중심경영' 또는 '고객만족경영'이라는 개념이 기업운영의 최대목표로 대두되고 있다. 고객만족경영이란 고객지향적 사고가 기업경영의 모든 측면에 반영되는 경영을 의미한다. 이러한 추세는 금융권에도 반영되어 보다 차원 높은 고객중심경영을 전개하려는 움직임이 나타나고 있다. 은행의 프라이빗 뱅킹(private banking)이나 증권사의 랩어카운트(wrap account) 등은 이러한 차원에서 개발된 것으로 볼 수 있다. 고객의 개별적 상황과 요구에 맞추어 개인이나 가계의 자산관리를 보다 전문적으로 수행하려는 움직임들이 다양하게 나타나고 있으며, 이러한 추세는 개인이나 가계의 저축 및 투자 패턴에 직접적으로 영향을 미치게 된다.

재테크코너 1-1

"노(老)테크 빠르면 빠를수록 좋다"

초 저금리 기조에 고령화 사회를 맞아 '노(老)테크'가 주 관심사로 떠오르고 있다. 이제 우리나라도 자산의 90% 이상을 투자하는 선진국처럼 노후 자금 마련을 위해 자산을 본격적으로 굴릴 수 있는 방법을 찾아야 할 때다. 노후를 대비한 자금 마련은 빠르면 빠를수록 좋다는 게 전문가들의 조언이다. 안정성을 최우선으로 해야 하며 절세 상품가입은 기본이다.

· 노후자금 마련을 위해서는 = 은퇴 후에도 일정한 수준의 생활을 유지하려면 자산형성을 위한 포트폴리오를 미리 구성해야 한다. 또 노후대비는 빠를수록 좋지만, 연령에 맞는 투자전략을 선택해야 한다. 30대는 노후대비와 주택마련을 함께 하고, 40대부터는 본격적인 노후자금 마련을 시작해야 한다. 한국투자증권이 최근 내놓은 '노후설계 프로그램'에 따르면 30대는 자산 축적단계로 노후에 필요한 자금의 20% 가량을 종자돈으로 마련하는 시기다. 40대는 자산증식단계로 필요한 자금의 60%를 모아야 하며 50대에는 목표자금의 90%를 만들어야 한다.

· 노후대비 유망상품 = 노후를 위한 상품은 투자목적에 따라 다양하게 선택할 수 있다. 최근에는 원리금을 매월 받을 수 있는 연금형 상품이 늘어나는 추세다. 하나은행은 고객이 최저생계비를 정하는 등 스스로 노후설계를 할 수 있는 '디자인 예금'을 팔고 있다. 이 상품은 매달 이자만 지급하는 정기예금과 달리 일정 기간 원리금을 받는 연금식 예금 상품이다. 한국씨티은행도 거치식과 연금식을 결합한 '웰빙예금'을 판매하고 있다. 조흥은행은 예금 가입자가 사망할 경우 상속인에게 자산을 상속하는 것은 물론 유언서를 작성해주는 유언신탁 상품을 팔고 있다.

보험사들이 판매중인 각종 연금보험은 노후대비를 위해 들어둘 만한 대표적인 상품이다. 연금보험은 납입 보험료에 대해 소득공제를 받는 제도성 개인연금보험, 소득공제는 받지 못하지만 10년 후 비과세 혜택을 받는 일반연금보험, 일시에 보험료를 납입하고 다음달부터 연금을 받는 즉시연금보험, 보험사가 고객이 낸 보험료를 투자해 운용실적에 따라 보험금을 더 얹어주는 변액연금보험 등이 있다.

출처 : 서울경제(2005년 2월 6일자)

3. 가계투자와 경제지표

경제활동을 요약해서 표현해주는 경제지표(economic index)는 매우 다양한데, 개인이나 가계의 투자결정에 영향을 미치는 기초적 경제지표로는 다음과 같은 것들이 있다.

1) 경 기

경기란 국민경제의 총체적인 활동수준을 의미한다. 여기서 총체적 경제활동은 크게 생산, 소비, 투자, 고용 등 실물부문과 화폐의 수요와 공급 등 금융부문, 수출과 수입 등 대외부문의 활동을 망라한 거시경제변수들의 움직임이 종합된 것이라고 할 수 있다. 일반적으로 경기가 좋다는 것은 생산, 투자, 소비 등의 경제활동이 통상 기대하는 평균수준 이상으로 활발한 경우를 말하며, 경기가 나쁘다는 것은 그 반대현상을 나타낸다.

현재의 경기와 또 향후 경기에 대한 전망을 위해서는 다양한 방법들이 이용된다. 우선, 경기의 움직임을 파악하는 개별 경제지표 중 가장 대표적인 것으로는 국내총생산(Gross Domestic Product; GDP) 통계를 들 수 있다. GDP란 한 나라의 모든 경제주체가 일정기간 동안에 생산한 재화와 서비스의 부가가치를 금액으로 환산하여 합계한 것으로 각 부문의 생산활동은 물론 소비, 투자, 수출 등 수요동향까지도 살펴볼 수 있는 종합적인 지표라고 할 수 있다.

보통 경기의 판단에는 전년 동기 대비 GDP 증가율을 사용하는데 그 값이 상승(하락)하는 경우 경기가 확장(수축)하는 것으로 해석한다. 한 분기의 상승으로 경기가 좋아진다고 진단할 수는 없고 최소한 2분기 이상 이러한 상승세가 이어지는 경우에 신뢰성을 부여할 수 있다. 그런데 GDP 통계는 당해연도 또는 분기가 끝난 후 상당 기간(약 2~3개월)이 경과한 후에야 추계가 가능하기 때문에, 이를 통하여 신속히 현재의 경기상황을 판단하거나 장래의 경기흐름을 예측하기는 어렵다. 따라서 경기동향을 보다 신속히 파악하기 위해서는 월별로 발표되는 각종 경제지표들을 이용하여 수요 및 생산의 움직임을 살펴보아야 한다.

개별경제지표를 이용한 경기의 판단 이외에도 종합경기지표를 이용한 방법이 있다. 종합경기지표에 의한 방법은 경제 각 부문의 동향을 잘 반영해 주는 개별 경제지표들을 선정한 후 이를 통계적으로 가공, 종합한 경기지표(business indicator)로 전반적인 경기의 움직임을 분석하는 방법을 말한다. 현재 여러 나라에서 활용하고 있는 종합경기지표의 종류에는 경기종합지수(Composite Index; CI), 경기동향지수(Diffusion Index; DI) 및 경기예고지표 등이 있다.

종합경기지표는 작성방법에 따라 여러 형태로 분류될 수 있는데 현재 널리 이용되고 있는 것으로는 경기종합지수와 경기동향지수가 있다. 우리나라의 대표적인 종합경기지표라고 할 수 있는 경기종합지수는 국민경제의 각 부문을 대표하고 경기 대응성이 높은 각종 경제지표들을 선정한 후 이를 가공, 종합하여 작성하고 있는데 통계청에서 1981년 3월부터 매월 편제하고 있다. 동 지수의 전월에 대한 증감률이 +인 경우에는 경기상승을, -인 경우에는 경기하강을 나타내며 그 증감률의 크기에 의해 경기 변동의 진폭까지도 알 수 있으므로 동지수를 통하여 경기변동의 방향, 국면 및 전환점은 물론 변동속도까지도 동시에 분석할 수 있다.

경기종합지수는 또한 기준순환일(경기전환점)에 대한 시차(time lag) 정도에 따라 선행, 동행 및 후행종합지수의 3개 군으로 구분된다. 선행종합지수는 비교적 가까운 장래의 경기변동을 예측하는 지표들로 구성되며, 동행종합지수는 현재의 경기상태를 나타내는 지표들로 구성되며, 후행종합지수는 경기의 변동을 사후에 확인하는 지표들로 구성된다.

표 1-1 경기종합지수(CI)의 구분

구 분	시 차	구성지표수	주요구성지표
선행종합지수	3~10개월 선행	9개	주가, BSI, 투자 등
동행종합지수	현재 경기	7개	생산, 가동률, 수출 등
후행종합지수	3~10개월 후행	6개	고용, 소비, 금리 등

표 1-2 경기종합지수(CI) 구성지표

선행종합지수	동행종합지수	후행종합지수
1. 입직자수/이직자수(제조업)	1. 비농가취업자수	1. 이직자수
2. 기업경기실사지수(실적)	2. 산업생산지수	2. 상용근로자수
3. 종합주가지수	3. 제조업가동률지수	3. 도시가계소비지출(전가구)
4. 건축허가면적(총, 계절조정)	4. 도소매판매액지수(불변)	4. 소비재수입액(실질)
5. 자본재수입액(실질)	5. 건설기성액(실질)	5. 생산자제품재고지수
6. 설비투자추계지수	6. 수출액(실질)	6. 회사채유통수익률
7. 재고순환지표(제조업)	7. 수입액(실질)	
8. M3(실질, 말잔, 계절조정)		
9. 순상품교역조건		

2) 경기순환

일반적으로 경제활동은 확장, 수축, 회복을 반복하는 일련의 주기(cycle)를 가지며 이를 경기순환(business cycle)이라고 한다. 경기순환에는 크게 두 가지 국면이 있다. 즉 확대기(expansion)와 침체기(recession)가 그것인데 확대기에는 경기가 호황이어서 생산이 활발하고 실업률이 낮으며 임금이 상승하고 물가상승률과 금리가 낮은 시기이다. 또한 소비가 활발해져서 소비자의 주택이나 자동차, 고가품에 대한 수요가 증가하고 소비자는 신용의 사용을 증가시키게 된다. 이는 기업의 생산 활동을 촉진시키는 요소가 되고 따라서 기업의 투자자금의 수요는 더욱 늘어나게 되고 주식시장은 활황을 맞이하게 된다. 이러한 상황이 계속되면 화폐에 대한 수요와 재화에 대한 수요가 모두 증가하게 되므로 금리와 물가가 상승하게 되고 이 두 가지가 지나치게 오르게 되면 소비자와 기업의 신용사용이 더 이상 증가하지 못하고 그 수준을 유지하거나 감소하게 되어 결국 소비가 줄고 생산이 감소하게 되어 확대기가 끝나게 된다.

한편 확대기가 끝나면서 경제성장이 멈추거나 감소하게 되는데 이러한 상태를 침체기라고 한다. 이 때에는 생산이 감소하고 실업이 늘어나면서 소득의 감소로 소비자의 소비활동도 위축 된다. 또한 경제활동이 활발하지 못하고 실업률은 높고 물가는 낮아져 경제전반에 걸친 축소현상이 나타나게 된다. 특히 경기침체와 물가상승이 공존하게 되는 경기침체기를 스태그플레이션(stagflation)이라고 한다. 즉 이 시기에는 수요초과 인플레이션 국면에 뒤이어 생산증가율이 현격하게 감소함에도 불구하고 물가와 임금은 상승하고 높은 실업률을 동반하게 된다. 또한 경기침체기가 매우 심화되는 국면을 불황(depression)이라고 한다. 이러한 경기순환적 요인은 고객의 소비, 저축, 투자행동과 밀접한 관련을 가질 뿐만 아니라 재무관리행동의 선택, 즉 금융상품의 선택이나 신용의 사용여부 등에 직접적, 간접적으로 중요한 영향을 미치게 된다. 경기순환이나 경기변동은 투자수익률에 직접적인 영향을 미치기 때문에 경제의 흐름을 파악하여 경기변동에 대해 융통적으로 대응할 수 있어야 한다.

3) 경제성장률

경제가 성장한다는 것은 매년 생산되는 상품과 서비스가 늘어난다는 것을 의미한다. 생산되는 상품과 서비스는 GDP라는 경제지표로 집약된다. 그런데 GDP는 금액으로 표현되는 만큼 시간이 지남에 따라 그 수치가 커지는 경향이 있다. 실질적으로 물량이 증가하지 않았음에도 불구하고 물가가 상승하면 금액은 증가하는 것이다. 따라서 이러한 점을 반영하여 물가의 영향을 받는 GDP를 비롯한 경제지표들은 물가 변동의 영향을 제거한 수치(실질)로 평가하게 된다. GDP의 경우 현재 가격으로 평가하면 경상(또는 명목) GDP, 특정 시점(기준년도)의 가격으로 평가하면 실질 GDP가 된다. 경제성장률은 실질 GDP가 얼마나 늘어났는가를 나타내며 다음과 같이 계산된다.

$$\bullet\ \text{경제성장률}(\%) = \frac{\text{금년도 실질 GDP} - \text{전년도 실질 GDP}}{\text{전년도 실질 GDP}} \times 100$$

즉, 경제성장률은 일국의 경제가 생산한 부가가치가 전년에 비하여 얼마나 증가하였는가를 나타내는 지표로서 물가요인을 제거한 실질 GDP 성장률을 의미하게 된다.

4) 소비자물가와 인플레이션

물가란 시장에서 거래되는 개별 상품의 가격을 경제생활에서 차지하는 중요도 등을 감안하여 가중 평균한 종합적인 가격수준을 말하며, 물가지수는 이러한 물가의 움직임을 기준시점을 100으로 지수화한 것이다.

소비자물가는 소비자물가지수로 측정된다. 소비자물가지수(Consumer Price Index; CPI)는 일반 도시가구가 소비생활을 영위하기 위하여 구입하는 각종 상품과 서비스의 가격변동을 종합적으로 파악하기 위하여 작성되는 지표이다. 소비자가 일정한 생활수준을 유지하는데 필요한 소득 내지 소비금액의 변동을 나타내주기 때문에 소비자의 구매력과 생계비 등의 산정에 사용되며 매년 근로자들의 임금인상을 위한 기초 자료로도 이용되고 있다.

소비자물가지수를 산출하기 위해 통계청은 전국 36개 도시의 대표적인 시장에서 구입비중이 큰 일반상품 및 서비스의 가격을 조사하고 임대가구를 대상으로 하여 집세조사를 월 3회 실시하며(농축수산물은 월 3회, 공업제품과 서비스 품목은 월 1회 조사), 이를 도시별(36개 도시), 품목별(516개 품목)로 가중 평균한 월 평균가격을 계산한다. 이러한 소비자물가지수는 매 익월 초 신문 등 언론매체를 통해 발표되며 월보나 매년 물가연보로도 발간된다. 현재 발표되고 있는 소비자물가지수는 2000년을 기준연도로 한다. 즉 2000년도의 물가를 100으로 놓고 비교되는 다른 시점의 물가를 지수로 표시한다. 예를 들어 어느 시점의 물가지수가 120이라면 이는 기준시점보다 물가가 20% 오른 것을 의미한다. 즉 물가상승률은 다음의 공식에 의해 계산된다.

- 물가상승률 $= \dfrac{CPI_t - CPI_{t-1}}{CPI_{t-1}} \times 100$

인플레이션(inflation)은 물가의 일반적인 수준을 나타내는 물가지수가 지속적으로 오르는 현상을 뜻한다. 즉 물가가 지속적으로 오르는 현상을 인플레이션이라고 하며 이러한 인플레이션 시기에는 화폐의 가치가 떨어지게 되어 봉급생활자는 실질소득의 감소로 생활이 전보다 더 어려워지게 된다. 따라서 물가상승률과 실질소득은 반대방향으로 움직이며 다음과 같은 관계가 성립된다. 즉 이는 물가상승의 효과를 제거한 실질적인 구매력을 나타낸다.

- $\text{실질소득} = \dfrac{\text{명목소득}}{1 + \text{물가상승률}}$

또는

- $\text{실질소득} = \dfrac{\text{명목소득}}{\text{소비자물가지수}} \times 100$

인플레이션은 통화가치를 하락시킴으로써 구매력을 감소시켜 투자가치의 감소를 초래한다. 투자환경에서 가장 중요한 요소는 화폐가치가 변하는 것인데, 인플레이션은 재화의 가격을 상승시키고 화폐가치를 하락시킨다.

인플레이션은 투자대상에 따라 미치는 영향이 다르다. 일반적으로 투자에 있어서 인플레이션이라는 변수가 작용하면 자산가치를 보존할 수 있는 실물자산이 선호되기 때문에 물가상승이 과도하게 일어나면 부동산에 대한 수요는 증가하는 반면 주식이나 채권에 대한 수요는 감소하는 경향이 있다.

한편 물가가 빠른 속도로 상승하게 되면 금리도 따라서 상승하게 된다. 일반적으로 물가가 오르면 대출원금의 가치가 떨어지게 되므로 채권자의 입장에서 더 높은 금리를 요구하게 된다. 그러나 심한 인플레이션의 지속은 금융기관에 대한 소비자들의 저축과 투자에 대한 동기를 감소시키게 된다. 왜냐하면 물가상승에 따라 투자원금의 실제가치가 감소하고 다른 실물자산에의 투자보다 수익률이 적어지기 때문이다. 이때 소비자들이 고려하게 되는 수익률의 개념은 명목수익률에서 물가상승률을 차감한 실질수익률이 되며 이러한 실질수익률을 기준으로 가장 유리한 투자방법을 선택하는 것이 합리적이 된다.

표 1-3 소비자물가지수 (2000=100)

구 분	소비자물가지수	
	지 수	상승률
1995	82.3	4.5
1996	86.4	4.9
1997	90.2	4.4
1998	97.0	7.5
1999	97.8	0.8
2000	100.0	2.3
2001	104.1	4.1
2002	106.9	2.7
2003	110.7	3.6
2004	114.7	3.6

자료 : www.nso.go.kr

5) 금 리

금리란 자금이 거래되는 금융시장에서 자금수요자가 자금공급자에게 자금을 빌린 데에 대한 대가로서 지급하는 이자금액 또는 이자율을 뜻하는데, 오늘날에는 이자율의 의미로 더 널리 쓰이고 있다. 금리가 이와 같이 돈을 빌리는 것에 대한 대가로 지불하는 자금의 가격이므로 돈을 빌려줄 사람이 상대적으로 많으면 떨어지고 반대로 적으면 올라가는 등 수요와 공급에 의해서 결정된다. 또한 거래되는 금융시장이 다르면 금리수준에도 차이가 생기게 된다.

한편 이자율을 시간선호율(the rate of time preference)로 설명하기도 한다. 시간선호(time preference)란 경제주체들이 확실한 현재의 소비를 불확실한 미래의 소비보다 선호하는 것을 말한다. 그리고 그 선호하는 정도를 시간선호율이라고 한다. 시간선호율이 큰 사람일수록 미래의 재화와 서비스의 가치를 상대적으로 낮게 평가한다. 따라서 미래에 소비할 재화와 서비스의 가치, 즉 미래의 효용이 현재에 소비할 재화와 서비스의 가치, 즉 현재의 효용과 같게 되게 하기 위해서는 현재의 재화와 서비스의 가치보다 커야 할 것이다. 이렇게 미래의 소비를 현재의 소비와 같게 되게 하기 위하여 지불하는 대가가 이자이고 현재의 소비(원금)에 대한 이자의 비율이 이자율 또는 금리이다.

일반적으로 금리가 오르면 저축이 증가하게 되고 반대로 금리가 떨어지면 저축이 감소하게 된다. 또한 금리는 기업이 자금을 조달하는데 드는 비용이라고 할 수 있기 때문에 금리가 오르면 투자에 따른 비용부담의 증가로 기업투자가 감소하고 반대로 금리가 떨어지면 기업투자는 증가하게 된다.

금리는 그 계산방법에 따라 단리와 복리로 구분할 수 있는데 단리는 원금에 대해서만 이자를 계산하는 방법이고 복리는 원금에 대한 이자뿐만 아니라 이자에 대한 이자도 함께 계산하는 방법이다. 복리는 금융상품의 만기 이전에 일정기간을 단위로 이자를 계산하여 원금에 더하는 방식을 의미한다. 금융기관에 따라 '6개월 복리'나 '3개월 복리'라는 용어를 사용하기도 하는데 이자를 계산하는 기간이 짧을수록 투자자에게 더 유리하다.

또한 금리는 금융상품의 가입기간 동안의 변동성 유무에 따라 확정금리와 변동금리로 구분된다.

금융상품에 가입하는 가입시점부터 일정기간 동안 금리가 변하지 않고 동일한 금리가 적용되는 것을 확정금리라고 한다. 고정금리와 거의 유사한 개념이지만 가입시점부터 만기까지 동일 금리가 적용되는 것이 고정금리이다. 따라서 만기 전에 수익률 상승이 어느 정도 예측될 때에는 변동금리 상품에 투자하는 것이 유리하고 금리가 하락할 것으로 예상되는 경우에는 확정금리 상품이 유리하다고 볼 수 있다.

변동금리란 금융상품에 가입한 후 만기 이전에 적용되는 금리가 변동하는 것을 의미한다. 변동하는 금리는 보통 실적에 따른 배당률이나 만기 때의 시장금리를 적용하는 경우가 대부분이다.

금리는 또한 물가변동에 따른 화폐가치를 고려하느냐 안 하느냐에 따라 명목금리와 실질금리로 구분할 수 있다. 명목금리는 물가에 따른 화폐의 가치변동을 고려하지 않은 금리를 의미한다. 실질금리는 명목금리에서 물가상승률을 차감한 금리를 말한다. 일반적으로 대출의 경우는 명목금리로 이자를 계산하는 것이 보통이지만 실제로 기업이 투자를 하거나 개인이 예금이나 금융상품에 투자를 할 경우에는 실질금리를 계산하는 것이 더 유용하다.

이자율은 투자수익율을 결정짓는 주요한 요소이며, 다른 경제지표들과 상호 영향을 주고받는다. 이자율과 주가는 상호 반대방향으로 움직이며, 이자율은 물가상승률을 상당히 반영하므로 물가상승률이 높으면 투자자의 자금이 귀금속이나 부동산시장으로 몰리게 되어 이들의 가격을 상승시키게 된다. 반면에 주식이나 채권의 가격은 상대적으로 하락하는 경향이 있다.

6) 환 율

환율이란 두 국간 간의 화폐의 교환비율을 의미하며 동시에 한 국가 화폐의 대외적 가치를 나타낸다. 환율은 어느 나라의 화폐를 기준으로 하느냐에 따라 두 가지 방법으로 표시할 수 있다. 즉 외국 화폐 1단위가 자기나라 화폐 몇 단위와 교환되는가를 나타내는 자국통화표시환율 또는 지급환율과 자기나라 화폐 1단위가 외국 화폐 몇 단위와 교환되는가를 나타내는 외국통화표시환율 또는 수취환율이 있다. 우리나라 입장에서 보면 1달러=1000원은 자국통화표시법이며 1원=1/1000달러는 외국통화표시법이다. 그러나 여러 나라 화폐가 교환되는 국제외환시장에서는 영국 파운드화, 호주 달러화, 뉴질랜드 달러화 등 몇 나라 화폐를 제외하고는 대부분 미국 달러화를 기준으로 환율을 표시한다. 환율을 자국통화표시법으로 표시한 경우 원화환율의 상승은 원화가치의 하락을 의미하며 반대로 원화환율의 하락은 원화가치의 상승을 의미한다.

환율에는 실질환율과 변동환율이 있다. 실질환율은 명목환율에 두 나라간의 인플레이션을 감안하며 구매력 변동이 반영되도록 조정한 것이다. 만약 일정기간 동안 실질환율에 변동이 없다면 그 기간 동안 국제자본시장에서 가격경쟁력에 변화가 없다는 것을 나타낸다. 실질환율이 상승하면 자국재화의 가격이 상대적으로 하락해서 가격경쟁력이 높아진 것을 나타낸다. 반면, 실질환율이 하락하면 재화의 가격이 상승해서 상승한 만큼 가격경쟁력이 떨어졌다는 것을 의미한다.

재테크코너 1-2

사회 초년생의 1억 모으기

만일 매월 100만원씩 저축한다면 1억원을 모으는 데 얼마나 걸릴까.

안전형 상품과 투자형 상품으로 나눠 생각해 보자. 확정금리 정기적금(연 3.7%, 일반 과세상품)에 가입하면 7년 5개월이 걸린다. 그렇지만 7년 비과세 상품인 장기주택마련저축에 가입할 경우 현재 이자율인 4.1~4.3%를 적용하면 7년 2개월 만에 1억875,074원의 목돈을 만들 수 있다. 일반 과세상품보다 3개월을 앞당길 수 있다.

투자형 상품에 가입하려면 현재 연평균 8~10% 수익률을 예상할 수 있는 적립식 펀드를 추천한다. 연 10% 수익률을 얻는다고 가정하면 매월 100만원씩 투자해 6년1개월 만에 1억원을 모을 수 있다. 하지만 투자상품은 항상 원금에 손실이 생길 수 있다는 위험을 생각해야 한다. 따라서 절대 손해 봐서는 안 되는 자금이라면 안전한 확정금리 상품을 선택하는 게 좋다.

출처 : 매일경제(2005년 2월 6일자)

우리나라의 현행 환율제도는 '자유변동환율제도'로서 외환시장에서 외환의 수요와 공급에 의해 환율이 자율적으로 결정된다. 이에 따라 금융기관들은 외환시장에서 형성된 환율을 기준으로 대고객 거래 등 외환거래시에 적용할 환율을 매일 매일 자율적으로 결정하게 된다.

환율의 상승은 원자재, 부품 등을 수입하는데 더 많은 외화를 지불해야 하므로 국내 물가수준을 높이게 되며 반대로 환율의 하락은 국내 물가수준을 낮추게 된다. 그러나 환율변동에 따른 국내 물가의 변동정도는 해외로부터 얼마만큼의 물품을 수입하는가 하는 수입의존도에 따라 달라진다. 우리나라와 같이 수입의존도가 높은 나라의 경우에는 환율변동이 국내 물가에 미치는 영향이 큰 편이라고 볼 수 있다.

환율은 금리와 함께 많은 변수들에 의해 영향을 받으며 주가와 물가에 영향을 미친다. 즉 환율과 금리의 변동은 자본손익을 크게 확대시키고 투자수익에 대한 불확실성을 증가시킴으로써 투자자들은 환율과 금리변동에 따르는 위험을 회피하기 위해 투자전략을 세워야 한다.

표 1-4 가계투자와 경제지표

경제지표	측정대상	가계투자에 미치는 효과
소비자물가 (consumer prices)	화폐의 실질가치, 인플레이션의 변동	소비자물가의 증가율이 소득증가율보다 높으면 소비자 구매력은 저하되고 소비자물가의 상승은 금리의 상승을 유도함
소비자지출 (consumer spending)	재화와 서비스에 대한 개인소비자와 가계소비자의 수요	소비자지출의 증가는 고용과 임금수준을 상승시키고 소비자지출과 대출의 증가는 소비자물가와 금리를 상승시킴
이자율 (interest rates)	화폐의 비용, 대출시는 신용비용, 저축이나 투자시는 수익률	높은 이자율은 저축과 투자를 증가시키고 대출을 감소시킴
화폐공급 (money supply)	소비를 위해 사용될 수 있는 화폐의 총량	저축과 투자의 증가(화폐의 초과공급)는 이자율을 하락시키고 높은 저축률은 취업기회를 감소시키게 됨
실업 (unemployment)	취업을 원하는 근로자중에서 고용되지 않은 근로자의 수	실업자는 실업기간동안 생활비의 충당을 위해 부채를 줄이고 비상자금을 마련해야 하며 높은 실업률은 소비자지출과 취업기회를 감소시킴
주택신축률 (housing starts)	건축된 신규주택의 수	주택건설의 증가는 취업기회의 증가, 임금의 상승, 소비자지출의 증가, 경기팽창을 초래함
국내총생산 (GDP)	국내에서 생산된 재화와 서비스의 총량	GDP는 취업기회와 개인의 재정적 자산축적의 기회를 제공해주는 한 국가의 경제능력의 지표

자료 : Kapoor, J.R., Dlabay, L.R. & Hughes, R.J.(1996). p.16에서 재구성

재테크코너 1-3

新자본시장이 열린다

간접금융 → 직접금융 시대로

지나치게 은행예금에 편중됐던 자산구성에 변화가 생기기 시작했고 이후에도 은행 예금은 최소한 10조원 이상 더 줄었다. 한국의 가계금융자산은 84년 53조원이던 것이 20년 만에 21배로 불어났다. 특히 은행 예금에 묻혀있던 것이 자본시장으로 흘러나올 조짐을 보이고 있다. 바로 이 점에 외국계 금융사들이 주목하고 있다. 최근 세계 최대의 자산운용사인 피델리티 등이 잇따라 한국에 진출한 것은 그런 이유다. 피델리티는 벌써 국내에서 1조 3,000억 원어치의 해외펀드를 팔았고 외국계 금융사가 총 3조 5,000억 원어치를 팔았다. 또한 최근 은행들이 예금 수신경쟁이 아닌 '펀드판매 전쟁'을 벌이는 것도 바로 이 때문이다. 그러나 자본시장의 간판 격인 주식시장이 또다시 '투전판'으로 전락, 투자자들이 실망할 경우 '새로운 자본시장'이 열리기 힘들다는 신중론도 만만치 않다. 지난해 적립식펀드를 2조원어치 이상 팔며 '펀드바람'을 일으킨 국민은행의 구안숙 부행장은 "펀드를 많이 파는 게 중요한 것이 아니라 '제대로' 파는 것이 중요하다"고 강조했다. 10년, 20년 앞을 내다보고 장기적인 설계를 바탕으로 펀드에 가입하도록 투자자를 교육해야 할 임무가 판매사들에 있다는 것이 구 부행장의 신념이다. 한국의 금융시장은 과거 30~40년 동안 정부 주도의 은행 예금(간접금융)을 중심으로 한 '산업자본 육성의 장'이었다면 앞으로는 민간 주도의 자본시장(직접금융)을 중심으로 한 '금융자본 육성의 장'이 될 수 있다. 그 열쇠는 시장주체들이 쥐고 있다.

한국 종합주가지수(KDSPI)	구 분	**미국** 다우(DOW)30
80년대 이래 네 자릿수 안착에 6차례 실패, 2004년 이후 꾸준한 상승세속에 네 자릿수 근접	지수흐름	64년 이래 6차례 고점 돌파 실패, 82년 하반기 급반등에 성공하면서 네자리 지수대 진입
성장침체 위기감 팽배, 가계신용 붕괴, 소비심리 위축, 꾸준한 금리인하 후 급반등, 정부 경기부양책 강화	주요 경제 환경	성장률 침체, 가계신용 붕괴, 소비심리 급속 위축, 혹독한 구조조정, 금리의 급격한 인하·반등, 대대적 감세정책과 재정 부양
M&A와 지배구조 이슈 활발, 우량대형주 공급물량 급감, 국내 투자자 주식비중 최악	증시 자체	구조조정 심화 후 M&A활발, 장기적 공급물량 감소, 개인의 주식비중 최악상태에서 급반전
적립식펀드, 배당투자펀드 등 장기 간접투자 상품, 연기금 투자제한 철폐, 금융겸업화 강화	투자환경	퇴직연금제 도입 직전, 장기투자환경 급격히 개선, 금융겸업화 본격 진행
7개월간 37.4% 상승(2월 21일 현재	지수상승률	16개월간 65.6% 상승

출처 : 머니투데이(2005년 2월 28일자)

참고문헌

김두철 외 8인(2001). 보험과 위험관리. 문영사.
머니투데이 2005년 2월 28일자.
보험연수원(2004). 종합자산관리사 시험대비 ② 금융자산운용설계. 보험연수원.
서울경제신문 2005년 2월 6일자.
안승철 · 정영숙 · 배미경(2002). 신 투자와 보험. 도서출판 신정.
정순희(2003). 소비자재정설계. 도서출판 신정.
한국금융 2005년 2월 3일자.

Kapoor, J.R., Dlabay, L.R. & Hughes, R.J.(1996). *Personal Finance*. IRWIN.
www.nso.go.kr (통계청)

제2장

투자의 기초

최근 들어 투자에 대한 관심이 급증하고 있다. 재정자원의 관리를 통해 생애주기 전체에 걸쳐 원하는 소비수준을 유지하고, 현재 및 미래의 소비에 요구되는 자금을 마련함으로서 기대하는 생활양식을 달성하며 재정적 복지수준을 향상시키고자 하는 욕구가 증대하고 있기 때문이다. 이에 따라 주식투자, 부동산투자, 각종 펀드를 통한 간접투자 등 다양한 투자 기법과 개개인의 욕구를 충족시키기 위한 각종 투자 상품들이 속속 출시되고 있다. 이 장에서는 투자의 개념과 기본원리, 투자위험, 투자의 기회비용, 및 투자전략 등 투자와 관련된 기초 지식 전반에 대해 개괄적으로 다루고자 한다.

1. 투자의 개념과 유형

1) 투자의 개념

투자(investment)란 미래의 불확실한 기대수익을 획득하기 위해 현재의 소비를 유보하는 경제적 선택이다. 즉 미래에 더 큰 수익을 얻을 목적으로 현재 소비를 포기하고 경제적 희생을 감수하여 각종 자산을 취득하는 행위라고 할 수 있다. 모든 투자행위에 있어 자금을 지불하는 시점은 현재이고, 그에 대한 보상을 받는 시점은 미래이기 때문에 결국 불확실한 미래수익을 위해 현재의 확실한 가치를 희생하는 것이다.

투자는 불확실성(uncertainty)이라는 특성을 가지고 있으며, 불확실성의 정도는 투자 대상이 가지고 있는 위험(risk)과 수익을 얻기 위해 걸리는 시간(time)의

두 가지 속성에 의해 달라진다. 그러므로 투자는 위험에 대한 적절한 보상과 시간에 대한 보상이 부여된 경제행위라고 할 수 있다. 일반적으로 은행의 정기예금은 이자율이 정해져 있기 때문에 투자의 성과가 예측 가능하고 투자 결과가 달라질 위험이 거의 없지만, 부동산이나 주식과 같은 투자대상은 시간이 흐름에 따라 투자성과가 달라질 수 있으며 그것을 쉽게 예측하기 어렵다. 즉 은행예금에 비해서 주식이나 부동산은 상대적으로 불확실성이 크다. 일반적으로 불확실성이 크면 투자의 수익성은 높고, 반대로 불확실성이 작으면 수익성도 낮다.

모든 투자의 원칙은 투자에 따른 미래 기대수익이 투자원금 보다 클 뿐 아니라, 화폐의 시간가치와 불확실성에 대한 보상까지도 모두 상쇄하고도 남음이 있어야 한다는 것이다. 시간과 위험의 불확실성에 대한 보상이라는 측면에서, 투자(investment)와 저축(saving), 투기(speculation) 및 도박(gambling)행위는 그 개념과 정의가 달라진다. 저축의 경우에는 현재의 소비를 희생함으로서 화폐의 시간가치를 반영하지만, 위험에 대한 대가가 거의 없다. 즉 은행이 도산하지 않는 한, 투자위험이 매우 낮고 예측가능하기 때문에 현재의 소비를 희생해서 미래에 큰 수익을 기대한다기보다는 미래의 소비에 대한 준비 정도라고 이해하는 것이 적절하다.

투자는 비교적 낮은 위험의 증권 또는 자산에 자금을 비교적 장기적으로 투입하여 이 자산으로부터 발생하는 수익과 자본이득을 기대하는 것인데 반해, 투기는 비교적 위험이 높은 증권이나 자산에 자금을 일시적으로 투입하여 자산의 가격변동을 이용하여 단기적인 매매차익을 기대하는 거래를 말한다. 투기는 위험 보상에 대한 기대가 매우 높고, 예측이 어려운 경우이다. 투자가 합리적인 정보수집과 분석과정을 거쳐서 투자 대상을 선택하는데 반해, 투기는 그러한 절차 없이 고수익만을 추구하는 경향이 있다. 즉 투기는 미래의 소득증대를 위해 상대적으로 짧은 기간 동안 평균 이상의 수익을 얻을 목적으로 평균 이상의 위험을 부담하는 것을 말한다. 그러나 이 보다 더욱 심각한 경우는 도박이다. 도박은 시간 보상과 위험 보상에 대한 개념이 전혀 없고, 합리적인 정보수집과 분석과정 없이 모든 결과를 운에 맡기는 일탈적인 행위이다.

2) 투자의 유형

투자는 투자대상의 다양한 속성과 투자과정의 차이에 따라 여러 가지 유형으로 구분될 수 있다.

(1) 증권투자와 실물투자

투자대상에 따라 투자의 유형을 분류하면, 크게 증권투자와 실물투자로 나뉘어 진다. 증권투자는 주식, 채권, 어음, 옵션 등 유가증권의 형태를 갖는 금융자산에 투자하는 것을 의미한다. 유가증권은 재산적 가치를 지닌 일체의 증서로서, 금융시장의 자금거래에서 발생되는 금전적인 청구권을 증서로 표시한 것이다. 이에 반해 실물투자(property investment)는 토지, 건물 등 부동산과 기계, 설비, 장치, 골동품 등 고정자산에 투자하는 것을 의미한다.

증권투자의 대상은 일반적으로 채권, 주식, 선물 및 옵션 등으로 나뉘어 진다. 채권투자는 발행주체의 경영성과에 관계없이 발행조건에 따른 확정이자가 지급되고 만기가 되면 원금상환이 이루어지는 투자형태로서, 채권을 매입한 투자자가 채권자가 되고 채권을 발행한 주체(정부, 지방자치단체, 공공기관, 주식회사 등)는 채무자가 되는 것이다.

주식투자는 주식회사 형태의 사기업이 자금을 조달하기 위해 발행하는 출자증권을 투자자가 매입하는 하는 형태이다. 주식의 매입을 통해 투자자는 해당 기업의 주주가 되며, 기업의 경영성과에 따라 배당금을 지급받고 또 주식매매의 시세차익을 통해 자본이득도 얻을 수 있다.

선물, 옵션 등은 파생상품으로서 그 시장가치가 특정 자산의 가격이나 금리, 주가지수 등에 연동되어 있기 때문에, 해당 기초자산(under-lying assets)의 시가변동에 따라 수익을 기대할 수 있는 투자 상품이다. 선물은 특정 상품을 미래의 일정 시점에 인수, 인도하기로 약속하고 그 가격을 현재 시점에서 결정하는 계약을 말하며, 옵션은 특정 상품을 미래의 특정 기간에 미리 결정된 행사가격(exercise price)으로 매입 또는 매도할 수 있는 선택권을 말한다. 따라서 옵션투자자는 옵션계약에 지정된 기초자산의 시가가 변동하면 이를 통해 이득을 얻을 수 있다.

(2) 직접투자와 간접투자

투자행위의 주체에 따라 투자의 유형을 분류하면, 직접투자와 간접투자로 나눌 수 있다. 직접투자는 투자자 자신이 금융자산이나 실물자산을 직접 매입, 보유, 매도하고 자신의 판단 하에 투자자금과 자산을 운용함으로서 자산의 증대를 꾀하는 것이고, 간접투자는 전문 투자자가 구성하고 운용하는 다양한 자산의 집합에 일반 투자자가 간접적으로 투자하는 것을 말한다.

최근 들어 각종 펀드상품들이 다양하게 출시되면서 간접투자에 대한 관심이 급증하고 있다. 이는 투자자가 특정 기업의 증권에 직접 투자하는 대신 투자신탁회사에 증권투자를 신탁·운용하여 특정 기업의 유가증권에 간접적으로 투자하는 것이다. 투자신탁회사는 일정기간 동안 증권에 투자할 목적으로 일반 투자자들로부터 자금을 조달한 후, 이 자금을 가지고 여러 기업이 발행한 주식이나 채권 등을 매입하여 분산투자하고 이를 효과적으로 관리하여 수익을 얻은 후, 신탁보수나 수수료를 차감하고 나머지 운용수익을 일반 투자자들에게 다시 돌려준다. 이 때 개별 투자자의 수익은 투자비중에 따라 배분된다. 증권투자신탁은 증권투자에 대한 전문적인 지식이 상대적으로 부족한 일반 투자자들을 대신하여 투자신탁회사와 같은 전문투자기관이 신탁재산을 운용하기 때문에 투자의 효율성을 높이는 동시에 투자의 기회를 확대해 주는 효과를 갖는다.

(3) 단기투자와 장기투자

투자기간에 따라 투자의 유형을 분류하면, 단기투자와 장기투자로 구분된다. 어떤 기준에 의해 장기와 단기를 나눌 것인가는 나라에 따라 약간 다른데, 우리나라에서는 일반적으로 투자기간이 1년 미만인 것은 단기투자로, 1년 이상인 것은 장기투자로 분류한다. 또는 투자기간이 1년~5년 정도인 것을 중기투자로 세분화하고, 5년 이상 되는 것을 장기투자로 구분하기도 한다. 그러나 이러한 구분은 투자자산의 기간적 유효수명에 의해 분류하는 것이며, 반드시 1년, 혹은 5

년이라는 기간을 엄격하게 적용한다는 의미는 아니다.

단기투자와 장기투자의 구분은 투자자산의 유형에 따라 다르게 적용될 수 있다. 예를 들어 금융상품의 경우 가입기간이 1년 미만인 상품들을 주로 단기운용상품이라고 하고, 가입기간이 1개월 혹은 그 이하인 상품들을 초단기상품으로 구분한다. 주식의 경우에는 1개월 혹은 6개월을 기준으로 단기투자와 장기투자를 나누기도 한다. 그러나 주식에서의 장기투자와 단기투자는 단순히 기간의 문제가 아니라 투자방식의 차이에 기인하기 때문에 이를테면 1개월짜리 투자가 단기투자가 될 수도 있고 장기투자가 될 수도 있다고 논의된다. 이에 반해 부동산 같은 경우에는 투자기간이 적어도 5년 이상 되는 경우를 장기투자로 본다.

2. 투자의 기본원리

1) 투자의 기본요소

투자를 결정할 때 고려해야 하는 가장 중요한 세 가지 요소는 수익성, 안전성, 그리고 유동성이며, 이를 일반적으로 투자의 3요소라고 부른다. 물론 투자대상의 고려요인으로 투자기간, 헷징(위험분산) 목적, 그리고 금융기관의 여건 등도 있겠으나, 수익성, 안전성, 유동성의 세 가지 요인만큼 강력하지는 않다.

(1) 수익성

수익성은 투자대상이 얼마나 많은 수익을 남기면서 자산을 증식시켜주는가의 문제이다. 투자는 미래의 더 큰 수익을 기대하며 현재의 소비를 포기하는 행위이기 때문에 투자대상이 얼마나 큰 수익을 가져올 것인가가 매우 중요하다.

이자나 배당액, 시세차익, 집세 등은 모두 수익에 포함되며, 일정 기간 동안 원금에 대해 발생한 수익의 비율을 수익률이라고 한다. 또한 수익에서 수익을 얻기 위해 투자한 비용을 차감한 것을 이익이라고 하며, 이를 투자원금으로 나눈 것이 이익률이다. 그러나 개인 투자자들의 경우에는 투자를 하는데 들이는 별도의 비용이 거의 없기 때문에 일반적으로 수익률이라는 용어와 이익률이라는 용어가 혼용되고 있다.

수익성은 금융상품에 따라 그리고 투자기간과 투자시기에 따라 계속 변화하며, 주식이나 부동산, 실적배당 금융상품 등은 수익률이 고정되어 있지 않다. 또한 수익에 대한 세금혜택 유무도 최종 수익률에 영향을 미치므로 어떤 투자유형이 수익성이 가장 높다고 단정적으로 말하기는 어렵다.

(2) 안전성

수익률이 높다 해도 투자의 위험이 크면 바람직한 투자라고 할 수 없다. 투자로 얻게 되는 미래의 수익은 불확실하며, 투자대상에 따라 그 불확실성의 정도가 다르다. 안전성이라는 것은 투자 자산의 가치를 상실하지 않고 얼마나 확실하게 지킬 수 있는가를 의미하며, 위험의 반대개념이다. 그러므로 투자 목표를 달성하기 위해서 허용할 수 있는 위험의 정도를 고려하여 투자대상을 선택해야 한다.

투자의 위험은 투자종목 자체에 대한 안전성과 거래대상에 대한 안전성으로 나누어 고려해야 한다. 투자종목에 대한 안전성은 투자대상을 주식으로 할 것인지 채권으로 할 것인지 또는 예금상품으로 할 것인지에 따라 달라지며, 거래대상에 대한 안전성은 예금상품을 선택하더라도 시중은행과 거래를 할 것인지 새마을금고와 거래를 할 것인지에 따라 달라지기 때문이다.

대체로 안전성과 수익성은 반비례 관계에 있다. 안전성이 높을수록 기대수익은 감소한다. 즉, 투자위험이 클수록 기대수익 역시 증가한다는 것이다. 은행예금은 안전성이 높은 반면 기대수익이 낮고, 주식투자는 원금상실 등 위험부담이 크지만 그만큼 기대수익도 높다.

(3) 유동성

유동성은 현금이 필요할 때 얼마나 손쉽게 자산을 처분하여 현금화할 수 있는가를 의미하며, 환금성이라고도 한다. 자산을 많이 보유하고 있더라도 현금화하지 못하거나 현금화하는데 많은 손해가 따른다면, 바람직한 자산관리라고 할 수 없다. 가계의 갑작스런 소득상실이나 가족원의 예기치 못한 사고 등 비상사태가 발생할 것을 대비하여 월평균 소비 지출액의 2~6배 정도를 유동성이 높은 금융자산의 형태로 가지고 있는 것이 바람직하다. 그러나 극단적으로 유동성을 중시하여 집안의 금고에 현금을 넣어두면 수익성이 전혀 없을 뿐 아니라, 물가상승에 따른 화폐가치의 하락으로 인해 수익성이 마이너스가 될 수도 있다.

유동성과 비슷한 개념으로 시장성이 있다. 유동성은 단기에 현금화될 수 있는 가능성을 의미하되, 손해를 보지 않고 안정된 가격을 얻을 수 있는 정도와 팔 수 있는 시장을 찾을 수 있는 능력을 모두 포함하는 개념이다. 반면, 시장성은 팔 수 있는 시장을 찾을 수 있는 능력만을 의미하며, 반드시 안정된 가격이 보장되지 않을 때에도 사용된다. 결국 현금화에는 큰 문제가 없으나, 손실 가능성이 잠재해 있을 때 시장성의 개념을 사용한다.

일반적으로 유동성은 수익성과 반비례 관계에 있다. 그러므로 어느 정도의 유동성을 확보하기 위해 수익성의 일부는 포기해야 한다. 일반저축예금은 수시입출금이 가능하여 유동성은 매우 높은 반면 수익률이 낮고, 부동산은 유동성이 낮은 반면 수익성은 높은 편이다. 또한 증권시장에서 거래되는 증권들 간에도 유동성에 차이가 있다. 대체로 유동성이 높을수록 잠재적 수익이 낮아지므로 투자를 결정할 때 투자 상황과 목표, 투자기간 등을 고려하여 유동성과 수익성에 대한 적절한 분배를 해야 한다. 또한 투자자는 장래시점 별로 필요한 유동성 규모를 고려하여 미래에 발생할 불확실성을 감소시킬 수 있도록 투자결정을 해야 한다.

(4) 수익성, 안전성, 유동성의 관계

투자대안에 따라 수익성, 안전성, 유동성의 정도가 다르다. 결국 각 투자대안의 수익성 차이는 각기 위험정도와 유동성 정도가 다르기 때문에 발생하는 것이다. 대체로 유동성이 낮을수록, 위험부담이 클수록 수익성은 높아진다. 즉 유동성과 안전성을 포기하는 대가로 높은 기대수익을 얻게 되는 것이다.

일반저축예금은 위험이 작고 기대수익도 낮으나, 언제든지 현금화가 가능하다는 장점을 가진다. 이에 반하여 부동산 투자는 기대수익이 높으나 유동성이 떨어지고, 주식투자는 기대수익이 높으나 안전성이 낮다. 그러므로 위험 삼분주의를 염두에 두고, 자산의 3분의 1은 주식투자와 같이 수익성이 높은 대안에 투자를 하고, 3분의 1은 안전성이 높은 채권이나 정기예금 혹은 부동산에, 그리고 나머지 3분의 1은 유동성이 높은 저축예금이나 양도성예금증서와 같은 단기금융상품 등에 분산투자를 하는 것이 바람직하다.

2) 투자의 기본원리 : 위험과 수익의 상반관계

투자의 목적은 투자수익을 극대화하는 것이다. 그러나 아무리 기대수익이 높다할지라도 투자에 따르는 위험이 크다면 그 누구도 투자를 쉽게 결정하지 못할 것이다. 즉 투자는 수익을 극대화한다는 목적과 더불어 위험은 극소화해야 한다는 목적을 동시에 가지고 있다. 그러나 이 두 목적은 동시에 달성할 수 없는 선택이다. 이를 위험과 수익의 상반관계(risk-return trade off)라고 하며, 투자를 결정하는데 있어 가장 기본적인 원리이다.

높은 수익을 얻기 위해서는 보다 많은 위험을 감수해야 하고, 위험부담을 줄이기 위해서는 기대수익을 낮추어야 한다. 결국 높은 위험을 감수하는 대가로 그에 상응하는 높은 수익을 얻게 되는 것이다. 그러므로 투자자들은 투자에 따르는 기대수익과 위험수준을 비교한 후, 감수할 수 있는 위험수준 보다 기대수익이 크다고 판단될 때 투자를 결정해야 한다. 합리적으로 투자대상을 선택하여 성공적인 투자를 하기 위해서는 투자대상이 가지고 있는 기대수익률과 위험을 동시에 고려하여 최적의 투자대안을 선택하는 것이 필요하다.

3. 투자위험의 이해

1) 투자위험의 개념

위험(risk)은 미래의 결과에 대해 부분적인 지식만을 가지고 있는 상황을 의미한다. 미래의 결과에 대해 완전한 지식을 가지고 예측할 수 있는 상태를 확실성이라고 할 수 있으며, 그 반대로 미래 결과에 대해 완전히 무지인 상태를 불확실성이라고 할 수 있는데, 현실적으로 완전한 확실성이나 완전한 불확실성은 거의 존재하지 않는다. 위험은 의사결정자가 미래의 결과에 대해 부분적인 지식만을 가지고 있기 때문에 미래의 결과가 확률분포로 예상될 수 있는 상황이다. 투자자들은 대게 부분적인 지식만을 가지고 투자를 결정하기 때문에 투자행동은 위험 하에서 이루어지는 대표적인 의사결정이다.

채권이나 주식과 같은 증권투자를 통해 투자자가 미래에 얻게 될 수익은 이자나 배당금, 그리고 자본이득이다. 채권에 투자할 경우, 계약 당시 확정이자의 지급이 약속되지만 경우에 따라서는 이자지급이 연기되거나 또는 불이행될 가능성도 있다. 자본이득은 매입가격과 매도가격의 차이에 의해 시세차익을 얻는 것을 말하는데, 매입가격은 투자시점에서 확실하게 지불하는 값이지만, 매도가격은 확실한 예측이 어렵기 때문에 결과적으로 자본이득이 될 수도 있고 자본손실이 될 수도 있다. 이렇듯 투자를 통해 기대하는 미래의 수익은 불확실성을 내재하고 있는 확률변수이다.

투자위험은 투자수익의 변동성, 불확실성, 예측 불가능성, 혹은 기대했던 수익률에 도달하지 못할 가능성 등을 말한다. 만일 어떤 투자의 실제 수익률이 기대수익률과 큰 편차를 가질 가능성이 크다면, 그 투자 행동은 큰 위험을 가지고 있는 것이다.

2) 투자위험 발생요인

투자위험은 실제수익이 기대수익과 다를 수 있는 확률이 얼마나 큰가를 의미하며, 이는 주로 외부 환경의 변화나 투자대안 관련 기업의 상황변화에 의해 영향을 받는다. 투자대안을 선택할 때 기본적으로 고려해야 하는 위험요인들을 살펴보면, 시장 위험, 인플레이션 위험, 경영 위험, 이자율 위험, 유동성 위험 등이 있다. 이러한 위험요인들은 사실 모든 투자대안에 존재하기 마련이다. 투자위험을 완전히 피해갈 수는 없지만, 투자대안별로 위험도를 비교해서 분산투자를 시도하면 안전성과 수익성을 유지할 수 있다.

(1) 시장 위험(market risk)

시장 위험은 시장상황의 변화와 관련된 투자위험을 말한다. 즉 전체적인 증권시장, 부동산시장, 또는 특정산업의 경기 변동으로 인해 투자대안의 기대수익이 변화하는 경우를 의미한다. 경제주기에 따라, 사회·정치적 환경변화에 따라 투자수익률이 영향을 받기 때문이다. 예를 들어 기업 자체의 투자가치가 매우 높은 대형 우량주에 투자를 했더라도, 주식시장 자체가 불황이면 상당한 주가하락을 경험할 수 있다. 그러나 각 투자자산별 시장상황의 안정성은 상대적이기 때문에 분산투자를 통해 시장 위험에 어느 정도 대비할 수 있다.

(2) 인플레이션 위험(inflation risk)

인플레이션은 지속적으로 물가가 상승하여 화폐가치가 하락하고 실질구매력이 감소되는 현상을 말한다. 투자수익률이 인플레이션을 감당하지 못해서 투자에 따른 실질수익률이 마이너스가 되고 투자가치가 감소하는 위험을 인플레이션 위험이라고 한다. 지난 몇 해 동안 우리나라에서 저금리가 지속되면서 금리가 평균 물가상승률 보다 낮아 은행예금의 실질수익률이 마이너스가 된 현상은 인플레이션 위험을 설명해 준다. 특히 확정금리의 투자대안일 경우 인플레이션 위험에 노출될 가능성이 높아진다. 이와는 반대로 디플레이션 위험(deflation risk)도 존재하는데, 이는 불경기나 정부의 통화정책 불균형으로 말미암아 전체 물가수준이 하락하면서 투자자들이 보유하고 있던 투자자산의 가치도 같이 감소하는 현상을 말한다.

(3) 경영 위험(business risk)

경영위험은 투자대안을 제공한 측이 어려움에 처해서 이자나 배당금 등의 지급 약속을 지키지 못할 위험을 말한다. 즉 투자대안 제공자의 영업활동을 저해하는 사건이 발생할 확률, 경영부실이나 과도한 사업 확장 등으로 인해 투자수익을 돌려주지 못할 확률을 의미한다. 특정 기업에 주식투자를 한 투자자들은 기업의 도산이나 청산으로 인해 배당금을 받지 못하고 주가가 폭락하는 등의 경영위험에 처할 수 있으며, 회사채를 구입한 투자자들은 해당 기업으로부터 약속한 이자를 돌려받지 못하거나 만기에 원금을 돌려받지 못하는 경영위험에 처할 수 있다. 경영위험은 사업유형이나 기업의 자본규모 등에 의해 영향을 받는데, 벤처기업들은 상대적으로 높은 잠재적 경영위험을 가지고 있다고 볼 수 있다.

(4) 이자율 위험(interest rate risk)

이자율은 현재의 소비를 유보하고 자금을 타인에게 빌려주거나 저축함으로서 받게 되는 대가이다. 이는 유동성을 포기하는 것에 대한 대가이기 때문에 사람들은 미래의 시장변화나 인플레이션 등으로 인해 손해를 볼 가능성을 충분히 보상해 줄 만큼의 이자율을 바라게 된다. 그러므로 이자율은 앞서 말한 시장위험이나 인플레이션 위험과도 관련이 있다. 또한 이자율은 투자대안에 따라 상이하게 적용되기 때문에 자본시장의 이자율 수준이 상승하면 특정 투자대상의 시장가치가 상대적으로 하락할 수 있다. 이처럼 자본시장의 이자율이 변화함에 따라 기존 투자대안의 가격에 변화가 오는 위험을 이자율 위험이라고 한다. 즉 시장 이자율이 전반적으로 상승함에 따라 상대적으로 낮은 이자율을 갖는 투자대안이 불리하게 되는 상황을 의미한다.

일반적으로 이자율 위험이 가장 높은 투자대안으로 채권을 꼽는다. 시장 이자율이 오르면 기존 채권의 시장가격은 내리고, 시장 이자율이 내리면 기존 채권의 시장가격이 오르기 때문이다. 예를 들어 투자자가 1년 전에 연 5% 이자의 회사채를 구입했는데, 시장 이자율이 상승하여 올해 연 6.5%의 이자율로 회사채가 발행된다면 기존에 구입한 채권의 시장가치가 하락하는 것이다. 채권에는 액면

이자율이 확정 기재되어 있기 때문에 시장 이자율이 증가하면 상대적으로 투자가치가 떨어지게 된다.

(5) 유동성 위험(liquidity risk)

유동성은 자산을 처분하여 얼마나 빨리, 별다른 손실없이 현금화할 수 있느냐를 의미한다고 언급한 바 있다. 유동성 위험은 어떤 투자자산을 급히 처분하여 현금으로 전환할 때 발생할 수 있는 자산가치의 손실을 의미한다. 부동산은 주식이나 채권과 같은 유가증권, 저축 및 기타 금융자산들과 비교할 때, 유동성이 낮기 때문에 급하게 현금화하기가 어려우며, 급하게 현금화하는 경우 적지 않은 손실이 발생한다. 즉 유동성 위험이 크다고 할 수 있다.

3) 위험에 대한 투자자의 태도

모든 투자자들은 투자를 통해 더 많은 수익(return)을 얻는 것을 선호한다. 또한 적은 부(wealth) 보다는 더 많은 부를 선호한다. 그러므로 투자에 따른 효용(utility)함수는 부의 크기에 대해 기울기가 (+)인 증가함수의 형태를 갖게 된다(dU/dW 〉 0). 즉 수익률 혹은 부가 증가할수록 총효용은 증가한다는 것이다. 그러나 부의 증가에 따라 총효용이 항상 비례적으로 증가하는 것은 아니며, 효용함수의 형태는 위험에 대한 개인의 태도에 따라 달라지게 된다.

위험에 대한 투자자의 가치평가 및 태도에 따라 그 유형을 분류하면, 위험회피형 투자자, 위험중립형 투자자, 그리고 위험추구형 투자자로 나누어진다.

(1) 위험회피형 투자자(risk Averter)

위험회피형 투자자는 위험을 좋아하지 않는 투자자로서, 다른 조건이 일정하다면 가능한 한 적은 위험을 부담하려는 유형이다. 이들은 부가 증가할 때 마다 총효용은 증가하지만, 그 한계효용은 체감한다. 즉 투자자금이 한 단위 추가될 때 마다 그 마지막 단위의 한계효용이 감소하는데, 이를 한계효용 체감의 법칙

(diminishing marginal utiity)이라고 한다.

수익률 혹은 부가 증가할수록 만족감이 증가하되, 추가적으로 얻게 되는 수익이 주는 만족감의 크기는 계속해서 줄어든다는 것이다. 희소성의 원칙에 따라 추가적으로 얻게 되는 수익의 가치는 상대적으로 감소하기 마련이다. 뿐만 아니라, 투자자들은 수익률이 높아짐에 따라 위험성도 함께 높아진다는 것을 알기 때문에 위험이 커질수록 투자안의 가치를 작게 평가하고, 위험에 대한 대가, 즉 위험 프리미엄(risk premium)이 적절히 주어지지 않으면 그 위험을 부담하려 하지 않는다. 이러한 위험회피형 투자자들의 효용함수는 〈그림 2-1〉의 (a)와 같이 부의 증가에 따라 총효용이 증가하면서 한계효용은 체감하는 형태를 갖는다.

현실의 경제생활에서 관찰되는 대부분의 투자자들은 위험회피형 투자자라고 할 수 있다. 이들은 위험을 피하려고 하기 때문에 불확실한 기대치보다는 확실한 부를 선호한다. 그러나 위험을 부담하는 대가로 위험프리미엄이 충분히 주어진다면, 위험회피형 투자자들도 위험부담을 감수하고 투자를 행할 수 있다. 왜냐하면 큰 위험을 감수한 대가로 더 큰 기대수익 혹은 기대하는 부를 얻음으로써, 기대효용의 증가를 가져올 수 있기 때문이다. 또한 위험회피형 투자자들이 위험 분산 투자를 선호하는 이유 역시 그들의 총기대효용을 증가시키기 위해서이다.

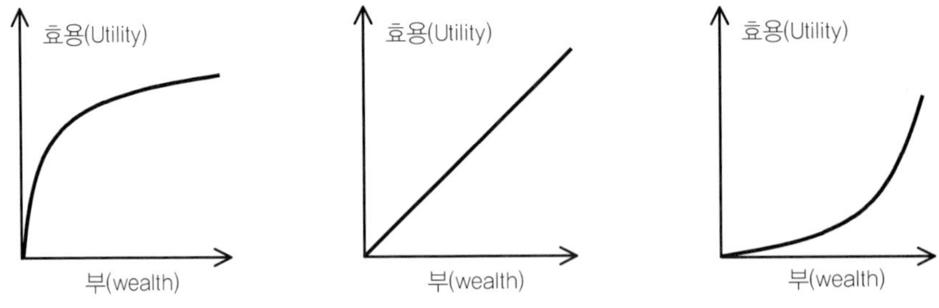

그림 2-1 위험에 대한 투자자의 태도와 효용함수

(2) 위험추구형 투자자(risk Seeker)

위험추구형 투자자는 더 큰 위험을 추구하며, 높은 수익을 위해 큰 위험을 기꺼이 감수하는 유형으로서, 위험선호형(Risk lover)이라고도 부른다. 이들은 수익률이 증가함에 따라 총효용이 증가함은 물론이고, 한계효용도 지속적으로 체증하는 특성(increasing marginal utility)을 보인다. 위험이 커질수록 높은 수익률을 얻을 수 있는 가능성이 커지므로 위험을 감수하며, 동일한 기대수익이라고 할지라도 위험이 더 큰 투자대안을 선택하여 기대효용을 증가시킨다. 따라서 위험추구형 투자자들의 효용함수는 〈그림 2-1〉의 (c)와 같이 부의 증가에 따라 총효용이 증가하면서 한계효용이 체증하는 함수로 나타낼 수 있다. 위험추구형 투자자들의 경우, 높은 위험을 수용하고 높은 수익을 기대하는 만큼 큰 손실을 볼 가능성 역시 높기 때문에 합리적인 투자행동이라고 보기 어렵다.

(3) 위험중립형 투자자(risk Neutralist)

위험중립형 투자자는 위험의 크기에 관계없이 기대수익 혹은 기대하는 부에 의해서 의사결정을 하는 유형이다. 이들의 한계효용은 위험수준과 상관없이 일정하며, 단지 수익률에 의해서만 총효용을 극대화하고자 한다. 위험중립형 투자자들의 경우, 부의 증가에 따라 총효용이 증가하지만 한계효용은 부의 수준에 관계없이 일정한 크기로 유지되기 때문에 〈그림 2-1〉의 (b)와 같이 효용함수의 형태가 직선이 된다. 위험중립형 투자자들은 위험에 대해 인지하지 않기 때문에 오히려 위험추구형 투자자들 보다 더 비합리적이라고 볼 수도 있다.

4. 투자의 기회비용과 화폐의 시간가치

1) 투자의 기회비용

개인이나 가계가 재무계획을 세우고 그에 적합한 투자방법을 선택할 때에는 시간의 흐름에 따라 화폐의 가치가 변화한다는 사실을 반드시 기억해야 한다. 화폐의 가치는 시간이 흐름에 따라 상승하기도 하고 하락하기도 한다. 예를 들어, 2005년 1월 1일에 연 이자율 6%로 은행에 저축을 하고 1년 동안 이 돈을 출금하지 않으면, 2006년 1월 1일에 이 돈은 106만원이 되고, 우리는 이자율 6%에 해당하는 6만원을 얻게 된다. 그러나 만약 100만원을 은행에 예금하는 대신 1년 동안 장롱 깊숙이에 넣어둔다면, 6만원의 이자를 얻지 못한 것은 당연하거니와 물가상승률 때문에 오히려 돈의 가치가 하락하게 된다. 1년이라는 시간이 흐르면서 모든 물가가 전반적으로 상승했기 때문에 액면 상으로는 똑같은 100만원이지만, 그 돈이 갖는 실질 구매력이 하락하는 것이다.

2005년의 물가상승률을 4%라고 가정해 보자. 이는 2005년 1월 1일에 100만원을 가지고 살 수 있었던 물건을 2006년 1월 1일에는 104만원을 지불해야 살 수 있다는 의미이다. 다시 말해, 2005년 1월 1일의 100만원은 시간이 흐름에 따라 물가상승에 의해 상대적인 가치를 점차 상실하여, 1년이 지나면 단지 96.15만원의 실질구매력을 갖게 되는 것이다(100만 원 ÷ 1.04 = 96.15만원). 그러나 위의 예에서처럼 연 이자율 6% 은행 상품에 저축을 하면 6만원의 이자를 받게 되므로, 물가상승률에 의한 화폐가치 하락을 고려한 후에도 실질적으로 101.92만원을 얻을 수 있다(106만 원 ÷ 1.04 = 101.92만원). 결국 은행상품에 투자를 하는 경우 실질적인 순이익으로 대략 2만원 정도를 얻게 되는데 반해, 투자를 하지 않고 그냥 보유하고 있으면 오히려 4만원 정도의 화폐 가치를 상실하게 되는 것이다.

이렇듯 화폐의 가치는 시간에 의해 결정된다. 은행에 저축을 하든지, 다른 방법을 이용하든지 간에 투자를 하는 경우에는 시간이 화폐의 가치를 더해주지만, 투자를 하지 않으면 오히려 인플레이션으로 인해서 실질적인 화폐 가치가 하락한다. 그러나 만약 투자를 통해 기대되는 이익이 인플레이션으로 인해 상실하는 화폐 가치 보다 적다면, 사람들은 투자에 별다른 매력을 느끼지 못할 것이다.

예를 들어, 은행 저축상품의 연 이자율이 3.5%이고, 물가상승률이 5%라고 가정해 보자. 앞서 설명한 것처럼 100만원을 투자하지 않고 보유하면, 인플레이션 때문에 1년 후 이 돈은 95.24만원의 가치밖에 갖지 못한다(100만원 ÷ 1.05 = 95.24만원). 만약 은행에 저축을 한다면, 이자율 3.5%에 해당하는 3만 5천원의 이자를 받게 되겠지만 이미 1년 동안 물가가 5% 상승했기 때문에 100만원의 실질적인 가치는 98.57만원이 된다(103.5만원 ÷ 1.05 = 98.57만원). 100만원을 1년 동안 은행에 저축하는 형태로 투자하는 경우, 이 돈을 그냥 장롱 속에 넣어 두는 것 보다는 3만원 가량 더 높은 실질 가치를 얻게 된다. 그러나 100만원을 은행에 저축하지 않고, 1년 전에 소비했다면 100만원의 구매력을 모두 사용할 수 있었던 것에 반해, 1년이 지난 후에는 오히려 98.57만원의 구매력 밖에 갖지 못하게 되었다. 이처럼 은행에 저축을 했음에도 불구하고 화폐의 실질적인 가치가 하락하는 것은 저축상품의 연 이자율이 물가상승률 보다 낮았기 때문이다.

은행에 저축을 하는 것은 대표적인 투자행위이다. 투자란 미래에 더 큰 수익을 얻을 목적으로 현재의 소비를 유보하는 경제적 행위이다. 그러나 위의 예에서처럼 현재의 소비를 포기하고 100만원을 저축하여 1년을 기다린 후에 얻게 되는 가치가 98.57만원이라면, 사람들은 저축을 하려고 하지 않을 것이다. 다시 말해, 투자를 통해 기대되는 이자율이 물가상승률 보다도 낮은 경우에 사람들은 투자를 하지 않고, 오히려 현재의 욕구 충족을 위해 소비지출을 증가시킨다는 것이다. 반대로, 투자를 통해 기대되는 이자율이 인플레이션으로 인한 화폐의 가치상실을 상쇄하고도 충분히 남음이 있을 때 사람들은 현재의 소비를 유보하고 투자를 결정한다.

화폐의 가치는 시간이 흐름에 따라 이자율에 의해 상승하기도 하고, 인플레이션에 의해 하락하기도 한다. 사람들은 현재의 욕구충족을 선택할 것인가, 현재의 소비를 유보하고 미래의 수익을 선택할 것인가를 결정할 때, 화폐의 시간가치를 고려하여 보다 큰 효용을 주는 쪽으로 의사결정을 한다. 투자를 선택하는 것은 현재의 소비를 포기하는 것이며, 현재의 욕구충족을 위해 소비를 선택하는 것은 결국 그 돈의 시간가치, 즉 장래의 이자를 포기하는 것이다. 이러한 측면에서 볼 때, 결국 화폐의 시간가치는 일종의 기회비용이 된다. 또한 제한된 자본으로 어떤 하나의 투자대안을 선택하기 위해서는 다른 대안을 포기해야 하는데, 이 역시 기회비용의 개념으로 설명할 수 있다. 높은 수익을 만들어 내는 최적의 투자대안을 선택하기 위해서는 각 투자대안의 기회비용을 파악해야 하며, 이를 위해서도 화폐의 시간가치를 정확하게 이해해야 한다.

2) 화폐의 시간가치

우리가 투자를 고려할 때, 궁금한 점들은 일반적으로 현재 일정액의 돈을 투자하면 일정 기간이 흐른 후 미래에 얼마만큼의 돈을 얻을 수 있게 되는지, 혹은 미래 일정 시점에 일정액의 목돈을 마련하기 위해서는 현재 가치로서 얼마의 돈이 필요하며, 매달 얼마만큼의 돈을 소비하지 않고 투자해야 하는지 등이다. 이러한 질문들에 대한 답을 얻기 위해서는 화폐의 시간가치, 즉 화폐의 미래가치와 화폐의 현재가치 개념을 이해해야 한다.

(1) 이자의 계산방법

화폐의 시간가치는 이자율에 따라 달라진다. 이자율을 계산하는 방식은 크게 단리 계산법과 복리 계산법으로 나뉘어 지는데, 단리계산법은 원금에 해당기간 동안 정해진 이자율을 곱해서 산출하는 방식이며, 복리계산법은 맨 처음 기간의 이자를 단리로 계산하여 원금에 합한 후, 다음 기간부터는 원금에 이자를 합한 금액을 기준으로 이자를 계속 더해가는 방식이다.

예를 들어 10만원을 연이율 10%로 3년간 금융기관에 맡길 경우, 단리계산법과 복리계산법을 적용할 때 어떠한 차이가 있는지 〈표 2-1〉을 통해 살펴보자. 단리계산법에 의하면, 매년 이자를 10,000원씩 얻게 되며 3년이 지나 만기가 되면 원금 10만원과 이자 30,000원이 합해져 총 13만원을 얻게 된다. 이에 반해, 복리계산법을 적용하면, 1년 후에는 단리계산법과 마찬가지로 10,000원의 이자를 얻지만, 2년이 지나면 원금 10만원과 이자 1만원을 합친 11만원에 대해 10%의 이자를 지급받아 11,000원의 이자를 얻게 되고, 이와 같은 방식으로 이자가 더해져 3년 만기가 되면 원금과 이자의 합이 총 133,100원이 된다.

이번에는 10만원을 연이율 10%로 3년간 금융기관에 맡기되, 이자를 두 번으로 나누어 6개월 마다 5%씩 지급받는 경우를 생각해 보자. 단리계산법을 적용할 경우, 6개월 마다 5,000원씩 6번 지급받아 총 30,000원의 이자를 얻게 되며, 3년 후 만기적립금은 13만원이 된다. 이는 〈표 2-1〉에서처럼 1년에 한번 10%의 이자를 지급받는 경우와 동일한 결과이다. 그러나 복리계산법을 적용할 경우에는 다소 상이한 결과를 얻게 된다. 복리계산법의 경우, 처음 6개월이 지난 후에 5,000원의 이자를 받을 것이고, 다음 6개월이 지난 후에는 원금 10만 원과 이자 5천 원을 합친 105,000원에 대해 5%의 이자, 즉 5,250원을 지급받으며, 다음 6개월 후에는 110,250원에 대해 5%의 이자를 지급받는다. 이러한 방식으로 이자가 계산되어 3년 만기가 되면 약 34,010원의 이자를 지급받게 된다. 이는 10%의 이자를 1년 단위로 지급받았을 때 보다 900원 가량 많은 액수이다. 복리계산법

표 2-1 단리계산법과 복리계산법 (연이율 10%, 원금 10만원, 만기 3년)

이자지급 방식 / 투자기간	단리계산법	복리계산법	
	매 1년 지급	매 1년 지급	매 6개월 지급
0년(원금)	100,000원	100,000원	100,000원
1년	100,000×10%=10,000원	100,000×10%=10,000원	100,000×5%=5,000원 105,000×5%=5,250원
2년	100,000×10%=10,000원	110,000×10%=11,000원	100,250×5%=5,512.5원 115,762.5×5%=5,788.1원
3년(만기)	100,000×10%=10,000원	121,000×10%=12,100원	121,550.6×5%=6,077.5원 127,628.1×5%=6,381.4원
만기적립금	100,000원(원금) +30,000원(이자) =130,000원	100,000원(원금) +33,100원(이자) =133,100원	100,000원(원금) +34,010원(이자) =134,010원

을 적용할 경우, 똑같은 10%의 연 이자율일지라도, 이자액 정산지급을 일년에 한번 하는 것 보다는 6개월씩 나누어서 하는 경우에 더 많은 이자액을 지급받을 수 있다. 물론 6개월 보다는 매달, 매달 보다는 매일 이자를 복리로 계산하여 지급하는 경우에 총 이자액은 더욱 증가한다. 그러므로 복리계산법을 적용하는 금융상품을 선택할 경우, 연 이자율이 동일하더라도 이를 분할하여 자주 지급해 주는 상품을 선택하는 것이 유리하다.

(2) 화폐의 미래가치 : 현재가치(PV)와 미래가치(FV)의 관계

화폐의 미래가치(Future Value; FV)는 현재 화폐가 가지고 있는 가치(Present Value; PV)를 미래의 일정 시점을 기준으로 환산한 것이다. 현재 우리가 투자하는 돈의 가치가 일정시간이 지난 미래에 얼마만큼의 가치를 갖게 되는가를 보여준다. 〈표 2-1〉에서 10만원을 연 이자율 10%로 3년 동안 저축하는 경우의 예를 살펴보았는데, 여기에서 10만원은 화폐의 현재가치가 되는 것이고, 3년 후 얻게 되는 금액이 화폐의 미래가치가 된다. 앞서 살펴본 바와 같이 화폐의 미래가치는 연 이자율 10%를 단리로 적용했는지, 복리로 적용했는지에 따라, 그리고 복리일지라도 이자지급을 얼마나 자주했는지에 따라 달라진다. 뿐만 아니라, 어떤 투자대안을 선택했는가에 따라 크게 달라지므로 투자대안을 비교할 때 매우 중요한 지표가 된다.

화폐의 미래가치는 쉽게 말해 원금과 이자의 합이다. 그런데 단리로 이자를 지급하는 것은 투자대안으로서 별 가치가 없기 때문에, 일반적으로 복리로 계산하는 경우를 적용하여 화폐의 미래가치를 구한다. 원금, 즉 화폐의 현재가치를 PV, 이자율을 i, 투자기간을 n이라고 할 때, 화폐의 미래가치 FV를 계산하는 공식은 〈식 2-1〉과 같다.

$$FV = PV(1+i)^n$$

$$\text{미래가치} = \text{원금} \times (1+\text{이자율})^{\text{기간}} \quad \text{〈식 2-1〉}$$

현재 100만원을 연 이자율 7%로 저축한다고 가정할 때, 위의 공식을 적용하여 미래가치를 구하면, 1년 후에는 100만원×$(1+0.07)^1$=107만원이 되고, 2년 후에는 100만원×$(1+0.07)^2$=114.49만 원, 10년 후에는 100만원×$(1+0.07)^{10}$=196.72만원이 된다. ⟨식 2-1⟩에서 $(1+i)^n$을 미래가치 이자요소(Future Value Interest Factor; FVIF)라고 부르는데, 이 값은 직접 계산을 해도 되지만 매번 계산하는 불편함을 줄이기 위해서 $(1+i)^n$을 미리 계산해 둔 복리표(compounded value table)를 이용할 수 있다. ⟨표 2-2⟩에서 기간(n)이 10이고, 이자율(i)이 7%일 때, 미래가치 이자요소를 찾아보면 1.9672임을 알 수 있고, 이를 ⟨식 2-1⟩을 대입하면 100만원의 미래가치는 196.72만원이 된다. 또한 복리표를 이용하지 않더라도 공학용 계산기나 재무용 계산기(financial calculator)를 이용하면 화폐의 미래가치 및 현재가치 등을 손쉽게 구할 수 있다.

표 2-2 미래가치 이자요소($FVIF_{i,n}$) : 복리표

이자율(i) / 기간(n)	2%	3%	4%	5%	6%	7%	8%	9%	10%	15%
1	1.0200	1.0300	1.0400	1.0500	1.0600	1.0700	1.0800	1.0900	1.1000	1.1500
2	1.0404	1.0609	1.0816	1.1025	1.1236	1.1449	1.1664	1.1881	1.2100	1.3225
3	1.0612	1.0927	1.1249	1.1576	1.1910	1.2250	1.2597	1.2950	1.3310	1.5209
4	1.0824	1.1255	1.1699	1.2155	1.2625	1.3108	1.3605	1.4116	1.4641	1.7490
5	1.1040	1.1593	1.2167	1.2763	1.3382	1.4026	1.4693	1.5386	1.6105	2.0114
6	1.1262	1.1941	1.2653	1.3401	1.4185	1.5007	1.5869	1.771	1.7716	2.3131
7	1.1487	1.2299	1.3159	1.4071	1.5036	1.6058	1.7138	1.8280	1.9487	2.6600
8	1.1717	1.2668	1.3686	1.4755	1.5938	1.7182	1.8509	1.9926	2.1436	3.0590
9	1.1951	1.3048	1.4233	1.5513	1.6859	1.8385	1.9990	2.1719	2.3579	3.5179
10	1.2190	1.3439	1.4802	1.6289	1.7908	1.9672	2.1589	2.3674	2.5937	4.0456
15	1.3459	1.5580	1.8009	2.0789	2.3966	2.7590	3.1722	3.6425	4.1772	8.1371
20	1.4859	1.8061	2.1911	2.6533	3.2071	3.8697	4.6610	5.6044	6.7275	16.366
25	1.6406	2.0938	2.6658	3.3864	4.2919	5.4274	6.8485	8.6231	10.834	32.918
30	1.8114	2.4273	3.2434	4.3219	5.7435	7.6123	10.062	13.267	17.449	66.211

〈표 2-2〉에서 보는 바와 같이, 이자율이 5%인 경우, 5년이 경과하면 원금의 1.28배가 되고, 20년이 경과하면 원금의 2.65배가 된다. 또한 이자율이 10%인 경우에는 5년이 경과하면 원금의 1.61배가 되고, 20년이 경과하면 원금의 6.73배가 된다. 투자기간(n)이 길어질수록, 그리고 이자율(i)이 높아질수록 미래가치 이자요소(FVIFi,n)가 증가함을 알 수 있다. 투자기간이 길어짐에 따라 화폐의 미래가치에 어느 정도의 차이가 나타나는지를 살펴보기 위해 다음의 예를 생각해 보자.

30세인 사람과 40세인 사람, 그리고 50세인 세 사람이 연 이자율 8%의 정기예금에 각각 100만원을 예치했다면, 60세가 되었을 때 세 사람이 갖는 100만원의 미래가치는 어떤 차이가 있을까? 이 세 사람의 경우, 원금과 이자율은 동일하고 단지 투자기간만 차이를 보인다. 즉 30세인 사람은 투자기간이 30년, 40세인 사람은 투자기간이 20년, 50세인 사람은 투자기간이 10년이 된다. 〈식 2-1〉과 〈표 2-2〉를 이용하여, 이들이 각각 60세가 되었을 때 미래가치를 구하면 다음과 같다.

30세인 사람 : 미래가치(FV) = 100만원 $\times(1+0.08)^{30}$ = 100만원 $\times$ 10.062 = 1,006만원
40세인 사람 : 미래가치(FV) = 100만원 $\times(1+0.08)^{20}$ = 100만원 $\times$ 4.6610 = 466만원
50세인 사람 : 미래가치(FV) = 100만원 $\times(1+0.08)^{10}$ = 100만원 $\times$ 2.1589 = 216만원

위의 경우에서 30세인 사람의 투자기간은 50세인 사람의 투자기간의 3배이지만, 그 미래가치는 거의 5배에 이른다는 사실을 알 수 있다. 동일한 투자대안을 선택했더라도 투자기간에 따라 그 수익은 큰 차이를 나타낸다. 이처럼 투자기간이 길수록 미래가치가 급증한다는 사실은 화폐가 갖는 시간가치를 잘 설명해 주며, 정기예금이나 적금, 보험, 연금 등의 저축상품은 빨리 시작하면 할수록 유리하다는 것을 보여준다.

이처럼 투자를 하면 시간이 흐름에 따라 화폐의 가치가 상승한다. 그러나 우리가 투자행동을 하건, 하지 않건 간에 시간이 흐름에 따라 물가가 상승하고, 우리의 실질구매력은 그만큼 감소한다. 즉 전체적으로 물가가 오르면 화폐가치가 떨어지게 되고, 결국 실질소득의 감소와 같은 효과를 갖게 되는 것이다. 예

를 들어, 물가상승률이 6%일 때, 오늘의 10,000원은 2년 후에 얼마가 될 것인가? 〈식 2-1〉을 적용하면, 미래가치(FV)는 10,000원×$(1+0.06)^2$=11,236원이 된다. 이는 오늘 10,000원을 가지고 살 수 있는 물건을 2년 후에는 11,236원을 지불해야 살 수 있다는 의미이다. 결국 10,000원은 그대로이지만 시간이 흐름에 따라 그 실질적인 가치가 감소하며, 그 돈을 가지고 있는 개인의 구매력 역시 감소한다는 것이다.

그러므로 우리가 현재의 구매력을 유지하기 위해서는 투자를 통해 적어도 물가상승률과 동일한 수준의 수익을 얻어야 하며, 투자를 통해 자산을 증대시키기 위해서는 물가상승률을 고려하는 가운데, 이를 상쇄하고도 남음이 충분한 투자수익을 거두어야 한다.

(3) 화폐의 미래가치 : 적립금(PMT)과 미래가치(FV)의 관계

앞서 현재의 화폐가치를 미래 일정 시점으로 환산하는 방법에 대해 살펴보았다. 이는 우리가 정기예금과 같은 금융상품에 일시에 목돈을 거치할 경우, 만기가 되었을 때 얼마의 금액을 상환 받을 것인가를 알아볼 때 유용하게 적용된다. 그러나 보다 보편적으로 사용되는 투자방법은 매년 혹은 매달 일정액을 적립하여 목돈을 마련하는 정기적금이나 최근 확산되고 있는 다양한 적립식 투자 상품이다. 그러므로 정기적금처럼 일정 금액을 일정 기간 동안 정기적으로 적립할 경우에 그 화폐가치를 미래 시점으로 환산해 보는 것은 장·단기 재무계획을 수립할 때 반드시 필요한 과정이다. 정기적으로 적립하는 금액을 PMT, 이자율을 i, 투자기간을 n이라고 할 때, 화폐의 미래가치 FV를 계산하는 공식은 〈식 2-2〉와 같다.

$$FV = PMT\left(\frac{(1+i)^n-1}{i}\right)$$

$$\text{미래가치} = \text{적립금}\times\left(\frac{(1+\text{이자율})^{\text{기간}}-1}{\text{이자율}}\right) \quad \cdots\cdots \langle\text{식 } 2\text{-}2\rangle$$

예를 들어, 한 달에 10만원씩 일년에 120만원을 저축하는 투자자의 경우를 생각해 보자. 이 투자자가 연 이자율(예금금리) 10%(i)인 적립식 상품에 매년 120

만원(PMT)씩 30년(n)을 저축하면 30년 후에는 얼마를 모을 수 있을까? 〈식 2-2〉를 적용하면 다음과 같다.

$$120\text{만원} \times [\{(1+0.10)^{30}-1\} \ / \ 0.10] = 197\text{만}4\text{천원}$$

반대로 한 달 생활비가 10만원씩 늘 모자라서 일 년에 120만원씩 대출을 받는 경우를 생각해 보자. 위의 예와 마찬가지로 연 이자율(대출금리) 10%(i)인 대출 상품으로부터 매년 120만원(PMT)씩 30년(n)을 빌려 쓴다면 30년 후에 이 사람이 갚아야 하는 부채는 1억 9천7백40만원이 되는 것이다.

또 하나의 예를 살펴보자. 어떤 투자자가 자녀의 대학교육비 마련을 위해 10년 후에 600만원이 필요해서 연 이자율 7%의 교육적금을 든다면, 앞으로 10년 동안 1년에 얼마씩 저축을 해야 하는가? 여기에서 600만원이 FV가 되고, 이자율(i)은 0.07, 기간(n)은 10년이 되며, 매년 적립해야 하는 금액은 PMT가 된다.

$$600\text{만원} = PMT \times [\{(1+0.07)^{10}-1\} \ / \ 0.07]$$

위의 식을 계산하면(혹은 재무용 계산기(financial calculator)를 이용하면), 이 투자자가 매년 적립해야 하는 금액은 434,260원이라는 결과가 나온다. 그런데 여기에서 한 가지 더 고려할 점은 우리가 적금을 불입할 때는 일년을 단위로 하기 보다는 매 달 일정액을 불입하는 것이 더 일반적이라는 사실이다. 매달 적립해야 하는 금액을 구하기 위해서는 위의 식을 다음과 같이 변형해야 한다.

$$600\text{만원} = PMT \times [\{(1+\frac{0.07}{12})^{10\times12}-1\} \ / \ \frac{0.07}{12}]$$

즉 연 이자율 7%를 12로 나누어 월 이자율을 적용하고, 기간에 12를 곱하여 10년 동안 총 불입하는 횟수를 적용하면 여기에서 구해지는 PMT가 바로 매달 적립해야 하는 금액이 되는 것이다. 이렇게 구한 월별 적립 금액은 34,665원이다.

위에서 살펴본 것처럼 10년 후에 600만원을 마련하고자 할 때, 1년에 한번씩 적립을 할 경우에는 434,260원을 지불해야 하고, 매달 적립을 할 경우에는 1년에 415,980원(34,665원×12)만 지불하면 된다. 복리계산법이 적용되기 때문에, 똑같은 7%의 연 이자율일지라도 이자정산을 일 년에 한번 하는 것 보다는 매달 하는 경우에 총 이자액이 증가하며, 이에 따라 개인이 지불해야 하는 적립액이 감소하게 된다.

(4) 화폐의 현재가치 : 미래가치(FV)와 현재가치(PV)의 관계

화폐의 현재가치(Present Value; PV)는 미래 일정 시점의 화폐액을 현재의 가치로 환산한 값이다. 예를 들어 10년 후 1억이라는 돈이 물가상승률을 고려할 때 현재 화폐의 가치로는 얼마나 될까, 혹은 10년 후 주택마련 자금 3억을 마련하기 위해 거치식 예금을 이용한다면 현재 투자원금을 얼마나 맡겨야 할까 등과 같은 고민을 해결해 줄 수 있다.

화폐의 미래가치를 FV, 이자율을 i, 투자기간을 n이라고 할 때, 화폐의 현재가치 PV를 계산하는 공식은 〈식 2-3〉으로 표현될 수 있으며, 이는 결국 앞서 살펴 본 〈식 2-1〉과 동일하다.

$$PV = FV\,(1 + i\,)^{-n}$$

$$\text{현재가치}\ \frac{\text{미래가치}}{(1+\text{이자율})^{\text{기간}}} \cdots\cdots \langle\text{식 2-3}\rangle$$

어떤 직장근로자가 20년 후 은퇴시 1억원의 연금을 일시불로 받는 개인연금 상품을 구입했을 경우, 1억원의 돈은 그의 노후생활을 보장해 주기에 충분할까? 물가상승률을 7%라고 가정하고, 〈식 2-3〉을 이용하여 20년 후 1억원의 현재가치를 구해보면 1억원 $\div (1+0.07)^{20} = 2,564$만원이 된다. 이는 한 달 생활비를 100만원으로 잡더라도 2년 남짓의 기간 밖에 유지할 수 없는 금액이다.

다른 예를 생각해 보자. 5년 후에 3,000만원을 환급받기 위해서 정기예금에 일정액을 거치하고자 한다. 연 이자율이 10%라면 현재 거치해야 하는 금액은 얼마일까? 〈식 2-3〉을 이용하여 현재가치 PV를 구하면, 3,000만원$\div(1+0.10)^5$=1,862만원을 예치하면 된다는 결과를 얻는다.

재테크코너 2-1

미래 1억원의 현재가치는?

(단위 : 천원)

물가 상승률 \ 미래	5년 후 1억원	10년 후 1억원	15년 후 1억원	20년 후 1억원	25년 후 1억원
3%	86,261	74,409	64,186	55,368	47,761
4%	82,193	67,556	55,526	45,639	37,512
5%	78,353	61,391	48,102	37,689	29,530
6%	74,726	55,839	41,727	31,180	23,300

50년 후.... 얼마?

때는 서기 2100년. 실직을 한 김포기씨는 이제 더 이상 본인이 할 수 있는 일은 없고, 한 줄기 희망도 없다는 생각에 모든 것을 포기하려는 찰나이다. 이 때 김씨의 눈에 들어온 광고가 하나 있었으니.. "냉동인간 실험대상 모집 - 1억원 지급".

지난 50여년 동안 장기냉동 실험은 끊임없이 지속되어 왔고, 이미 성공률은 90% 이상이다. 이제 상용화 직전 단계에서 마무리 실험단계이다. 김포기씨는 주저없이 50년짜리 냉동실험 신청서를 작성했다. 그리고 생각했다. "1억원을 받으면 일단 은행에 저축을 해야지. 50년 후에는 엄청난 이자를 받을 수 있겠군. 50년 뒤에 남부럽지 않게 사는 거야!! 야호~" 그는 즐거운 마음으로 냉동실험에 임했고, 곧 깊은 잠에 빠졌다.

한 숨을 깊게 자고 일어났더니.. 때는 바야흐로 2150년.

그는 일어나자마자 은행으로 달려가 50년 전에 예금해 놓았던 돈을 찾았다. 그가 기대했던 대로 1억의 돈은 무려 117억원이 되어 있었다. (연이율 10%로 계산하면 실제로 117억 4,000만원이 나옴) 김포기씨는 너무너무 행복했다. "117억으로 뭘 할까? 집도 사고, 차도 사고, 사업도 새로 시작해야지" 생각만 해도 웃음이 절로 나왔다. 흐뭇한 미소를 짓고 있는 김포기씨 눈에 반가운 중국집 간판이 보였다.

"50년 후에도 여전히 자장면은 있구나. 오랜만에 자장면이나 먹어볼까?" 가벼운 마음으로 중국집에 들어선 김포기씨는 음식가격이 적힌 메뉴판을 보고 기절하고 말았다. 『자장면 8,000만원, 간자장 1억원』

(5) 화폐의 현재가치 : 연금(PMT)과 현재가치(PV)의 관계

이번에는 연금처럼 일정금액을 미래의 일정기간 동안 정기적으로 지급받고자 할 경우, 그 화폐 가치를 현재 시점으로 환산해 보도록 하겠다. 이는 노후설계를 위하여 투자대안을 선택하고자 할 때, 미래에 받게 될 연금이나 보험이 현재 화폐가치로 얼마만큼의 가치를 갖는가에 대한 해답을 준다.

정기적으로 지급받는 금액을 PMT, 이자율을 i, 투자기간을 n이라고 할 때, 화폐의 현재가치 PV를 계산하는 방법은 〈식 2-4〉와 같다.

$$PV = PMT\left(\frac{1-(1+i)^{-n}}{i}\right)$$

$$\text{현재가치} = \text{연금}\times\left(\frac{1-(1+\text{이자율})^{-\text{기간}}}{\text{이자율}}\right) \cdots\cdots \langle\text{식 2-4}\rangle$$

예를 들어, 연 이자율 10%의 저축에서 매년 600만원씩 앞으로 10년간 지급받기를 원한다면 현재가치로 얼마를 예치해야 할까? 〈식 2-4〉를 적용하면 다음과 같다.

$$600\text{만원} \times [\{1-(1+0.10)^{-10}\} \;/\; 0.10] = 3{,}686\text{만원}$$

만약 1년에 600만원을 지급받는 것이 아니라, 매달 50만원씩 지급받기로 하고 월 단위로 이자정산 처리를 한다면, 위의 식은 다음과 같이 변형된다.

$$50\text{만원} \times [\{1-(1+\frac{0.10}{12})^{-(10\times12)}\} \;/\; \frac{0.10}{12}] = 3{,}783\text{만원}$$

다른 예를 생각해 보자. 어떤 투자자가 복권에 당첨되어 1억 원의 목돈이 생겼는데, 이를 연 이자율 7%의 저축상품에 맡기고 앞으로 10년 동안 연금 형식으로 지급받기로 했다면, 이 투자자가 매달 지급받게 되는 금액은 얼마일까? 이 역시 〈식 2-4〉를 적용하여 구해볼 수 있다. 1억원이 현재가치(PV)이고, 이자율(i)은 (7% ÷ 12), 투자기간(n)은 (10년 × 12)가 되므로 매달 지급받는 금액(PMT)을 구하면 116만1,000원이 된다.

(6) 실질이자율 : 인플레이션과 이자율의 관계

우리는 화폐의 미래가치(FV), 현재가치(PV), 적립금 또는 연금(PMT), 이자율(i) 및 투자기간(n) 등의 함수를 통해 시간이 흐름에 따라 화폐의 가치가 어떻게 변화하는지에 대해 살펴보았다. 화폐의 가치를 상승시키는 요인은 이자율이고, 하락시키는 요인은 인플레이션이며, 투자기간과 투자금액에 따라 가치상승과 가치하락의 수준이 정해진다. 이는 앞서 살펴 본 여러 예제들을 통해 확인할 수 있었다.

그러나 앞서 살펴 본 예제들에서는 이해를 돕기 위해 편의상 이자율과 물가상승률(인플레이션)을 함께 고려하지는 않았다. 예를 들어, 연 이자율 10%의 정기예금에 3,000만원을 5년 동안 거치한다고 생각해 보자. 〈식 2-1〉을 이용하면 5년 후의 미래가치(FV)가 4,831만원이 됨을 손쉽게 구할 수 있다. 그러나 우리는 투자 수익을 고려할 때 반드시 물가상승률에 대해서도 기억해야 한다. 위의 정기예금이 매년 10%의 이자를 지급해 주지만, 5년의 기간 동안 전체적인 물가수준 역시 상승하기 때문에 10%의 이자율은 실질적으로 투자자에게 고스란히 돌아오는 수익이 아니다.

물가상승률을 고려한 실질이자율(Real Interest)은 〈식 2-5〉에 의해 산출할 수 있다.

$$\text{실질이자율(Real Interest)} = \left[\frac{1+i}{1+j}\right] - 1 \quad \cdots\cdots \langle \text{식 } 2\text{-}5 \rangle$$

(i = 이자율, j = 물가상승률)

다시 위의 예에서, 물가상승률을 6%라고 가정하면 정기예금의 실질이자율은 10%가 아니라, [(1+0.10)÷(1+0.06)]-1=3.77%에 불과하다. 결국 물가상승률을 고려하면 현재 예치한 3,000만원의 5년 후 미래가치는 3,610만원에 불과한 것이다. 물가상승률을 고려한 실질이자율을 구하고자 할 때, 〈식 2-5〉의 방법을 사용하는 것이 보다 정확하지만, 편의상 [i-j], 즉 [이자율 - 물가상승률]의 방법을 사용하기도 한다. 최근 우리나라의 상황과 같이 저금리가 지속되어 시중 금리(이자율)가 물가상승률 보다 낮다면, 실질이자율은 말 그대로 마이너스 금리가 된다. 이자는 대표적인 투자수익으로서, 현재의 소비를 유보하고 미래에 대한 불확실성을 감수하는 대가인데, 그 대가가 물가상승률 조차 따라잡지 못한다면 소비자들이 더 이상 저축을 하지 않고 현재 소비를 늘리는 것이 너무도 당연하다.

물가상승률을 고려하여 실질 이자율을 구하는 것은 앞서 살펴본 화폐의 미래가치(FV), 현재가치(PV) 및 적립금 또는 연금(PMT)을 산출해 내는 모든 예제에 적용이 가능하다. 그러므로 각각의 예제에 물가상승률 조건을 추가하여 실질 이자율을 구해보고, 이에 따라 화폐의 미래가치(FV), 현재가치(PV), 적립금 또는 연금(PMT)의 가치가 어떻게 변화하는지에 대해 명확하게 이해해야 할 것이다. 또한 우리가 투자대안을 선택할 때도 명목적으로 제시되는 이자율만 볼 것이 아니라, 물가상승률을 고려하여 투자의 가치를 명확하게 판단해야 한다.

5. 투자관리 전략

1) 포트폴리오 관리

(1) 자산배분

다양한 제약조건 하에서 투자자들이 원하는 수준의 기대수익률과 위험을 충족하여 투자목적을 달성하기 위해서는 구체적이고 실천 가능한 투자전략을 수립해야 한다. 투자전략을 수립하는 첫 번째 단계는 자산배분(asset allocation)이다. 자산배분이란 투자자금 전체를 몇 가지 자산 유형별로 나누어 배분하는 것을 말한다.

투자의 기본원리인 수익과 위험의 상반관계(risk return trade-off)에 따라 자산의 유형을 분류하면 위험자산(risk asset)과 안전자산(safe asset)으로 나눌 수 있다. 위험자산은 투자에 따르는 위험이 커서 미래에 얻게 될 수익의 크기가 불확실한 자산으로서 주식, 고위험 회사채, 전환사채, 선물, 옵션, 부동산, 미술품, 골동품, 기타 귀금속 등이 위험자산에 포함된다. 안전자산은 무위험자산(risk-free asset)이라고도 불리는데, 미래수익의 크기가 확실한 자산으로서 원리금이 보장되는 국공채, 우량기업 회사채, 화폐자산(예금, CD 등) 등이 포함된다. 그러나 원리금이 보장된다고 하더라도 물가수준에 따라 그 가치가 변할 수 있기 때문에 엄밀한 의미에서의 무위험자산은 존재하지 않는다.

다수 자산의 집합을 포트폴리오(portfolio)라고 하며, 위험자산으로 구성된 포트폴리오를 위험포트폴리오(risk portfolio)라고 한다. 다른 종류의 위험자산에 비해 주식은 유동성을 충분히 가지고 있기 때문에 투자자들이 주로 고려하는 위험포트폴리오는 주식으로 이루어진 포트폴리오이다. 위험포트폴리오를 어떻게 구성할 것인가는 투자자의 투자전략에 따라 달라진다. 만약 투자자가 특별한 예측과 분석을 하지 않고 시장의 평균적인 성과만을 얻고자 한다면, 즉 소극적인 투자전략을 선택한다면, 시장 전체의 구성과 동일한 시장 포트폴리오(market portfolio)를 보유하면 된다. 소극적 관리(passive management)란 자본시장이 효율적이라는 가정 하에 자산가격에 이미 모든 정보가 반영되어 균형가격이 형성되어 있다는 것을 믿고, 시장포트폴리오를 구성함으로써 시장에서 직면할 수 있는 위험을 최소화하고 나름대로의 기대수익을 얻고자 하는 것이다.

반면 투자자가 우월한 예측 능력을 가지고 시장 평균 보다 높은 투자성과를 얻기 위해 적극적인 투자전략을 선택한다면, 소수의 투자대상을 선별하여 위험포트폴리오를 구성함으로서 더 큰 수익률과 더 큰 위험을 기대할 것이다. 적극적 관리(active management)는 자본시장이 비효율적이고, 가격이 균형상태에 있지 않다는 것을 전제로 하며, 투자자는 차익거래에 관심을 갖고 시장에서 상대적으로 가격이 싸게 거래되거나 비싸게 거래되는 자산을 선택함으로서 투자수익을 얻고자 한다.

안전자산은 투자소득이 확실한 자산, 즉 원리금이 거의 확실하게 주어지는 자산이다. 그러나 안전자산 중에서도 만기가 긴 회사채는 원리금은 확실하게 주어지지만 물가상승 요인에 의해 실질가치가 변동성을 가지며, 양도성예금증서(CD)

와 같은 단기금융상품의 경우에는 원리금이 확실하게 주어질 뿐만 아니라, 인플레이션의 영향을 비교적 덜 받기 때문에 더욱 안전하다. 이러한 안전자산의 특성을 고려하여 구성된 자산집합을 안전자산 포트폴리오라고 한다.

(2) 완성포트폴리오의 구성

투자자가 위험포트폴리오와 안전자산을 결합하여 최종적으로 보유하고자 하는 포트폴리오는 완성포트폴리오(complete portfolio)이다. 〈그림 2-2〉에서 보는 바와 같이 투자자가 위험포트폴리오에 60%, 안전자산에 40%를 배분했다고 가정하자. 이 투자자의 위험포트폴리오는 주식 1과 주식 2에 각각 35%, 40%씩을 투자하고 전환사채(일정기간이 지난 후 주식으로 전환이 가능한 회사채)에 25%를 투자하여 이루어졌고, 안전자산 포트폴리오는 장기채권과 CD, 그리고 정기예금에 각각 60%, 20%, 20%씩 투자하여 구성되었다. 그 결과 이 투자자가 보유한 완성포트폴리오는 주식 1과 주식 2에 각각 21%와 24%, 전환사채에 15%를 투자하고, 장기채권에 24%, CD 및 정기예금에 각각 8%씩 투자한 포트폴리오가 된다.

(3) 포트폴리오 관리전략

완성포트폴리오를 구성하는 투자자산의 선택과 구성비율 및 가중치의 결정은 투자자의 성향과 위험에 대한 대처능력, 유동성, 세금, 투자기간 등을 고려하여 이루어져야 한다.

또한 시장경제 환경에 변화가 발생하면 다시 각 자산 유형별 수익과 위험을 분석하여 새로운 자산배분을 행하여야 한다. 투자자가 시장 예측력과 분석력을 가지고 있다면 자산유형의 수익률을 예측하여 적절한 시기에 자산배분을 변경하고자 할 것이다. 이를 시기선택(market timing) 전략이라고 한다. 만약 주식시장의 호황이 예측되면 주식포트폴리오에 더 많은 자산을 배분하고, 주식시장의 침체가 예측되면 채권 등 안전자산 포트폴리오에 더 많은 자산을 배분하는 등의 전략이 필요하다. 이러한 시기선택 전략은 적극적 관리(active management)의 중요한 수단이 되어 투자자가 시장평균 보다 높은 투자성과를 얻는 것을 도와준다.

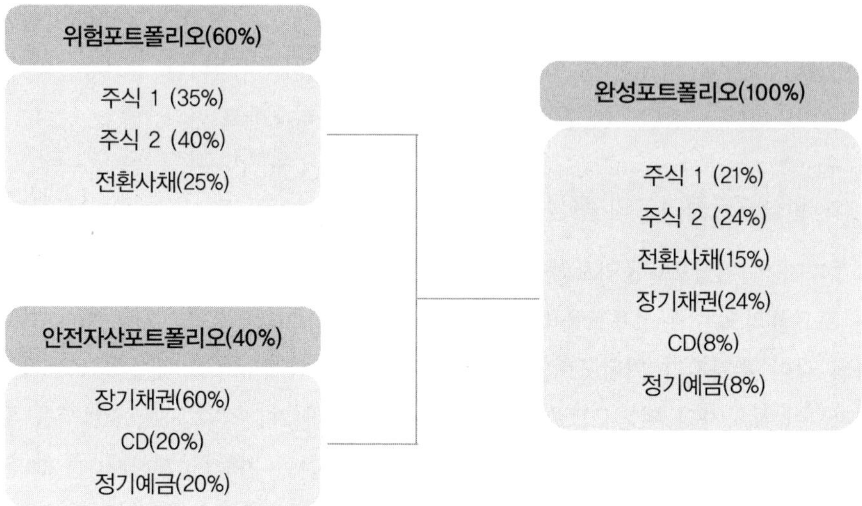

그림 2-2 완성포트폴리오의 구성

(4) 포트폴리오 성과측정

투자자는 정기적으로 포트폴리오의 성과를 평가하여 포트폴리오 배합의 적합성을 분석해야 하며, 정기적인 평가에 기초하여 투자목적과 효율성을 점검해야 한다. 투자성과가 원래의 목표수준과 어떤 차이를 보이고 있는지를 측정 하는 것을 포트폴리오 성과측정(performance evaluation)이라고 한다.

포트폴리오 성과를 측정하는 목적은 다음과 같다. 첫째, 투자과정이 효과적인지(effectiveness)를 파악하기 위해서이다. 즉 투자목표와 투자실적의 차이를 비교함으로서 그 목표수준이 얼마나 달성되었는지를 알 수 있다. 둘째, 포트폴리오 관리의 질을 개선하기 위해서이다. 투자목표와 투자실적을 비교하는 과정에서 투자성과가 낮았던 원인을 파악하고, 이를 기반으로 포트폴리오 관리능력을 향상시킬 수 있다. 셋째, 포트폴리오 관리자의 관리능력을 측정하기 위해서이다. 만약 투자신탁회사나 은행 등 전문투자기관에 투자자금의 운용을 맡겼다면, 포트폴리오 성과분석을 통해 투자관리 업무를 담당하는 포트폴리오 관리자나 펀드매니저의 관리능력을 파악하고, 앞으로 지속적으로 운용을 위탁할 것인지, 위탁수수료의 수준은 적합한지 등을 판단하는데 도움을 얻을 수 있다.

2) 투자의 제약조건

투자자들은 사회적 또는 개인적인 제약조건 하에서 행동해야 하기 때문에 시장에서 거래되는 투자자산들을 마음대로 선택할 수 없다. 흔히 다음과 같은 사항들이 개인의 투자행동을 제약한다고 볼 수 있다.

첫째, 현실적으로 투자자에게 가장 중요한 제약조건은 투자자금의 규모이다. 투자대안에 따라 투자가 가능한 자금규모가 다르다. 부동산의 경우 다른 투자대안 보다 목돈이 필요하며, 금융상품이나 증권투자신탁 등도 기본적인 투자금액이 설정되어 있는 경우가 많다. 일반적으로 투자가 가능한 자금의 규모가 클수록 투자자산의 선택범위가 넓어지게 마련이다.

둘째, 얼마나 빠른 시간 내에 공정한 거래조건으로 자산을 현금화할 수 있는가를 의미하는 유동성 역시 투자를 결정하는데 있어 중요한 고려사항이다. 일반적으로 유동성이 높을수록 잠재적 수익이 낮으므로 투자자산을 결정할 때, 상황과 목표에 따라 유동성과 수익성에 대한 분배를 해야 한다. 투자자들은 어느 정도 긴급하게 투자자금을 회수할 필요가 있는가를 고려하여, 유동성이 높은 단기 금융상품들을 선택할지, 유동성이 낮은 부동산을 선택할지를 결정해야 한다. 주소득원의 실직이라든지, 가족구성원의 예기치 않은 사고 등 가계의 비상사태에 대비하여 2~6개월 정도의 소비 지출액에 해당하는 금액을 유동성 높은 금융상품으로 보유하는 것이 바람직하다.

셋째, 투자기간(Investment horizon)은 투자자금의 전부 또는 일부를 회수하고자 예정하는 시기를 말한다. 봉급생활자들이 정년퇴직 때 까지를 만기로 적금에 들거나, 자녀의 대학교육비 마련을 위해 자녀 연령을 고려하여 교육적금을 드는 것 등은 모두 투자기간을 고려하는 선택이다.

넷째, 증권시장의 동향이나 투자전망 등을 분석하고 예측하는 능력 역시 투자자들의 투자행동을 제약하는 요인이 된다. 일반적으로 분석 및 예측력이 클수록 더 다양한 종류의 자산을 투자대상으로 고려할 수 있다. 분석 및 예측력은 효율적인 투자를 위해 필요하며, 정보수집을 얼마나 잘 할 수 있는지 역시 투자의 제약요인이 된다.

다섯째, 관련법규에 의한 제약이다. 투자자들은 소정의 법규에 따라 투자자산을 선택해야 하고, 해당 법규에 의해 제약을 받는다. 특히 기관 투자자들은 법규에 의해 강한 제약을 받는다. 기관 투자자들의 경우에는 선량한 관리자의 의무에 따라 고객들의 이익을 최대한 보호해 주어야 하는 역할을 해야 하기 때문에 법으로 제약하고 있다.

마지막으로 고려해야하는 제약요건은 세금이다. 투자를 통해 투자자들이 실질적으로 얻게 되는 소득은 수익에서 세금을 제한 후의 금액이다. 투자수익에 대한 세율은 투자금액뿐 아니라, 투자목적, 투자 방법 등에 따라 다양하므로, 세금관리 전략이 필요하다. 예를 들어, 목돈 마련을 위한 금융상품의 경우에도 주택마련이나 교육자금마련 등 특수목적부 상품은 비과세, 세금우대 등의 혜택을 누릴 수 있다. 또한 면세 투자자들은 고배당 주식에 투자를 해서 배당금을 많이 받고, 그에 대한 세금을 납부해도 크게 문제 될 것이 없지만, 고액납세 투자자들은 시세차익을 통해 자본이득(capital gain)을 얻음으로서 세금을 내지 않는 방법을 선택하는 것이 유리하다.

재테크코너 2-2

돈 IQ · EQ 지수 측정하기

IQ 항목(그렇다 5점, 아니다 1점)

(1) 현재 1달러와 1유로가 원화로 얼마인지 알고 있다.
(2) 내가 내는 세금과 보험료가 연간 얼마인지 정확히 알고 있다.
(3) 최근 3개월 동안 구입한 물건 중 가장 비싼 물건이 무엇인지 바로 대답할 수 있다.
(4) 두 가지 이상의 수입원을 갖고 있다.
(5) 자신의 총자산과 총부채를 알고 있다.
(6) 매달 적금을 붓고 있다.
(7) 주식에 투자하고 있다.
(8) 금전출납부를 매일 꼼꼼하게 작성한다.
(9) 손익계산서와 재무제표를 읽을 수 있다.
(10) 신용카드로 할부 구매했을 때 이자가 얼마인지 안다.
(11) 내가 든 생명보험·손해보험의 보증 내용을 정확히 안다.
(12) 5년 후 나의 목표 자산, 목표 수입을 세우고 있다.
(13) 자신의 아이디어로 미래의 사업계획서를 작성한 적이 있다.
(14) 변동금리란 무엇에 따라 어떻게 변하는 것인지 설명할 수 있다.
(15) 'ROI'와 'PER'이 무슨 뜻인지 안다.
(16) 방문 판매 등 불필요한 구매 권유를 확실하게 거절한다.
(17) 금융과 경제에 관한 책을 매달 세 권 이상 읽는다.
(18) 개인과 법인의 세금 적용에 있어서 유리한 점과 불리한 점을 각각 들 수 있다.
(19) 전문적인 금융 교육을 받거나 독학을 한 적이 있다.
(20) 주식과 부동산 가격이 앞으로 어떻게 변할지 나름대로 전망하고 있다.

EQ 항목(1~10번 : 그렇다 5점, 약간 그렇다 2점, 아니다 1점 / 11~20번 : 그렇다 1점, 약간 그렇다 2점, 아니다 5점)

(1) 충동구매를 하지 않고 안정적으로 돈을 쓴다.
(2) 식사대접을 하거나 받는 일이 월 5회 이상이다.
(3) 매월 고아원 등에 일정액을 기부하고 있다.
(4) 나 자신의 즐거움을 위해 매달 일정액을 쓰고 있다.
(5) 주위사람 중 '행복한 부자'를 3명 이상 꼽을 수 있다.
(6) 사업을 시작하면 기꺼이 동업자가 되어 줄 친구가 3명 이상 떠오른다.
(7) 예정되어 있던 수입이 갑자기 없어져도 침착하게 지낼 수 있다.

(8) 물건이나 서비스를 구매할 때 가격보다 품질을 먼저 본다.
(9) 돈을 쓸 때와 받을 때 감사하는 마음이 든다.
(10) 자신이 평생 부유하게 살 수 있을 거라고 생각한다.
(11) 불황·실업·명퇴라는 말을 들으면 가슴이 덜컥 한다.
(12) 짜증이 나거나 답답하면 바로 쇼핑을 하러 나간다.
(13) '지금은 그만한 돈을 낼 여유가 없어'라는 말을 자주 되뇐다.
(14) '나는 돈과 인연이 없다'고 생각한다.
(15) 돈만 있으면 지금 가지고 있는 문제의 대부분이 해결된다.
(16) 나 자신을 위해 돈을 쓸 때 죄책감을 느낀다.
(17) 돈을 잃어버리거나 많이 쓰고 나면 기분까지 침체된다.
(18) 부자들은 대체로 마음에 들지 않으며 대부분 불행하게 살 것이다.
(19) 열심히 일하지 않으면 수중에 돈이 들어오지 않는다고 생각한다.
(20) 돈 문제를 떠올리면 막연한 불안감부터 든다.

지수에 따른 4가지 유형

IQ.EQ 모두 40점 이하 …'쩨쩨한 가난뱅이'형

"내가 가난한 건 다 세상 탓이야" 돈의 혜택을 거의 못 받고 살아간다. 돈을 잘 다루지 못하는 자신보다 재산을 물려주지 못한 부모와 '내 돈까지 차지하고 있는' 부자들을 탓한다. 이런 유형은 수입이 생기면 될 수 있으면 쓰지 않으려고 안달한다. 자신의 환경에서 장점을 찾을 생각은 않고 나쁜 점만 보며 불평하는 태도가 가장 큰 문제다.

IQ 70점 이상, EQ 60점 이하 …'짠돌이 사장'형

"마지막 동전 하나까지 쥐어짜야지" 가지고 있는 돈을 어떻게 하면 지킬 수 있을까 전전긍긍하는 타입이다. 열심히 노력해 돈을 버는 노하우를 터득하고 있다. 하지만 많은 돈을 벌어도 그 돈으로 인생을 즐기는 마음의 여유는 없다. 오히려 들어오는 돈이 많아질수록 마음이 불안해지고 인색해진다. 욕심 때문에 어렵사리 번 돈을 잃게 되는 일도 잦다.

IQ 60점 이하, EQ 70점 이상 …'손 큰 어머니'형

"돈은 있다가도 없고, 없다가도 생기는 것" 돈에 크게 집착하지 않는다. "지금은 없지만 돈이 필요해지면 어디에선가 나오겠지"하며 낙관한다. 친구에게는 돈을 빌려주면서 정작 자신의 자녀에게는 새 옷을 사주지 못한다. 기꺼이 다른 사람을 위해 돈을 쓰므로 인기는 좋지만 자신은 경제적으로 어려운 상황에 처하기 쉽다. 돈을 효율적으로 벌고 지켜내려는 노력이 없다는 것이 당신의 문제다.

IQ.EQ 모두 70점 이상 …'행복한 부자'형

"돈이란 행복해지기 위한 수단에 지나지 않아" 행복과 돈의 공존 상태. 필요한 돈을 효율적으로 벌고, 번 돈은 인생을 즐기기 위해 쓸모 있게 사용한다. "중요한 것은 돈 자체가 아니야. 돈은 행복해지기 위한 수단에 지나지 않아"라고 생각하고 이 믿음을 일상에서 실천한다.

출처 : 혼다켄(2004). 행복한 부자를 위한 돈의 IQ, EQ

참고문헌

곽철효 · 김병곤(2004). 잇센셜 투자론. 도서출판 대명.
김건우(2002). 투자론. 홍문사.
김대호 · 오세경(2004). 투자론. 경문사.
박정식 · 박종원(1998). 현대투자론. 다산출판사.
안승철 · 정영숙 · 배미경(2002). 신 투자와 보험. 도서출판 신정.
이해영 · 김철중(2003). 현대투자론. 도서출판 탐진.
지청 · 조담(2003). 투자론. 학현사.
최운열 (1999). 투자론 (3판). 박영사.
혼다켄 지음. 홍찬선 옮김(2004). 행복한 부자를 위한 돈의 IQ, EQ. 더난출판.

Ernst & Young Lip (2004). *Personal Financial Planning Guide* (5/e). John Wiley & Sons Inc.
Gardner, D. & Gardner, T. (2002). *What to Do with your Money* Now. Simon & Schuster.
Garman, E. T. & Forgue, R. E. (1997). *Personal Finance* (5th ed.). Houghton Mifflin Company : Boston, MA.
Israelsen, C. L. & Weagley, R. O. (2000). *Personal and Family Finance Workbook* (3rd). Kendall/Hunt Publishing Company.
Mayo, H. B. (1997). Investments : *An Introduction*. The Dryden Press.

제2부 금융시장과 금융상품

제3장

금융시장, 금융기관과 금융자산

이 장은 개인 및 가계가 금융상품을 구매하고 투자 및 자산관리 전략을 수행하는 데 있어 가장 기초가 되는 금융시장 및 금융기관을 이해하고자 도입되었다. 또한 이후의 장들에서 보다 구체적으로 다뤄줄 금융자산들을 총체적으로 알아보도록 한다.

1. 금융시장의 의의와 분류

금융시장(financial market)은 자금의 수요와 공급에 의해 금융자산의 가격이 결정되고 금융거래와 주식거래 등이 이루어지는 시장을 말하며, 광의로 자본시장(capital market)이라고도 한다. 금융시장의 주된 기능은 자금의 수요자와 공급자를 연결시키는 것으로서 자금의 여력이 있는 사람의 돈을 여러 가지 목적으로 그 자금을 필요로 하는 사람에게 빌려줌으로써 돈의 순환이 가능하도록 하는 경제적 기능을 수행한다(그림 3-1 참조).

금융시장 및 금융상품은 청구권의 성격, 유통단계 및 만기, 거래유형 등을 기준으로 하여 다양하게 분류될 수 있다. 먼저 청구권의 성격에 따라서는 부채시장과 주식시장으로 나눌 수 있다. 자금의 수요자가 외부로부터 자금을 끌어들이는 방법은 크게 두 가지가 있는데, 하나는 투자자에게 자금을 받는 대신 기업의 지분을 나누어 주는 것이고, 또 하나는 외부로부터 자금을 빌리는 방법이다. 전자의 대표적인 방법이 주식의 발행이며 후자의 대표적인 방법이 은행 차입 또는

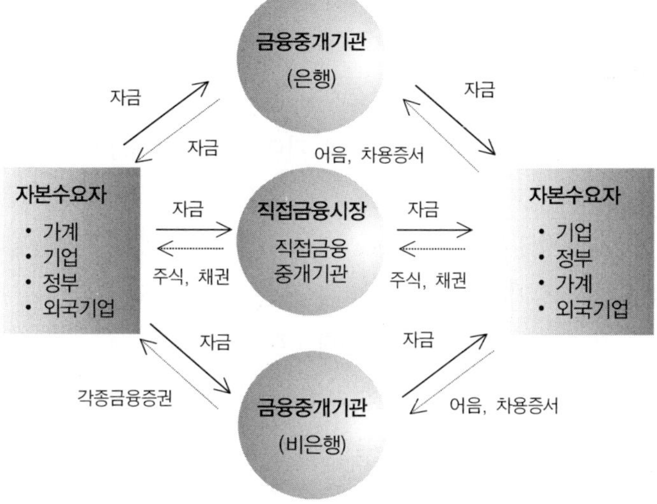

그림 3-1 금융의 기능

채권의 발행이다. 주식을 발행할 때에는 원금상환의 의무가 없는 대신 배당금 지급 등을 통해 이윤을 분배해 주어야 하며, 은행차입이나 채권 발행시에는 원리금 상환의 의무를 지는 대신 이윤을 분배해 줄 필요는 없다. 이와 같은 분류 방식에 따라 금융시장은 주식시장과 그 외의 시장인 부채시장으로 나눠진다.

유통단계에 따라서는 발행시장과 유통시장으로 구분할 수 있는데, 발행시장이란 자금공급자로부터 자금수요자에게 자금이 이전될 때 자금수요자가 본원적 증권(primary securities)을 발행해서 이를 금융중개기관에 판매·인수시키는 시장을 말한다. 발행시장은 새로운 주식이나 채권이 최초로 출현하는 시장이라는 점에서 제1차적 시장(primary market)이라고도 한다. 유통시장은 이미 발행된 금융상품이 재판매되고 거래되는 시장을 말하며 제2차적 시장(secondary market)이라 한다. 여기에는 주식거래소시장·채권시장·선물시장 등이 모두 포함되며, 발행시장과는 달리 일반인들이 증권회사와 같은 금융기관을 통해 비교적 쉽게 접근이 가능하다. 유통시장은 만기가 고정된 대규모의 금융상품을 쉽게 현금화시켜 줌으로써 금융자산의 유동성(liquidity)을 높여주는 역할을 한다.

만기에 따라서는 금융시장을 화폐시장(money market)과 자본시장(capital

market)으로 구분할 수 있는데, 화폐시장은 단기자금의 수요자와 공급자간의 수급 불균형을 조절하기 위하여 통상 만기 1년 이내의 금융상품이 거래되는 시장을 말한다. 예로서 콜시장, 기업어음시장, 양도성예금증서시장 및 표지어음시장 등이 있다. 화폐시장은 채권 및 주식이 거래되는 자본시장과 대조하여 단기금융시장이라고도 한다. 자본시장은 장기자금 조달수단인 주식 및 채권이 거래되는 시장으로서 통상 증권시장(securities market)과 같은 의미로 사용된다. 자본시장에는 주식시장과 장기채권시장이 있다. 또한 금융시장은 거래유형에 따라 직접금융시장과 간접금융시장으로 구분된다. 직접금융시장(direct finance market)이란 주식이나 채권과 같은 금융자산을 투자자가 직접 매입·매도하는 시장을 말하고, 간접금융시장(indirect finance market)은 금융기관이 투자자가 예치한 자금을 자금의 수요자에게 공급하는 시장을 말한다.

마지막으로 거래유형에 따라서는 직접금융시장과 간접금융시장으로 금융시장으로 분류할 수 있으며, 본 절에서는 거래유형에 따라 직접금융시장과 간접금융시장의 특징을 살펴보고자 한다.

1) 직접금융시장

직접금융시장은 증권시장과 화폐시장으로 나뉘는데 증권시장은 증권을 매개로 장기성 자금이 거래되는 시장인데 비해 화폐시장은 증권을 매개로 단기성 자금이 거래되는 시장이다. 화폐시장에서는 단기 국공채, 양도성 예금증서(CD), 기업어음(CP), 환매채 등과 같은 금융상품들이 거래되며, 이러한 금융상품들은 시장성이 높고 수익률은 단기이자율의 변화에 따라 민감하게 반응하는 경향이 있다. 두 시장 중 증권시장에 비해 화폐시장에서 거래되는 금융자산이 투자위험이 비교적 낮은 편이다.

증권시장에는 다음과 같은 세 종류의 시장이 있다.

(1) 장기채권시장

장기성 자금이 거래되는 증권시장은 거래되는 증권의 특성에 따라 장기채권시장, 주식시장, 파생금융상품시장으로 분류된다. 장기채권시장은 자금조달을 위해 정부나 기업이 발행한 만기가 1년 이상인 채권이 거래되는 시장이고, 거래되는 금융상품의 대표적인 유형은 사채, 국공채, 특수채 등이 있다.

(2) 주식시장

주식시장은 기업이 발행한 주식이 수요와 공급에 의해 형성된 가격으로 거래되는 시장을 말한다. 주식은 이익배당과 잔여재산의 분배와 관련된 권리의 우선순위에 따라 보통주와 우선주로 구분된다.

(3) 파생금융상품시장

파생금융상품시장은 선물이나 옵션 등과 같은 파생상품이 거래되는 시장이다. 파생금융상품이란 기초자산을 근거로 증권거래자들이 파생상품을 발행하여 거래하면서 주식이나 채권의 시장가격에 따라 이득의 크기가 결정되는 금융상품을 말하며, 미래에 거래될 가격을 현재 계약에 의해 고정시킴으로서 가격위험을 회피하기 위한 수단으로 이용된다.

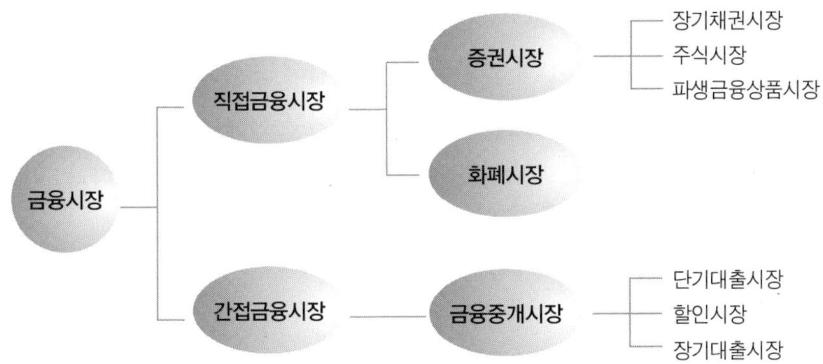

그림 3-2 금융시장의 분류

2) 간접금융시장

간접금융시장은 은행, 투자신탁, 보험회사, 각종 연·기금, 신용조합 등과 같은 금융기관이 투자자가 예치한 자금을 모아서 자금수요자에게 대출을 하는 중개역할이 이루어지는 시장을 말한다. 일명 금융중개시장이라고도 하며, 만기가 1년 이하인 단기성 자금이 거래되는 단기대출시장과 만기 1년 이상의 자금이 거래되는 장기대출시장, 그리고 기업이 자금조달을 목적으로 발행한 기업어음이나 매우 짧은 만기의 자금이 거래되는 할인시장으로 구성된다.

2. 금융기관의 분류 및 업무특성

1) 금융기관의 분류

금융기관은 여러 가지 기준에 따라 분류할 수 있다. 1999년까지는 통화창출 기능의 여부에 따라 통화금융기관(제1금융권)과 비통화금융기관(제2금융권)으로 금융기관을 분류하는 것이 일반적이었으나, 금융규제 완화와 금융혁신의 진전으로 예금상품의 통화성 구분이 모호해지면서 1999년에 취급하는 금융서비스의 성격을 기준으로 예금취급기관, 보험회사 및 연금기금, 기타 금융중개기관, 금융보조기관으로 통화금융 통계의 새로운 기준안이 마련되었다. 이에 따라 우리나라 금융기관의 구성을 살펴보면 다음의 〈표 3-1〉과 같다.

(1) 은행(제 1금융권)

통화금융기관의 대표적인 형태인 은행은 일반은행과 특수은행으로 구분된다. 일반은행(commercial bank)은 은행법에 따라 설립되어 업무를 영위하는 금융기관으로 단기의 예금수입·대출 및 지급결제 등을 고유업무로 하고 있다. 전국을 영업구역으로 하는 시중은행(national bank), 금융업무의 지역적 분산과 지역경제의 균형발전을 위해 설립된 지방은행(local bank) 및 외국은행 국내지점으로 구분될 수 있다. 특수은행(special bank)은 자금운용 측면에서 상업금융의 취약점을 보완하는 기능과 특정 부문에 대한 전문화 기능을 담당하기 위해 설립되었다. 따라서 민간으로부터의 예금수입에 주로 의존하는 일반은행과는 달리 자기자본·정부재정자금 및 채권발생에 많은 부분 의존한다. 그러나 현재는 금융환경의 변화로 인해 특수은행들의 자금조성이 일반은행과 유사해지면서 일반은행과 특수은행의 경계가 모호해지고 있다. 현재 우리나라에서 영업 중인 특수은행으로는 한국산업은행, 한국수출입은행, 중소기업은행, 농업협동조합, 수산업협동조합이 있다.

(2) 비은행 예금취급기관(제 2금융권)

과거 비통화금융기관으로 분류되었던 금융기관들이 일반적으로 비은행 예금취급기관(non-bank depository institution)으로 분류될 수 있으며, 종합금융회사·투자신탁회사·신용협동기구·상호저축은행 및 우체국 예금 등이 있다.

종합금융회사는 증권중개업무와 보험업무를 제외한 장단기금융·투자신탁·시설대여 업무 등 국내 금융기관이 영위하는 거의 모든 금융업을 영위한다. 투자신탁회사는 일반 투자자로부터 조달한 자금을 주식·채권 등 유가증권에 투자하여 운용수익 배당을 주요 업무로 하는 금융기관이다. 이것은 주로 수익증권 판매로 자금을 조달하여 유가증권 투자에 자금을 운용한다. 투자신탁회사의 업무방식은 크게 계약형(constractual type)과 회사형(corporate type)으로 구분된다. 상호신용금고는 지역의 서민·소규모기업을 대상으로 하는 여수신업무 전문기관이다. 경영규모가 영세하고 부실경영이 일상화된 사금융기관을 양성화하여 그 업무를 합리적으로 규제함으로써 거래자를 보호하는 한편 담보력과 신용도가 취약한 소규모 기업과 서민을 위한 서민전문 금융기관을 육성하기 위해 도입되었으며, 2002년 4월 상호저축은행으로 명칭이 변경되었다. 이 밖에 신용협동조합·새마을금고, 농·수협 단위조합의 상호금융 등 신용협동기구가 존재하며, 전국의 우체국에서 취급하는 공영 금융기관으로 우체국예금이 있다.

표 3-1 우리나라 금융기관 분류현황 (2001년 12월 말 기준)

구 분			기관수	비 고
은행	일반은행	시중은행	10	
		지방은행	6	
		외국은행 국내지점	44	은행수 기준(지점수는 63개)
	특수은행	한국산업은행	1	
		한국수출입은행	1	
		중소기업은행	1	
		농업협동조합	1	
		수산업협동조합	1	
	은행신탁계정		35	13개 외국은행 국내지점 포함
비은행 예금취급 기관	종합금융회사		3	
	투자신탁회사	투자신탁회사	5	
		투자신탁운용회사	7	
	상호신용금고		121	*2002.4. 상호저축은행으로 개명
	신용협동기구	신용협동조합	1,261	
		새마을금고	2,437	
		상호금융	1,598	
	우체국예금		1	
보험회사	생명보험회사		23	7개 외국회사 지점 포함
	손해보험회사	손해보험회사	15	4개 외국회사 지점 포함
		재보험회사	1	
		보증보험회사	1	
	우체국보험		1	
증권회사	증권회사		44	22개 외국회사 지점포함
기타금융 기관	여신전문금융회사	리스회사	1	
		신용카드회사	7	
		할부금융회사	29	
		신기술사업금융회사	3	
	증권금융회사		1	
	증권투자회사		43	뮤추얼펀드
	선물회사		12	
	자금중개회사		2	
	투자자문회사		32	
	유동화전문기관	유동화전문회사	11	3개 유동화전업 외국법인, 1개 신탁회사 포함
		주택저당채권유동화회사	-	

* 표시에 해당되는 기관수는 2002년 4월 기준임. 정운찬(2005). 화폐와 금융시장. p.230 인용.

(3) 보험회사

보험기관은 다수 개개인의 위험을 통합(pooling)하여 이를 다시 개개인에게 분산하는 방식으로 위험을 감소시키는 위험분산기능과, 취득한 보험료를 산업자본으로 전환시켜 국민경제 각 부문에 운용하는 금융중개 기능을 수행한다.

보험회사는 생명보험회사와 손해보험회사로 구분되며, 지금까지 우리나라에서는 생명보험업무와 손해보험업무의 겸업이 원칙적으로 금지되어 왔으나 2006년 8월부터는 생명보험회사와 손해보험회사의 상대방 상품판매(교차판매)가 시행될 예정이다.

(4) 증권회사

증권회사는 직접금융시장에서 기업이 발행한 증권을 매개로 하여 투자자의 자금을 기업에 이전시키는 기능을 수행하는 금융기관이다. 증권회사는 기업과 투자자를 직접 연결한다는 점에서 저축자의 예금을 받아 기업에 대출하는 은행과는 업무 성격이 다르다. 증권회사의 업무는 크게 자기매매업무(dealing)와 위탁매매업무(brokerage)로 나눌 수 있다.

(5) 기타 금융기관

취급하는 금융서비스의 성격에 따라 은행, 비은행 예금취급기관, 보험회사, 증권회사로 금융기관을 분류하였다. 이중 어디에도 포함되지 않는 금융기관들로 여신전문금융회사, 증권금융회사, 증권투자회사, 선물회사, 자금중개회사, 투자자문회사, 유동화 전문기관 등이 있다.

2) 금융기관의 업무특성

우리나라 금융제도는 분업주의에 의한 전문은행제도를 원칙으로 하고 필요한 경우 신규업무나 상품의 취급을 허용하는 형태를 유지해 왔다. 은행, 증권, 보험사를 3대 축으로 이들은 각각 고유업무를 갖고 주변업무는 겸업은행(universal banking) 형식을 취하고 있으며, 이 외 금융기관은 3대 기관의 틈새에서 각각 비교우위에 의한 고유영역을 갖고 시장영역을 유지해 왔다.

그러나 세계 각국의 금융시장이 개방됨에 따라 금융기관 간의 경쟁이 심화되면서 금융기관들의 타업무 영역에의 상호진출로 겸업화 추세가 확산되고 있다. 1993년 이후 각 권역별 핵심 업무는 당분간 고유영역으로 인정하되 비핵심업무(grey zone)는 상호진출을 확대하고 타권역 핵심이라도 자회사를 통해 진출하는 것은 가능하도록 금융개혁을 이끌어 왔다. 그리고 상대방의 업무영역 중에서도 이해상충의 문제가 약하거나 고유업무와 연관성이 높은 부수업무는 자회사 방식을 통하지 않고도 직접 경영하도록 하여 금융개방화에 적극 대처할 수 있도록 금융산업 개편을 가속화하면서 금융기관의 업무영역을 탄력적으로 조정하고 있다. 먼저 은행에 대해서는 자금조달과 관련된 일부 증권업무나 수익증권 판매 등이 허용되었고 1995년에는 국·공채 창구판매업무가 허용되었으며, 1997년에는 일반은행의 금융채 판매도 허용되었다.

비은행 금융기관에 대해서도 취급상품의 범위가 확대되고 외국환 업무까지 허용되었다. 먼저 증권회사는 1995년부터 외국환 업무를 취급하게 되었고, 1997년에는 채권·주가지수선물·단기선물환 업무도 할 수 있게 되었다. 보험회사는 1996년부터 증권거래법 시행령 개정으로 증권업을 영위할 수 있는 기관에 포함됨으로써 단기유동성자산에 운용하는 단기금융상품펀드(MMF)의 취급이 허용되었다. 이밖에 은행과 증권회사만 취급할 수 있었던 금융기관간 RP매매거래가 1994년부터 콜시장에 참가하는 모든 금융기관으로 확대되었다.

2003년 8월부터는 저축성보험에 한해 시중은행과 증권회사, 상호저축은행 및 시중은행과 유사한 기능을 수행하는 산업은행, 기업은행, 신용카드사 등에서 1단계 방카슈랑스를 시행하였다. 그러나 2006년 4월부터는 자동차 보험 및 보장성 보험의 방카슈랑스를 실시하고, 2007년 4월부터는 은행이 모든 보험을 판매하도록 2단계, 3단계 절차는 보험업계의 반발로 인해 유보될 가능성이 커지고 있다.

3. 금융자산의 특성요인

금융자산이란 실문자산에 대비되는 개념으로서 화폐에 대한 청구권을 나타내는 금융수단이다. 화폐는 저축하는 입장에서 보면 금융자산(financial asset)이 되나, 차입하는 입장에서는 금융부채(financial liability)가 된다.

금융자산은 다음과 같은 다섯 가지의 특성을 가진다.

(1) 안전성

안전성은 금융자산이 갖는 위험의 크기와 반비례하는 개념이다. 즉 위험이 작을수록 안전성이 크다고 할 수 있다. 그러나 위험이 전혀 없는, 즉 100% 안전한 금융자산은 없으므로 위험의 유무보다는 위험수준의 상태적 측면에서 위험 및 안전성을 고려해야 한다. 금융자산이 갖는 위험으로는 상환불능위험과 자본손실위험이 있다. 상환불능위험은 원금, 이자를 약정된 기일에 받지 못할 위험을 의미하며 이는 금융자산 발행자의 신용도에 따라 다르다. 예를 들면 국채보다 회사채가, 회사채보다 주식이 위험이 높다.

자본손실위험은 시장가격하락으로 인한 위험을 의미한다. 시장가격은 시장이자율의 변동에 따라 등락하며 이자율과는 역의 관계를 가진다. 예를 들어 채권가격이 오르면 수익률(이자율)은 낮아지며, 채권가격이 내리면 수익률은 올라간다. 또한 만기가 장기일수록 동일한 이자율 변동으로 인한 가격등락폭도 커진다.

(2) 수익성

수익성이란 금융자산에의 투자를 통해 얻을 수 있는 수익의 크기를 의미하는 것으로서 기본적으로 금융자산은 이자율과 매매차익의 두 가지 경로를 통해 수익을 창출해준다. 수익성은 유동성 및 위험과 깊은 관련이 있는데, 유동성이 낮을수록, 그리고 위험이 높을수록 수익성은 높다. 예를 들어, 단기예금이나 필요시 항상 찾을 수 있는 요구불예금보다 정기예금의 이자율이 더 높은데 이는 유동성 차이 때문이다. 한편 은행예금보다 부동산 투자시 수익성이 더 클 수 있는데 그 이유는 부동산투자로 인한 위험이 더 크기 때문이다.

(3) 유동성

유동성이란 원하는 시기에 얼마나 즉시 현금화가 가능한가의 측면으로서 일반적으로 투자자들은 미래에 발생할 불확실성을 감소시킬 수 있다는 측면에서 유동성이 높은 자산을 선호한다. 유동성은 시장성과 유사한 개념으로 볼 수 있지만 엄밀한 의미에서 차이를 갖는다. 시장성이란 현금화를 원하는 시기에 투자자가 판매(공급)하고자 하는 금융자산에 대해 얼마나 수요층이 폭넓게 형성되느냐의 측면으로서 일반적으로 시장성이 좋은 금융자산이 유동성도 좋지만 두 가지가 같은 개념은 아니다.

(4) 가분성

가분성(divisibility)은 자산의 매매단위가 나누어진 정도를 말한다. 부동산은 가분성이 없으나 수표나 화폐는 가분성이 있으며, 가분성의 정도는 화폐보다 수표가 더 높다.

(5) 거래비용

거래비용(transaction cost)에는 매매시 따르는 수수료, 정보수집비용, 시간, 노력 등이 포함된다. 예를 들어 저축은 거래비용이 거의 없지만 증권거래에는 거래비용이 수반된다.

재테크코너 3-1

수수료 절약방법

국책·특수은행을 잘 이용하라

산업은행은 유일하게 '영업시간 외 수수료'를 받지 않는 은행이다. 은행이 문을 닫고 나서도 송금이나 출금을 하기 위해 수수료를 더 많이 내는 일이 없다. 지점이 적어 이용이 불편하다는 단점이 있지만 일단 산업은행과 거래를 트면 우리은행을 이용할 수 있기 때문에 산업은행 지점을 찾아다닐 필요는 없다. 산업은행은 우리은행과 업무 협약을 맺고 있어 산업은행 통장이나 카드로 우리은행 창구나 자동화기기를 이용할 수 있다. 산업은행 고객이 우리은행 자동화기기를 이용해 산업은행으로 이체를 할 때는 수수료도 면제된다. 다만 우리은행으로 이체할 때는 수수료가 붙기 때문에 계좌이체보다는 인출 후에 우리은행 자동화기기로 무통장입금하는 게 낫다. 기업은행과 농협 고객이라면 소액출금을 이용하면 수수료를 아낄 수 있다. 기업은행과 농협에서 1만원을 영업시간외 자동화기기에서 인출할 때 수수료가 붙지 않는다. 따라서 3만~5만원 정도 소액을 인출해야한다면 1만원씩 여러 번 찾는 게 낫다. 농협은 또 농협중앙회와 단위농협을 막론하고 농협 고객이라면 농협 자동화기기에서 영업시간 외 인출 수수료를 받지 않는다. 계좌이체 수수료도 없다.

시중은행 제휴금융기관 혜택을 살펴보라

외환은행 통장을 가지고 우체국에서 입출금하면 수수료가 없다.

특히 은행은 토요일에 문을 닫지만 우체국은 토요일에도 영업을 하기 때문에 토요일에 이용하면 유리하다. 또 우체국 인터넷뱅킹 수수료가 은행보다 싸기 때문에 외환은행 고객이라면 우체국 계좌도 같이 이용하는 게 좋다. 우리은행은 18세 이하 청소년에게 영업시간 외에도 하루 한 번 3만원 이하 거래시 수수료를 면제해준다. 또 우리은행에서 우리금융지주 계열사인 경남·광주은행과 거래를 할 때는 관련 수수료가 면제된다. 가령 우리은행 카드로 광주은행 기계에서 경남은행으로 이체할 때는 수수료가 면제된다. 따라서 서울에 사는 우리은행 고객이 경남·광주·전남 지역에 갔을 때 주변에서 우리은행 자동화기기를 찾을 수 없다면 경남은행이나 광주은행으로 가면 수수료 없이 돈을 찾을 수 있다. 조흥은행 고객이라면 'e드림 통장'을 이용하면 수수료를 아낄 수 있다. 종이 통장 없이 카드로 거래하는 무통장 계좌 방식인 'e드림 통장'은 전자금융 관련 수수료 10%를 적립해 줘서 1,000원 이상 쌓이면 현금처럼 쓸 수 있다.

외국계 은행 수수료 싸다

씨티은행 고객은 나이스, 한넷 등 각종 현금지급기를 포함한 타행 자동화기기에서 돈을 찾을 때 수수료가 붙지 않는다. 아무리 늦은 시간에 큰 금액을 인출하더라도 시간·금액에 관계없이 모두 무료다. 자동화기기로 이체할 때에도 한달에 다섯 번까지는 수수료가 면제된다. 인터넷뱅킹을 이용한 타행이체 수수료도 무제한 무료이다. 다만 평균잔액을 100만원 이상으로 유지해야 하며 그렇지 못하면 매달 2,000~5,000원을 계좌유지 수수료로 내야한다. HSBC은행도 무통장계좌인 'e자유예금'에 가입하면 어느 은행, 어느 시간이든 관계없이 인출 수수료가 면제된다. 다만 계좌이체 수수료는 면제되지 않는다. 최근 스탠다드차타드은행이 인수하기로 한 제일은행도 영업시간 외 인출 수수료나 이체 수수료가 없다. 무통장 계좌인 'e-클릭통장'을 사용하면 인터넷뱅킹 타행이체 수수료가 없다. 다만 제일은행 고객은 평균 잔액 10만원(제일은행에 갖고 있는 모든 계좌 잔액 합산)을 유지해야 하면 그렇지 못하면 월 2,000원씩을 계좌유지 수수료로 내야한다.

면제되는 은행 자동화기기 수수료

- 산업은행 – 영업시간 외 인출 수수료, 인터넷뱅킹·텔레뱅킹 타행이체 수수료 우리은행 자동화기기 이용시 이체 – 인출 수수료
- 기업은행 – 영업시간 외 1만원 인출 수수료
- 농　　협 – 영업시간 외 1만원 인출 수수료
- 우리은행 – 18세 이하 청소년 하루 한 번 3만원 이하 인출 수수료, 경남·광주은행 이체·인출 수수료
- 시티은행 – 자동화기기 인출 수수료, 자동화기기 이체, 수수료 – 한 달에 다섯 번 까지
- 제일은행 – 영업시간 외 인출 수수료, 이체 수수료, 'e-클릭통장' 가입시 인터넷뱅킹 타행이체 수수료

4. 대표적 금융자산

금융자산은 여러 가지 다양한 기준에 따라 분류가 가능하지만 일반적으로 저축상품과 신탁상품, 유가증권, 증권투자신탁, 부동산 등으로 구분할 수 있다.

1) 저축상품과 신탁상품

일반적으로 제 1금융권인 은행을 통해 활용할 수 있는 금융자산으로 저축상품과 신탁상품을 들 수 있다. 시중은행의 저축상품은 예금상품, 단기금융상품, 신탁상품으로 세분할 수 있는데, 일반적으로 저축상품은 일정기간 동안 약속한 예치금액을 미리 예치하거나 혹은 적립함으로써 발생한 원금과 이자를 만기시에 돌려받음으로써 목돈을 마련하고자 할 때 많이 이용한다. 따라서 이자의 지급이 확정금리 혹은 변동금리로 적용된다 하더라도 기본적으로 원금이 손실될 위험이 없는 상품이다. 그러나 신탁상품은 위탁자(고객)가 맡긴 재산을 대출이나 채권 등에 운용하고 일정한 신탁보수나 수수료를 차감한 뒤 나머지 운용수익을 위탁자(고객)에게 지급하는 것을 원칙으로 하는 상품이므로 실적에 따라 수익이 달라지며, 원금마저도 손실을 가져올 수 있다는 점에서 선택시 주의를 요하는 상품이다. 모든 금융자산들은 수익성과 안전성 및 유동성이 상충관계에 있으므로 투자자의 투자패턴 혹은 유형에 따라 서로 다른 투자기법과 포트폴리오가 적용되어야 한다. 일반적으로 신탁상품은 고수익을 위해 고위험을 감수하고자 하는 성장지향적인 투자자에게 적합한 상품이라 할 수 있다.

2) 유가증권

자본시장은 유가증권을 발행하고 발행된 유가증권을 거래하는 시장이다. 여기에서 유가증권이란 재산권을 표시한 증서를 말하며 유가증권에 관련된 모든 권리는 소유자가 갖게 된다. 유가증권에는 수표, 약속어음, 예금증서, 우표, 화물상환권 등이 포함되나 통상적으로 유가증권이라 할 때는 증권시장에서 거래되는 대상물인 주식, 채권을 일컫는다. 주식(stock)은 보통주와 우선주로 구분되며, 채권(bond)은 회사채, 국·공채, 특수채로 나눠진다.

(1) 장기채권

채권은 정부·공공기관·특수법인과 주식회사의 형태를 갖춘 사적 기업이 일반 투자자들로부터 장기성 자금을 조달하기 위하여 발행하는 유가증권이다. 채권은 그 권면에 액면가(face value), 이자율(coupon rate), 만기(maturity)가 표시되어 있는데 이를 채권의 3요소라 한다. 채권은 이자를 지급하는 시점과 방식에 따라 크게 이표채와 할인채로 구분해 볼 수 있는데 일반적인 형태인 이표채의 경우 채권을 구입하게 되면 만기일 이전까지는 일정한 기일에 약정된 이자율의 이자를 지급받으며, 만기일에는 원금을 상환 받게 된다. 채권을 구입한 투자자는 채권자의 신분이 되며, 주식에 투자한 주주와는 달리 의결권이나 배당청구권을 갖지는 못한다. 그러나 발행기관의 이익과 상관없이 약속된 이자율에 의거하여 확정이자를 지급받을 수 있고 발행기관이 청산될 경우에는 주주보다 우선적으로 원리금을 상환받을 권리를 갖는다.

일반적으로 채권은 발행기관, 이자지급방식, 보증여부, 만기 등에 따라 여러 가지로 분류할 수 있다. 먼저 발행기관에 따라서는 국공채, 특수채, 회사채로 구분할 수 있다. 국공채는 다시 국채와 지방채로 나눠지며 중앙정부 또는 지방자치단체가 재원조달을 목적으로 발행하는 채권으로 안전성이 가장 높다. 특수채는 특별법에 의해 설립된 공공법인이 발행하는 채권으로서 특별한 목적을 달성하기 위해 발행된다. 예를 들면 특별법에 의해 설립된 금융기관에서 발행하는 금융채인 통화안정채권은 통화조절을 목적으로 한국은행에서 발행한다. 회사채는 주식회사가 일반 대중으로부터 장기의 거액 자금을 조달하고자 할 때 발행하는 것으로서 발행기업의 재무상태와 영업활동에 따라 원리금 상환에 대한 안전성이 달라지므로 발행기업의 신용도를 확인하는 일이 매우 중요하다. 이자지급방식에 따라서는 이표채, 할인채, 복리채로 분류할 수 있다. 이표채(coupon bond)는 가장 일반적인 형태로서 채권발행시 권면에 표시된 이자율과 이자지급일에 이표(coupon)를 제시하고 일정이자를 지급받는 채권이다. 할인채(discount bond)는 액면금액에서 만기까지의 해당 이자를 미리 공제한 금액으로 매출한 다음 만기시에는 액면금액만 지급하는 채권으로서 만기시 이자가 지급되지 않아 무이표채(zero coupon bond)라고도 한다. 복리채는 매기에 이자를 복리로 재투자하여 만기에 원금과 함께 복리로 계산된 이자를 동시 지급하는 채권이다. 보증유무에 따라서는 발행사가 채권의 원리금을 상환하지 못하는 경우 금융기관이 지급을 보증하는 보증사채와 이러한 보증이 제공되지 않는 무보증사채의 두 가지 형태가 있다. 만기에 따라서는 장기채, 중기채, 단기채로 구분할 수 있으며 통상 만기가 5년 이상인 경우를 장기채로 분류한다. 이밖에도 상환방법에 특수한 옵션이 부가된 채권인 수의상환채권이나 혹은 특수채권으로서 전환사채, 신주인수권부사채, 이익참가부사채, 옵션부사채 등 신종채권들이 많아지고 있다.

(2) 주 식

주식은 기업에서 자금을 조달할 때 채권발행과 함께 많이 사용하는 방법으로써 주주권을 나타내는 유가증권이다. 주식의 발행을 통해 기업은 필요한 자금을 조달하지만 채권과 달리 주주에 대해서는 원리금 상환과 같은 책임이 없다. 대신에 기업에서 발생한 수익을 토대로 주주에게 배당금을 지급하게 된다. 투자자의 입장에서는 주식을 매입함으로써 기업의 주주가 되고, 기업의 중요한 의사결정 사항에 대해 의사결정권을 가지며 배당금을 지급받을 수 있다. 주식은 보통주와 우선주로 분류되는데, 일반적으로 주식이라 하면 보통주를 의미한다.

(3) 주식과 채권의 특성 비교

자금을 필요로 하는 기업에서 비교적 장기에 걸쳐 거액의 자금을 조달하는 방법으로는 크게 주식을 발행하는 방법과 채권을 발행하는 방법이 있다. 채권을 발행할 경우 그 채권을 구입한 투자자는 채권자가 되며, 주식을 구입한 경우는 주주가 된다. 채권은 채권의 3요소인 액면가, 이자율, 만기에 따라 원금과 함께 확정된 이자가 만기에 지급이 되는 만큼 채권 발행을 통해 기업으로 유입된 자금은 기업의 입장에서는 타인자본이 된다. 따라서 기업을 청산할 시에 채권자는 원리금상환에 대한 우선권을 갖게 되지만 기업의 경영활동에 대한 의사결정권이나 배당에 대한 청구권은 갖지 못한다. 반면 주식의 발행은 기업의 지분을 일반투자자에게 개방하여 공유하도록 함을 의미하므로 주주는 기업의 주인으로서 중요한 의사결정 사항에 대해 의결권을 가지며, 또한 기업의 실적에 따라 배당금을 받을 수 있다. 그러나 기업이 청산을 할 때에는 보유하고 있는 주식의 투자원금에 대한 권리를 주장할 수 없다. 기업의 입장에서는 주식발행을 통해 유입된 자금은 자기자본으로 분류되므로 자금조달을 위해 채권을 발행하는 경우와 비교할 때 재무구조의 건전성면에서 유리하다.

3) 증권투자신탁

증권투자신탁이란 불특정 다수의 일반 투자자로부터 영세 자금을 모아서 형성된 대규모 자금을 전문투자기관이 유가증권에 분산투자하고 그 수익을 자금제공자인 일반투자자에게 분배해 주는 제도로서 공공투자, 투자대행, 분산투자, 높은 공공성 등과 함께 기업지배를 목적으로 하지 않는 특성이 있다. 또한 증권투자신탁제도의 기능은 자금의 중개, 저축 및 투자수단의 제공, 국민소득의 공평한 배분에 기여하게 되며 이를 통해 증권시장의 기관투자가로서 물량조절과 가격조정기능을 수행하여 증권시장의 안정과 성장에도 기여하게 된다. 증권투자신탁은 환매 가능여부에 따라 개방형과 폐쇄형이 있고 신탁재산의 추가설정 가능여부에 따라 단위형과 추가형으로 구분할 수 있으며 편입대상 유가증권에 따라 주식형, 채권형 및 혼합형으로 분류한다. 신탁회사의 운용은 위탁회사가 신탁재산에 관한 운용지시권을 행사하고 수탁회사가 신탁재산을 관리하는 형태로 이루어진다. 위탁회사는 수익자의 이익을 위하여 선량한 관리자로서 주의와 의무를 다하여야 하고 수탁회사에 신탁운용을 위한 투자지시를 할 때에는 투자 유가증권 심사기준 및 유가증권 투자기준을 준수하여야 한다. 또한 수탁회사는 신탁재산과 자기 고유재산을 구분하여 관리하여야 하며 자기고유재산을 위하여 수탁된 신탁재산의 운용을 하지 못하도록 되어있다. 증권투자신탁은 투자자 보호와 신탁재산의 공정한 운용을 위해 위탁자 및 수탁자의 자격, 신탁재산의 운용,

관리에 일정한 규제를 하고 있다. 위탁자는 자본금 100억원 이상 되는 주식회사로서 금융감독위원회의 허가를 받아야 한다. 위탁자(투자신탁회사)는 신탁재산의 운용·관리에만 한정되어 있으며 수익자 보호를 위해 타업무의 겸업을 제한하고 있다. 한편, 수탁자는 신탁업법에 의한 신탁회사 또는 신탁업을 겸영하는 금융기관으로 되어 있는데, 현재까지 신탁자로 인가받은 회사는 없으며 모든 국내은행(한국산업은행 포함) 및 외국은행 국내지점 중 신탁업을 인가받은 은행이 수탁회사가 될 수 있는 자격이 주어지고 있다.

4) 부동산

부동산 투자는 주택을 소유하고 거주하는 데에서 비롯되는 효용의 극대화와 임대 및 시세차익에 의한 부의 극대화에 목적을 두고 있으나, 일반적으로 부동산 투자라는 측면에서 볼 때 효용의 극대화보다는 투자수익을 목적으로 하는 부의 극대화에 초점을 두고 있다.

부동산 투자를 통해 추구할 수 있는 수익의 형태는 크게 임대료 수입과 매매차익을 통한 수익의 두 가지로 구분해 볼 수 있다. 임대료 수입은 주택이나 상가, 기타 건물을 소유하고 이를 임대해 줌으로써 초기 투자만을 통해 부가적인 노력을 기울이지 않고도 매달 고정적인 임대 수입을 올릴 수 있다는 점이 매력적인 투자의 포인트로 인식된다. 일반적으로 부동산 투자시 얻게 되는 임대수입이 시중 금리수준 이상인 경우가 많아 임대를 위한 부동산 투자는 일반 투자자들에게 안정적인 투자대안으로 인식되는 경우가 많다. 그러나 경기변화에 따라 상가의 공실률이 높아지는 등의 경기불안이 발생되는 상황에서는 임대수입도 안정적인 투자대안이 되지는 못하는 경우도 있으므로 주의해야 한다. 두 번째 매매차익에 의한 수익은 다른 투자대안에 비해 그 차익의 폭이 크다는 점에서 부동산 투자의 매력 중 하나로 꼽히는 측면이다. 그러나 부동산은 국가의 경제정책에 따라 긴밀히 영향을 받으며 수년 혹은 수십 년 후에야 큰 폭의 가격 상승이 발생할 수도 있다는 점에서 유동성 및 환금성이 떨어진다는 단점이 있다.

부동산은 다른 금융상품과 비교할 때 초기 투자자금의 규모가 커서 일반 소액 투자자들이 접근하기에는 어려움이 많다. 최근에는 다양한 부동산투자신탁 및 REITs(Real Estate Investment Trusts)가 판매되고 있으므로 부동산투자에 있어서도 직접투자 일변도에서 벗어나 간접투자를 적극적으로 활용하는 것도 좋은 방법이 될 수 있을 것이다.

참고문헌

라이터스 편집부(2006). 바람직한 방카슈랑스 정착방안. 라이터스.
심경섭(2005). 금융시장의 이해. 범한서적주식회사.
안승철, 정영숙, 배미경(2002). 신투자와 보험. 신정.
정운찬(2005). 화폐와 금융시장. 율곡출판사.
지동현(2005). 금융포커스 : 고객관계 강화를 통한 교차판매. 한국금융연구원.

제4장

금융기관별 금융상품 분석

전국 은행연합회에 따르면, 금융(金融, finance)이란 경제주체 간에 이루어지는 자금의 융통을 말하며 금융제도란 금융거래에 관한 일체의 체계와 규범을 총칭하는 것으로서 구체적으로는 금융기관, 금융수단 및 금융시장 등에 관한 총체적인 체계와 규범을 의미한다. 금융제도는 다른 모든 제도가 그러하듯 나라마다 정치, 경제, 문화 등의 역사적 배경에 따라 각기 상이한 모습을 갖게 된다. 금융상품은 경제주체 간에 이루어지는 자금유통의 한 방법이면서 동시에 매매의 대상이 될 수 있는 재산을 말한다. 금융제도가 정치, 경제, 문화 등에 따라 변화하듯이 금융상품 역시 금융제도에 따라 항상 변화해왔다. 금융기관별 금융상품을 분석하고, 2005년 들어 새롭게 등장한 금융신상품에 대해서 알아보도록 한다.

1. 제 1 금융권 금융상품

대표적인 통화금융기관인 시중은행의 금융상품은 크게 은행계정과 신탁계정으로 구분할 수 있다.

1) 은행계정상품

은행계정상품으로는 입출금이 자유롭고 유동성이 높은 요구불예금과, 목돈마련을 위한 저축성예금으로 크게 구분할 수 있으며 이밖에 단기간의 투자를 통해 고수익을 기대하는 재테크 목적의 상품 및 기타 특수목적부 저축상품 등이 있다.

(1) 요구불예금

요구불예금은 예치금액이나 기간 등에 제한 없이 입출금이 자유롭다는 특징이 있다. 대체로는 이자가 낮은 대신 높은 유동성을 선호하는 투자자에게 적합한 금융상품이다. 요구불예금은 가입 목적에 따라 다시 두 가지로 구분해 볼 수 있다. 첫째, 개인용 수시입출금식 예금(Money Market Deposit Account; MMDA)과 은행에서 판매하는 단기금융펀드(Money Market Fond; MMF)와 같이 투자를 위한 대기자금용으로서 환금성을 고려하긴 하지만 기본적인 목적이 재테크측면을 염두에 둔 상품군을 들 수 있다. 둘째, 단순 결제 및 대금지급을 위한, 즉 순수하게 유동성 확보를 위한 상품군을 들 수 있는데 예를 들면 보통예금, 저축예금, 당좌(가계)예금, 별단예금 등이 있다. MMDA는 단기성 금융상품으로 분류하는 것이 일반적이므로 본 절에서는 보통예금, 저축예금, 당좌예금, 별단예금을 중심으로 살펴보고자 한다.

① 보통예금

가입대상, 예치금액, 예치기간 등에 아무런 제한이 없고, 자유롭게 입출금할 수 있는 반면, 이자율이 낮은(연1% 이내)예금이다. 은행입장에서는 저리로 자금을 조달할 수 있는 재원이 되나, 개인의 경우는 보통예금보다 더 높은 이자를 지급하는 저축예금에 제한 없이 가입할 수 있어 활용도는 높지 않다. 당좌거래를 하지 않는 중소상공업자가 일상 수입금을 현금보관의 위험을 피하기 위해 혹은 교회, 사찰 등의 특수단체의 자금을 일시적으로 예치할 경우에 주로 사용한다.

② 저축예금

가계우대성 저축상품으로 보통예금처럼 예치금액, 기간 등에 제한이 없고, 입출금이 자유로우면서도 보통예금보다 높은 이자를 받을 수 있다. 가계의 여유자금을 초단기로 예치하거나 입출금이 빈번한 자금을 운용하기에 적합하다.

저축예금을 취급하는 기관은 은행(농·수협중앙회), 상호저축은행, 우체국 등이 있으며, 개인만이 가입할 수 있다. 예금자보호법에 의거 상시보호를 받을 수 있는 상품이다.

③ 가계당좌예금

당좌예금이란 은행과 당좌거래계약을 체결하고, 일반 상거래로 취득한 자금을 은행에 예치 후 그 잔액의 범위 내에서 당좌수표 및 약속어음을 발행하여 대금을 결제하는 예금형태를 말한다. 잔액이 부족하여 수표나 어음이 적법하게 제시되었는데도 자금부족으로 지급에 응하지 않으면 부도가 난다. 따라서 신용상태가 양호한 자로서 은행별로 제시하는 일정 자격요건을 갖춘 법인이나 개인사업자만이 가입할 수 있다.

가계당좌예금은 가계수표를 발행할 수 있는 개인용 당좌예금이며 무이자인 일반당좌예금과는 달리 이자가 지급되는 가계우대성 요구불예금이다. 가입대상은 일정 자격요건을 충족하는 개인이나 자영업자로 제한된다. 은행에서만 취급하며 신용상태를 감안하여 대월한도를 결정하며 일반적으로 대월기간은 30일 이내가 된다. 예금자보호법에 의해 상시보호를 받는 상품이며, 전 금융기관을 통해 1인 1계좌만 개설할 수 있다.

④ 별단예금

별단예금은 예금, 대출, 환업무 등의 은행업무 수행과정에서 발생한 미결제, 미정리 자금, 기타 다른 예금계정으로 처리하기 곤란한 자금 등을 업무처리 편의상 일시적으로 예수하도록 한 무이자의 기타 예금과목이다. 거래약관이나 통장, 증서를 발행하지 않으며, 예금 기간도 일정하지 않다. 따라서 원칙적으로 이자를 지급하지 않지만 보통예금 이율을 적용하기도 한다.

(2) 저축성예금

저축성예금은 목돈을 투자해 재테크할 수 있는 저축상품으로서 일정기간동안 운용한 뒤 얼마만큼의 수익을 올릴 수 있는가가 최대의 관점이 된다. 따라서 투자기간과 이자율 및 이자율 계산방식, 관련된 세제 및 세율이 중요한 투자 포인트이다.

첫째, 투자기간과 관련해서는 일반적으로 만기가 짧은 단기예금상품보다 장기의 상품이 높은 수익을 낼 수 있으나 대신 유동성이 떨어져서 긴급히 자금을 회수해야 하는 경우에는 중도해지에 따른 손실이 발생할 수 있다. 둘째, 이자율 적용방식이 단리식, 복리식, 확정금리식, 변동금리식으로 다양하기 때문에 각각의 경우 가장 수익성이 높은 방식의 상품을 선택하는 것이 필요하다. 그러나 수익성은 안전성, 유동성과 서로 상충관계(trade off)에 있으므로, 자신의 투자패턴과 목표에 맞는 상품을 선택해야 한다. 셋째, 거치식 저축상품을 선택하는 가장 중요한 기준은 수익률인데, 이것은 세금을 지급하고 난 후 남게 되는 세후이자를 통해 실질적으로 계산된다. 따라서 비과세상품인지, 소득공제상품인지, 세금우대상품인지 등을 꼼꼼히 비교해야 한다.

① 정기예금

예치기간과 금리를 미리 정하여 일정금액을 예치하고 기간만료 전에는 원칙적으로 지급을 청구할 수 없도록 되어 있는 기한부예금으로서 가장 저축성이 강한 상품이다. 정기예금은 은행의 입장에서 보면 자금을 장기간 안정적으로 유용할 수 있는 이점이 있으며, 예금주의 입장에서는 약정기간이 길수록 높은 이율이 보장되므로 비교적 유리한 재산증식 수단이라 할 수 있다.

정기예금의 종류로는 일반정기예금, 실세금리연동형 정기예금, 단기회전 정기예금, 시장지수연동 정기예금 등이 있다.

일반정기예금의 경우 예치기간은 보통 1개월 이상 5년 이내가 되며, 매월이자지급식과 만기지급식의 두 가지 방식으로 이자가 지급된다. 예금잔액의 95%까지 담보대출이 가능하며, 세금우대가 가능한 예금자 상시보호대상 예금이다.

실세금리연동형 정기예금은 3년 만기 회사채 유통수익률을 통상 기준으로 해서 정기예금금리를 매일 고시하는 것으로 가입시 금리로 확정금리상품이며, 금리변동기에 실세금리에 따라 목돈을 운용하는 데 적합한 상품이다. 이자는 매월마다 지급하거나 또는 이자를 원금에 가산하는 복리방식을 취한다. 금리상승기에 가입하면 매우 유리하다.

단기회전 정기예금은 3개월 복리운용으로 고수익을 나타내고 중도해지 이율을 상향 조정함으로써 유동성을 강화함과 동시에 적용이율을 신규 후 매 3개월마다 변동 적용하는 변동금리부정기예금이다. 최근 주가지수와 연동해서 금리를 주는 주가지수 연동형정기예금도 은행과 증권사에서 판매하고 있다. 이밖에 국제 금값의 시세변화에 따른 골드연동형정기예금도 판매가 되고 있다.

시장지수연동 정기예금은 만기시의 원금은 100% 보장하고, 장래에 지급할 이자의 일부 또는 전부를 각종 시장지수 움직임에 연동한 옵션 등 파생상품에 투자하는 상품이다.

② **저축예금**

가계우대성 저축상품으로 보통예금처럼 예치금액, 기간 등에 제한이 없고, 입출금이 자유로우면서도 보통예금보다 높은 이자를 받을 수 있어 가계의 여유자금을 초단기로 예치하거나 입출금이 빈번한 자금을 운용하기에 적합한 상품이다.

은행(농・수협중앙회), 상호저축은행, 우체국 등에서 취급하며 보통예금은 가입대상의 제한이 없지만 저축예금은 개인만이 가입할 수 있다. 예금자보호법에 의거 상시 보호를 받는다.

③ **자유저축예금**

은행저축상품이 은행의 수신경쟁력을 제고하고 제2금융권의 저축상품에 대항할 수 있도록 하기 위해 도입된 시장금리부 수시입출금식 예금 중 하나로서, 가계금전신탁 취급대상에서 제외된 특수은행이 가계예금 증대를 도모하기 위해 도입된 제도이다. 이 예금은 저축예금에 정기예금 성격을 가미한 제도로서 수시입출금을 할 경우는 동일한 금리가 적용되나, 3개월 이상 인출하지 않을 경우에는 예치기간별로 보다 높은 차등금리가 적용된다.

④ **기업자유예금**

자유저축예금과 마찬가지로 제2금융권에 대한 은행의 수신경쟁력을 제고하기 위해 도입된 시장금리부 수시입출금식 예금 중 하나로서, 입출금이 자유로우면서도 당좌예금이나 보통예금에 비해 상대적으로 높은 금리가 적용되나 예입 후 일정기간이 경과한 예금에 한하여 이자를 지급한다. 이 예금은 법인과 기업이 일시적 여유자금을 예치하여 자금결제기능을 수행하기 편리하다.

⑤ 근로자우대저축

근로자의 저축증대와 소비억제를 위해 이자소득에 대해 비과세 혜택(2002. 12. 31까지 가입한 계좌에 한)을 주는 자유적립식 저축으로 최고 불입한도 범위 내에서 금융기관 중복가입이 가능하다. 가입대상은 연간 총급여액이 3,000만원 이하인 근로자로서 분기에 150만원 이내의 금액을 예치할 수 있다. 예치기간은 3년 이상 5년 이상이며, 투자신탁회사에서는 근로자우대신탁, 증권회사에서는 근로자우대증권저축, 보험회사에서는 근로자우대보험으로 명칭 된다.

⑥ 장기주택마련저축

무주택자 또는 소형주택을 소유한 서민의 주택마련을 돕기 위한 자유적립식 장기저축상품으로 일정요건 구비시 소득공제 및 비과세혜택이 부여되고 주택구입이나 신축자금을 장기로 대출받을 수 있는 특별우대상품이다.

가입대상은 만 18세 이상 무주택자 또는 전용면적 85m^2(약 25.7평) 이하의 1주택소유자이며, 저축금액은 분기에 300만원 이내에서 불특정금액 적립이 가능하다. 저축기간은 7년 이상이나 취급기관에 따라 차이가 있다.

⑦ 근로자장기저축

근로자의 저축증대와 재산형성을 위해 모든 근로자가 월 급여액 범위 내에서 매월 최고 50만원(연 600만원 이내)까지 자유롭게 적립할 수 있는 예금으로서 세금우대저축으로 가입이 가능한 상시보호대상 예금이다. 예치기간은 3년 이상 5년 이내가 되며 3년 이상 경과 후 해지시 세금우대 혜택이 가능하고 최장 5년까지 기간을 연장할 수 있다. 투자신탁회사에서는 근로자장기수익증권, 증권회사에서는 근로자장기 증권저축의 명칭으로 판매된다. 91년 처음 도입될 당시에는 비과세상품이었으나 현재는 과세대상이다.

⑧ 주택청약예금

민영주택 및 민간건설 중형국민주택의 청약권이 부여되는 일종의 정기예금으

표 4-1 지역별, 평형별 예치금액

청약대상주택규모(전용면적기준)	예치금액		(단위 : 만원)
	서울·부산	기타광역시	기타 시·군
85m^2 (약 25.7평) 이하	300	250	200
102m^2 (약 30.8평) 이하	600	40	300
102m^2 초과 135m^2 (약40.8평) 이하	1,000	700	400
135m (약 40.8평 초과)	1,500	1,000	500

로서, 20세 이상인 국민은 모두 가입대상이 된다. 2000. 3. 27일부터 산업·수출입·제주은행을 제외한 전 은행에서 취급하고 있으며, 1년을 계약단위로 1년이 경과되면 자동 재예치 되는 특징이 있다.

청약대상주택규모와 지역에 따라 예치금액이 달라지며〈표 4-1 참조〉, 세금우대혜택이 가능한 상시보호대상 상품이다.

(3) 정기적금

매월 일정액을 정기적으로 납입하고 만기일에 원리금을 지급받는 예금으로 목돈마련에 적합한 장기저축상품이다. 과거에는 정기적금도 정기예금과 마찬가지로 가입목적, 월부금, 가입대상자 및 계약기간 등에 따라서 우대가계정기적금, 의료적금, 중소기업적금 등 여러 가지 종류가 있었으나 현재는 일반정기적금과 가입자가 학생인 경우 면제혜택이 주어지는 장학적금, 가계에 대해 금리상 우대를 부여하는 가계우대정기적금 등으로 분류할 수 있다. 목돈을 마련하는 데에는 특별한 사용목적이 있으므로 사용목적에 맞는 특별한 부대서비스가 있는지(예, 대출), 절세가 가능한지(예, 세금우대, 소득공제혜택, 비과세 등) 비교가 필요하다.

① 일반정기적금

일반정기적금은 정기적금 중 가장 보편적인 예금제도로서 계약기간은 통상 6

개월 이상 5년 이내로 예치한도는 제한이 없다. 1년 이상 가입시에는 세금우대 종합저축 한도(일반인 4,000만원, 노인과 장애인 6,000만원, 미성년자 1,500만원) 내에서 세금우대혜택이 주어진다. 은행, 상호저축은행, 농·수협단위조합, 신용협동조합, 새마을금고, 우체국 등에서 취급하고 있다. 일반정기적금은 예금자보호법에 의거 상시보호를 받는 상품이며 상호금융 및 새마을금고는 자체적인 기금으로 보호장치를 마련하고 있다. 금리는 자율적이지만, 만기 후에는 적용금리가 가입당시 약정이율의 1/2 이하로 크게 낮아지는 특징이 있어 주의가 요망된다.

② 장학적금

장학적금은 초·중·고등학생들의 저축동기를 고취시키고 학부모에게는 학자금을 용이하게 마련할 수 있도록 하기 위해 도입된 적립식 저축상품이다. 확정금리를 지급하고 일반정기적금과 유사하여 현재는 세제상 혜택 면에서만 차이를 두고 있다. 예치기간은 6개월 이상 6년 이내로서 1개월 단위로 예치한다. 가입방법은 학교를 통한 단체가입 및 개별가입이 가능하나 주민등록번호 확인을 통해 미취학 아동 및 초·중·고등학생들만이 가입을 할 수 있다. 1인 10계좌까지 가능하나 통상 미취학 아동 및 초등학생은 100만원 이내, 중·고등학생들은 200만원 이내에서 가입할 수 있다. 세금우대저축 통합한도 내에서 우대세율(10.5%)을 적용하며, 상시보호 상품이다.

③ 가계우대정기적금

일반 정기적금과 동일하나, 적금 담보대출을 받지 않을 경우, 통상 일반정기적금의 기본금리에 특별금리를 가산해준다. 대출을 받을 경우는 대출금액 및 기간을 감안하여 특별이자를 지급하지 않는다.

④ 주택청약저축

적금형식으로 일정기간 납입하면 국민주택기금의 지원을 받아 건설되는 전용면적 85m^2(약 25.7평) 이하의 주택에 청약할 수 있는 저축상품(국민은행에서만 취급)으로 상시보호대상이며, 세금우대 종합저축 한도와는 별개로 1세대 1계좌에 한해 우대세율을 적용받는다. 가입대상은 무주택세대주로서 1세대주 1계좌에 가입할 수 있다. 단, 20세 미만 단독세대주는 제외되며 60세 이상 또는 장애인인 직계존속을 부양하는 호주승계예정자는 세대주가 아니더라도 세대구성원 전원이 무주택이면 가입이 가능하다. 기간은 국민주택 입주자로 선정될 때까지 가능하며, 월 2만원~10만원 범위 내에서 월불입액을 불입한다.

(4) 상호부금

① 일반상호부금

상호부금은 사금융인 계가 변천된 제도로서 은행과 부금가입자가 일정기간을 정하고 은행이 그 계약기간 만료시 일정한 금액을 급부하여 줄 것을 약정하고 불입하는 목적부 상품으로 세금우대가 가능하며 예금자보호법에 의거 상시 보호받는 상품이다. 가입대상은 제한이 없으나 개인이 가입할 때에는 일반부금, 중소기업자가 가입할 때에는 기업부금으로 가입한다. 83년까지는 '국민은행법'에 의해 국민은행만이 취급하였으나 83년 이후부터는 전 은행에서 취급하고 있다.

상호부금은 일반정기적금과 내용면에서는 유사하나 중도급부금의 지급이 당초부터 약정되어 있다는 특징이 있다. 총 납입횟수의 1/4 또는 1/3 이상 납입한 후 통상 계약금액 이내에서 대출이 가능하며, 정기적립식 이외에 자유적립식 부금도 판매가 되고 있다.

② 주택청약부금

주택청약부금은 2000년 3월부터 전 은행에서 취급하는 주택금융상품으로서 매월 일정 불입금의 합이 지역별 청약예금 예치금액 이상이고 일정기간이 경과되면 전용면적 85m^2 이하의 민영주택 및 민간건설 중형 국민주택의 청약자격이 주어지는 것으로서 가입대상, 취급기관, 청약우선순위 등은 주택청약예금과 동일하다.

2) 신탁상품

(1) 신탁의 의의

신탁(trust)이란 위탁자(trustor)와 수탁자(trustee) 간의 특별한 신임관계를 바탕으로 특정의 재산권을 수탁자에게 이전하거나 처분하고 수탁자로 하여금 수익자의 이익과 그 재산권을 관리, 처분하는 법률관계를 말한다.

신탁상품은 크게 금전신탁상품과 재산신탁상품으로 나눌 수 있으나 현재 각 은행에서 재산신탁의 취급은 활성화되어 있지 못하므로, 신탁상품이라 하면 일반적으로 금전신탁상품을 의미한다. 수탁자는 위탁자(고객)가 맡긴 재산을 대출이나 채권 등에 운용하고 일정한 신탁보수나 수수료를 차감한 뒤 나머지 운용수익을 위탁자(고객)에게 지급하며, 실적에 따라 수익이 달라진다.

(2) 신탁의 형태

은행의 신탁업무는 신탁법, 신탁업법 등의 관계법규, 금융감독위원회의 신탁업감독규정, 신탁업감독업무시행세칙, 은행의 신탁회사 업무방법서 및 기타 금융감독위원회가 정한 범위 내에서 이루어지고 있다. 신탁으로 인수할 수 있는 재산은 금전 이외에도 유가증권, 금전채권, 동산, 토지와 그 정착물, 지상권·전세권 및 토지 임차권 등이 있다. 이중 금전을 인수하는 경우를 금전의 신탁이라 하고 금전 이외의 재산을 인수하는 것을 재산신탁이라 한다.

금전의 신탁은 신탁기간이 만료되어 상환할 때의 재산형태에 따라 금전으로 교부하는 것을 금전신탁이라 하고, 만기일 현재 운용되고 있는 재산형태 그대로를 교부하는 경우를 금외신탁이라 한다.

금전신탁은 다시 위탁금전의 운용방법 지정여부에 따라 특정금전신탁과 불특정금전신탁으로 구분된다. 특정금전신탁은 위탁자가 위탁금전의 운용대상, 운용방법 등을 구체적으로 지정하는 단독운용방식이며, 불특정금전신탁은 위탁자가 위탁금전의 운용방법을 특정하지 않고 수탁자에게 위임하여 수탁자가 임의로 합동운용한 후 신탁종료시에 금전으로 환급하는 합동운용방식을 말한다. 우리나라의 은행신탁상품은 대부분 불특정금전신탁에 해당된다.

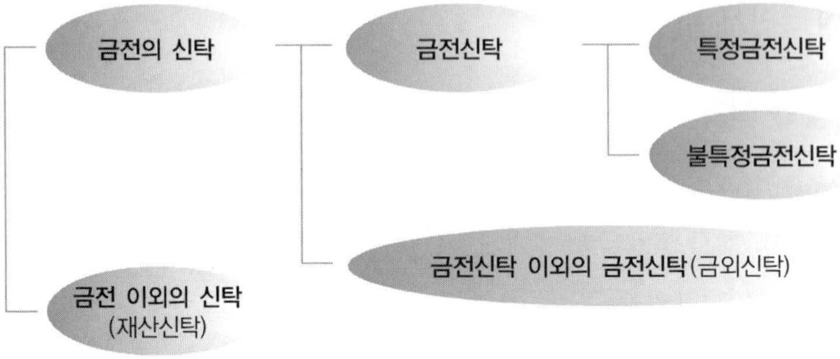

그림 4-1 신탁의 형태

(3) 신탁상품의 종류

① 일반불특정금전신탁

일반불특정금전신탁은 은행계정의 정기예금과 유사한 형태로서 위탁자로부터 일정액을 일정기간 위탁받아 운용하고 신탁기간이 종료한 때 신탁원본과 일정률의 이익을 수익자에게 지급하는 금전신탁이다.

② 적립식 목적신탁

일정기간 동안 매월 특정일에 일정액을 적립하고 신탁기간이 만료되었을 때 원본과 운용실적에 따른 배당을 지급하는 금전신탁으로서 기존에는 신탁기간이 1년 6개월 이상이고 이익배당이 확정부 배당방식이었으나 1993년부터 신탁기간이 1년 이상으로 단축되고 이익배당도 실적배당방식으로 변경되었다.

③ 가계금전신탁

가계저축의 증대와 은행의 수신기반 확충을 도모하기 위해 1985년 도입된 제도로서 위탁자로부터 수탁한 자금을 국공채 등 고수익 금융상품에 투자하거나 신탁대출 등으로 운용한 후 수익 실적에 따라 배당하는 상품으로 입출금이 자유롭고 수익권의 양도 및 담보제공이 금지되는 특징이 있다.

④ 기업금전신탁

기업의 단기자금을 수탁 받아 통화조절용채권 등에 운용하고 그 운용실적에 따라 이익을 배당하는 상품으로서 가계금전신탁과 동일한 입출금식 신탁상품이다.

⑤ 단위금전신탁

은행권에 최초로 도입된 수익증권형 실적배당상품으로서 다수의 위탁자로부터 수탁 받은 신탁자금을 각 신탁 단위별로 펀드를 설정, 우량한 회사채, 기업어음(CP), 국공채 등에 운용하고 종료시 해당 펀드를 청산하여 그 운용수익을 실적 배당하는 합동운용 불특정금전신탁이다.

⑥ 노후생활연금신탁

일반 봉급생활자들이 노후생활에 대비하여 일정기간 동안 일정금액을 신탁하면 만기 경과 추 신탁원리금을 연금 또는 일시금으로 지급받는 개인연금형 상품이다. 신탁금의 수입방법에 따라 적립식과 거치식으로 나눌 수 있으며 신탁금 지급방법도 일시지급식과 연금식의 두 가지 방식이 있다.

⑦ 신 개인연금신탁

개인연금상품은 은행과 우체국, 투신사 및 생명보험회사와 손해보험회사에서 취급하고 있는데 만 18세 이상이면 누구나 가입할 수 있고, 개인별 가입 계좌 수에도 제한이 없다. 납입계약기간은 10년 이상이고 연금지급기간은 5년 이상으로서 저축한도는 월 100만원으로 월납이 원칙적이나 분기납도 허용되며 가입한도 내에서는 1만원 단위로 자유롭게 입금을 할 수 있다. 저축기간이 만료되고 가입자가 만 55세 이상이 되었을 때 연금이 지급되며 연금의 지급은 월단위지급의 연금식을 취하는데 수입자의 요청이 있을 경우 3, 6, 12개월 단위로도 받을 수 있다.

⑧ 부동산투자신탁

여러 투자자가 맡긴 금전으로 펀드를 만들고 이렇게 조성된 자금의 70% 이상을 부동산과 관련된 사업에 운용하여 그 발생된 수익을 투자자에게 배당하는 간접투자신탁상품이다. 이는 부동산신탁과는 차이가 있는데, 부동산신탁은 부동산의 관리, 처분, 담보를 목적으로 신탁 인수시에 신탁재산으로 토지와 그 정착물(부동산)을 수탁하고 신탁 종료시 운용형상대로 수익자에게 지급하는 재산신탁의 일종이다.

표 4-2 신탁상품의 운용방법

단독운용상품	합동운용상품
특정고객의 자산을 별도로 구분하여 관리 및 운용하는 신탁상품. • 특정금전신탁 • 금외신탁 • 유가증권신탁 등	여러 고객의 자산을 통합하여 펀드(fund)를 조성한 뒤 이를 관리·운용하여 그 과실을 위탁자에게 적절하게 분배하는 신탁상품. • 가계금전신탁 • 적립식 목적신탁 • 기업금전신탁 • 노후생활연금신탁 • 개인연금신탁 등

2. 제 2 금융권 금융상품

1) 증권회사

증권회사의 주업무는 위탁매매업무(broker), 인수 및 인수주선업무(underwriter), 자기매매업무(dealer)로 구분된다. 그러나 오늘날 증권회사는 이러한 주업무 이외에도 각종 장단기 금융상품을 판매하는 투자은행으로서의 성격도 부각되고 있다. 증권회사가 취급하는 금융상품으로는 증권저축, 세금우대 종합저축, 채권저축, 증권종합계좌(CMA), 랩어카운트(Wrap Account), 상장지수투자신탁(ETF), 환매조건부채권(RP), 양도성예금증서(CD), 기업어음(CP) 등 매우 다양하다.

(1) 증권저축

증권저축은 미리 저축기간을 정하고 정기 또는 수시로 일정액 이상의 저축금을 납입한 후 저축자 자신이 유가증권에 투자·운용함으로써 소기의 저축목적을 달성하도록 유도하는 저축상품으로서 일반증권저축, 근로자우대증권저축 등이 있다. 근로자증권저축과 근로자장기증권저축은 2001년부터 세금우대종합저축으로 통합되어 시행되고 있다.

① 일반증권저축

증권회사가 증권에 대한 전문지식이 부족한 소액투자자를 위해 예탁금을 받거나 할부판매의 방식으로 희망하는 유가증권을 매입·보관한 후 해당 증권에서 발생한 수익을 관리해 주는 증권저축상품이다. 저축재산의 입출금이 가능하고 세제상의 혜택은 없다. 예탁된 금액 중 유가증권의 매수 등에 사용되지 않고 계좌에 현금으로 남아있는 금액에 대해서 예금보호가 가능하다.

② 근로자증권저축

봉급생활자들의 재산형성과 증권시장의 안정적 성장을 위해 가입자들에게 배당 및 이자소득세 감면혜택을 부여하는 저축상품으로 2001년부터 세금우대 종합저축으로 개정되어 신규가입은 불가능하다.

③ 근로자장기증권저축

근로자의 재산형성을 위해 1991년부터 마련된 상품으로 근로자증권저축보다 가입대상자 및 가입한도가 대폭 확대된 저축상품으로 2001년부터 세금우대 종합저축으로 개정되어 신규가입은 불가능하다.

④ 근로자우대증권저축

근로자의 생활안정과 재산형성을 도모하기 위해 비과세되는 저축으로 은행, 투자신탁회사, 보험회사 등의 금융기관에서는 각각 근로자우대저축, 근로자우대신탁, 근로자우대보험이란 명칭으로 취급하고 있다. 가입대상은 연간 총급여액이

3,000만원 이하인 근로자로 제한되며 1인 1통장 개설을 할 수 있다. 매월 1만원에서 50만원 범위 내에서 자유롭게 적립이 가능하며 비과세의 혜택이 있다. 예금자보호제도에 의거 상시보호 상품이다.

⑤ 근로자주식저축

모든 근로자가 가입할 수 있는 상품으로서 3,000만원 한도 내에서 직접투자용 근로자주식저축이나 간접투자용 주식투자신탁상품에 가입할 경우 이자, 배당소득에 대한 비과세 혜택이 주어진다. 또한 당해 년도 납입액의 5%에 해당하는 금액을 종합소득산출세액에서 공제하는 세액공제혜택도 주어지는 상품이다. 2001년 말 가입분까지만 한시적으로 운용하고 있다.

⑥ 장기증권저축

우리나라의 주식시장은 단기위주의 투자관행으로 외부여건에 의해 쉽게 변동하고 주가가 기업의 가치를 제대로 반영하지 못하는 등 증시구조가 튼튼하지 못하고 불안정성이 높은 실정이다. 이러한 문제를 해소하고 증권시장의 수요기반을 확충하기 위해 2001년 10월 개발되어 2002년 3월 말까지 한시적으로 판매된 상품이 장기증권저축이다. 근로자나 자영업자 등 모든 국민이 가입대상이 되며 1인당 5,000만원 한도 내에서 세액공제 및 비과세의 세제혜택이 부여된다. 단, 2년간 의무가입이 전제되어야 한다.

(2) 세금우대 종합저축

'조세특례제한법' 제 89조의 개정으로 종전 10%로 저율과세 되던 근로자증권저축, 근로자장기증권저축 등이 통합되어 '세금우대종합저축'으로 2001년부터 시행되고 있다. 1인당 4,000만원 범위 내에서 가입할 수 있으며, 미성년자는 1,500만원, 장애인이나 경로우대자는 6,000만원 범위 내에서 가입 가능하다. 저축기간은 1년 이상이며 예탁된 금액 중 유가증권의 매수 등에 사용되지 않고 계좌에 현금으로 남아있는 금액에 대해 예금보호가 이루어진다.

(3) 채권저축

개인의 소액채권투자를 지원하기 위해 도입된 상품으로 국채, 지방채, 금융채 등 채권통장으로 거래하는 저축상품을 말한다. 취급기관은 증권회사 및 은행이며 1년 이상 가입시에는 세금우대종합저축 한도 내에서 세금우대가 가능하다. 투자대상은 국채, 지방채, 통화안정증권, 산업금융채권, 중소기업금융채권, 주택채권, 수출입금융채권, 기술개발금융채권, 국민은행채권, 주택저당증권 및 주택저당채권담보부채권으로서 환매조건부가 아닌 채권이 해당된다.

통상 일정액을 납입하고 채권통장을 개설하는 방식(통장식)으로 거래되는데, 채권을 실물로 구입하거나 만기 이전에 보유채권을 유동시장(증권회사)에서 매도하면 세금우대혜택을 받을 수 없다.

(4) 증권종합계좌(Cash Management Account ; CMA)

유가증권에 투자할 수 있는 통상적인 위탁계좌기능에 유휴자금을 단기 고수익상품(MMF 등)을 통해 운용하고, 카드결제기능 및 수표발행기능을 갖춘 은행의 예금계좌를 결합시켜 복잡한 입출금 절차 없이 유가증권투자와 각종 자금결제를 손쉽게 처리할 수 있도록 만든 증권종합계좌이다. 증권종합계좌는 고객에게 다양한 거래를 한 계좌에서 일괄처리하게 함으로써 보다 저렴한 비용을 부담하고, 번거로운 입출금절차 및 행위지시 등이 생략되어 투자편의 증진을 도모할 뿐만 아니라 미투자자금을 보다 높은 실세금리를 지급하는 상품에 자동이체 투자되도록 함으로써 자금운용의 효율성을 제고하고, 포괄적인 자금이체 및 운용내역서를 받게 됨으로써 자금흐름을 일목요연하게 파악할 수 있다는 장점이 있다.

(5) 랩어카운트(Wrap Account)

증권회사가 투자자의 투자성향을 분석하여 자산배분 전략, 투자종목 추천, 자산배분 및 투자조정, 총체적인 자산관리컨설팅 등 종합적이고 체계적인 자산종합관리 서비스를 제공하고 이에 부수되는 주문집행, 결제 등의 업무를 일괄 처리해주는 '자산종합관리계좌'를 말한다.

랩어카운트는 자산운용방식, 투자대상 등에 따라 다양한 상품이 존재하지만 일반적으로 컨설턴트 랩과 뮤추얼펀드 랩으로 구분한다. 컨설턴트 랩(Consultant Wrap)은 고객상담 결과 증권사 영업사원이 고객에 맞는 자산배분 및 투자전략을 소개하고 이에 적합한 투자자문사를 추천하면, 고객이 투자자문사를 선택하여 계좌를 개설하고 당해 투자자문사가 고객재산을 운용하는 방식이다. 뮤추얼펀드 랩(Mutual Fund Wrap)은 증권사 영업직원이 고객과의 상담을 통하여 고객에게 가장 적합한 자산배분 유형 및 투자전략에 따른 뮤추얼펀드 포트폴리오를 추천하면 고객이 이를 선택하는 방식이다.

2) 투자신탁회사

(1) 증권투자신탁(securities invest trust)의 의의

증권투자신탁이란 불특정 다수의 일반 투자자로부터 영세 자금을 모아서 형성된 대규모 자금을 전문투자기관이 유가증권에 분산투자하고 그 수익을 자금제공자인 일반투자자에게 분배해 주는 제도로서 공공투자, 투자대행, 분산투자, 높은 공공성 등과 함께 기업지배를 목적으로 하지 않는 특성이 있다.

투자자는 증권투자신탁제도를 통하여 증권시장에 간접 투자하는 기회를 가질 수 있고, 증권시장은 신탁자금의 유입으로 장기간에 걸쳐 안정적인 자금 공급이 가능해짐으로써 지속적인 성장이 가능하다는 장점이 있다.

(2) 투자신탁상품의 분류

① 법률적 조직형태에 따른 분류 : 계약형 VS 회사형

법률적 조직형태에 따라 투자신탁(펀드)상품은 계약형과 회사형으로 구분할 수 있다. 계약형(constractual type)은 위탁자, 수탁자, 수익자간의 신탁 계약에 의거하여 이루어지는 형태로서, 신탁재산을 설정·운용하는 위탁자와 그 재산을 보관·관리하는 수탁자간에 체결된 계약인 신탁약관에 따라 균등하게 분할된 지분증서인 수익증권을 수익자인 투자자가 취득하는 형태이다. 위탁자(투자신탁회사)는 투자신탁을 설정하여 수익증권을 발행, 이를 수익자(투자자)에게 매출하여 자금을 조성하고 이 자금으로 증권에 투자·운용하며, 수탁자(은행)는 신탁재산의 보관 및 출납, 증권의 배당 및 이자지급에 관련된 업무 등 관리사무를 대행한다. 회사형(corporate type)은 증권의 대행투자를 목적으로 회사를 설립하고 설립한 회사가 일반대중에게 주식을 발행, 그 운용수익을 배당하는 제도로서 뮤추얼펀드(mutual fund)라고도 한다. 미국의 경우는 대부분 뮤추얼펀드의 형태를 취하고 있으며 우리나라에서도 1998년 11월부터 뮤추얼펀드가 판매되기 시작하였다. 뮤추얼펀드도 투신사의 수익증권이나 은행신탁상품과 수익의 배분과 같은 원리는 같지만 투자자가 곧 뮤추얼펀드의 주주가 된다는 점에서 차이가 있다.

② 투자원금 추가입금 가능여부에 따른 분류 : 단위형 VS 추가형

신탁상품(펀드)의 판매기간 중 고객으로부터 자금을 수탁 받아 펀드를 설정하고, 판매기간 종료 후에는 추가입금을 할 수 없는 형태를 단위형이라 하며, 주로 중도해지 또한 제한되는 폐쇄형 구조를 갖고 있다. 단위형은 판매기간 종료 후 입·출금이 일어나지 않으므로 효율적인 자금운용이 가능하다는 장점이 있다.

추가형은 신탁기간 중 추가입금이 가능한 형태로서 주로 중도해지 또한 가능한 개방형 구조를 가지고 있다. 고객의 입장에서는 자유롭게 입·출금을 할 수 있어 선호될 수 있으나 펀드의 운용에는 어려움이 따른다.

③ 수익증권의 환매가능 여부에 따른 분류

수익증권의 환매가능여부에 따라 투자자(수익자)가 신탁기간 중 자유롭게 수익증권을 환매하는 것이 허용되는 것을 개방형 투자신탁이라 하고, 신탁기간 중 원칙적으로 환매가 허용되지 않는 것을 폐쇄형 투자신탁이라 한다.

④ 신탁재산의 운용방법에 따른 분류

신탁재산의 운용관리 권한의 위임에 따라 설정 당시의 신탁재산에 편입된 유가증권의 종목과 수량을 신탁기간 종료일까지 변경할 수 없는 것을 고정형 투자신탁이라 하고, 신탁약관에 의해 위탁회사의 재량으로 편입된 유가증권을 자유로이 변경할 수 있는 것을 관리형(융통형) 투자신탁이라 한다. 우리나라에서는 융통형 투자신탁이 일반적이며 기동성 있는 운영으로 수익의 극대화에 용이하다는 장점이 있다.

(3) 투자신탁 금융상품의 종류

① 주식형 수익증권

주식형 수익증권은 신탁재산의 운용대상 증권이 주로 주식이기 때문에 투자자가 배분받는 수익률이 일정하지 않으나 성장성과 고율배당이 예상되는 주식에 대해 우선 투자하므로 비교적 높은 수익률을 기대할 수 있다. 주식형 수익증권은 신탁재산을 주식 및 채권에 운용하는 비율에 따라 일반적으로 안정형, 안정성장형, 성장형 등으로 신탁상품을 분류하기도 한다〈표 4-2 참조〉.

주식형 수익증권은 투자자나 투자금액에 제한은 없으나 종류가 다양해서 보유자금의 규모, 투자기간, 수익증권 거래가격 및 수익률에 직접 영향을 미치는 각 수익증권별 주식의 편입비율 등을 감안하여 투자목적에 적합한 상품을 선택하여야 한다.

② 공사채형 수익증권

공사채형 투자신탁은 신탁재산을 주로 국·공채, 금융채 및 회사채 등 이자율이 확정되어 있는 채권과 기업어음(CP), 양도성 예금증서(CD) 등을 중심으로 운용하는 실적배당상품으로 안정적이며 높은 수익을 얻을 수 있다. 공사채형 투자신탁의 종류로는 단기공사채형(6개월 미만), 중기공사채형(6개월~1년 미만), 장기공사채형(1년 이상) 등이 있다.

표 4-3 운용비율에 따른 신탁상품(펀드)의 분류

구 분	공사채형	주식형		
	채권형	안정형	안정성장형	성장형
주식(파생상품포함)	운용하지 않음	10% 이내	30% 이내	50% 이내
채권(파생상품포함) 및 대출, CP, CD, 콜 등 기타 자산	100% 이내 (대출 50% 이내)	90% 이상 (대출 50% 이내)	70% 이상 (대출 50% 이내)	50% 이상 (대출 50% 이내)

표 4-4 기존 장부가평가상품과 시가평가상품의 비교

<table>
<tr><th colspan="2">구분</th><th>기존장부가평가상품</th><th>시가평가상품(신, 단기)</th></tr>
<tr><td colspan="2">대상상품</td><td>가계금전신탁, 기업금전신탁, 적립식목적신탁, 신종적립신탁, 비과세가계신탁, 개인연금신탁, 노후생활연금신탁, 근로자우대신탁</td><td>(신, 단기)단위금전신탁, (신, 단기)추가금전신탁, 퇴직신탁, 신개인연금신탁, 신노후연금신탁, 신근로자우대신탁, 분리과세신탁, 근로자주식신탁, 장기증권신탁</td></tr>
<tr><td rowspan="3">자산평가방법</td><td>채권</td><td>· 장부가판매
-운용중인 채권을 매입당시 가격에 매일의 이자를 더해서 평가하고 배당률에 반영
· 시가평가를 하지 않는 대신 자산건전성 분류에 의한 충당금 적립
-배당률 하락
· 자산건전성 회복에 따른 충당금 환입
-배당률 상승</td><td>· 시가평가
운용중인 채권에 대해 매일의 시장가격을 펀드가치(기준가)에 반영하므로 기준가의 등락이 발생.
시장가치에 의해 채권이 평가되므로 자산건전성 분류에 의한 충당금은 적립하지 않음.</td></tr>
<tr><td>주식</td><td>· 시가평가
당일 종가로 평가
-주가상승시 : 배당률 상승
-주가하락시 : 배당률 하락</td><td>· 시가평가
당일 종가로 평가
-주가상승시 : 기준가격 상승
-주가하락시 : 기준가격 하락</td></tr>
<tr><td>대출, CP 등 기타 증권</td><td>· 장부가평가
-자산건전성 분류에 의한 충당금 적립
: 배당률 하락
-자산건전성회복에 의한 충당금 환입
: 배당률 상승</td><td>· 장부가평가
-자산건전성 분류에 의한 충당금 적립
: 기준가격 하락
-자산건전성회복에 의한 충당금 환입
: 기준가격 상승</td></tr>
<tr><td colspan="2">배당방법</td><td>· 평균배당률방식
매일 배당률을 계산하여 고시하고 이를 가입기간 동안 평균하여 신탁이익을 계산.</td><td>· 기준가격방식
입금시 기준가격과 해지시 기준가격만으로 신탁이익을 계산</td></tr>
<tr><td colspan="2">운용대상</td><td>신탁관련법령에서 정한 범위 내에서 운용대상에 제한 없이 자유롭게 운용가능</td><td>신탁관련법령에서 정한 범위 내에서 운용하되, 약관으로 구체적인 운용대상과 비율을 계산함.</td></tr>
<tr><td colspan="2">원본보전
(개인연금, 노후연금)</td><td>납입원금은 물론 신탁이익 원가분도 보장함.</td><td>고객이 납입한 원금만 보장</td></tr>
<tr><td colspan="2">중도해지
수수료처리</td><td>은행수익으로 처리</td><td>신탁재산에 편입하여 고객에게 배당.</td></tr>
<tr><td colspan="2">시리즈상품
판매여부</td><td>불가능</td><td>가능</td></tr>
</table>

③ **머니마켓펀드**(Money Market Fund; MMF)

MMF는 1996년 10월부터 판매된 단기금융펀드이며, 은행권의 보통예금과 같이 수시입출금이 가능하다. 이러한 특징 때문에 단기공사채형 수익증권과는 달리 CP, CD, 금융채 등 만기 1년 이내의 단기고금리상품에 전액 투자하여 운용된다. 고객의 투자금액에 제한이 없으며 시장 실세금리의 변동에 따라 변동금리가 적용되며, 소액투자자도 이용 가능한 초단기 고수익상품이다.

(4) 채권시가평가제도

채권시가평가제도란 은행신탁상품, 투자신탁회사 수익증권과 같은 신탁상품에 편입되어 채권을 장부가격이 아닌 실제 시장에서 거래되는 가격(시가)으로 평가하는 제도로서, 시장금리변동에 따른 채권가격의 등락이 펀드가치에 즉시 반영되도록 하는 제도이다. 즉 편입된 주식을 매일 시가로 평가하여 펀드가치에 반영하는 것과 같이 채권에 대해서도 동일하게 적용한다.

채권시가평가제도의 시행내용, 1단계로 1998년 11월 15일 이후 설정되는 신규상품에 대해 시가평가를 적용한다는 것이며 1단계 시행조치에 따라 1998년 11월 15일 이후 설정된 단위·추가금전신탁, 퇴직신탁은 상품도입시부터 시가평가가 적용된다. 단, 특정금전신탁은 시가평가대상에서 제외된다. 2단계로 1998년 11월 14일 이전 설정된 장부가평가를 계속 유지하되 신규판매는 중지한다(2000. 7. 1. 시행).

채권시가평가제도 시행으로 인해 달라지는 점은 해지시 해지신청일을 포함해서 3(채권형) 또는 4(주식형) 영업일에 원리금을 지급함으로써 고객의 해지에 대비해 준비자금으로 신탁기간 중 불필요하게 유동성을 확보하던 관행이 줄어들 수 있다. 유동성의 확보는 펀드수익률을 떨어트리는 원인이 되므로 채권시가평가제도는 신탁상품의 수익률에도 긍정적인 역할을 한다고 볼 수 있다.

또한 채권시가평가제도의 도입으로 인해 신탁상품에도 영향을 미치게 되는데, 금리하락시에는 채권가격 상승으로 인해 자본이득이 발생하고 이는 펀드의 수익률을 추가 상승시킨다. 금리가 완만하게 상승할 때에는 기간경과에 따른 채권이자의 발생분이 금리상승에 따른 채권가격 하락분을 상쇄하므로 수익률에 별다른 변동을 가져오지 않는다. 금리가 급격하게 상승할 때에는 채권가격 하락으로 인해 자본손실이 발생하고 펀드의 수익률이 하락, 극단적인 경우에는 원금의 일부 손실도 발생할 수 있다.

채권시가평가제도는 장기적인 측면에서 볼 때 채권가격 변동에 따른 매매유인을 제고시키고 채권유동시장의 투명성과 유동성을 향상시킴으로써 채권시장의 효율성을 증대시킬 수 있을 것이다. 또한 금리의 변동성 축소와 장기금리안정에도 기여하여 다양한 채권투자전략의 개발을 가져오고 과거보다 안정적으로 수익을 얻을 수 있는 기반을 마련해 줄 것으로 기대된다.

3) 종합금융회사

(1) 설립배경 및 현황

종합금융회사는 1973년 제 1차 석유파동과 제 4차 경제개발계획의 추진을 앞두고 소요되는 방대한 외자를 도입하기 위해 해외 유수 금융기관과 제휴하여 국제금융시장의 정보를 신속히 수집하고 보다 유리한 외자도입을 주선할 수 있는 전문금융기관의 필요성에 따라 신설된 금융기관이다. 1976년 한국종합금융의 출범을 효시로 한불, 아세아, 새한, 현대, 한외 등 6개사가 외국자본과 설립되어 한태 서울 14개, 지방 16개사가 영업을 하였으나 1991년 3월 '금융기관의 합병 및 전환에 관한 법률'에 의거하여 금융산업의 개편이 추진되고 이로 인해 일부 회사들이 은행이나 증권회사로 업종을 전환하였다. 이후 외환위기를 겪으면서 부실화가 가속화되어 현재는 한불종금, 금호종금, 동양현대종금, 우리종금만이 명맥을 유지하고 있다.

종금사는 민간부문의 외자도입을 원활히 하고 기업의 다양한 금융수요를 충족시키기 위해서 설립되었으며, 현재는 예금과 보험업무를 제외한 단기금융업무, 외화조달 및 주선업무, 리스업무, 증권투자신탁업무, 유가증권업무, 회사채 발행 주선업무, 중장기대출업무 등 금융권에서 취급하는 거의 모든 업무를 취급하고 있다.

종금사에서 취급하는 대표적인 상품으로는 기업어음(CP), 발행어음, 표지어음, 어음관리계좌(CMA) 등을 들 수 있다.

(2) 상품의 종류

① **어음관리계좌**(Cash Management Account; CMA)

종합금융회사가 고객의 예탁금을 어음 및 국공채 등 단기금융상품에 직접 투자하여 운용한 뒤 그 수익을 고객에게 돌려주는 단기저축상품이다. 예금액의 제한 없이 수시 입출금이 허용되면서도 실세금리수준의 수익을 올릴 수 있다는 장점이 있다.

② **발행어음**(자발어음)

종합금융회사가 영업자금조달을 위해 자체신용으로 융통어음을 발행하여 일반투자자에게 매출하는 형식의 금융상품이다. 가계나 기업의 단기 여유자금을 운용하기에 적당하며, 자기발행어음 또는 자발어음이라고도 한다.

③ **기업어음**(Commercial Paper; CP)

신용등급이 적격업체로 선정된 기업에 한하여 자금융통을 위해 발행된 단기어음을 종합금융회사가 할인 매입한 후 이를 기관이나 일반투자자에게 다시 매출하는 단기상품이다. 종합금융회사의 지급보증여부에 따라 담보부 기업어음과 무담보 기업어음으로 구분할 수 있다. 1억원 이상의 거액자금을 1개월 이상 3개월 미만 단위로 운용하기에 유리하며 자금의 반복 예치를 통한 장기운용에도 적합한 상품이다.

④ **표지어음**

금융기관이 기업으로부터 매입해 보유하고 있는 상업어음이나 외상매출채권을 다시 여러 장으로 쪼개거나 한데 묶어 액면금액과 이자율을 새로 설정해 발행하는 어음을 말한다. 은행 및 상호저축은행의 대표적인 단기상품 중 하나로서 3개월 이상 6개월 이내의 단기여유자금 운용에 유리한 상품이다.

⑤ **환매조건부채권**(Re-purchase agreement; RP)

금융기관이 보유하고 있는 국공채 등 채권을 고객이 매입하면 일정기간이 지난 뒤 이자를 가산하여 고객으로부터 다시 매입하겠다는 조건으로 운용되는 단기저축상품이다. 투자금액과 기간을 자유롭게 선택할 수 있는 시장금리연동형 확정금리상품 중에서는 수익률이 비교적 높은 편이며 단기여유자금을 운용할 때 유리한 저축수단이다.

⑥ **양도성예금증서**(Certificate of Deposit; CD)

은행이 양도성을 부여하여 무기명 할인식으로 발행한 정기예금증서를 말한다. 수익률이 실세금리를 반영하여 비교적 높은 편이며 통상 1,000만원 이상의 목돈을 3개월 내지 6개월 정도 운용하는데 적합한 단기상품이다. 양도성예금증서는 중도해지가 불가능하며 만기 전에 현금화하고 싶을 때는 유통시장(종합금융회사, 증권회사)에서 매각할 수 있다.

4) 신용협동기구 및 상호저축은행

(1) 신용협동조합의 금융상품

신용협동기구의 금융상품은 농·수협 단위조합의 상호금융과 신용협동조합 및 새마을금고 등 신용협동기구가 취급하는 저축들을 총칭하며 이 저축들은 은행의 예금 및 적금과 성격이 유사한 예탁금 및 적금으로 구분된다. 이들 금융상품들은 금리 및 세제면에서 은행의 예·적금보다 유리한 특징이 있다. 금융기관별로 금리나 부대이익의 차이는 다소 있지만 거의 비슷한 수준이다.

① **보통예탁금**

은행의 보통예금과 유사한 상품으로서 수시입출금이 가능하고 6개월마다 복리로 이자를 계산한다. 세제혜택으로 인해 실질 금리는 은행에 비해 높다고 볼 수 있다. 또한 예탁금 거래실적 대출시에 우대금리를 적용받을 수 있다.

② 자립예탁금

수시입출금이 가능하며 3개월마다 이자를 지급하는 은행의 저축예금과 비슷한 상품이다. 대월약정을 맺을 경우 예금 잔액이 없어도 약정 한도 내에서 대출을 받을 수 있다.

③ 자유저축예탁금

수시입출금이 가능하며, 예탁기간에 따라 이자를 지급하고 예치기간에 따라 높은 이율이 보장되는 특징이 있다. 1인 1계좌이며, 예탁한도액이 정해져 있다.

④ 정기예탁금 및 복리식 정기예탁금

은행의 정기예금과 유사한 상품으로서 복리식인 경우 매월 이자를 복리로 계산하며, 단리식은 예탁기간 중 매월 이자를 지급받는다.

⑤ 정기적금

은행의 정기적금과 유사한 상품으로 대출이 가능하다.

⑥ 기타금융상품

이자소득에 대해 소득세와 주민세가 면제되는 근로자장기저축 및 비과세가계장기저축이 있는데 이들 상품은 전 금융기관을 통해 1인 1계좌만 가입할 수 있다.

(2) 상호저축은행의 금융상품

상호저축은행이 취급하는 주요 예금상품으로는 신용부금, 보통부금예수금, 정기부금예수금이 있다. 정기부금예수금, 신용부금, 가계우대정기적금 및 장학적금 등은 세금우대 혜택을 받을 수 있다. 상호저축은행의 상품은 예금이자율과 대출이자율이 비교적 높은 편이며 다른 금융기관에 비해 안정성은 떨어지지만 비교적 손쉽게 대출을 받을 수 있는 장점이 있으며 모든 금융상품은 예금자보호 대상이다.

① 신용부금

은행의 정기적금과 비슷한 성격의 예금으로서 매달 일정한 날짜에 일정금액을 적립하거나 자유롭게 적립하면서 만기에 목돈을 받을 수 있다. 월부금과 계약금액은 자유롭게 납입할 수 있으며, 계약금은 10만원 기준으로 배수 적용하여 무제한 계약이 가능하다. 또한 가입과 동시에 계약금 전액까지 대출자격이 주어진다. 적금이자 외에 특별이자가 부가되므로 은행의 상호부금보다 높은 수익률을 올릴 수 있다.

② 자유적립식 신용부금

은행에서 취급하는 복리자유적립식 정기예금과 비슷한 것으로서 정기부금 예수금의 장점과 자유불입의 장점을 더한 상품이다. 임의 금액(1만원 이상, 1,000원 단위)을 횟수에 상관없이 자유로이 예금하면 실 예치기간별 정기부금예수금 금리를 적용하여 월복리로 계산하여 만기 또는 중도해지시 지급한다. 예약기간은 3개월~2년(1개월 단위)이며 이자는 매월 원금에 가산한다.

③ 정기부금예수금

은행의 정기예금과 같은 성격의 예금으로 10만원 이상이면 가입할 수 있으며, 그 이외의 가입자격이나 예탁한도의 제한은 없다. 예탁기간은 1개월 이상 5년 이내에서 연, 월, 일 단위이다. 금리는 은행권보다 높으며, 만기가 길수록 높은 금리가 적용된다. 매달 이자를 지급받거나(단리식), 매월 복리로 계산되는 이자를 만기에 한꺼번에 지급받을(복리식) 수 있으며 중도해지 시에도 실 예치기간별 해당 이자율을 적용한다.

④ 보통부금예수금

은행의 보통예금과 같은 성격의 예금으로, 입출금이 자유로우며 하루 맡기는 경우에도 은행보다 높은 고율의 이자가 지급되며 이자를 매월 원금에 가산하여 복리로 계산한다.

⑤ **표지어음**

신용금고가 할인했던 어음을 일정금액으로 묶어 다시 어음으로 발행하여 고객에게 판매하는 상품이다. 고객에게 어음 실물을 주는 것이 아니라 그 내역을 기재한 통장으로 거래한다. 표지어음의 금리는 정기부금 예수금과 같거나 조금 높은 수준이다.

3. 금융상품을 이용한 가계투자 전략

1) 연령 및 가계생활주기별 투자 포인트

(1) 20대 재테크

직장 초년병인 20대는 재테크 입문기이므로 자신만의 습관과 재테크 철학을 정립해야한다. 가장 중요한 사항은 하루라도 빨리 재테크를 시작하고, 규칙적으로 저축하는 것이다.

① **종자돈 마련이 최우선**

특별한 사정이 없다면 월수입 중 최소한 50% 이상은 저축한다. 월 급여를 저축할 때는 무리한 욕심으로 주식에 투자하는 것은 바람직하지 않다. 목적에 맞는 안전한 금융상품부터 절세형으로 가입하는 것이 중요하다.

② **결혼자금은 세금우대저축으로 하라**

저금리 상황에선 봉급생활자들이 목돈을 마련하기가 쉽지 않다. 그래서 이자에 대한 세금을 덜 내는 절세형 상품이 최우선이다.

③ **우선순위는 내집마련**

내집마련의 첫걸음은 내몸에 맞는 청약상품인 주택청약예금, 청약부금, 청약저축 중에 한 가지를 가입해야한다. 5년 후 내집마련 할 계획이라면 청약저축이 유리하다. 5년 후에 내집을 마련할 정도의 목돈 마련이 어려운 처지라면 청약저축에 가입하는 것이 유리하다. 청약저축은 가입자격이 20세 이상으로 무주택 가구주만 가능하다.

④ **보너스 중 30%는 투자형 상품에 투자하라**

주식간접투자 상품에 투자해 수익률을 높이는 방법도 있다. 적금식 투자상품인 '적립식 투자신탁'은 목돈을 한꺼번에 주식에 투자함으로써 발생할 수 있는 손실위험을 줄일 수 있다. 또 주가 상승에 따라 고수익을 기대 할 수 있다.

표 4-5 직장 초년병에게 적합한 금융상품

상품구분		가입대상	가입액 한도	내용
목돈마련 절세상품 (결혼자금 등)	세금우대적금	개인	4,000만원 (1년 이상)	·이자세율 우대(9.5% 과세)
	단위조합·신협 등 조합예탁금	개인	2,000만원 (1개월 이상)	·이자세율 우대(1.4% 과세)
내집마련 청약저축	주택청약부금	20세 이상	월 5만~50만원 (2년 이상)	·2년경과 후 1순위 청약 ·세금우대 가입기능
	주택청약예금	20세 이상	200만원 이상	·2년경과 후 1순위 청약 ·지역·평형에 따라 금액 차등
	주택청약저축	20세 이상 무주택 가구주	월 2만~10만원 (2년 이상)	·공공주택 임대 및 분양 ·납입액 40% 소득공제
소득공제	장기주택마련 저축·펀드	18세 이상 무주택가구주 또는 85㎡ 이하 1주택 소유한 가구주	분기 300만원 이상 (7년 이상)	·연간 납입액 40%(최고 300만원) 소득 공제 ·이자소득세 비과세
노후대비 · 위험보장	연금신탁·보험	18세 이상	분기 300만원 (10년 이상)	·55세 이후 연금 지급 ·240만원까지 전액 소득공제
	종신보험 등	개인	-	·연간 100만원까지 소득공제 ·10년 이상 가입시 비과세
주식 간접투자	적립식 펀드	개인	월 10만원 이상	·적금식으로 주식투자 ·주가 상승시 높은 수익 가능
주택마련 · 전세자금 대출	장기모기지론	무주택자	집값의 70% (최고 3억원)	·20년 장기 대출 ·고정금리(연 5.9%)
	근로자·서민 전세자금대출	무주택자	전세금의 70% (6,000만원 이내)	·대출금리 연 5.0%로 저렴 ·2년 만기 일시 상환(2회 연장 가능)

(2) 30대 신혼부부 재테크

① 35세 이후에는 '무주택가구주 우선 공급제' 활용

투기과열지구에서 분양하는 전용면적 85m^2 이하 아파트는 총 분양물량의 75%를 만 35세가 넘는 5년 이상 무주택가구주에게 우선 분양한다.

② 출산 전에는 60% 이상, 출산 후에는 40% 이상 저축

결혼 전에는 독신자라는 자유를 만끽하느라 목돈을 마련할 겨를이 없다. 목돈을 마련하기 가장 적합한 시기는 결혼 후부터 첫 자녀 출산 전까지이다. 맞벌이 부부라면 소득이 많은 쪽의 급여를 저축하는 것이 좋다.

특히 신혼 초에는 절세상품을 활용해야 한다.

③ 자녀 학자금 마련은 장기주택마련저축으로 하라

출산을 했다면 교육비마련에 나서야 한다. 이럴 때 장기 주택마련저축을 활용하는 것이 좋다. 이 상품은 이자소득세가 비과세되는 데다 연간 가입액의 40%(최고 300만원)를 소득공제 받을 수 있다.

④ 가구주 결정도 신중히 하라

가구주에게는 소득공제 등 여러 가지 혜택이 있다. 가구주가 장기주택마련저축이나 주택청약저축에 가입하면 소득 공제 혜택이 있어 내집마련 때 싼 이자로 정책자금 대출이 가능하다.

⑤ 30대부터 노후 준비하라

평균수명이 늘고 평생직장은 사라지면서 노후 준비의 중요성이 강조되고 있다. 연금저축은 최소한 10년을 납입한 뒤 55세 이후에 5년 이상 연금식으로 받는 장기 상품이다. 분기당 가입 한도는 300만원이다. 납입액 기준으로 매년 240만원까지 소득공제를 받고, 5.5%의 우대세율이 적용된다.

⑥ 목돈은 저축은행에 맡기라

상호저축은행은 시중은행보다 거의 2% 포인트 정도 이자가 높으며, 예금은 가입시 4,000만원까지 세금우대를 받을 수 있으므로 기존 금융기관에 가입돼 있는 예·적금 상품과 중복되지 않도록 주의해야 한다. 또한 만 60세 이상이고 별도 예금이 없다면 부모님 명의로 예금을 가입해 3,000만원까지 비과세 혜택을 받을 수도 있다.

(3) 40대 재테크

결혼 후 10여년이 지난 40대부터는 집을 큰 평수로 옮기고 싶은 욕구가 강해지는 시기이다. 우리나라 사람들의 평균거주기간은 7~8년으로 짧은 것이 특징이며, 40대가 되면 집 갈아타기 욕구가 생기기 때문에 담보대출에 초점을 맞추고 재테크 전략을 짜야한다.

① 모기지론 갈아타기

최근 들어 금리 인상으로 재테크 환경이 급변하고 있어 고정금리 대출을 이용해 안정성을 꾀하는 것도 한 전략이다. 2004년 3월 25일 첫 선을 보인 모기지론의 현재 대출금리는 연 5.95%로 상품 출시 초기보다 금리가 무려 0.75% 포인트가 떨어졌다.

② 급여생활자라면 단기대출을 15년 이상으로 갈아타라

내집마련을 위해 주택에 저당권을 설정하고 금융기관에 15년 이상 대출 받았을 때 1년 동안 상환한 대출이자에 대해서는 최대 1,000만원까지 소득 공제를 받을 수 있다.

③ 정부 모기지론과 은행권 모기지론

금리 급변기에는 대출기간이 길 경우 금리가 대출받을 때 확정되는 고정금리 상품을 선택하는 것이 유리하다. 금리가 시중금리에 연동되는 변동금리상품도 변동주기를 잘 따져봐야 한다.

④ 투자상품 비중은 축소시키라

간접상품에 투자할 때는 고위험상품 비중을 낮추는 것이 좋다.

2) 세금관리

(1) 세금우대제도

금융기관에 저축을 하면 이자나 배당 등 금융소득이 발생하게 되는데 이와 같은 금융소득에 대해서는 다른 소득과 마찬가지로 각종 세금이 부과된다. '소득세법'에 의한 소득세, '지방세법'에 의한 주민세, 소득세가 감면되는 경우, '농어촌특별세법'에 따라 동 감면세액을 기준으로 부과되는 '농어촌특별세'가 있으며 이들 세금은 모두 금융기관이 고객에게 저축의 원리금이나 이자 등을 지급할 때 원천징수 된다.

세금 감면에 대한 특례는 대부분 '조세특례제한법'에 규정되어 있는데, 현행 관련 세법에 의하면 세금감면혜택이 없는 일반저축상품에서 발생한 금융소득에 대해서는 소득세 15%와 주민세 1.5%(소득세액의 10%)를 합하여 총 16.5%의 세금을 부과하고 있다. 그러나 특정 목적에 의해 개발된 금융상품에 대해서는 세금을 전혀 내지 않는 비과세 저축상품 및 세율을 낮춰서 적용하는 세금우대상품, 연말정산시 세액 등을 공제해 주는 세액공제 상품들이 다양하게 존재하므로 이러한 상품들을 꼼꼼히 비교해 선택한다면 합법적으로 세금을 납부하면서도 금융소득을 알차게 관리할 수 있다.

(2) 비과세저축 상품

비과세저축 상품은 금융소득에 대한 일체의 세금이 면제되고 일부 상품은 연간 종합소득 신고시 소득공제까지 받을 수 있기 때문에 같은 이자율이라 하더라도 수익을 더 많이 올릴 수 있는 저축상품이다.

현재 비과세 혜택이 주어지는 상품으로는 장기주택마련저축, 개인연금저축, 근로자우대저축, 농어가목돈마련저축, 생계형저축, 신용협동기구 출자금 및 예탁금(농어민 및 저소득근로자), 장기저축성보험, 근로자주식저축, 장기증권저축, 고수익 고위험 신탁저축 등이 있다.

그러나 2006년부터는 장기주택마련과 세금우대종합저축의 가입이 어렵거나 세제 혜택이 축소된다. 장기주택마련저축의 경우 2005년까지는 만 18세 이상 세

표 4-6 비과세저축상품의 종류

저축종목	취급기관	가입대상	가입기간	비과세한도	비고
장기저축 마련저축	은행, 상호저축은행	·만 18세 이상 무주택 자, $85m^2$ 이하 1주택소유자 ·1인 1통장	7년 이상	분기당 300만원	·불입액의 40%(연 3백만 원 한도) ·5년 내 해지시 소득공제액추징
개인 연금신탁	전 금융기관 (증권사제외)	·만 20세 이상 ·55세 이후부터 5년 이상 연금으로 지급받는 저축	10년 이상	분기당 300만원	·불입액의 40%(연 72만원 한도)소득공제 ·2000. 12. 31 이전 가입한 경우 한함.
근로자 우대저축	전 금융기관	·연간 총급여 3,000만원 이하인 근로자	3~5년	분기당 150만원	·2002년 말까지 가입자에 대해 3년 이상 예치시 비과세 ·은행권의 경우 저축/신탁 중 택일 가입
농어가 목돈마련 저축	농수협 단위조합	·2ha 이하 농경지 보유 농민 ·20t 이하 어선 보유 어민	3년, 5년	·일반농어민 : 월 12만원 ·저소득농어민 : 월 10만원	·2003년 말까지 가입자에 한해 비과세
출자금 (신용협동 조합)	상호금융(지역농협, 지구별 수협, 지역산림조합) 새마을금고, 신용협동조합	·조합원, 회원 ·1인 1통장	-	1,000만원 (잔액기준)	-
예탁금 (신용협동 기구)	·조합원, 준조합원, 회원 ·1인 1통장	-	2,000만원 (잔액기준)	·완전비과세는 농어민 또는 저소득근로자에 한하며, 일반 조합원 등은 농어촌 특별세 1.5% 과세 ·2006년말까지 발생소득에 대해서만 비과세	
장기저축성 보험	보험회사, 농수협중앙회, 신협/새마을금고의 공제, 우체국보험	·1세대 1통장	7년 이상	보험종류에 따라 상이	-
생계형저축	전 금융기관, 직장공제회 (특별법 설립)	·65세 이상 개인 ·장애인 ·독립유공자 및 유가족 ·국가유공상이자 ·기초생활보장급여수급자 ·1인 1통장	금융기관 및 상품별 상이	2,000만원	·기존예금 및 신탁상품에 특약 형태로 가입(외화예금 등 일부상품 제외) ·중도해지 및 만기 후에도 비과세 혜택
근로자 주식저축	증권회사, 투자신탁(운용)회사, 뮤추얼펀드, 은행신탁	·모든 근로자 ·1인 1통장	1년 이상 3년 이하	3,000만원	·이자/배당소득에 대하여 비과세(가입기간동안) ·불입액의 5% 근로소득세액공제(저축원금 평잔 30% 이상 주식보유) ·2001년 말까지 가입분에 한함
장기증권 저축	은행, 증권회사, 투자신탁(운용) 회사	·근로자와 자영업자 ·1인 1통장	1년 이상	5,000만원	·이자/배당소득에 대하여 비과세(가입기간동안) ·1년 가입 5.5%, 2년 가입 7.7%세액공제(저축원금 평잔의 70% 이상 주식보유, 연간회전율 400% 이내)
고수익 고위험 신탁저축	투자신탁(운용)회사, 뮤추얼펀드, 은행신탁	·1인 1통장	1년 이상 3년 이하	3,000만원	·이자/배당소득에 대하여 비과세(가입기간 동안) ·2002. 12.31.이전 가입한 경우에 한함.

주) 1) 2001.2.1. 이후 판매한 세금우대연금저축에 대해서는 납입액의 100%, 240만원 한도 내에서 소득공제되나 연금 수령시 이자 및 소득공제분에 대해 5% 원천징수함.
2) 예탁금은 2007년에는 5.0%(일반조합원 등은 6.0%), 2008년부터 10.5%의 세율이 적용될 예정임.
3) 기타 비과세상품: 비과세가계저축(98.12.31.까지 한시판매, 분기 300만원 이내, 3~5년 만기)비과세투자신탁(2000.12.31.까지 한시판매, 2,000만원 한도,1~3년 만기)

대주이면서 본인 소유의 집이 없는 무주택자 또는 소유 주택이 있더라도 전용면전 85m^2 이하의 1주택 소유자이면 가입이 가능했지만 2006년부터는 '주택가격 2억원 이하 소유자'라는 조건이 하나 더 추가 된다. 세금우대종합저축의 경우 가입대상에서 '만 20세 미만'의 기준이 삭제된다.

(3) 세금우대종합저축

세금이 전액 면제되는 것은 아니지만 세금우대상품도 일반 상품에 비해서는 높은 수익 효과를 가져다주므로 잘 선택할 필요가 있다. 2000년까지는 소액가계저축, 소액채권저축, 노후생활연금저축 등 저축종목에 따라 세금우대저축으로 가입할 수 있는 한도가 정해져 있었으나, 2001년부터는 저축기관이나 저축상품에 관계없이 개인별로 일정한도 내에서 세금우대혜택을 부여하는 '세금우대종합저축제도'가 시행되고 있다.

대상저축은 금융기관이 취급하는 적립식 또는 거치식 저축(신탁, 공제, 보험, 증권저축 및 채권저축 등 포함)으로서 계약기간이 1년 이상이고 가입당시 저축자가 제금우대적용을 신청한 저축상품이 해당된다. 단, 2000년 말까지 가입한 기존의 세금우대상품에 대해서는 현행의 한도를 초과하더라도 만기까지는 세금우대 혜택을 받을 수 있으며 비과세저축상품, 신용협동기구 예탁금(농어촌특별세 1.5%), 연금저축(11% - 소득세 10% + 주민세 1%)은 대상에서 제외된다.

세금우대종합저축은 우대세율 10.5%×(소득세 10% + 농어촌특별세 0.5%)를 적용한다. 그러나 계약일로부터 1년 이내 해지할 때에는 세금우대혜택이 적용되지 않으므로 최소한 1년 이상 금융상품에 가입하여야 한다.

(4) 연말정산시 소득공제 및 세액공제 대상상품

연말정산이란 근로소득자가 1년간(전년도 1월 1일~전년도 12월 31일) 받은 모든 급여를 합산한 총 급여액에서 각종 소득공제, 세액공제 등의 각종 공제 등을 반영하여 부담할 세액을 계산한 후 매월 받은 급여총액과 징수된 간이세액과 비교하여 부족한 세금은 납부하고 남은 세금은 환급받는 절차를 말한다. 이때 소득공제 및 세액공제 대상 상품을 가지고 있다면 그로 인해 연말정산시 보다 많은 금액을 환급받을 수 있으므로 비과세, 세금우대 다음으로 눈여겨 볼 상품이다.

소득공제는 과세표준금액에서 차감되는 것으로서 과세표준금액별 세율만큼 세금을 덜 내기 때문에 한계세율이 높은 고액 소득자일수록 공제효과가 크다. 한편 세액공제는 결정된 세액에서 공제액을 차감하므로 공제액만큼 100% 절세효과가 있다.

세액공제상품으로는 2000년 12월부터 2001년 12월까지 한시판매한 '근로자주식저축'이 있으며, 소득공제대상상품으로는 주택자금공제상품과 개인연금, 개인연금저축과 연금저축, 보장성보험, 신용카드 사용액 등이 있다.

3) 예금자보호제도

(1) 의 의

예금자보호제도는 금융기관이 지급정지, 파산 등으로 고객의 예금을 지급할 수 없는 상황이 발생하였을 때 예금자를 보호하고 금융제도의 안정성을 유지하기 위하여 1995년 '예금자보호법'제정을 통해 1996년부터 시행되고 있는 제도로서 금융기관 예금 등을 정부가 일정한 범위 내에서 보장해주는 예금보험제도이다. 예금자보호법에 의하여 예금보험공사(www.kdic.or.kr)가 설립되었으며 은행(농·수협중앙회, 외국은행 국내지점 포함), 증권회사, 보험회사, 종합금융회사, 상호저축은행, 신용협동조합 등은 예금보험공사에 일정 보험료를 납부해야 한다. 이러한 금융기관을 부보금융기관이라 하며, 부보금융기관이 파산하거나 예금지급이 정지되는 예금보험사고가 발생하면 예금보험공사에서 예금자에 대해 원금과 소정의 이자를 합하여 최고 5,000만원까지 보호해 준다. 이로써 금융기관의 공신력을 높이고 저축을 장려하며 금융산업의 발전에 이바지할 수 있다는 의의가 있다. 예금자보호제도는 보험의 원리를 이용하여 예금지급 불능사태를 방지함으로써 예금자를 보호하는 법에 의해 운영되는 공적자금 운용 제도라 할 수 있다.

(2) 예금보험 가입기관

은행 등 6개 금융권이 가입하고 있는데 예금보험공사에 예금보험료를 납부하는 금융기관을 '부보금융기관' 또는 '예금보험 가입금융기관'이라고 한다. 구체적으로는 은행, 증권회사, 보험회사, 종합금융회사, 상호저축은행과 신용협동조합 등 6개 금융기관이 해당된다.

(3) 보호대상 금융상품

예금보험공사는 '예금보험 가입금융기관이 취급하는 예금'만을 보호한다. 여기서 '예금'이란 모든 금융상품을 의미하는 것이 아니라 금융기관이 만기일에 약정된 원리금을 지급하겠다는 약속하에 고객의 금전을 예치 받은 금융상품만을 의미한다. 즉 실적배당신탁이나 수익증권과 같이 고객이 맡긴 돈을 유가증권매입이나 대출 등에 운용한 실적에 따라 원금과 수익(이자)을 지급하는 투자상품은 '예금'에서 제외한다.

금융기관별 예금보호 대상 금융상품은 〈표 4-5〉와 같다.

(4) 예금이 보호되는 경우

예금보험에 가입한 금융기관이 예금의 지급 정지, 영업 인·허가의 취소, 해산 또는 파산 등으로 고객의 예금을 지급할 수 없게 되는 경우를 '예금보험사고'라 하며, 이러한 '예금보험사고'가 발생한 경우에 예금보험공사는 해당 금융기관을 대신하여 예금을 지급하게 된다.

① 예금이 지급 정지된 경우

금융기관의 경영이 악화되어 예금을 지급할 수 없는 상태에 빠지거나 금융감독당국이 예금의 지급정지명령을 내린 경우에는 해당 금융기관에 대한 재산실사 등을 통해 향후 경영정상화 가능성을 조사하게 되며 그 결과 경영정상화가 불가능하다고 판단되면 예금보험공사가 대신 예금을 지급한다.

② 인가취소·파산·해산의 경우

금융기관이 감독당국으로부터 인(허)가를 취소당하거나 해산한 경우 또는 법원으로부터 파산선고를 받은 경우에는 예금자의 청구에 의하여 예금보험공사가 예금을 대신 지급한다.

표 4-7 금융기관별 예금보호 대상 금융상품

구 분	보호대상	비보호대상
공통	· 개인, 법인예금	· 정부, 지방자치단체, 한국은행, 금융감독원 및 부보금융기관의 예금 · 차입금(콜)
은행 (농·수협 중앙회, 외은지점 포함)	· 예금, 적금, 부금, 표지어음 · 원금보전형 신탁 -개인연금신탁, 노후생활연금신탁, 근로자퇴직적립신탁 - '96. 4. 30. 이전에 입금한 가계금전 신탁 및 기업금전신탁 - '96. 4. 30. 이전에 계좌를 개설한 적립식 목적신탁, 확정형 적립식 목적신탁, 퇴직신탁 · 이자가 지급되지 않는 결제성 예금(당좌, 별단예금: 2003. 12. 31. 까지 보호)	· 외화예금(외화채권 포함) · 양도성예금증서(CD), 개발신탁 · 은행발행채권, 환매조건부채권(RP), 근로자우대신탁, 특정금전신탁 - '96. 5. 1. 이후에 입금한 가계금전신탁 및 기업금전신탁 - '96. 5. 1. 이후에 계좌를 개설한 적립식 목적신탁 등 · 농·수협중앙회의 공제상품
증권회사	· 고객예탁금(현금잔액) · 증권저축계좌의 현금잔액	· 청약자예수금 · 유통금융대주담보금 · 제세금예수금 · 수익증권 등 유가증권 · 증권사 발행 채권 · 환매조건부 채권(RP)
보험회사	· 개인보험계약 · 퇴직보험계약(법인)	· 보증보험계약 · 법인보험계약(퇴직보험제외) · 재보험계약
종합금융회사	· 발행어음, 표지어음 · 어음관리계좌(CMA) · '98. 9. 30. 이전에 발행한 담보부배서 매출어음(보증어음)	· '98. 9. 30. 이전에 발행한 담보부배서 매출어음을 제외한 매출어음 · 수익증권, 종금사발행 채권 · 환매조건부채권(RP)
상호저축은행	· 예금, 적금, 부금, 계금	
신용협동조합	· 출자금 · 예탁금 및 적금	· 공제상품

③ **계약이전의 경우**

계약이전이란 감독당국의 명령 또는 당사자간의 합의에 따라 부실금융기관의 자산과 부채를 다른 금융기관으로 이전하는 것으로서, 이 경우에는 모든 자산과 부채가 반드시 포괄 승계되는 것은 아니며 구체적인 이전계약내용에 따라 승계되는 자산과 부채의 범위가 달라진다.

계약이전 결과 부실금융 기관의 예금 중 일부가 다른 금융기관으로 승계되지 않을 수도 있는데, 이러한 경우 승계되지 않은 예금이 예금자보호법에 의한 보호대상예금이면 예금보험공사가 대신 지급한다.

(5) 보호한도

예금자보호제도는 다수의 소액예금자를 우선 보호하고 부실금융기관을 선택한 예금자도 일정부분 책임을 분담한다는 차원에서 예금의 전액을 보호하지 않고 일정액만을 보호하는 것이 원칙이다. 우리나라에서도 예금자보호제도를 도입한 이래 이러한 원칙하에 금융기관별로 1인당 2,000만원(보험회사의 경우 1인당 5,000만원)까지만 예금을 보호하여 왔다. 그러나 '97년 말 IMF 사태 이후 금융산업 구조조정에 따른 사회적 충격을 최소화하고 금융거래의 안정을 기하기 위하여 한시적으로 예금전액을 보장하였으나 그 시한은 2000년 말 종료되었다. 2001년부터는 예금부분보호제도로 전환되어, 2001년 1월 1일 이후 가입금융기관이 보험사고(영업정치, 인가취소) 발생 후 파산할 경우, 원금과 소정의 이자를 포함하여 1인당 최고 5,000만원까지만 예금을 보장받게 된다.

(6) 예금자보호법이 적용되지 않는 기관의 예금자보호

① **농·수협중앙회와 단위조합**

농·수협중앙회 본·지점의 예금은 은행과 마찬가지로 예금자보호법에 의해 1인당 5,000만원까지 보호된다. 그러나 농·수협 단위조합은 예금자보호법에 의한 보호대상기관이 아니기 때문에 각 중앙회가 자체적으로 결성한 보호기금에서 일정한도까지 보호하고 있다. 다만 2000년 7월 1일 이전에 수협 단위조합 신용사업부문에 가입한 예금은 동 예금의 소멸시까지 보호된다.

② **새마을금고**

새마을금고는 예금자보호법에 의한 보호대상기관이 아니기 때문에 새마을금고에서 취급하는 예금 또한 보호대상이 아니다. 그러나 새마을금고연합회에 설치된 '안전기금'에 의하여 거래하는 새마을금고가 파산하는 경우 최고 5,000만원까지 보호를 받을 수 있다.

③ **체신예금**

우체국은 예금자보호법에 의한 보호대상기관이 아니지만, 정부가 '체신예금·보험에 관한 법률'에 의거 우체국에서 취급하는 금융상품의 원리금 전액을 보호하고 있다.

4) 대출관리

(1) 대출의 종류

대출의 종류에는 담보대출과 신용대출의 두 가지가 있다. 담보대출은 주택 등을 담보로 하는 부동산 담보대출과 예금을 담보로 하는 예금 담보대출이 있다. 담보대출은 장기간 많은 금액을 대출할 수 있다는 장점이 있다. 대출기간과 한도액은 금융기관마다 다르며, 부동산 담보 대출의 경우 담보 부동산이 주택인지, 아파트인지, 상가인지 등에 따라 차등적용 되며, 지역에 따라서도 달라지므로 일괄 적용하기는 어렵다. 예금 담보대출의 경우는 불입금액의 90%까지 대출을 받을 수 있다. 담보대출의 경우는 저당권 설정 등에 따른 부대비용이 발생한다는 점을 염두에 두어야 한다.

신용대출은 개인의 신용으로 대출을 받는 형태인데, 보증인이 필요한 보증대출과 보증인을 필요로 하지 않는 무보증대출이 있다. 보증대출의 문제점이 사회적으로 많은 지적이 되어 오면서 최근에는 개인의 은행거래실적 등을 토대로 한 신용점수만을 가지고 무보증대출을 제공하는 경우가 늘어나고 있다.

(2) 대출방법과 내용

① 제출서류

대출종류에 상관없이 채무자와 보증인 등 채무관계자를 확인할 수 있는 주민등록증이나 여권 등의 서류 사본을 금융기관에 제출하여야 한다. 대출금액이 1,000만원을 초과할 경우에는 부채현황표를 작성해야 한다. 부채현황표는 금융기관 차입금과 사채현황을 기재하게 되어 있는데 만일 허위로 기재한 것이 판명되면 여신회수 조치 등이 취해진다. 또한 담보대출인지 신용대출인지에 따라 필요한 서류가 달라지게 되는데, 부동산 담보대출의 경우는 담보물건의 등기부등본, 도시계획 사실관계 확인서, 인감증명서, 주민등록초본, 등기권리증 등이 필요하다. 신용대출의 경우는 세금원천징수증명서, 재산세납부영수증 등이 필요하다.

② 담보가액

부동산 담보대출의 경우 담보가격까지 대출이 가능한데, 이 때 담보가격의 기준은 감정가가 된다. 감정가는 보통 시가의 70~80% 수준에서 형성된다. 따라서 시가 3억원에 해당하는 부동산이라면 담보가격은 약 2억 1,000만원에서 2억 4,000만원 정도가 될 수 있으나 이는 부동산의 종류에 따라 다르므로 일률적으로 적용할 수 없다. 또한 담보가액을 모두 대출받을 수 있는 것이 아니며 선순위 저당권설정금액, 전세금과 같은 임대차보증금, 소액임차보증금 등을 공제한 금액이 대출 가능한 액수가 된다.

③ 담보설정비용

담보를 설정하는 데에는 저당권 설정비용과 담보조사수수료, 인지세 등이 드는데 대략 대출금의 1~2% 정도가 된다. 저당권설정비용으로는 등록세(저당권 설정액의 0.2%), 교육세(등록세의 20%), 주택채권 매입액(저당권 설정액의 1%), 법무사 수수료(대출금액의 1.5% 정도) 등이 있다.

(3) 대출금 상환

① 상환방법

대출금의 상환방법은 만기 일시상환, 매달 원리금 균등분할상환, 매달 원금균등분할상환 등 세 가지 방법이 있다. 만기 일시상환은 매달 이자만 내다가 만기 때 원금을 일시에 갚는 방법이며, 원리금 균등분할상환은 만기 때까지의 이자를 감안하여 매달 원금과 이자를 합하여 상환해 나가는 방법이다. 마지막으로 원금균등분할상환은 매달 일정액의 원금을 갚아나가면서 잔액에 대해서만 이자를 내는 방법이다.

② 중도상환수수료

대출금을 만기보다 앞당겨 상환할 경우에는 일정 수수료를 내는 경우가 있다. 이를 중도상환수수료라 하며 은행의 입장에서는 만기까지 일정하게 유입될 것으로 예상했던 이자수입에 차질이 생기는 상황이므로 이에 대한 책임을 일정 정도 고객에게 수수료의 형식을 빌어 지우게 하는 것이다. 따라서 대출을 받기 전에 중도상환수수료가 있는지 여부를 확인하고 상환가능한 시기를 계산하여 대출기간을 결정해야 한다.

(4) 대출금리

① 대출금리의 종류

대출금리는 고정금리와 변동금리로 나눌 수 있다. 고정금리는 우대금리가 변화되어도 약정된 금리를 만기까지 적용하는 것을 말한다. 변동금리는 우대금리(prime rate)와 연동해 우대금리가 변할 때마다 대출금리도 변하는 것을 의미한다. 대부분 은행의 대출금리는 변동금리를 적용하고 있다.

② 대출금리의 체계

대출금리는 최우수 거래고객에게 적용되는 대출우대금리에 개인 및 법인 신용도, 대출기간 등을 고려해서 결정된다. 즉 대출금리는 우대금리+가산금리로 구성된다. 가령 현재의 우대금리수준이 연 3.5%라면 고객의 신용도와 기간을 감안한 가산금리 2% 포인트를 더한 5.5%를 대출금리로 적용한다. 따라서 우대금리가 올라가면 대출을 받은 모든 사람의 이자부담도 함께 올라가게 된다.

5) 펀드상품의 활용

펀드상품이란, 주식이나 채권 파생상품 등 유가증권에 투자하기 위해 조성되는 투자자금으로서, 불특정 다수인으로부터 모금된 일정금액 규모의 자금을 운용하여 실적을 배당하는 성격의 투자 상품을 말한다. 펀드의 수익률은 기준가격의 상승률로 계산한다.

재테크코너 4-1

2005년 금융신상품

2005년은 펀드상품의 전성기라고 불릴 만큼 각 은행마다 펀드 상품들이 줄지어 출시되고 있다. 해외의 우량주채권에 투자할 수 있는 펀드상품과 위안화의 연동을 고려한 펀드상품들이 나오고 있으며, 이에 이어 주가연동상품들 역시 쏟아져 나오고 있다.

또한 2001년부터 두각을 드러낸 "웰빙"이라는 트렌드의 자리가 시장에서 굳어지자 금융시장에서 역시 그에 알맞은 보험상품들이 새로이 출시되고 있다.

마지막으로, 주5일 근무제가 자리를 잡자 여가시간을 즐기는 사람들이 늘어나고 그에 따라 여가 선용에 이로운 금융상품들도 역시 나타나고 있으며, 이 이외에 내 집마련의 꿈을 담은 대출상품들과 기존에 있던 예·적금 상품도 새로운 옵션을 달고 출시되고 있다.

(1) 배당주펀드

배당주펀드란 혼합형 펀드의 일종으로, 배당수익률이 높은 종목에 집중적으로 투자하는 펀드를 말한다. 운용 시작 후 예상한 배당수익률 이상으로 주가가 상승하면 주식을 팔아 시세 차익을 얻고, 반대로 주가가 오르지 않으면 배당 시점까지 주식을 가지고 있다가 예상배당금을 획득함으로써 주가 하락에 따른 자본손실을 만회하는 펀드이다.

(2) 가치주펀드

장기 안정적인 투자에 적합한 상품으로서, 가치주로만 포트폴리오를 구성해 투자하는 펀드이다.

(3) 공모주펀드

최근 코스닥 열풍과 맞물려 가장 인기 있는 상품이다. 개인이 일일이 공모주를 확인하고 청약에 나서는 수고를 덜어 주는 효과도 있다. 국공채와 은행 등 채권에 자금 70~80%를 넣고, 나머지는 공모주에 투자해 추가 수익을 올리게 된다. 은행 예금금리와 국공채 수익률을 웃도는 연 5~6%대 수익을 목표로 한다.

(4) 성장주펀드

가치주나 우량주, 배당주 대신 제약 · IT 등 첨단사업에 연관된 종목군의 편입비중을 높인 상품이다. 주가 등락이 워낙 커서 수익률 진폭도 크지만 대박이 터질 가능성이 가장 높다는 특징을 갖고 있다.

(5) 인덱스펀드

종합주가지수 수익률을 추종하도록 포트폴리오가 구성되는 상품이다. 다른 펀드에 비해 수수료가 낮고 운용사를 고르는 데 신경을 많이 쓸 필요가 없는 상품이다.

(6) 주식형연금펀드

10년 이상 장기투자자에게 적합한 상품이다. 일반 연금저축상품처럼 매달 불입하면 적립식펀드처럼 주식에 투자해 수익률을 낸다. 연금펀드에서 또 하나 혜택은 절세형이라는 점이다.

(7) 부동산펀드

기관과 개인 등에게서 돈을 모아 부동산에 투자한 뒤 수익을 돌려주는 방식으로 운용된다.

(8) 선박펀드

선박펀드의 정식 명칭은 '선박투자회사'다. 공모 등을 통해 조성된 자금(펀드)으로 선박을 매입하고, 이 선박을 해운업체에 임대해 얻은 수익을 투자자에게 다시 돌려주는 투자상품이다.

현재까지 모두 9개 선박펀드가 출시돼 공모를 마쳤다. 목표 수익률은 연 5.8~6.5%, 만기는 6~10년이다. 2004년 11월 출시됐던 선박펀드 경쟁률은 10대 1 수준이었다. 하지만 12월에 공모를 실시한 '아시아퍼시픽 2·3호'는 40대 1을 넘겨 기록적인 경쟁률을 기록했다.

(9) ELS펀드(주가지수연동펀드)

실적배당형 상품인 데도 불구하고 원금보존 효과를 높인 상품이다.

(10) 펀드오브펀드

외국 펀드운용사들이 만들어 여러 국가에서 운용하고 있는 주식형 또는 채권형 펀드를 여러 개 모아 하나의 펀드로 만든 상품으로 국가위험을 분산시키는 장점이 있다.

참고문헌

라이터스 편집부(2006). 바람직한 방카슈랑스 정착방안. 라이터스.
안승철, 정영숙, 배미경(2002). 신투자와 보험. 신정.
이요섭(2005). 금융시장과 금융상품(개정판). 연암사.
이창구, 이대연(2005). 자산운용 Ⅰ- 금융상품. 한국금융연수원.
지동현(2005). 금융포커스 : 고객관계 강화를 통한 교차판매. 한국금융연구원.

제3부 증권투자

제5장 증권시장과 증권거래제도

이 장은 증권거래의 기초가 되는 다양한 개념들에 대해서 학습한다. 증권시장의 개념, 구조와 기능, 발행시장과 유통시장, 그리고 이 두 시장의 상호관계에 대해서 살펴봄으로써 증권시장에 대한 기본적인 이해가 가능할 것이다. 실제 투자자에게 있어 가장 중요한 증권거래를 위한 제도들과, 코스닥시장의 개념, 기능, 매매제도에 대해서도 살펴본다. 또한 주가지수를 비롯하여 시장관련 지표, 유동성 지표, 투자판단 지표 등 증권거래를 위한 다양한 시장지표들에 대해서 학습한다.

1. 증권시장의 이해

1) 금융시장과 증권시장

금융시장(financial market)이란 일정한 질서 속에서 자금의 거래가 상시적으로 이루어지도록 하는 체계 또는 기구를 가리키는 추상적 개념의 시장이다. 자금의 수요자와 공급자간의 거래가 행하여지는 시장을 통틀어 넓은 의미의 금융시장이라고 한다. 금융시장은 자금을 조달하는 방법에 따라 자금공급자와 수요자 사이를 은행 등 금융기관이 중간매개자로서 맺어주는 간접금융시장과 자금의 수요자가 증권을 발행하고 이를 자금공급자의 잉여자금과 직접 교환하는 직접금융시장으로 나눌 수 있다. 또 금융자금의 공급기간이 길고 짧음에 따라 만기 1년 이내의 단기증권이 거래되는 단기금융시장과 비교적 장기적인 증권이 거래되는 자본시장으로 분류할 수 있다.

증권시장(securities market)은 자본주의 경제체제를 상징하는 자본시장의 전형적인 형태로서, 자금의 수요자인 기업이나 정부가 필요로 하는 자금을 금융기관이 아닌 투자자, 즉 자금의 공급자로부터 주식, 채권 등 유가증권을 매개로 하여 직접금융방식으로 조달하는 시장을 말한다. 증권시장은 크게 새로운 증권이 발행되어 최초의 투자자에게 전달되는 과정에서 성립하는 발행시장(issuing market or primary market)과 이미 발행된 유가증권이 투자자들 사이에 거래되는 과정에서 성립하는 유통시장(secondary market)으로 나눌 수 있다. 증권시장은 자금을 유통시키는 시장이라는 점에서 금융시장의 일환으로 이해되며, 금융시장에서는 주로 단기자금을 조달하는데 반하여 증권시장은 주식과 채권 같은 자본증권을 통하여 기업의 장기자본을 조달하는 역할을 하므로 협의로는 증권시장을 자본시장(capital market)이라고도 한다.

2) 증권시장의 의의와 기능

증권시장은 금융시장의 일부로서 자금의 수요자와 공급자를 직접 연결하는 직접 금융기능을 담당해 왔다. 은행을 중심으로 한 간접금융이 각 경제주체들의 부족자금 조달의 주 경로로 이용되어온 지난 수세기 동안 직접금융부문은 꾸준히 그 성장을 지속해 왔으며, 최근 각국 자본시장의 개방에 따른 국제 자본시장의 통합화 추세 확산, 간접금융시장의 위험증가, 금융공학의 발달 등에 힘입어 금융의 증권화 현상이 가속화되고 있다. 이는 곧 금융시장 내에서 직접금융을 담당하는 증권시장의 역할 증대를 초래하였다.

(1) 증권시장의 의의

증권시장이란 유가증권(주로 주식과 채권)이 거래되는 경제·사회관계를 총칭하는 것으로서 일반적으로 다음의 두 가지 의미로 쓰이고 있다.

광의로는 기업을 비롯한 자금의 수요자가 유가증권을 발행하거나 매출하여 필요한 자금을 조달하고 투자자가 유가증권의 매입이나 매각을 통하여 자신의 금융자산을 운용하는 일련의 과정, 즉 유가증권을 매개로 하여 발행주체와 증권회사 및 투자자 사이에서 유가증권과 자금의 수급관계가 이루어지는 곳을 말하며 이는 포괄적이며 추상적인 개념의 시장이다.

협의로는 다수의 매매 쌍방이 일정한 시간, 일정한 장소에 집결하여 일정한 조직과 거래 질서 하에서 증권을 매매 거래하는 조직적이고 구체적인 시장으로서 우리나라에서는 증권거래소시장과 코스닥(KOSDAQ)시장을 말한다.

(2) 증권시장의 구조

기업이 주식이나 채권 등을 통하여 조달한 자금은 기업의 설비투자 등에 투입되므로 회수하는데 많은 기간이 걸리는 반면, 일반투자자가 기업에 제공한 자금은 그 투자자가 필요로 할 때에는 언제든지 회수되어 이용될 수 있어야 한다는 서로 상반된 조건을 가지고 있다.

이러한 상호 상반된 조건에 따라 증권시장은 일반적으로 기업이 유가증권을 발행하여 자금을 조달하고 일반인이 자금을 제공하여 당해 유가증권을 취득하는 발행시장과 투자자가 취득한 유가증권을 현금화할 수 있는 유통시장으로 나눌 수 있다.

발행시장과 유통시장은 상호의존적이고 보완적인 관계를 가지고 있다. 즉 발행시장에서 발행되는 유가증권이 유통시장에서 원활하게 매매될 수 있어야 발행시장에서 유가증권이 활발하게 발행될 수 있고, 발행시장에서 유가증권의 공급이 원활하게 이루어져야 유통시장에서 매매거래가 활발하게 이루어질 수 있는 것이다.

발행시장에서 발행된 유가증권이 유통시장에서 증권거래소상장이나 협회중개시장등록을 통하여 거래를 할 수 있어야 유가증권을 취득한 최초의 투자자는 투자한 자금의 회수가 가능하고 발행주체도 계속 유가증권을 원활히 발행할 수 있다. 유통시장은 증권거래소시장과 코스닥시장으로 구분되어 있는데, 증권거래소시장은 거래소가 개설하는 유가증권시장을 말하며 코스닥시장은 협회중개시장등록을 통하여 코스닥증권(주)에서 유가증권의 매매가 이루어지는 시장을 말한다.

재테크코너 5-1

제3시장

제3시장은 거래소와 코스닥시장을 1, 2시장으로 보는 상대적인 개념으로 거래소에 상장된 종목, 증권업협회에 등록되어 코스닥에서 거래되는 종목을 제외한 주식회사의 주식들이 거래되는 장외시장을 의미한다. 일반기업이 거래소나 코스닥에서 거래되기 위해서는 자본금, 주식분산 등의 까다로운 요건을 충족해야 하는데, 그렇지 못한 기업들, 특히 신생 벤처기업의 주식을 유통시켜 기업에는 자금조달의 기회를, 투자자에게는 안전한 투자기회를 제공하기 위해 마련된 것이 제3시장이다. 또한 현재 미등록·비상장 주식이 거래되고 있는 장외시장에 합법성을 부여한다는 의미도 있다.

어떤 종목이 거래되나

거래종목은 증권업협회가 지정하게 되는데 거래소나 코스닥에 비해서 요건이 까다롭지는 않은 편이다. 외부감사 의견이 적정하고 증권예탁원에 예탁할 수 있는 통일규격 주권 등의 조건만 충족하면 된다.

운영과 매매는 어떻게 하나

단일장으로 오전 9시부터 오후 3시까지 거래되고 매매단위도 1주 단위이다. 매매절차도 기존 시장과 같아서 투자자가 증권사 방문이나 온라인으로 주문하면 호가중개시스템을 통해 자동 체결되고 증권예탁원에서 소유권이 변동된다. 차이점으로는, 제3시장은 가격제한폭이 없고, 위탁증거금이 100%로 정해져 있고 증권거래세가 0.5%로 비싸며 매매차익에 대해 양도세도 부과된다. 코스닥시장과 가장 큰 차이점은 체결방식인데, 기존 시장의 경쟁매매와는 달리 상대매매로 매수주문과 매도주문이 일치할 때만 매매가 체결된다. 모든 호가는 공개되고 가격과 수량을 지정하는 지정가 주문만 가능하다.

이와 같이 제3시장은 투자자입장에서 보면 거래소나 코스닥시장에 비해 제약요인이 많다. 하지만 거래소 상장이나 코스닥시장 등록전에 성장성 있는 주식을 선취매할 수 있는 점과 매매방식이 이전에 비해 수월해진다는 점, 그리고 비교적 객관적인 가격동향 및 투명성을 제공한다는 데 이점이 있다.

출처 : 이헌협(현대증권 B.K.조사팀장)

(3) 증권시장의 기능과 역할

① 산업자본의 조달 기능

기업의 측면에서 증권시장은 증권발행이란 수단을 통하여 대중의 유휴자금을 널리 모집·흡수하여 이것을 장기 안정적 산업자금으로 조달하게 된다. 따라서 증권시장은 기업에 대하여는 자금조달원이 됨과 동시에 유동성 자금을 산업자본화 함으로써 시설투자확대 및 기술혁신 그리고 대량생산을 통하여 기업의 체질 강화 및 국제경쟁력을 증진시키는 기능을 가지고 있다.

② 저축수단의 제공

일반대중에 대하여 증권시장은 저축 내지 자산의 운용을 위한 투자대상을 제공한다. 저축이나 자산을 운용하는 방법에는 여러 가지가 있으나 크게 나누어 부동산이나 귀금속 등과 같은 실물자산에 대한 투자와 은행예금이나 증권투자 같은 금융자산에 대한 투자로 분류할 수 있다.

③ 소득의 재분배

사회적 측면에서 증권시장은 주식의 분산에 의하여 소득의 재분배를 구현하는 정책수단이 되고 있다. 현대 자본주의 국가는 주식의 분산을 통한 대중자본주의를 지향하고 있으며 이에 따라 증권시장은 기업공개 및 주식지분의 분산을 촉진함으로써 대중의 자본소득 증대를 통한 국민복지 향상과 사회 안정 그리고 중산층 육성이라는 사회적 기능을 가지고 있다.

④ 자금의 효율적 배분 기능

증권시장에서 형성되는 주가는 장기적으로 기업의 수익성을 반영하므로 주가변동에 따라 투자자금이 생산성(수익성)이 낮은 기업에서 생산성이 높은 기업으로 이동하게 되어 자금의 효율적 배분을 촉진하게 된다.

⑤ 재정금융정책의 수단 제공

정부는 증권시장을 통한 재정증권의 발행과 상환으로 적자 또는 흑자재정을 운용하여 재정정책의 보완적인 수단으로 활용한다. 또한 중앙은행은 증권시장에서 공개시장조작을 함으로써 통화량의 조절 및 경기안정 등을 도모하는 금융정책을 수행한다.

3) 발행시장

발행시장은 증권이 자금의 수요자인 발행주체로부터 자금의 공급자인 최초의 투자자에게로 이전되는 추상적인 시장을 일컫는다. 즉 자금의 수요자인 기업이나 정부 등 발행주체에 의하여 발행되는 주식, 채권 등 유가증권이 자금의 공급자인 개인투자자 또는 기관 투자자에게 매각됨으로써 자금이 투자자로부터 유가증권의 발행주체로 이전되는 일련의 과정을 포함하여 발행시장이라고 한다. 유가증권이 발행되어 최초로 투자자에게 매각되는 시장이라는 점에서 '신규증권시장' 또는 '제1차적 시장(primary market)'이라고도 하며, 발행주체로 하여금 장기산업자금을 조달할 수 있도록 한다는 점에서 자본의 조달시장으로서의 기능을 수행한다.

(1) 발행시장의 기능

발행시장은 우선 기업의 장기자금의 조달을 도와서 기업자본의 대규모화를 실현시키는 동시에, 증권의 취득과정을 통하여 기업지배 또는 기업 상호간의 연결을 촉진시키는 등 경제의 양적·질적 고도화에 기여하는 기능을 수행한다. 또한 통화정책당국에 의한 국공채발행과 공개시장조작의 시행을 가능하게 함으로써 금융정책 및 경기조정의 기능을 수행하는 동시에, 투자자들에게 유리한 투자의 대상을 제공함으로써 소득분배를 촉진시키는 기능도 수행한다.

(2) 발행시장의 구조

발행시장의 가장 간단한 형태는 자금을 조달하는 자인 발행주체와 자금을 공급하는 자인 투자자로 구성된다. 이는 '직접발행'의 경우로서, 이 경우 발행주체는 증권발행에 관한 모든 지식을 갖추어야 하며, 매출하려는 유가증권을 충분히

소화할 수 있는 능력이 있는 자여야 한다. 그러나 대부분의 기업이 이러한 능력을 갖추기는 어려운 일이므로 발행주체와 투자자 사이에서 증권발행의 사무절차와 발행위험을 담당하는 전문기관, 즉 발행기관이 존재하게 된다.

① 발행주체

발행주체란 발행시장에서 유가증권을 발행하는 자로서, 증권의 공급자인 동시에 자금수요의 주체가 되는 자를 말한다. 이에는 주식 및 회사채를 발행하는 주식회사, 국공채를 발행하는 국가 및 지방공공단체 그리고 특수채를 발행하는 특수법인, 은행채를 발행하는 특수은행 등이 있다.

② 발행기관

발행기관은 증권의 발행자와 투자자 사이에 개입하여 증권발행에 따른 사무처리 및 모집주선 업무를 수행하고, 발행에 따르는 위험을 발행자를 대신하여 부담하는 기관을 말한다. 발행기관은 발행자에게 조언을 하거나 사무적인 발행절차를 대행하는 일을 하지만, 가장 중요한 기능은 증권을 모집하거나 매출할 때 인수기능을 수행하는 일이다.

유가증권의 발행에 있어서 발행기관의 역할은 매우 중요한데, 이는 유가증권의 발행에 따르는 책임과 위험을 지며, 불특정 다수인으로부터 유가증권을 모집, 매출하는 일을 수행하는 등, 간사기능, 인수기능, 청약대행기능 등을 수행하기 때문이다. 이러한 책임과 위험을 분산하고 발행증권의 매출을 원활히 하기 위하여 여러 발행기관이 공동으로 하나의 유가증권의 발행에 참여하는 것이 보통인데, 이와 같이 공동으로 참여한 발행기관의 집단을 인수단(syndicate)이라고 하며, 발행기관은 주관회사, 좁은 의미의 인수단, 청약회사로 그 역할을 달리하고 있다.

주관회사는 증권의 발행자와 투자자 사이에서 원활한 증권의 이전 및 배분이 이루어지도록 인수단을 구성하고 증권발행에 따른 사무처리, 발행자에 대한 조언 및 사무절차를 대행하는 기관을 말한다. 좁은 의미의 인수단은 발행기관의 가장 중요한 기능을 하는 발행기관의 집단으로서 유가증권을 발행자로부터 직접 매입하는 인수기능을 수행하고 있다. 청약기관(청약단)은 불특정 다수를 대상으로 모집하여 청약을 대행해 주는 기관이다. 따라서 청약기관은 단순히 청약만을 대행하며 모집내역을 집계하여 인수단에게 직접 청약하는 역할을 수행한다.

③ 투자자

투자자는 발행시장에서 모집 또는 매출에 응하여 최종적으로 유가증권을 취득하는 최초의 투자자로서, 이것을 다시 유통시장에서 매각하는 자를 말한다. 발행주체에 대하여는 자금의 공급자가 되며, 유통시장과의 관계에서는 최초의 투자자가 이에 해당된다.

투자자는 투자의 형태에 따라 개인자격으로 증권투자를 하는 '개인투자자'와 법인의 형태를 취하고 있는 '기관투자가'로 나눌 수 있다. 기관투자가의 예로는 은행, 종합금융회사, 보험회사, 투자신탁운용회사, 증권회사, 연금기관, 각종 재단, 기타 금융기관 등을 들 수 있는데, 증권투자에 대한 고도의 전문적인 지식과 조직, 그리고 자본력을 갖고 있어 증권시장에서의 커다란 위치와 역할을 점하고 있는 것이 보통이다.

(3) 발행시장의 형태

유가증권의 발행형태는 일반적으로 발행될 유가증권의 수요자를 구하는 방법에 따라 '공모발행'과 '사모발행'으로 나누어지고, 발행에 따른 위험부담과 사무절차를 담당하는 방법에 따라 '직접발행'과 '간접발행'으로 구분된다. 통상 '공모발행'의 경우에는 '간접발행'의 형태를 '사모발행'의 경우에는 '직접발행'의 형태를 취하는 것이 보통이다.

① 공모발행과 사모발행

'공모발행'은 발행주체가 널리 불특정다수인을 대상으로 유가증권을 공개적으로 모집하여 발행하는 형태를 말한다. 주식의 공모발행이 회사를 신설하거나 증자할 때 발행주식을 회사와는 관련이 없는 일반투자자로부터 모집하는 것을 말하는데 비해, 채권의 공모발행은 발행가격과 이자율, 상환기간 등 일정한 조건을 제시하고, 널리 투자자를 모집하여 자금을 납입하게 하고 채권을 교부하는 것을 말한다.

공모발행은 발행주체가 불특정 다수인을 상대로 하여 유가증권의 수요자를 구하는 방법으로 발행가격, 발행시점 등을 동일한 조건으로 공개적으로 시행하기 때문에, 가장 양질의 유가증권 수요자가 선택될 수 있어서 사모발행방법에 비해 발행비용이 훨씬 적게 든다. 그에 비해 '사모발행'이란 발행주체가 특정의 수요자를 대상으로 유가증권을 발행하고 자금을 조달하는 방법을 말한다. 주식의 경우, 발행주식을 발기인만을 대상으로 발행한다든가 또는 연고자에게 인수시키는 방법을 말하는데, 그 대상이 일반 대중이 아니라는 점에서 사모발행이라 일컫는다. 채권의 경우는 중앙은행으로 하여금 국공채를 인수시킬 때 많이 사용하는 방법으로, 금융시장이 불안하여 시중자금사정이 좋지 않아 공모발행이 어려울 때 국가가 중앙은행으로 하여금 국공채를 인수하도록 한다. 대부분의 유가증권 발행은 공모에 의해 이루어지는데, 그 이유는 발행비용이 저렴하고 발행방법과 절차가 투명하게 이루어지기 때문이다.

② 직접발행과 간접발행

'직접발행'은 발행자가 자기의 책임과 계산으로 발행위험을 부담하고 발행사무를 모두 담당하여 발행하는 것을 말하며, 직접모집 또는 자기모집이라고도 한다. 이 경우 주식 및 채권의 발행총액이 응모총액에 미달할 때에는 발행주체가 이사회결의를 통하여 잔량을 처리하여야 하며, 만일 인수능력이 없을 때에는 회사의 설립이나 채권발행 자체가 성립되지 아니한다. 그러므로 모집할 능력이 충분하거나 발행규모가 적어 상대적으로 발행위험이 적고 발행사무가 비교적 간단한 경우에만 이용이 가능한 방법이다.

이에 비하여 '간접발행'은 발행주체가 중개인인 발행기관을 거쳐서 간접적으로 발행하는 방법으로, 전문적인 지식과 조직을 가지고 있는 증권회사나 금융기관 등의 전문기관(발행기관)에 발행업무를 의뢰하여 발행하므로 모집발행이라고도 한다. 이 경우 발행주체는 원칙적으로 발행 및 모집사무 또는 발행위험을 전문기관에 부담시키고, 이에 따른 수수료를 부담한다.

재테크코너 5-2

공모와 사모

기업이 주식 등 유가증권을 발행하여 자금을 조달할 때는 공모와 사모의 두 가지 절차를 거친다. 공모와 사모는 누구를 대상으로 유가증권을 발행하느냐가 가장 큰 차이점이다.

공 모

(1) 보통 주식공개모집을 말한다.
(2) 50인 이상의 불특정 다수(일반인)에게 돈을 받고 주식을 나눠 주는 것이다.
(3) 공개적으로 모집하는 탓에 신문 등에 공모관련 공고를 내야 한다.
(4) 감독당국(금융감독원)에 유가증권신고서를 제출, 심사를 받는 절차를 거쳐야 한다.
(5) 불특정 다수인 일반인을 보호하기 위한 절차다.
(6) 상장 전단계인 기업 공개시에는 반드시 공모를 거쳐야 한다.
(7) 특정개인이나 소수주주로 구성돼 폐쇄성을 띄고 있는 기업이 공모를 통해 주식을 일반인에게 분산시키고 재무내용을 공시하는 것이 기업공개이기 때문이다.
(8) 상장하기 위한 주식분산의 경우 상장 전 총 발행주식의 30% 이상을 분산시켜야 요건이 충족된다. 코스닥시장에 등록하려는 기업은 20% 이상의 주식을 일반인에게 분산시켜야 한다.
(9) 공모주 이외에 실권주 공모, 전환사채(CB) 공모 등의 유형이 있다. 일단 공모라는 말이 들어가면 일반인들이 청약할 수 있다.

사 모

(1) 다수의 일반인이 아닌 특정의 개인, 금융기관, 일반법인 등이 주식을 인수하는 것이다.
(2) 구체적으로 말하자면 50인 이하의 특정인에게 주식, 채권 등을 매각해 자금을 조달하는 절차다.
(3) 상대적인 계약이어서 공모에 필요한 절차가 필요 없다.
(4) 유상증자시 제3자에게 배정하는 것이나 사모 전환사채 발행 등이 이에 해당한다. 다만 사모시에도 증권거래소 공시를 통해 조달금액 규모, 발행조건, 인수처 등을 밝혀야 한다.

출처 : www.fund.re.kr

③ 간접발행과 발행위험의 부담

간접발행은 발행위험의 부담정도에 따라서 다음과 같이 구분된다.

• 모집주선

모집주선(best-effort basis)은 제3자인 발행기관이 수수료를 받고 발행인을 위하여 당해 유가증권의 모집 또는 매출을 주선하거나, 기타 직접 또는 간접으로 유가증권의 모집 또는 매출을 분담하는 방법으로 위탁모집이라고도 한다. 이 방법은 발행회사 또는 발기인이 스스로 발행위험을 부담하지만 모집업무와 같은 발행사무를 발행기관에 위탁하는 데에 그 특징이 있다. 일반적으로 이 방법은 발행위험이 비교적 높기 때문에 제3자인 발행기관에 부담시키는 것이 용이하지 않아, 발행사무만을 위탁하는 경우에 이용된다. 이 경우 발행기관은 발행사무만을 담당하고 소화되지 않은 증권은 발행자에게 되돌려주게 된다.

• 잔액인수

잔액인수(stand-by agreement)는 발행 및 모집사무와 인수위험을 분리하여 발행기관에 위임하는 방법으로 일단 발행기관에 발행 및 모집사무를 위탁하고 일정기간 동안 모집을 한 다음, 그 기간이 경과 후 모집부족액이 발생하였을 경우 그 잔량에 대해서만 기 체결된 인수계약으로 잔량을 인수기관에 인수시키는 방법이다. 또한 모집수탁기관과 인수기관은 다른 것이 원칙이나 같아도 무방하며, 인수기관은 모집미달잔액 전액에 대한 인수계약을 할 수도 있고 모집미달잔액 중 일부 한도금액을 정하여 한도액까지만 인수한다는 계약을 할 수도 있다. 이 경우 발행증권을 일반투자자들로부터 모집하고 만약 응모총액이 모집총액에 미달할 경우 잔액인수기관이 자기의 책임과 계산으로 당초 정해진 발행가액으로 당초 정한 계약물량을 인수계약에 따라 인수수수료를 받고 인수하여야 한다.

• 총액인수

총액인수(firm commitment)는 대표주관회사가 구성한 인수기관들의 집단인 인수단이 공모증권 발행총액의 전액을 자기의 책임과 계산 하에 인수하고 이에 따른 발행위험(인수위험)과 발행 및 모집사무 모두를 담당하는 방법으로, 인수매출이라고도 한다. 즉 유가증권을 매출할 목적으로 그 유가증권의 발행인으로부터 그 전부 또는 일부를 취득하는 것을 말한다. 따라서 불리한 가격변동에 따르는 손해 등 모든 위험은 발행인으로부터 인수단으로 이전되며 인수단은 인수를 위하여 많은 자금을 필요로 할 뿐 아니라 매출하기까지의 기간동안 매출잔량을 보유하여야 하므로 발행증권의 가격변동에 따른 모든 위험을 부담하게 된다. 간접발행의 대부분은 이 총액인수방식을 사용하며 인수기관의 부담이 큰 만큼 인수수수료율도 가장 높다.

4) 유통시장

(1) 유통시장의 의의와 기능

유통시장은 발행시장을 통하여 발행된 유가증권이 투자자들 상호간에 매매, 거래되는 시장으로서 2차시장이라고도 한다. 발행시장에서 주식, 채권 등 유가증권을 취득한 투자자는 유통시장을 통하여 이를 매각함으로써 투자자금을 회수하고, 수익성 높은 투자대상을 찾는 투자자들은 유통시장에서 이미 발행된 유가증권에 투자하는 방법으로 자산을 운용할 수 있다.

유통시장은 다음과 같은 중요한 경제적 기능을 갖는다.

첫째, 발행된 유가증권의 시장성과 유통성을 높여 투자자들의 투자를 촉진시킴으로써 발행시장에서의 장기자본조달을 원활하게 한다.

둘째, 시장성과 유통성이 높으면 적정가격으로 즉시 현금화가 가능해 유가증권의 담보력을 높여줌으로써 유가증권을 담보로 한 차입을 용이하게 한다.

셋째, 다수의 투자자가 참여하는 자유경쟁시장이므로 유통시장에서 형성되는 유가증권의 가격은 공정하고 적정한 가격이라 할 수 있다.

넷째, 유통시장에서 형성되는 가격은 발행시장에서 발행될 유가증권의 가격을 결정하는 기능을 한다.

유통시장이 이러한 기능을 제대로 수행하기 위해서는 거래대상이 되는 유가증권의 발행물량이 많아야 하고 발행된 유가증권이 다수의 투자자에게 분산 소유되어야 하며, 유가증권의 매매, 유통에 제약이 없어야 한다.

유통시장은 전통적으로 거래소시장과 장외시장으로 구분된다. 거래소시장은 우리나라의 경우 거래소가 개설하는 유가증권시장을 말하는 것으로, 일정한 장소에서 정해진 시간에 계속적으로 상장유가증권의 주문이 집중되어 경쟁매매원칙 등 일정한 매매거래제도에 따라 조직적, 정형적으로 매매거래가 이루어지는 시장을 말한다. 이에 반해, 장외시장은 거래소시장 밖에서 당사자간에 상대매매의 방법으로 다양한 유가증권의 매매거래가 이루어지는 비조직적 시장인데, 주로 증권회사의 창구에서 매매거래가 이루어지므로 점두시장(over-the-counter market)으로도 불려 왔다. 그러나 이러한 전통적 구분은 큰 의미가 없게 되었는데, 그 이유는 정보통신기술의 발달과 함께 장외시장도 거래소시장처럼 조직화되거나 최근의 사이버 거래소시장(cyber exchange) 형태로 변모하는 등 과거 거래소시장의 전단계적, 보완적 시장에서 상호 경쟁적 시장으로 급속히 변모하고 있기 때문이다.

(2) 한국증권선물거래소

한국증권선물거래소는 유가증권의 공정한 가격의 형성과 안정 및 그 유통의 원활을 기하기 위하여 증권거래법에 의하여 설립된 법인으로서 유가증권시장을 개설, 관리하는 증권시장의 중추기관이다. 거래소가 개설하는 유가증권시장에서는 정해진 매매거래시간에 계속적으로 기업 내용이 우수한 상장유가증권에 대한 주문이 집중되어, 경쟁매매원칙 등 일정한 매매거래제도에 따라 조직적, 정형적으로 매매거래가 이루어지는 특징을 가지고 있다.

거래소는 설립목적을 달성하기 위하여 다음과 같은 업무를 행한다.

① 유가증권시장의 개설업무
② 유가증권의 매매거래에 관한 업무
③ 유가증권의 상장에 관한 업무
④ 상장법인의 공시에 관한 업무
⑤ 이상매매의 심리 및 회원감리에 관한 업무

⑥ 유가증권의 경매업무
⑦ 유가증권시장에서의 매매거래와 관련된 분쟁의 자율조정에 관한 업무
⑧ 유가증권시장의 개설에 수반되는 부대업무
⑨ 부동산임대업무
⑩ 정보판매업무

2. 증권거래제도

1) 매래거래의 수탁

거래소시장에서 매매할 수 있는 자는 금융감독위원회로부터 증권업허가를 받은 증권회사로서 거래소의 회원인 자에 한정하고 있다. 따라서 일반투자자가 거래소시장에서 유가증권을 매매하고자 할 경우에는 거래소의 회원인 증권회사에 주문을 위탁해야 하며, 이것은 회원의 입장에서는 수탁을 하게 되는 것이다. 매매주문의 수탁방법은 문서에 의한 수탁, 전자통신의 방법에 의한 수탁과 전화 등에 의한 수탁방법이 있다.

(1) 위탁증거금

위탁증거금은 결제이행을 위한 담보를 확보함으로써 원활한 결제를 통한 거래의 안정을 도모하기 위한 것으로서 증권회사는 매매주문의 위탁을 받을 때 매수의 경우는 현금, 매도의 경우는 현금이나 당해 매도증권을 증거금으로 징수할 수 있다. 이 경우 위탁증거금의 징수율과 징수방법은 회원이 자율적으로 정하며, 징수율을 정한 경우나 변경한 경우에는 시행일로부터 2일 이내에 거래소에 보고해야 한다. 한편, 위탁증거금은 현금에 갈음하여 유가증권(대용증권)으로 납부할 수 있으며, 대용증권 및 대용가격은 거래소가 당해 증권의 시장가치나 시

세변동 등을 감안하여 정하고, 대용증권의 징수비율은 회원이 자율적으로 정한다.

(2) 위탁수수료

위탁수수료는 증권회사가 투자자의 위탁매매주문의 처리와 제공되는 각종 서비스에 대한 대가의 성격을 가지는 것으로서 증권회사는 위탁수수료를 투자자로부터 결제시에 징수하도록 되어 있다. 위탁수수료의 징수율과 징수방법은 증권회사가 자율적으로 결정하도록 되어 있다.

2) 시장의 구분 및 개폐

매매거래시간은 정규시장은 6시간이고, 정규매매가 종료된 후 50분 동안 시간외 매매를 하고 있다. 한편, 전산장애발생, 호가폭주, 연초개장일 등에는 매매시간을 변경할 수 있다. 정규시장의 매매거래시간은 오전 9시부터~오후 3시까지 이며 시간외시장은 오후 3시 10분부터~4시까지 이다.

3) 매매거래의 종류

매매거래의 종류는 매매계약 체결일과 결제일의 시간적 간격에 따른 당일 결제거래, 익일결제거래 및 보통거래가 있다. 당일결제거래는 매매계약을 체결한 당일에 결제하는 거래를 말하며, 익일결제거래는 매매계약을 체결한 다음날에 결제하는 거래를 말하고, 보통거래는 매매계약을 체결한 날로부터 3일째 되는 날(T+2)에 결제하는 거래를 말한다. 주권의 경우는 모두 보통거래로 매매를 체결하고 있고 채권은 모두 당일결제거래만 하고 있다. 한편 국채 딜러 간 거래의 경우 2003년 6월부터 익일결제거래로 변경되었다.

4) 호 가

(1) 호가의 구분 및 방법

호가는 위탁매매호가와 자기매매호가, 매도와 매수를 각각 구분하여 거래소 시스템에 입력하여야 한다.

(2) 호가의 종류

유가증권 종류별로 할 수 있는 호가의 종류는 다음과 같다.

① 주권, 외국주식예탁증서(DR) 및 상장지수펀드(ETF)는 지정가호가, 시장가호가 및 조건부지정가호가

② 신주인수권증서, 신주인수권증권, 수익증권 및 채권은 지정가호가

(3) 시장가호가와 조건부지정가호가

시장가호가는 가장 유리한 가격조건 또는 시장에서 형성되는 가격으로 매매체결을 원하는 호가로서 위탁자가 주문가격을 명시하지 않으며 매매는 지정가호가에 우선하여 체결된다.

조건부지정가호가는 장종료시 가격결정 전까지 체결되지 않은 지정가호가의 미체결잔량이 시장가호가로 전환되어 장종료시 가격결정에 참여하는 조건부호가를 말한다.

(4) 공매도호가

공매도란 주식을 보유하지 않고 매도하거나 차입한 주식을 매도하는 것을 말한다. 공매도호가란 주식을 보유하지 않은 위탁자 또는 주식을 차입한 위탁자로부터 매매거래의 위탁을 받거나 증권회사가 주식을 보유하지 않거나 주식을 차입하여 매도하는 호가를 말한다. 현재, 주식을 보유하지 않고 매도하는 것은 원칙적으로 금지되어 있으며, 차입한 주식을 매도하는 경우에는 대주, 대차 등의 경우로서 결제일까지 결제이행이 보장되는 경우에만 허용된다.

(5) 호가의 제한

① 시장가 및 조건부지정가호가의 제한

시장가 및 조건부지정가호가의 제한을 하는 경우는 지정가호가만을 제출할 수 있는데, 그 제한대상은 다음과 같다.

- 신규상장종목 등의 최초의 가격결정시
- 정리매매종목
- 허용되는 공매도 호가시, 대량매매, 자사주매매, 시간외 매매

② 프로그램매매호가의 효력일시정지제도(sidecar)

KOSPI 200 선물거래종목 중 직전일의 거래량이 가장 많은 종목의 가격이 급변하는 경우(즉, 선물거래 3,6,9,12월물 중 거래가 가장 많은 종목의 가격이 급변하는 경우) 프로그램매매호가에 대하여 일정시간 동안 효력을 정지시키는 제도이다.

구체적인 기준은 선물가격이 기준가격 대비 5% 이상 상승 또는 하락하여 1분간 지속되는 경우 주식시장에서 프로그램매매호가를 5분간 효력정지한 후 가격결정에 참여시킨다. 단, 장종료 40분 전 이후에는 이를 적용하지 않는다. 한편 프로그램매매호가의 효력정지예고제를 두고 있는데 기준종목의 가격이 기준가격 대비 5% 이상 상승(또는 하락)하는 경우 프로그램매매호가의 효력이 정지될 수 있다는 사실을 예고할 수 있다.

③ 공매도호가의 가격제한

허용되는 공매도의 경우에도 직전의 가격보다 낮은 가격으로는 호가를 할 수 없다. 다만, 지수차익거래 및 주식옵션거래와 연계한 주식차익거래와 ETF와 연계한 차익거래의 경우에는 예외로 한다.

(6) 호가의 효력

호가는 호가접수 당일의 호가접수시간 내에서 호가를 접수한 때부터 매매거래가

성립될 때까지 효력이 지속된다(시간외 시장에서는 효력 상실).

(7) 시장가호가의 효력(가격간주기준)

당해 최우선 지정가호가보다 1호가 가격단위가 우선하며 상대지정가호가가 있는 경우 상대지정가호가의 가격으로 간주한다. 다만, 지정가호가가 상한가나 하한가일 경우 상, 하한가와 동일한 효력을 갖는다.

(8) 호가단위

호가수량단위는 다음과 같다.
① 주권 및 ETF : 1주
② 신주인수권증서 : 1증서
③ 신주인수권증권 : 1증권
④ 수익증권 : 1좌
⑤ 채권 : 액면 1만원
⑥ 외화표시채권 : 1만 포인트

표 5-1 호가 가격단위

구 분	호가가격 단위
주권, ETF, 신주인수권증서, 신주인수권증권 및 수익증권의 1주, 1증권 또는 1좌 가격이	
5,000원 미만인 종목	5원
5,000원 이상 10,000원 미만인 종목	10원
10,000원 이상 50,000원 미만인 종목	50원
50,000원 이상 100,000원 미만인 종목	100원
100,000원 이상 500,000원 미만인 종목	500원
500,000원 이상인 종목	1,000원
채권	1원
외화표시채권	1포인트

5) 가격제한폭

(1) 제도의 취지

유가증권시장은 원래 시장원리에 입각한 자유경쟁시장이기 때문에 매매거래에 관하여 인위적인 제한을 하면 정보의 효율적 반영을 저해할 수 있어 바람직하지 않다. 그러나 수급의 편중이나 과당경쟁 등에 의하여 유가증권의 가격이 안정을 보이지 못하고 단기간에 급등락을 하게 되면, 선의의 투자자들이 손실을 입을 우려가 있기 때문에 가격의 급등락을 완화하고 투자자에게 주의를 환기시켜 가격의 안정적 형성을 도모하기 위해 하루 중에 변동할 수 있는 가격의 폭을 일정한도로 제한하기 위한 제도적 장치이다.

(2) 기준가격

기준가격은 가격제한폭을 설정함에 있어서 기준이 되는 가격으로서 원칙적으로 전일종가가 기준가격이 된다. 다만, 신규상장종목 등의 경우에는 예외적으로 호가를 접수하여 기준가격을 결정하게 된다.

재테크코너 5-3

주문과 호가

주문이란 고객이 매매거래를 위하여 계좌를 설정한 후 매도 또는 매수의 의사표시를 하는 행위이고, 호가는 고객의 주문을 받은 증권회사가 유가증권시장에서 매매거래를 위하여 매매의사를 표시하는 행위이다. 즉 주문은 고객의 증권회사에 대한 의사표시이고 호가는 증권회사가 자기명의로 동일한 의사표시를 증권시장에 제출하는 것이다.

(3) 가격제한폭

① **주식, 외국주식예탁증서(DR), ETF 및 수익증권**

기준가격의 상하 15%(단, 정리 매매시에는 가격제한폭을 두지 아니함)를 가격제한폭으로 한다. 다만, 동 금액이 5원 미만인 경우에는 5원으로 하며, 기준가격에 상하로 각각 가격제한폭을 더한 가격이 호가가격단위와 일치하지 않는 경우는 호가가격단위와 일치하는 범위를 가격제한폭으로 한다.

② **가격제한폭 설정의 특례**

장기휴장 이후 최초로 매매거래를 재개하는 경우나 기타 시장상황급변 등의 사유로 가격제한폭을 적용하기 곤란한 경우에는 그때마다 가격제한폭을 다르게 정할 수 있다.

6) 매매수량단위

매매수량단위는 거래소시장에서 매매할 수 있는 최저수량단위로 투자자의 최저 투자규모를 결정짓는 단위이기도 하다. 현재의 매매수량단위는 다음의 표와 같다.

표 5-2 매매수량단위

구 분	매매수량단위
주권, 외국주식예탁증서, ETF, 신주인수권증서, 신주인수권증권, 수익증권	10주, 10증서, 10증권, 10좌
소액채권 및 외화표시채권을 제외한 채권	액면 10만원
소액채권	액면 1,000원
외화표시채권	최소권종금액(1만 포인트)
국채딜러간 매매거래	100억원

7) 매매계약 체결방법

매매계약 체결방법의 유형에는 매도, 매수 쌍방이 각각 1인으로 상호교섭에 의해 매매가 이루어지는 상대매매형태, 매매쌍방 중 어느 한쪽은 다수지만 상대방은 1인으로 입찰방식에 의해 매매가 이루어지는 경매매, 매매쌍방이 다수로 개별경쟁에 의해 매매가 이루어지는 경쟁매매방식의 세 가지로 구분될 수 있다. 현재 거래소의 매매체결방식은 경쟁매매방식이다. 경쟁매매는 다시 매도수량과 매수수량이 합치되는 가격에서 매매가 성립하는 집단경쟁매매방식과, 단일가격 혹은 복수가격에 의한 개별경쟁매매방식으로 구분된다.

(1) 개별경쟁매매시의 매매체결우선의 원칙

① 가격우선의 원칙

저가의 매도호가는 고가의 매도호가에 우선하고 고가의 매수호가는 저가의 매수호가에 우선한다는 원칙이다. 호가별로는 시장가 호가는 지정가 호가에 가격적으로 우선한다.

② 시간우선의 원칙

동일한 가격의 호가는 호가가 행해진 시간의 선후에 따라 먼저 접수된 호가가 뒤에 접수된 호가에 우선한다는 원칙이다.

③ 수량우선의 원칙

호가의 수량이 많은 호가가 호가의 수량이 적은 호가에 우선한다는 원칙으로, 단일가 매매를 하는 경우 중 동시호가가 적용되는 경우에 적용하는데, 동시호가 시간에는 접수된 호가를 시간적으로 동일하게 취급하기 때문에 가격이 우선적으로 주요한 경쟁요소가 된다. 따라서 가격적으로 우선하는 매도와 매수호가를 순차적으로 체결시켜 나가면 최종적으로 수급이 합치되는 가격이 있는데 통상 이 가격선상의 매도와 매수의 수량이 일치하지 않게 된다. 이 경우 이를 해결하기 위한 것이 동시호가처리시의 수량배분이고 수량배분을 함에 있어서 수량이 많은 호가로부터 적은 호가순으로 순차적으로 수량을 배분하는 것을 수량우선의 원칙이라고 하며 이를 동시호가의 수량배분순위라고 한다.

④ 위탁매매우선의 원칙

단일가매매를 하는 경우 중 동시호가가 적용되는 경우에는 동일한 가격에서는 위탁매매가 자기매매에 우선하는데 이를 위탁매매우선의 원칙이라 하며, 위탁매매호가를 전량 체결한 후 자기매매호가를 체결시킨다. 위탁매매호가간 및 자기매매호가간이 수량배분순위는 전술한 수량우선원칙에 따라 배분하게 된다.

(2) 개별경쟁매매의 구분

① 단일가격에 의한 개별경쟁매매(단일가매매 프로그램매매호가)

단일가격에 의한 개별경쟁매매는 일정한 시간 동안 호가를 접수하여 매도호가와 매수호가의 합계수량이 합치되는 하나의 가격으로 매매를 체결시키는 방법이다. 이러한 방법에 의해 체결시키는 매매는 ① 시가 및 장종료시의 가격결정시, ② 시장의 전부 또는 일부가 정지된 후 재개하여 최초의 가격결정시, ③ 매매거래가 중단, 정지된 후 재개하여 최초의 가격결정시 등에 적용되고 있다.

② 동시호가가 적용되는 경우

단일가격에 의한 개별경쟁매매를 하는 경우로서 ① 시가를 결정하는 경우, ② 시장임시정지 및 매매거래중단, 정지 후 최초가격결정시, ③ 신규상장종목 등의 최초가격결정시 그 가격이 상, 하한가로 결정되는 때에는 동시호가를 적용한다.

③ 복수가격에 의한 개별경쟁매매

단일가격에 의한 개별경쟁매매로 가격을 결정한 직후부터 호가접수순서에 따라 매매를 체결하게 되는데 이를 복수가격에 의한 개별경쟁매매(접속매매)라고 한다. 이 경우 매매는 가격조건이 부합하는 경우마다 매매체결을 하기 때문에 복수의 가격이 형성되는 것이다. 이 매매방법은 단일가격에 의한 개별경쟁매매가 종료된 후(시가결정 후)부터 종가결정 전까지 적용된다.

(3) 매매계약의 중개

유가증권시장에서 매매거래의 중개업무는 거래소가 수행하고 있다. 증권거래법에는 금융감독위원회의 허가를 받은 주식회사(중개회사)가 중개업무를 수행할 수 있는 근거는 있으나, 거래소시장의 경우 매매체결의 모든 과정이 완전 전산화되어 중개회사가 불필요하다.

8) 매매거래의 결제

결제는 시장에서 성립된 매매계약을 이행하는 절차이며, 결제가 이행됨으로써 매매거래가 최종적으로 종결되는 것이다. 결제방법은 증권과 대금을 실질적으로 수수하는 실물결제와 반대매매에 의하여 차금만 수수하는 차금결제방식이 있으며, 한 회원이 매매한 전량 및 대금의 전액을 수수하는 전량결제와 회원별, 종목별로 매도, 매수를 차감하여 잔액이나 잔량만 수수하는 차감결제방식이 있다. 또한 결제기구를 통하느냐 여부에 따라서도 분류되는데 결제기구에서 집중적으로 결제하는 집중결제방식과 매매당사자 간에 결제하는 개별결제방식이 있다.

우리나라의 주식결제방식은 원칙적으로 증권과 대금을 실질적으로 수수하기 때문에 실물결제방식과 회원별, 종목별로 매도, 매수를 차감하여 잔액이나 잔량만 수수하는 차감결제방식, 매매당사자간 직접 결제하지 않고 결제기구에서 집중적으로 결제하는 집중결제방식이다. 다만 거래소가 정하는 종목의 경우는 차감하지 않고 매도증권과 매수대금을 납부하게 하는 전량결제방식도 예외적으로 운용할 수 있다.

9) 시장관리제도

(1) 감리종목 및 관리종목

① 감리종목

이 제도는 주가가 단기간 동안에 급등할 경우 그 급등세를 진정시켜 주가의 안정을 도모하고, 해당 종목의 투자시에는 신중을 기하도록 하기 위한 것이다.

감리종목의 지정은 상승기간, 상승폭 및 전체시황 등을 감안하여 지정하는데 그 기준은 최근 5일간 주가상승률이 75% 이상인 경우가 연 2일간 계속되고 2일째 되는 날의 종가가 최근 30일 중의 최고주가인 종목이다. 감리종목으로 지정된 종목은 지정일로부터 기산하여 3일 이후의 날로서 당일 종가가 3일전의 날의 종가미만인 경우 그 지정을 해제한다. 거래상의 제한은 신용거래종목에서 제외되는 것이다.

② 관리종목

이 제도는 상장폐지기준에 해당될 우려가 있는 종목을 관리종목으로 지정(1일간 매매거래정지)함으로써 투자자의 주위를 환기시키기 위한 제도로, 관리종목으로 지정된 경우 지정사유의 해소전망을 고려하여 상장폐지하거나 또는 지정해제조치를 취하게 된다.

관리종목으로 지정된 경우는 신용거래종목에서 제외되고, 대용증권으로 이용할 수 없어서 증권금융(주)의 담보제공도 불가능하다.

(2) 매매거래의 중단 및 재개

매매거래의 중단은 시장전체의 주가폭락의 경우나, 특정종목의 거래폭주 또는 풍문 등과 관련하여 주가 및 거래량이 급변하거나, 급변할 우려가 있는 경우 매매거래를 일시 중단하여 시장상황이나 풍문 등의 진위를 투자자에게 전달함으로써 신중한 투자판단을 할 수 있도록 하고, 시황급변에 따른 불측의 손실을 방지하기 위한 시장관리제도이다.

① 시장전체의 매매거래 중단(Circuit Breakers; CB)

한국종합주가지수(KOSPI)가 전일종가보다 10% 이상 하락하여 1분간 지속되는 경우에는 주식시장의 모든 종목의 매매거래를 중단할 수 있다. 이 경우 매매거래를 중단한 후, 20분이 경과되면 매매거래를 재개한다. 또한 매매중단은 당일 중 1회에 한하며 장 종료 40분 전 이후에는 중단하지 않는다.

② 종목별 매매거래의 중단

매매거래 중에 풍문 등과 관련하여 주가 및 거래량이 급변하거나, 매매개시전에 풍문 등과 관련하여 주가 및 거래량의 급변이 예상되는 종목과 매매거래가 폭주하여 신속하게 매매거래를 성립시킬 수 없다고 인정되는 종목에 대해서는 매매거래를 중단할 수 있다.

(3) 대용증권

대용증권은 유가증권의 활용도를 높이기 위해서 현금에 갈음하여 사용할 수 있도록 별도로 거래소가 지정한 유가증권으로서 위탁증거금, 신용거래보증금 등으로 사용되며 기타 각종 보증금, 공탁금이나 담보증권으로 사용되고 있다. 이러한 대용증권은 상장주권, 상장채권, 상장외국주식예탁증서(DR), 상장증권투자회사주권, 협회상장주권 및 수익증권이다. 그러나 감리 및 관리대상종목이나 매매거래 정지종목, 증권업협회가 매매거래 정지조치를 취한 종목의 경우에는 대용증권 에서 제외된다.

대용증권의 가격은 기준시세에 대용가치를 인정해 주는 사정비율을 곱해 산출하고 있는데 상장주권, 협회상장주권, 상장 DR 및 상장 ETF는 그 비율이 70%, 채권의 경우는 종류에 따라서 95~80%까지 차등되어 있고, 수익증권의 경우는 공사채형은 80%, 주식형은 70%이다.

(4) 권리락 및 배당락 조치

① 권리락

권리락은 유·무상증자시 신주배정기준일이 경과하여 신주를 배정받을 권리가 없는 상태를 말한다. 다시 말해서 권리락이란 유상증자 또는 무상증자를 하는 경우 당해 신주를 받을 수 있는 주주와 받을 수 없는 주주간의 차별을 없애주기 위하여 거래의 기준가격을 조정해 주는 제도로, 신주인수권을 받을 권리가 소멸됨을 조건으로 하는 매매임을 주지시켜 주는 시장 조치이다.

상장법인이 증자를 하는 경우 구주에 부여되어 있는 신주의 인수권리자를 확정하기 위하여 신주배정기준일과 명의개서 정지기간을 정해야 하는데, 이 때 신주배정 기준일까지 주주명부에 등재된 자는 신주를 인수할 권리를 배정받게 되나, 신주배정기준일의 익일 또는 명의개서정지 개시일 이후에 결제되는 주식을 매수하는 자는 신주를 배정받을 수 있는 권리가 없어지게 된다. 즉 권리락 조치는 신주인수권을 받을 권리가 소멸됨을 조건으로 하는 매매라는 내용을 투자자에게 주지시킴으로써 올바른 주가가 형성될 수 있도록 하는 시장 조치이다. 권리락 조치의 시기는 결제기간에 따라 달라질 수 있는데 우리 시장은 매매일로부터 이틀 뒤에 결제를 하기 때문에 권리락 조치 시기는 기준일 전일에 한다.

② 배당락

주주총회에서 권리를 행사할 주주를 확정하기 위해서는 사업 연도 말부터 특정일(보통 주주총회 종료일임)까지 주주명부를 폐쇄하여 주식의 소유권을 형식

재테크코너 5-4

유상증자와 무상증자

· 증자란 자본금을 늘려 기업 활동 자금을 조달하는 기업 활동 중 하나를 말한다. 회사가 자본금을 늘리는 방법으로 납입금을 받아 신주를 발행하는 유상증자와 회사가 가지고 있는 자산재평가 적립금, 자본준비금, 이익잉여금 등을 이사회의 결의에 따라 자본 전입하여 무상으로 신주를 발행하는 무상증자가 있다. 한편 합병이나 주식배당 등으로 인하여 자본금이 증액되는 경우도 있으나 이와 같은 경우는 증자라고 하지 않는다.

· 유상증자는 설비나 판매를 위한 자금이 필요한 때 또는 차입금이 증가하여 자본구성이 나빠졌을 때 주로 실시한다. 한편 무상증자는 주로 주주에게 보상하는 의미로 행해지는데 무상만을 실시하는 경우와 유상과 병행하는 경우가 있다.

출처 : www.samsungfn.com

상 이전시키지 못한다. 따라서 사업 연도 종료일 익일부터 주식을 새로 산 투자자는 배당을 받을 권리가 없게 되므로 이러한 사실을 투자자에게 알리기 위하여 배당락 조치를 하게 된다. 배당락 조치일은 사업 연도 종료일의 전일 매매분부터 하는 것이 원칙이나, 12월 결산법인은 연말휴장일(1일)에는 결제가 이루어지지 않으므로 사업 연도 종료일 2거래일 전 매매분부터 배당락 조치를 한다.

3. 코스닥시장

1) 코스닥시장의 의의

코스닥시장(협회중개시장)은 증권업협회가 운영하는 제2의 증권시장이다. 증권업협회는 비상장 기업 중에서 성장성과 기술력 있는 기업들을 상장하도록 하고 이들 기업이 발행한 주식을 일정한 거래질서 하에서 거래하도록 시장을 조직화하여 운영하고 있다. 코스닥시장은 일정한 거래질서 하에서 경쟁매매가 행하여지므로 장외시장과 차별화되는 새로운 개념의 증권시장이다.

2) 코스닥시장의 기능

(1) 자금조달 기능

거래소시장에 상장하기 어려운 벤처기업, 유망 중소기업 등이 발행한 주식에 대하여 환금성을 부여함으로써 이들 비상장 중소·벤처기업이 신주공모 등을 통해 안정적인 장기자금을 조달할 수 있는 기회를 제공하고 있다. 또한 중소·벤처기업이 장기 안정적인 자금조달을 통해 재무구조를 개선하여 기업의 경쟁력을 제고 할 수 있다.

(2) 자금운용시장 기능

투자자에게 기존의 거래소 상장주식 이외에 성장가능성이 높은 비상장 유망기업 주식에 투자할 수 있는 수단을 제공한다. 투자자의 투자위험 선호도 및 위험부담능력에 맞는 'high risk, high return상품'을 제공한다.

(3) 벤처산업의 육성

신생 벤처기업에 투자를 전문으로 하는 벤처금융(venture capital) 회사들이 투자한 자금을 코스닥시장을 통하여 회수하는 한편, 새로운 유망벤처기업을 발굴하여 지원할 자금조성의 장으로서 시장을 활용할 수 있다.

벤처기업의 발굴과 지원이 코스닥시장이라는 메커니즘을 통하여 선순환될 때, 자금의 효율적인 배분이 가능하며 이는 기존 산업사회에서 경쟁력을 상실한 기업의 퇴출과 벤처기업 등의 성장을 원활하게 하는 기능을 갖는다.

3) 코스닥시장 상장제도

코스닥시장에서 매매를 하고자 하는 기업은 먼저 당해 회사를 코스닥에 상장(협회등록)하여야 한다. 코스닥상장은 코스닥시장에서 거래를 하기 위한 자격을 부여하는 것으로서 발행회사는 증권회사를 통하여 상장(등록)하여야 한다.

코스닥시장에 상장하고자 하는 기업은 기업의 안정성, 성장성, 업종의 특성 및 유통가능성 등의 소정요건을 갖추어야 한다. 일반적으로 거래대상물을 시장에 상장하는 의미로서 코스닥상장도 상장의 일종으로 볼 수 있으나 코스닥시장 외의 유가증권시장에서 쓰이는 상장과 구분하기 위하여 코스닥상장으로 용어를 달리 정하여 사용하고 있다. 이에 따라 유가증권시장(거래소시장)에 상장한 법인을 '주권상장법인'이라 하고, 코스닥시장에 상장된 법인을 '코스닥상장법인(협회등록법인)'이라 정의하고 있다.

4) 코스닥시장 매매제도

코스닥시장도 거래소시장과 마찬가지로 매매체결의 일반원칙인 가격우선의 원칙, 시간우선의 원칙, 위탁매매우선의 원칙, 수량우선의 원칙이 모두 적용된다.

(1) 단일가 경쟁매매

1998년 5월 25일부터 도입한 매매제도로서 매매체결원칙은 매도호가의 합계수량과 매수호가의 합계수량이 일치하는 가격을 체결가격으로 하여, 가격우선 → 위탁매매우선 → 수량우선원칙에 의거하여 체결수량을 결정하는 매매방식을 말한다. 이와 같은 매매방식은 시간의 선후를 구분할 수 없는 경우, 시장이 일시정지된 후 재개할 때, 기타 종가를 결정하는 때 등 다양하게 적용될 수 있으며, 코스닥시장에서도 ① 시장개시시, ② 정규시장 종료시, ③ 시장의 임시정지나 매매일시중단제도(Circuit Breakers) 발동 후 장 재개시, ④ 종목별 매매거래중단 또는 매매거래정지 후 장재개시, ⑤ 정리 매매시에 적용된다.

(2) 접속매매

동시호가매매 이후의 매매는 동시호가에 의해 미체결된 잔량과 그 이후 접수된 호가를 대상으로 하여 거래를 성사시키는데, 이를 접속매매 또는 복수가격에 의한 개별경쟁매매라고 한다. 접속매매의 가격결정은 매도호가와 매수호가의 경합에 의하여 가장 낮은 매도호가와 가장 높은 매수호가가 거래 가능한 호가로 합치되는 경우 먼저 접수된 호가의 가격으로 체결을 하게 된다.

5) 매매 관련 제도

(1) 매매거래시간

코스닥시장의 매매거래시간은 정규시장의 경우 오전 9시부터 오후 3시까지이며, 시간외 매매시장의 경우 오전 7시 30분부터 8시 30분까지, 오후 3시 10분부터 오후 4시까지이다. 거래소시장과 마찬가지로 전장, 후장의 구분이 없다.

(2) 주문수량단위

코스닥시장에서는 주문의 수량을 1주 단위로 하고 있다. 매매수량단위가 적으면 투자자에게 편리하지만, 전산처리건수가 많아지는 단점이 있어 거래소의 경우는 10주 단위를 택하고 있다.

(3) 주문가격단위

주문가격을 정하는 것은 일정한 원칙을 정하여 체결이 빨리될 수 있도록 하는 것으로서 코스닥시장에서의 주문가격단위는 주가가격대별로 4단계로 나누어 진다.

표 5-3 코스닥시장 주문가격단위

주 권 가 격	호가가격단위
5,000원 미만	5원
5,000원 이상 ~ 10,000원 미만	10원
10,000원 이상 ~ 50,000원 미만	50원
50,000원 이상	100원

(4) 주문의 종류

코스닥시장에 주문을 낼 때에는 매매하고자 하는 종목의 가격과 수량을 지정한 지정가주문 및 매매하고자 하는 종목과 수량만 지정하고 가격은 지정하지 않는 시장가주문이 가능하다. 거래소시장에는 이외에 조건부지정가주문이 허용된다.

(5) 가격제한폭

주문은 협회가 매일 발표하는 기준가격에 0.12를 곱하여 산출한 금액(주문가격단위 미만의 금액은 절사)을 더하거나 차감한 범위 내에서 하여야 한다. 기준가격은 전일의 종가가 되는 것이 일반적이나, 유·무상증자로 인한 권리락 조치시와 액면분할 및 병합시, 배당락 조치시 등에는 전일의 종가를 기준으로 조정하여 정한다.

(6) 결제 전 매매제도(Day-Trading)

코스닥시장에서 투자자가 보유주식을 매도한 경우에는 결제일 이전에 다른 주식의 매수주문을 낼 수 있으며, 반대로 매수를 한 경우에는 당해 주식을 결제일 이전에 매도주문을 낼 수 있다. 이와 같은 주문이 가능한 주식은 거래소시장과 코스닥시장 간에도 가능하다. 즉 거래소 상장주식을 매도하고 협회상장법인 주식을 매수할 수 있으며, 협회상장법인 주식을 매도하고 거래소 상장주식을 사는 것도 허용된다.

(7) 신용거래

코스닥시장 상장종목에 대한 신용거래(고객이 증권회사로부터 매수에 대해서는 융자, 매도에 대해서는 대주를 받아 결제하는 매매거래)가 허용되고 있다. 다만 감리종목, 투자유의종목, 관리종목으로 지정된 종목의 경우에는 신용거래가 금지된다.

(8) 매매증거금

주식을 사거나 팔기 위해서는 그 매매의 성사를 보증하기 위한 증거금이 필요하다. 이를 위탁증거금이라 하며, 주문에 앞서 위탁증거금을 얼마로 할지는 증권회사가 자율적으로 정하고 있다. 위탁증거금은 주문금액의 50% 정도를 요구하고 있는 것이 일반적이며 대용증권도 가능하다.

(9) 위탁수수료

위탁수수료는 증권회사가 사람을 동원하여 도와주어야 하는 주문(전화주문 등)은 대개 거래대금의 1,000분의 4를 받고, 홈트레이딩 고객에 대해서는 보다 적은 수수료(통상매매가액의 1,000분의 1정도)를 받는다. 위탁수수료율의 결정은 증권회사가 자율적으로 정하고 있으며, 고객의 신용에 따라 다를 수도 있다. 위탁수수료는 매도 및 매수시에 내야하며, 거래가 체결되지 않은 주문은 징수하지 않는다.

(10) 증권거래세

증권거래세는 주식의 매도로 소득이 발생했다고 간주하고 국가에 내야 하는 세금이다. 그러므로 매수시에는 세금이 없으며 매도주문이 체결되었을 때 결제를 담당하는 증권예탁원에서 원천징수한다. 증권거래세는 매도약정금액(매도가격에 수량을 곱한 금액)의 1,000분의 3에 해당하는 금액이며, 주식의 매도가액이 매수가액보다 낮아 손해를 보았을 때와 그 매도가액이 액면가액 이하인 경우에도 세금을 내야 한다.

(11) 권리락 및 배당락

① 권리락

권리락이란 유상증자 또는 무상증자를 하는 경우 당해 신주를 받을 수 있는 주주와 받을 수 없는 주주간의 차별을 없애주기 위하여 거래의 기준가격을 조정해 주는 제도로, 신주인수권을 받을 권리가 소멸됨을 조건으로 하는 매매임을 주지시켜 주는 시장 조치이다. 코스닥시장에서의 매매거래결제는 거래일로부터 3일째 되는 날이므로, 권리락의 조치일은 신주를 받을 수 있는 기준이 되는 신주배정기준일의 전날이 된다.

② 배당락

주주총회에서 권리를 행사할 주주를 확정하기 위해서는 사업 연도 말부터 특정일(보통 주주총회 종료일임)까지 주주명부를 폐쇄하여 주식의 소유권을 형식상 이전시키지 못한다. 따라서 사업연도 종료일 익일부터 주식을 새로 산 투자자는 배당을 받을 권리가 없게 되므로 이러한 사실을 투자자에게 알리기 위하여 배당락조치를 하게 된다. 배당락의 조치일은 사업 연도 종료일의 전일 매매분부터 하는 것이 원칙이나, 12월 결산법인은 연말휴장일(1일)에는 결제가 이루어지지 않으므로 사업 연도 종료일 2거래일 전 매매분부터 배당락 조치를 한다. 코스닥시장은 거래소시장과 마찬가지로 기업이 주식배당을 하는 경우에만 배당락 조치를 하게 되고, 현금배당에 대해서는 배당락 조치를 하지 않는다.

(12) 매매거래정지제도

코스닥시장은 투자자 보호와 시장 관리상 필요한 경우 해당 종목의 매매거래를 정지하고 있다. 이는 해당 종목의 거래에 중대한 영향을 미칠 사유가 발생된 경우 투자자 모두 그 사실을 알고 거래를 하도록 하기 위해서이다.

(13) 매매일시중단제도(Circuit Breakers ; CB)

코스닥시장의 내·외적인 요인에 의해 종합주가지수가 전일의 최종수치보다 10% 이상 하락하여 1분간 지속될 때에는 코스닥시장의 모든 종목의 매매거래를 중단할 수 있다.

다만 장 종료시간까지 40분 이하로 남아 있지 않은 상황에서는 요건에 해당하더라도 CB를 발동하지 않는다. CB의 발동은 주가가 급락하는 경우 시장참여자 모두에게 합리적인 투자의사결정을 할 수 있는 시간을 주기 위한 것으로, CB 발동시간 20분간은 모든 종목의 호가접수 및 매매체결이 중단된다.

참고문헌

김대호, 오세경(2004). 투자론. 경문사.
김응호 외 12인(2002). 금융연수원 자산관리사(FP)자격수험서 자산관리사 핵심 1600. 도서출판 무한.
동아일보(2005년 3월 23일자).
매일경제(2005년 2월 28일자).
보험연수원 (2004). 종합자산관리사 시험대비 ② 금융자산운용설계. 보험연수원.
안승철, 정영숙, 배미경(2002). 신 투자와 보험. 도서출판 신정.
이영기, 남상구(2004). 투자론. McGraw-Hill Korea.
정순희(2003). 소비자재정설계. 도서출판 신정.
최운열(1999). 투자론. 박영사.
한국증권업협회(2004). 시험대비교재 증권투자상담사 II. 한국증권업협회.

www.empas.com (엠파스)
www.fund.re.kr (정책자금종합정보)
www.nso.go.kr (통계청)
www.samsungfn.com (삼성증권)
www.world-exchanges.org

제 6 장 증권분석

주식투자를 할 때, 흔히"쌀 때 사고 비쌀 때 팔라"고 말한다. 그러나 어떤 시점에서 주가가 싼지 혹은 비싼지를 판단하는 것은 쉽지 않다. 그러므로 주식투자 결정에 필요한 각종 정보를 수집하고 분석하여 적절한 종목을 선택하는 노력이 필요한데, 이를 증권분석이라고 한다. 이 장에서는 먼저 주식의 내재가치 평가를 위해 기본적 분석(fundamental analysis)에 대해 학습하고자 한다. 나아가 주식의 가격 변동을 예측하기 위해 과거의 주가나 거래량과 같은 여러 가지 자료를 분석하는 기법인 기술적 분석(technical analysis)에 대해 구체적으로 학습함으로서, 실전 주식투자에 필요한 지식과 기술을 배양하고자 한다.

1. 주식의 기본적 분석

1) 기본적 분석의 개념

증권분석은 투자의사결정에 필요한 각종 정보를 수집하고 분석함으로서, 적절한 종목을 선택하여 위험을 최소화하고, 목표수익률을 달성하기 위한 과정이다. 증권분석은 크게 기본적 분석(fundamental analysis)과 기술적 분석(technical analysis)으로 분류되는데, 기본적 분석은 주식의 내재가치를 평가하여 투자종목과 매매시점을 선정하는 분석방법이고, 기술적 분석은 과거 주가변동 및 거래량 변동 등을 분석하여 주식의 미래 수익을 예측하는 기법들을 말한다. 기술적 분석에 대해서는 다음 장에서 구체적으로 다루도록 한다.

기본적 분석은 증권분석에서 하향식 분석기법 혹은 top-down 분석이라고도

표 6-1 기본적 분석의 3단계 (top-down 분석기법)

기본적 분석 단계		주요분석내용	분석목적
1단계	경제분석	· 경제변수분석 : 경기변동, 국민소득, 환율, 금리, 통화, 국제수지 등 · 경제정책분석	투자시기판단
2단계	산업분석	산업경쟁력, 제품 사이클, 산업수요 및 공급 분석	유망업종선택
3단계	기업분석	재무제표 분석, 기업의 성장성, 안정성, 활동성, 수익성 등 분석	유망종목선택

하는데, 〈표 6-1〉에서 보는 바와 같이 주로 3단계 접근과정을 통해 이루어진다.

첫 번째 단계는 경제분석으로서, 기업을 둘러싸고 있는 경제적 환경과 거시경제변수들을 분석하는 것이다. 즉 경기변동, 국민소득, 환율, 금리, 통화, 국제수지 및 경제정책 등 경제전반에 관한 분석을 통해 주식투자를 하기에 적절한 시점인지를 판단한다.

두 번째 단계는 산업분석이다. 이는 해당 기업이 속한 산업분야의 경쟁력과 수요, 공급에 관해 분석하고, 해당 산업의 전망과 위상을 파악함으로서, 투자하기에 유망한 업종을 선택하기 위한 과정이다.

세 번째 단계는 기업분석으로서, 주식투자를 하고자 하는 해당 기업의 수익성, 효율성, 자본구조 특성, 현재 재무상태 등을 평가해서 산업 내 경쟁적 위상을 파악하는 것이다. 이를 통해 주식의 미래 수익을 예측하고 유망종목을 최종적으로 선택할 수 있다.

2) 경제분석

(1) 거시경제변수와 주가

① 국민총생산(GNP) 또는 국내총생산(GDP) 성장률

국민총생산(GNP)은 한 나라의 국민이 1년 동안 생산한 부가가치 또는 최종생산물의 총계를 시장가격으로 평가한 것이고, 국내총생산(GDP)은 국내에서 생산된 최종생산물의 총계를 시장가격으로 평가한 것이다. 거시경제지표로서 특히 중요한 것은 국민총생산 또는 국내총생산 성장률로 구해지는 경제성장률이다. 경제성장률은 기업의 성장과 매우 밀접한 관련을 갖는다. 경제성장률이 높을 것으로 예상되면, 경제규모가 급속하게 확대되어 기업이 풍부한 투자기회를 가질 것임을 의미하며, 이는 곧 주식가치의 상승요인으로 작용한다. 대부분의 기업들은 정부가 발표하는 국민총생산 성장률 또는 국내총생산 성장률을 기업 성장의 기준으로 삼게 되는데, 일반적으로 높은 경제성장률은 기업의 성장을 촉진시키고, 증권시장을 활성화시키는 반면, 낮은 경제성장률은 기업의 성장을 둔화시키고 증권시장을 침체시키게 된다.

② 물가상승률

인플레이션은 전반적인 물가의 상승을 의미하며, 물가지수의 변화율로서 측정하는데, 일반적으로 소비자물가지수의 상승률을 지표로 삼는다. 소비자물가지수 외에도 생산자물가지수, 도매물가지수, 수출입물가지수 등이 있다. 일반적으로 지속적이고 완만한 물가상승은 기업의 투자의욕을 증가시키고, 자산가치를 증가시켜 증권시장에 긍정적인 영향을 미친다. 그러나 급격하고 기대하지 못했던 물가상승(unexpected inflation)은 기업의 투자의욕과 국민의 저축동기를 감소시켜, 실물자산을 선호하게 하고 주가를 하락시키는 결과를 초래한다.

인플레이션과 주가의 관계를 분석한 실증연구들은 대체로 주식의 실질수익률이 인플레이션과 부(-)의 관계를 갖는다는 증거를 제시해 왔으나, 거시경제학 분야에서는 인플레이션과 주가의 관계에 대해 아직 충분한 합의가 이루어지지 못하고 있는 상태이다.

③ 이자율

이자율은 자금의 수요와 공급에 의해 결정된다. 그러나 이자율이 경제전반에 미치는 영향이 매우 크기 때문에 정책당국이 어느 정도 관여하여 이를 조정한다. 즉 경기가 침체되거나 소비수요가 부진하면 이자율을 낮추어 경기를 부양하고, 경기가 과열되거나 과잉투자가 우려될 때는 이자율을 높여 경기과열을 방지한다.

일반적으로 이자율과 주가는 반대방향으로 움직인다. 이자율이 인상되면 기업의 이자부담이 증가하여 현금흐름이 감소하고, 투자에 대한 요구수익률이 상승하기 때문에 기업의 투자의욕이 감퇴한다. 따라서 이자율 상승에 따라 주식의 가치는 하락하게 된다. 또한 이자율이 상승하면 실물투자의 자본비용이 증가하고, 과도한 이자부담은 순이익을 감소시키기 때문에 기계 및 설비투자, 건축계획 등이 감소한다. 이에 따라 주식의 미래 이익 및 배당의 성장률이 감소하게 되어 주가가 하락하게 되는 것이다. 뿐만 아니라, 이자율이 상승하면 일반 투자자들은 은행예금이나 채권 투자를 선호하게 되고, 상대적으로 위험부담이 큰 주식에 대한 수요가 줄어들기 때문에, 주가가 하락하고 주식시장은 전반적으로 위축되는 경향이 있다.

④ **통화량**

통화량은 국내 경제활동에서 실제 지급수단으로 사용되는 유동성의 크기를 의미한다. 우리나라에서는 M_1, M_2, M_3의 세 가지 통화량 지표를 사용하는데, M_1(통화)은 현금과 요구불예금의 합이고, M_2(총통화)는 현금, 요구불예금, 저축성예금 및 거주자 외화예금의 합을 의미하며, M_3(총유동성)은 M_2(총통화)에 제 2금융권의 모든 예수금을 합한 값이다. 이 중 통화관리의 중심지표는 M_2이다. 일반적으로 통화량이 증가하면, 시중의 자금이 풍부해지고 투자자들의 유동성이 커져서 주식투자 수요가 확대되기 때문에 주가가 올라가는 반면, 통화량을 줄이는 긴축정책 하에서는 주식시장이 침체된다. 그러나 장기적으로 볼 때 통화량 증가는 인플레이션을 유발하여, 결과적으로 이자율 상승정책을 초래하기 때문에 오히려 주가를 하락시킬 수 있다.

⑤ **환율**(exchange rate)

환율은 국내통화와 외국통화의 교환비율이다. 우리나라에서는 원화와 미국 달러, 미국 달러와 일본 엔, 미국 달러와 유럽의 유로(Euro) 사이의 환율에 주로 관심이 있다. 예를 들어, 1달러 당 원화의 환율이 1,000원에서 1,200원으로 올라간다면, 원화의 가치는 상대적으로 평가절하 된다.

환율의 변화가 우리나라 주가에 미치는 영향은 과거 장기추세로 볼 때, 환율이 인하되면 주가가 상승하고, 환율이 인상되면 주가가 하락하는 것으로 나타났다. 과거의 추세로 볼 때, 환율이 인하된 시기는 국제수지가 흑자였고, 해외로부터 자금의 유입이 풍부해지고 유동성이 증가함에 따라 주식의 매입수요가 늘어 주가상승을 초래했으며, 반대로 환율이 인상된 시기는 국제수지가 적자였고, 물가가 상승하여 주가하락을 초래했던 것으로 평가된다. 일본의 경우도 환율이 인하된 시기에 주가가 대체로 상승하고, 환율이 인상된 시기에 주가가 하락한 것으로 나타났다.

환율의 변화가 주식시장 전반에 미치는 영향력은 주가지수의 변화로 측정할 수 있다. 그러나 환율의 변화가 개별 기업의 주가에 미치는 영향은 기업이 수출에 더 의존하는지, 수입에 더 의존하는지에 따라 달라진다. 수출에 더 비중을 두는 산업이나 기업은 환율이 인상되는 경우, 기업의 가격 경쟁력이 상승하여 수출이 증가하기 때문에 주가도 상승한다. 그러나 원자재를 수입하거나 완제품을 수입 판매하는 기업의 경우에는 환율이 인상되면 수입가격이 상대적으로 비싸지기 때문에 영업에 부정적인 영향을 받고, 주가가 하락하게 된다. 한편, 환율이 인상될 것으로 예상되면 외국인 투자자들이 미리 투자자금을 회수하려는 움직임이 일어나므로 주가가 하락할 수 있다.

⑥ 국제수지

국제수지는 일정 기간 동안에 우리나라와 외국 사이에 일어난 모든 경제적 거래를 종합한 것으로서, 경상수지(current balance)와 자본수지(capital balance), 그리고 이 두 가지를 합한 종합수지(overall balance)로 나타낸다. 경상수지는 무역과 기타 재화 및 용역의 이동을 나타내는 것으로서 무역수지와 무역외 수지로 나뉘며, 국제수지를 나타내는 가장 중요한 지표이다. 자본수지는 만기가 1년을 초과하는 장기자본거래와 만기가 1년 이하인 단기자본거래로 분류된다.

경제의 대외의존도가 큰 우리나라에서는 국제수지가 매우 중요한 의미를 갖는다. 일반적으로 국제수지의 흑자폭이 증가하거나 적자폭이 감소하면 국민총생산의 증가와 기업 이익의 증가로 이어지므로, 주가의 상승을 가져온다. 반대로 국제수지의 적자폭이 증가하거나 흑자폭이 감소하는 것은 주가를 하락시키는 요인으로 작용한다.

(2) 경제정책과 주가

증권시장의 주가동향은 다양한 거시경제변수에 의해 영향을 받으며, 거시경제의 흐름은 정부의 경제정책에 의해 상당부분 조정되기 때문에, 증권시장의 동향 파악을 위해서는 경제정책의 내용과 효과를 이해해야 한다.

경제정책은 크게 수요정책(demand side policy)과 공급정책(supply side policy)로 나뉘어 진다. 수요정책은 재화와 용역의 수요에 영향을 미치는 정책으로서, 재정정책(fiscal policy)과 통화정책(monetary policy)을 중심으로 이루어진다. 공급정책은 재화와 용역의 공급에 영향을 미쳐 경제 생산력을 강화하기 위한 경제정책으로서, 세율인하와 규제완화를 통해 근로와 투자에의 유인을 제공한다.

① 재정정책

재정정책(fiscal policy)은 정부의 세입(수입)과 세출(지출)을 조정하여 국민경제의 총수요를 관리하는 정책이다. 정부의 세입은 주로 조세의 징수이고, 세출은 정부가 국민경제 발전을 위해 사회간접자본투자, 복지투자, 교육투자 등을 하는 것이다. 조세수입의 확대는 민간부문의 소득을 정부로 이전시켜 소비의 감소를 이끌어 내며, 정부지출의 확대는 재화 및 용역의 총수요에 직접적인 영향을 미친다.

정부의 재정정책을 표현해 주는 지표가 재정적자, 또는 재정흑자이다. 이론적으로 세입과 세출은 균형을 이루어야 하지만, 실제적으로 정부는 국민경제의 발전을 위해 세출이 세입 보다 많은 재정적자 상태를 유지하는 경우가 많다. 재정적자는 주로 정부투자의 증대를 통해 발생하기 때문에, 민간투자를 확대시키고 총수요를 증가시켜 경기회복의 중요한 수단이 된다. 따라서 재정적자의 확대는 대체로 주가 상승요인으로 작용한다. IMF 구제금융 이후 적자재정을 편성하여 정부지출을 확대한 것은 경기부양과 실업자 구제를 위한 대표적인 재정정책이라고 할 수 있다. 그러나 재정적자가 커진다는 것은 정부의 자금차입이 증가하는 것을 의미하므로 시장 이자율의 상승을 가져올 수 있으며, 그 결과 주가가 하락할 수 있다. 그러므로 재정적자가 주가에 미치는 영향은 상황에 따라 달라질 수 있다.

② **통화정책**(monetary policy)

통화정책은 통화량을 조절함으로써 거시경제에 영향을 미치는 경제정책으로서, 재정정책과 함께 수요정책의 대표적 수단이다. 통화정책은 적정한 유동성을 확보함으로써, 기업이나 가계가 필요로 하는 자금을 공급해 주기 위한 목적과 이자율을 조정하고자 하는 목적을 가지고 있다. 일반적으로 통화량의 증가는 자금공급의 확대를 가져오므로 단기적으로 이자율을 하락시키며, 그 결과 투자 및 소비를 증가시킨다. 그러나 통화량의 증가는 장기적으로 인플레이션을 유발시키고, 그 결과 이자율을 상승시켜 경제활동의 위축을 초래할 수 있다.

통화정책 중 가장 중요한 수단은 공개시장조작(open market operation)이다. 공개시장조작은 한국은행이 통화량을 증가시키기 위해 통화안정증권을 매입하거나, 반대로 통화량을 감소시키기 위해 국공채를 발행 또는 매도하는 것을 말한다. 이 외에도 시중은행의 상업어음 재할인율(rediscount rate)을 조절하거나, 시중은행이 한국은행에 예치하는 현금 요구액의 수준, 즉 지급준비율(reserve requirement)을 조절함으로써 통화정책이 이루어진다.

일반적으로 통화정책은 재정정책에 비해 집행하기 쉬운 반면, 그 효과가 간접적이고 우회적이다. 재정정책은 매우 복잡한 정부예산 수립과정을 거쳐야 하므로 긴 시간을 필요로 하는 반면, 통화정책은 국회의 동의를 필요로 하지 않는 통화당국의 고유권한이므로 융통성 있고 순발력 있게 수행할 수 있다. 그러나 통화량 조절이 이자율, 투자수요 및 국민소득에 미치는 영향은 간접적이고 다소 불투명하다. 앞서 지적한 바와 같이, 통화량이 증가하면 시중의 자금사정이 좋아져서 단기이자율이 하락하고 더 많은 실물투자가 발생하지만, 다른 한편으로는 소비를 자극하여 물가상승이 발생하고, 그 결과 이자율의 상승을 가져오기 때문이다.

③ 공급측면의 정책

재정정책이나 통화정책과 같은 수요측면의 정책(demand side policy)은 시장이 스스로 완전고용상태를 달성하기 어려우므로 정부가 개입하여 수요를 창출해 줌으로서 완전고용에 가까워지도록 만들어야 한다는 전제를 가지고 있다. 그러나 공급측면의 정책(supply side policy)은 불필요한 규제와 마찰요인만 제거된다면 시장기구 스스로가 완전고용을 달성할 수 있다는 전제로부터 출발한다. 즉 공급측면의 정책에서는 근로자와 기업들이 재화를 생산할 수 있는 최대의 유인과 능력을 갖도록 환경을 만드는데 목적을 둔다. 구체적으로는 세율인하를 통해 기업과 국민의 투자 및 소비유인을 확대하고, 규제완화를 통해 생산의욕을 증대하며 투자환경을 조성해 준다는 것이다. 공급측면의 정책에 의하면, 세율인하가 경제를 활성화하고 세금수입원을 확대함으로서 오히려 정부의 세금수입이 늘어나는 효과를 거두며, 정부의 규제완화는 기업으로 하여금 스스로 능력을 최대한 발휘하게 하여 결과적으로 국민경제의 총공급을 증가시켜준다는 것이다.

3) 산업분석

기본적 분석에서 두 번째 단계는 산업분석이다. 산업의 경기변동은 주로 거시경제변수들과 밀접한 관련을 가지고 움직이지만, 특정 산업의 고유 요인에 따라 경기변동이 달라질 수도 있다. 즉, 같은 년도 같은 기간에도 산업에 따라 수익률이 다르기 때문에 유망산업과 사양산업이 존재하며, 산업별, 업종별 위험수준 역시 다르다는 의미이다. 그러므로 산업분석을 통해 특정산업의 수명주기(life cycle)와 산업 내부의 경쟁구조를 분석하는 것이 매우 중요하다.

(1) 경기변동과 산업

앞서 살펴본 경제분석이 모든 산업에 똑같이 영향을 미치는 것은 아니다. 경기변동의 각 과정마다 산업별 성과가 달라지기 때문이다. 예를 들어, 경기가 최저점을 지나서 회복하는 시기에는 금융산업의 성과가 좋아진다. 경기회복으로 인해 기업의 투자가 확대되면 대출수요가 늘어 은행 수익이 상승하고, 기업이 주식이나 채권 등을 통해 자본을 조달하기 때문에 증권산업이 활성화된다. 또한 경기가 회복되면 개인의 소득수준이 상승하고 소비심리가 확대되기 때문에 자동차, 가구, 대형가전제품 등 고가의 내구소비재 관련 산업이 바람직한 투자종목이 된다.

경기회복이 시작되어 경기가 상승하는 과정에서는 일반적으로 기계, 항공, 중장비 등 자본재 산업이 유망하며, 호경기에 이르러 수요가 공급을 능가하고 인플레이션이 발생하는 시기에는 고물가에서 얻어지는 이익을 누릴 수 있는 정유, 광산, 제지 등의 소재산업이 바람직하다.

호경기의 정점을 지나 경기가 불황으로 접어들면, 식료품, 제약, 음료 등과 같은 생활필수품 산업이 상대적으로 유리한 투자대상이 된다. 불황이라고 하더라도 필수품 소비는 유지되기 때문에 이러한 방어적 산업들이 투자가치를 유지하는 것이다. 또한 경기가 나빠져서 우리나라의 통화가치가 상대적으로 낮아지는 시기에는 수출중심의 산업이 해외 경쟁력을 갖게 되므로 유망한 투자대상이 된다.

(2) 산업의 수명주기(life-cycle)

산업이나 제품은 개발에서부터 쇠퇴에 이르기 까지 수명주기(life-cycle)를 갖는다. 따라서 특정 산업의 시장규모와 투자가능성은 그 산업이 수명주기 중 어느 단계에 있느냐에 달라진다. 일반적으로 산업의 수명주기는 〈그림 6-1〉과 같이 도입기, 성장기, 성숙기, 그리고 쇠퇴기의 과정을 반복, 순환하며, 각 단계마다 다음과 같은 특성을 지닌다.

도입기에는 산업 전반이 매우 빠르게 성장하지만 어떤 기업이 산업을 주도하게 될 것인가가 불분명하기 때문에 산업 내에서의 투자종목 선택은 매우 어렵다. 성장기에는 제품이 확고한 시장기반을 형성하게 되고 산업 내에서 선도하는 기업이 점차 명확해진다. 선도기업의 위치가 안정되므로 시장점유율의 예측이 용이해지고, 산업 전체 및 선도기업의 성장률과 투자수익률은 경제 전반의 성장률과 수익률 보다 훨씬 높은 수준을 유지한다. 성숙기에는 제품이 충분한 시장

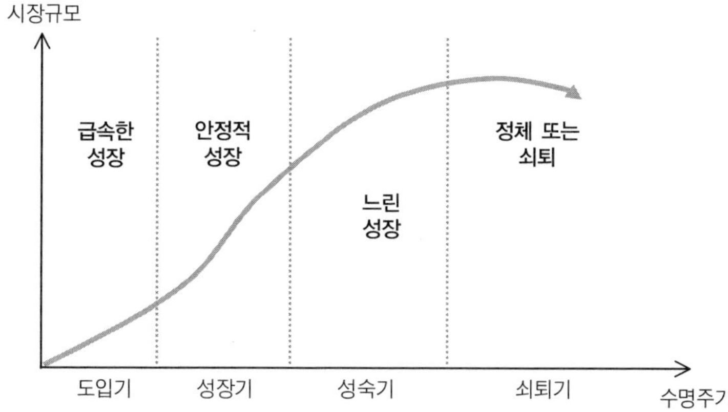

그림 6-1 산업의 수명주기(life-cycle)

을 확보하게 되어 성장률이 둔화되고 경제 전반의 성장률 수준에 머물게 된다. 또한 제품이 표준화되고 기업 간의 경쟁이 격화된다. 이 시기에 도달한 기업들은 안정적인 현금흐름을 유지할 수 있지만, 매력적인 성장기회를 갖고 있지는 못하다. 마지막으로 쇠퇴기에는 제품이 진부해지고, 대체 신제품들이 등장하며 비용절약적인 신기술이 개발되어 산업의 규모가 정체하거나 쇠퇴하게 된다.

투자를 결정할 때, 어떤 단계의 산업에 투자해야 할 것인가에 대해 많은 관심을 갖는다. 일반적으로는 도입기나 성숙기의 주도기업에 투자하는 것이 바람직하지만, 그러한 기업의 주식을 선별하기 위해서는 시장분석 및 기술예측 능력이 필요하다.

(3) 산업의 경쟁 강도

산업의 성숙과정은 기업의 경쟁 환경에 변화를 가져온다. 포터(M. Porter)는 어떤 산업의 잠재적 이익에 영향을 미치는 요인을 산업 내 경쟁의 강도라고 보고, 경쟁 강도 때문에 산업별, 업종별 투자수익률 차이가 발생한다고 하였다. 포터에 의하면, 산업의 경쟁 강도를 결정하는 다섯 가지의 요인은 다음과 같다.

첫 번째 요인은 진입가능성이다. 산업 내에 새로운 경쟁기업이 진출하거나 그 가능성이 존재하면 기존 기업들의 이익이 크게 줄어든다. 그러므로 진입장벽

(entry barrier)은 산업 전반의 수익성을 결정하는 핵심요소가 된다. 진입장벽은 막대한 투자규모, 원가에 비해 낮은 매출가격, 배타적인 기존 유통망, 그리고 정부의 정책 및 규제 등에 의해 형성되는데, 진입장벽이 낮을수록 경쟁자가 산업에 참여하는 것이 쉽기 때문에 경쟁의 강도가 증가한다.

두 번째 요인은 기존 경쟁자들 간의 관계이다. 동일 산업 내에서 비슷한 규모의 경쟁기업이 많을수록 경쟁의 강도가 증가하고, 이에 따라 제품가격이나 이익은 낮아진다. 산업의 성장률이 낮아지거나 고정비용 부담이 크면 이러한 산업 내 경쟁은 더욱 격화된다.

세 번째 요인은 대체제품의 위협이다. 대체제품이 개발되거나 개발 가능성이 높아질수록 경쟁이 치열해 지고, 매출액은 줄어들게 되어 기존 산업의 성장률이 정체하거나 쇠퇴하게 된다.

네 번째 요인은 구매자들의 교섭력이다. 구매자들이 공급 기업으로부터 구매하는 물량이 많을수록, 공급 원가를 잘 알고 있을수록 그리고 공급 기업을 바꿀 수 있는 능력이 클수록 기업은 약자의 위치에 놓이게 되고, 산업 내 경쟁 강도는 증가한다. 특히 자동차회사가 부품회사의 제품을 구매하는 경우처럼, 하나 또는 소수의 구매자가 제품 생산량의 많은 부분을 구매하게 되면 그 구매자는 제품가격과 품질의 결정에 있어서 생산자 보다 우월한 교섭력을 행사하게 되는 것이다.

마지막 요인은 공급자의 교섭력이다. 산업 내에서 원재료, 기술 또는 다른 생산요소를 공급하는 자가 적을수록, 그리고 공급의 대체안이 적을수록 산업 내에서 기업의 경쟁 강도가 증가한다.

4) 기업분석

경제분석과 산업분석을 수행한 후에는 증권의 발행주체인 기업에 대해 최종적인 분석을 함으로써, 구체적인 투자종목을 결정해야 한다. 기업분석은 기업의 제반환경에 대해 파악하는 질적 분석과 기업 재무제표의 수치를 근거로 하여 경영성과를 분석하는 양적분석으로 나누어 볼 수 있다.

(1) 기업의 질적 분석

질적 분석은 주로 기업의 배경이나 사업내용, 경영자의 능력과 자질, 그리고 기업의 생산설비 수준이나 신제품 개발, 연구개발투자 수준, 고객의 신용도, 노사관계, 주주의 구성, 정부와의 관계, 금융기관과의 관계 등에 대해 살펴봄으로써, 기업의 특성을 파악하고 이를 근거로 기업의 미래를 전망하는 것이다.

기업의 배경과 성장과정을 살펴보는 것은 경제 환경 변화에 대한 대응능력과 미래의 성장전망 등을 예측하기 위해 필요하다. 일반적으로 오랜 역사를 가진 기업은 경기변동이나 인플레이션을 지속적으로 경험했기 때문에 예기치 못한 불황에 적절히 대응할 수 있는 능력이 클 것이다. 또한 같은 산업에 속해 있는 기업일지라도 각 기업이 주력하는 사업내용은 매우 다르므로, 사업내용을 구체적으로 살펴봄으로써 경기변동에 안정적인지, 사업의 위험부담 수준은 어떠한지, 또는 미래의 전망이 양호한지 등에 대해 평가할 필요가 있다.

기업 경영성과의 많은 부분은 실제로 경영자의 능력에 의해 결정된다. 경영자의 능력은 주로 사업내용에 대한 전문적인 지식과 리더십을 의미하지만, 경영자의 경력이나 과거실적, 장단점, 평판, 대인관계, 인격 등에 대한 평가도 고려되어야 한다. 또한 최고경영층의 인적구성 역시 기업의 경영성과와 밀접한 관련이 있다.

기업의 질적 분석은 정보의 수집이 쉽지 않을 뿐 아니라, 판단을 위한 표준의 설정이 어렵기 때문에 투자자가 주관적으로 평가해야 하는 어려움이 있지만, 기업의 성과와 주식의 가치평가에서 매우 중요한 변수임에는 틀림이 없다.

(2) 재무제표 분석

이익을 많이 내는 기업이 발행한 주식은 시세가 오르고, 반대로 이익이 줄어드는 기업의 주가는 하락하는 것이 당연하다. 그러므로 투자자는 관심 기업이 이익을 내는지 손실을 보는지에 대해 파악해야 투자종목을 제대로 선택할 수 있다. 재무제표는 기업의 재무상태나 경영성과를 회계수치로 나타낸 것으로, 대차대조표, 손익계산서, 이익잉여금처분계산서, 현금흐름표 등이 있다. 재무제표는 공시자료이기 때문에 자료의 획득이 쉽고 또 분석하는 것이 비교적 용이하다.

① **대차대조표**

대차대조표(balance sheet)란 기업이 일정시점에 가지고 있는 자산, 부채, 자본을 요약하여 기업의 자산상태를 보여주는 표이다. 대차대조표의 차변(왼쪽)에는 자산항목을 기록하고, 대변(오른쪽)에는 부채와 자본항목을 기록한다. 즉 차변에서는 기업의 총재산을 표시하여 기업자금의 운용상태를 보여주고, 대변에서는 타인자본(부채)과 자기자본(사업가와 주주의 자금)을 표시함으로서 기업자금의 유입원천을 보여주는 것이다. 그러므로 대차대조표 상에서 자산(차변)은 부채와 자본을 합한 금액(대변)과 일치하게 된다.

〈표 6-2〉는 대차대조표의 구성요소를 간단히 제시한 것이다. 차변을 구성하는 자산은 크게 유동자산과 고정자산으로 나뉜다. 유동자산은 일반적으로 1년 이내에 현금화가 가능한 자산으로서, 당좌자산과 재고자산을 포함한다. 당좌자산이란 유동자산 중 가장 현금화가 쉬운 자산으로서, 현금, 미수금, 당좌예금, 단기금융상품 등이 있다. 이에 반해, 재고자산은 상품, 제품, 원자재 등을 의미한다.

고정자산은 경영수단으로 사용할 목적으로 취득한 각종 자산을 의미하는데, 그 보유목적에 따라 투자자산, 유형자산, 무형자산으로 나뉜다. 투자자산은 기업의 여유자금 활용이나 타기업 지배를 위해 자금을 투자한 자산 중에서 보유기간이 장기적이어서 영업활동의 운용자금으로는 사용할 수 없는 자산을 말한다. 장기금융상품, 투자증권, 투자부동산 등이 이에 속한다. 유형자산이란 물리적 실체를 갖는 자산으로서, 토지, 건물, 구축물, 기계장치 등이 포함되며, 무형자산은 물리적 실체는 없지만 경제적 가치를 갖는 영업권, 산업재산권, 특허권 등을 말한다.

대변의 구성요소는 자금을 어디에서 조달했는지에 따라 부채와 자본으로 나뉜다. 부채는 다시 유동부채와 고정부채로 나뉘는데, 유동부채는 단기차입금이나 선수금처럼 1년 이내 상환기일이 도래하는 부채이고, 고정부채는 사채나 장기차입금과 같이 상환기일이 1년 이후에 도래하는 부채이다.

자본은 크게 자본금, 자본잉여금, 이익잉여금, 그리고 자본조정의 네 가지로 분류된다. 자본금은 주주의 출자금으로서 보통주 자본금과 우선주 자본금으로 나뉜다. 자본잉여금은 영업활동이 아닌 자본적 거래를 통해 발생한 이익을 말한다. 증자를 할 때 신주의 발행가격이 액면가 보다 높을 때 발생하는 주식발행초과금, 감자이익이나 합병차익 등이 자본잉여금에 속한다. 이익잉여금은 기업의 정상적인 영업활동을 통해 발생한 이익을 말하는데, 이익준비금이나 각종 적립금을 포함한다. 마지막으로 자본조정은 자본의 성격이 결정되지 않은 임시항목으로서, 자산, 부채의 변동이 있으나 손익계산서에 미계상한 금액을 말한다.

대차대조표를 구성하는 자산, 부채 및 자본의 구체적인 항목들은 〈표 6-3〉 대차대조표 서식에 기재되어 있다. 또한 〈표 6-4〉는 삼성전자의 2001년~2003년 결산기 대차대조표와 2004년 6월 현재 대차대조표의 주요 내용을 요약하여 비교한 것이다.

표 6-2 대차대조표

OO회사의 대차대조표

200×년 O월 O일 현재

(단위: 원)

자산	유동자산	당좌자산	부채	유동부채
		재고자산		고정부채
	고정자산	투자자산	자본	자본금
		유형자산		자본잉여금
		무형자산		이익잉여금
				자본조정
자산 총계			부채 + 자본 총계	

표 6-3 대차대조표 서식 [별지 제3호의2서식(1)] (제1쪽)

표 준 대 차 대 조 표
(일반법인용)

(단위 : 원)

사업자등록번호		법인명		년 월 일 현재
법인등록번호				

자산항목

계 정 과 목	코드	금 액	계 정 과 목	코드	금 액
Ⅰ. 유동자산	01		(4) 장기대여금	40	
1. 당좌자산	02		① 관계회사대여금	41	
(1) 현금·예금	03		② 주주.임원.종업원대여금	42	
(2) 단기금융상품	04		③ 기 타	43	
(3) 유가증권	05		(5) 장기성매출채권	44	
(4) 매출채권	06		(6) 투자부동산	45	
(5) 단기대여금	07		(7) 보증금	46	
① 주주·임원·관계회사	08		(8) 이연법인세차	47	
② 기 타 www.yes	09		(9) 이연수주비	48	
(6) 미수금	10		(10) 기 타	49	
① 분양미수금	11		2. 유형자산	50	
② 공사미수금	12		(1) 토 지	51	
③ 기 타	13		(2) 건 물	52	
(7) 선급금	14		(3) 구축물	53	
(8) 기 타	15		(4) 기계장치	54	
2. 재고자산	16		(5) 선박·항공기	55	
(1) 상 품	17		(6) 건설용 장비	56	
(2) 제 품	18		(7) 차량운반구	57	
(3) 반제품	19		(8) 건설중인 자산	58	
(4) 재공품	20		(9) 기 타	59	
(5) 원재료(원자재)	21		3. 무형자산	60	
(6) 가설재	22		(1) 영업권	61	
(7) 저장품	23		(2) 산업재산권	62	
(8) 미착상품(미착재료)	24		(3) 광업권	63	
(9) 완성주택	25		(4) 어업권	64	
(10) 미완성주택	26		(5) 차지권	65	
(11) 용지(건설업)	27		(6) 창업비	66	
(12) 미성공사	28		(7) 연구개발비	67	
(13) 기타	29		(8) 사용수익기부자산가액	68	
Ⅱ. 고정자산	36		(9) 개업비	69	
1. 투자자산	37		(10) 사채발행비	70	
(1) 장기 금융상품	38		(11) 기타	71	
(2) 투자 유가증권	39		**자 산 총 계(Ⅰ+Ⅱ)**	72	

[별지 제3호의2서식(1)] (제1쪽)

표 준 대 차 대 조 표
(일반법인용)

(단위 : 원)

사업자등록번호		법인명		년 월 일 현재
법인등록번호				

부채 및 자본항목

계 정 과 목	코드	금 액	계 정 과 목	코드	금 액
Ⅰ. 유동부채	01		**Ⅲ. 자본금**	41	
1. 매입채무	02		1. 보통주자본금	42	
2. 단기차입금	03		2. 우선주자본금	43	
3. 미지급법인세	04				
4. 미지급배당금	05		**Ⅳ. 자본잉여금**	44	
5. 선수금	06		1. 주식발행초과금	45	
① 공사선수금	07		2. 감자차익	46	
② 분양선수금	08		3. 합병차익	47	
③ 기 타	09		4. 재평가적립금	48	
6. 유동성 장기부채	10		5. 기타자본잉여금	49	
7. 공사손실충당금	11				
8. 수선충당금	12		**Ⅴ. 이익잉여금**	50	
9. 판매보증충당금	13		1. 이익준비금	51	
10. 기 타	14		2. 기업합리화적립금	52	
Ⅱ. 고정부채	15		3. 재무구조개선적립금	53	
1. 사 채	16		4. 조특법상 준비금	54	
2. 장기차입금	17		5. 기타임의적립금	55	
① 관계회사	18		6. 차기이월이익잉여금 또는 차기이월결손금	56	
② 주주.임원.종업원	19				
③ 기 타	20		**Ⅵ. 자본조정**	57	
3. 장기성 매입채무	21		1. 주식할인발행차금	58	
4. 퇴직급여충당금	22		2. 배당건설이자	59	
5. 단체퇴직급여충당금	23		3. 자기주식	60	
6. 제 충당금	24		4. 미교부주식배당금	61	
7. 제 준비금	25		5. 투자유가증권평가손익	62	
8. 이연법인세대	26		6. 해외사업환산대차	63	
9. 장기공사선수금	27		7. 기 타	64	
10. 기 타	28		www.yesform.com		
www.yesform.com			**자본총계(Ⅲ+~Ⅵ)**	65	
부채 총계(Ⅰ+Ⅱ)	29		**부채와 자본총계**	66	

표 6-4 삼성전자 대차대조표 요약(2001년~2004년) (단위: 억원)

구분	2001. 12	2002. 12	2003. 12	2004. 06
유동자산	67,556.0	120,799.9	134,824.1	148,330.1
고정자산	211,638.0	223,596.1	257,209.7	283,877.8
자산총계	**279,194.1**	**344,396.0**	**392,033.8**	**432,207.9**
유동부채	63,142.4	84,186.6	91,919.0	96,901.2
고정부채	21,314.2	17,106.5	5,970.1	7,270.9
부채총계	**84,456.6**	**101,293.1**	**97,889.1**	**104,172.1**
자본금	8,821.2	8,891.5	8,952.4	8,975.1
자본잉여금	56,922.5	59,249.1	62,188.2	63,235.2
이익잉여금	133,529.9	194,920.7	244,097.1	268,513.8
자본총계	**194,737.5**	**243,102.9**	**294,144.8**	**328,035.8**

② 손익계산서

손익계산서(income statement)는 일정 영업기간 동안의 수익과 비용을 나타낸 표이다. 손익계산서를 통해 기업의 경영활동 성과를 측정하고, 수익력과 미래 순이익의 흐름을 파악함으로서 기업분석을 수행할 수 있다.

손익계산서의 구성요소는 매출액, 매출총이익과 영업이익, 경상이익을 거쳐 결국 기업의 당기순이익을 도출하는 과정을 보여주는데, 그 과정은 〈표 6-5〉와 같다. 매출액(sales)이란 기업의 제품과 서비스를 판매하여 얻는 총수입을 의미하며, 매출총이익은 매출액에서 제품생산에 드는 비용, 즉 매출원가를 차감한 금액이다. 매출총이익은 판매와 생산 활동의 성과, 즉 생산효율성을 측정하는 기본 지표가 된다.

매출액을 얻으려면 매출원가비용 외에도 여러 가지 비용이 든다. 근로자를 고용하여 임금을 주어야 하고, 사무실, 공장 등을 유지, 관리하는 비용이 들며, 교통통신비, 감가상각비, 소모품비 등이 지출된다. 이러한 비용을 판매비와 일반관리비라고 하는데, 매출총이익에서 판매비와 일반관리비를 차감한 금액이 기업

영업활동을 통해 얻은 영업이익(operating profit)이 된다. 만약 비용이 매출액을 초과하여 영업이익이 마이너스가 되면 이를 영업손실이라고 한다.

기업은 영업활동 외에 예금이나 주식투자 등을 통해 이자나 배당금, 자본이득 등을 얻을 수 있는데, 이를 영업외 수익이라고 하며, 대출이자 지급, 사채이자 지급 등 영업활동 이외의 영역에서 지출하는 비용을 영업외 비용이라고 한다. 따라서 영업외 수익에서 영업외 비용을 차감한 금액이 영업외 이익(non-operating profit)이 된다. 경상이익(normal profit)은 영업이익과 영업외 이익을 합친 금액으로서, 기업의 수익성을 살펴볼 수 있는 대표적인 지표이다. 만약 경상이익이 마이너스가 되면 경상손실이라고 한다.

기업은 때때로 경상이익이나 경상손실 외에 특별한 이익과 손실이 생기기도 하는데, 이를 특별이익, 특별손실이라고 한다. 예를 들어 기업 소유의 부동산이나 주식을 처분하여 자본이득이 생길수도 있고, 예상치 못한 사고로 인해 손실이 발생할 수도 있다. 기업은 경상이익에 특별이익을 더하고, 특별손실을 차감한 금액을 기준으로 법인세를 내게 되어 있다. 따라서 법인세를 내고 나서 남은 금액이 이 기업의 최종적인 당기순이익이 되는 것이다.

〈표 6-6〉은 삼성전자의 2001년~2003년 결산기 손익계산서와 2004년 상반기 손익계산서의 주요 내용을 요약하여 비교한 것이다.

표 6-5 당기순이익 도출과정

당기순이익 도출과정
매출액 − 매출원가
= 매출총이익 − 판매비, 일반관리비
= 영업이익 + 영업 외 수익 − 영업 외 비용
= 경상이익 + 특별이익 − 특별손실
= 법인세 공제 이전 순이익 − 법인세
= 당기순이익

표 6-6 삼성전자 손익계산서 요약(2001년~2004년) (단위: 억원)

구 분	2001. 12	2002. 12	2003. 12	2004. 06
매출액	323,803.7	405,115.6	435,820.2	293,930.8
매출총이익	78,656.4	135,657.0	140,632.6	113,425.6
영업이익	22,953.3	72,446.7	71,927.0	77,419.1
영업외수익	18,205.0	24,986.6	11,151.5	7,185.5
영업외비용	10,332.3	8,728.6	14,033.7	4,792.3
경상이익	30,826.1	88,704.7	69,044.9	79,812.3
특별손익	0.0	0.0	0.0	0.0
당기순이익	29,469.4	70,517.6	59,590.0	62,719.4
감가상각비	31,443.3	30,976.1	36,912.2	-

(3) 재무비율 분석(financial ratio analysis)

재무비율 분석은 재무제표 항목들 간의 비율을 산출하여 기업의 재무상태와 경영성과를 분석하는 방법이다. 재무비율 분석은 실제로 증권시장에서 주식의 가치평가를 위해 유용하게 쓰이며, 채권등급의 평가, 기업의 신용평가 및 기업 부실예측 등의 자료로도 사용된다.

① 수익성 비율(profitability ratios)

수익성 비율은 일정 기간 동안 기업의 경영성과를 나타내는 비율로서, 이익창출능력을 평가할 수 있는 지표이다.

- 총자산 순이익률(%) $= \frac{\text{순이익}}{\text{총자산}} \times 100$

단위 총자산에 대하여 얼마만큼의 순이익을 창출해 냈는가를 나타내는 비율로서, 총자산을 얼마나 효율적으로 투자하여 순이익을 올렸는가를 보여준다.

- 자기자본 순이익률(%) $= \frac{\text{순이익}}{\text{자기자본}} \times 100$

단위 자기자본에 대하여 얼마만큼의 순이익을 창출해 냈는가를 나타내는 비율로서, 자기자본을 얼마나 효율적으로 투자하여 순이익을 올렸는가를 보여준다.

- 매출액 경상이익률(%) $= \dfrac{\text{경상이익}}{\text{매출액}} \times 100$

일정기간 동안의 기업 경영활동 성과를 총괄적으로 나타내는 지표이다. 경상이익은 영업이익과 영업외 이익을 합친 금액으로서, 기업의 수익성을 총괄적으로 평가해 준다.

② **유동성 비율**(liquidity ratios)

유동성 비율의 분석 목적은 단기 부채에 대한 지급능력을 평가하는 것이다. 아무리 수익성이 높은 기업일지라도 유동성이 부족하여 단기 부채를 상환할 능력이 없으면, 최악의 경우 흑자도산이 발생할 수도 있다.

- 유동비율(%) $= \dfrac{\text{유동자산}}{\text{유동부채}} \times 100$

현금화가 가능한 유동자산이 1년 이내에 상환해야 하는 단기 부채의 몇 배가 되는지를 나타내는 지표로서, 단기부채지급능력비율이라고도 한다. 일반적으로 200%를 표준으로 삼는다.

- 당좌비율(%) $= \dfrac{\text{당좌자산}}{\text{유동부채}} \times 100$

당좌자산(quick asset)은 유동자산 중에서도 상대적으로 현금화가 쉬운 자산이다. 기업의 유동성 정도를 평가하는데 있어, 당좌비율이 유동비율 보다 더 정확한 지표가 된다.

- 현금보상비율(%) $= \dfrac{\text{영업활동 현금흐름} + \text{금융비용}}{\text{단기차입금} + \text{유동성 장기차입금} + \text{금융비용}} \times 100$

영업활동에서 창출된 현금흐름으로써 해당 기간의 부채상환액을 어느 정도 충당할 수 있는지를 보여주는 지표이다.

③ **레버리지 비율**(leverage ratios)

레버리지 비율은 타인자본을 사용하는 수준을 측정하는 지표이다.

- **부채비율**(%) = $\frac{\text{부채}}{\text{총자본}} \times 100$

총자본 중에서 부채가 차지하는 비중을 나타낸다. 이는 기업의 장기적인 안정도와 기업 자본구성의 건전성 정도를 파악하기 위해 측정한다. 부채비율이 낮을수록 기업의 재무건전도가 높다고 할 수 있으나, 일반적으로 타인자본(부채)과 자기자본을 동등한 수준으로 유지하는 것이 바람직하다고 본다. 호황기일 때는 기업이 타인자본을 늘릴수록 레버리지 효과(지렛대효과)로 인해 수익성을 높일 수 있으므로 부채비율이 증가하는 경향을 보이며, 반대로 불황기일 때는 타인자본의 증가가 기업의 수익을 낮추는 역할을 하기 때문에 부채비율이 높으면 위험하다.

- **고정비율**(%) = $\frac{\text{고정자산} + \text{투자자산}}{\text{자기자본}} \times 100$

자기자본을 가지고 고정자산 및 투자자산을 어느 정도 충당할 수 있는지를 나타내는 지표이다. 고정자산은 가급적 자기자본으로 충당하는 것이 바람직하다.

- **고정자기적합률**(%) = $\frac{\text{고정자산} + \text{투자자산}}{\text{자기자본} + \text{고정부채}} \times 100$

자기자본과 고정부채 중 어느 정도가 고정자산과 투자자산에 투자되어 운용되고 있는가를 나타내는 지표이다.

④ **성장성 비율**(growth ratios)

성장성 비율은 일정 기간 동안 기업의 경영성과가 얼마나 증가하였는가를 나타내는 비율로서, 기업의 경쟁력이나 성장잠재력 등을 예측할 수 있는 지표가 된다.

• 매출액 증가율(%) $= \dfrac{\text{당기매출 증가액}}{\text{전기매출액}} \times 100$

일정기간 동안 매출액이 얼마나 증가하였는지를 보여주는 지표이다. 매출액 증가는 제품가격의 상승과 판매수량의 증가에 의해 영향을 받는데, 기업의 매출액 증가율을 산업 전체의 매출액 증가율 평균과 비교해 보면, 이 기업의 시장점유율을 평가할 수 있다.

• 순이익 증가율(%) $= \dfrac{\text{당기순이익 증가액}}{\text{전기순이익}} \times 100$

일정기간 동안 순이익이 얼마나 증가하였는지를 보여주는 지표이다.

⑤ **주가관련 비율**

• 주당순이익(EPS) $= \dfrac{\text{당기순이익}}{\text{평균 발행주식수}}$

주당순이익(Earning Per Share; EPS)은 기업의 당기순이익을 당해 연도의 평균 발행주식수로 나눈 값이다. 이는 한 주당 창출하는 이익이 어느 정도인지를 보여줌으로서, 기업의 성과지표로 사용된다. 또한 일반적으로 EPS가 높을수록 주가도 높은 경향이 있다.

• 주가수익비율(PER) $= \dfrac{\text{주가}}{\text{주당순이익(EPS)}}$

주가수익비율(Price Earings Ratio; PER)은 주식투자 판단의 기본적 지표 중

하나로서, 현재 주가를 주당 순이익으로 나눈 값이다. 즉 현재의 주가가 주당순이익의 몇 배인가를 나타낸다. 예를 들어, A사의 주가가 2만원, 1주당 순이익이 2천원이라면, PER은 20,000/2,000 =10(배)이다.

일반적으로 PER이 높으면 기업이 영업활동으로 벌어들인 이익에 비해 주가가 높게 평가되었다는 것을 의미하며, 반대로 PER이 낮으면 이익에 비해 주가가 낮게 평가되었으므로 주가 상승의 가능성이 크다고 볼 수 있다. 그러나 PER은 업종에 따라 많은 차이가 있으므로, 투자를 결정할 때는 동종 업종의 다른 주식들의 PER과 비교해야 한다.

- 주가순자산비율(PBR) $= \dfrac{\text{주가}}{\text{주당순자산(book-value)}}$

주가순자산비율(Price Book-Value Ratio; PBR)은 주가를 1주당 순자산으로 나눈 값으로서, 현재의 주가가 1주당 순자산의 몇 배인가를 보여준다. 이는 PER과 같이 주가의 상대적 수준을 나타내는 지표이다. 그러나 PER은 기업의 수익을 기초로 한 투자지표인데 반해, PBR은 주주의 지분을 기초로 한 투자지표라고 할 수 있다. 주가가 1주당 순자산 보다 낮은 경우에는 저평가되었다고 볼 수 있다.

- 주가매출액비율(PSR) $= \dfrac{\text{주가}}{\text{주당매출액}}$

주가매출액비율(Price to Sales Ratio; PSR)은 현재 주가를 1주당 매출액으로 나눈 값으로서, 주가가 주당 매출액의 몇 배인가를 보여주는 지표이다. EPS가 기업의 수익을 근거로 한 투자지표인데 반해, PSR은 기업의 외형을 나타내는 매출액을 기반으로 한 지표이다. PSR이 낮을수록 기업의 외형이나 성장성에 비해 주가가 상대적으로 낮게 평가되었음을 의미한다.

- 배당률(%) = $\frac{\text{주당배당금}}{\text{액면가}} \times 100$

- 배당수익률(%) = $\frac{\text{주당배당금}}{\text{주가}} \times 100$

- 배당성향(%) = $\frac{\text{주당배당금}}{\text{주당순이익}} \times 100$

배당률은 주식의 액면가에 대한 주당 배당금의 비율로서, 배당지급의 기준이 되는 지표이다. 배당수익률(dividend yield ratio)은 현재 주가에 대한 배당금의 비율로서, 주식을 보유함으로서 받는 현금배당의 수익률을 보여주기 때문에 실제 투자에 도움이 된다. 배당성향(dividend payout ratio)은 주당 순이익 중에서 배당금이 차지하는 비율을 나타내는 지표이다.

재테크코너 6-1

우량기업을 고르는 10가지 법칙

법칙 1. 매출이 지속적으로 늘어나는 기업을 사라

기업은 매출을 기반으로 순이익을 만든다. 기업의 특성과 경쟁력도 중요하지만 무엇보다도 매출이라는 기본 요소가 충분해야 투자도 하고, 경영규모도 늘릴 수 있다.

법칙 2. 매출구조가 단순한 기업을 사라

대부분 매출구조가 단순한 기업들은 기업의 핵심역량이 한 가지 제품에 집중되어 기술이 축적되기 때문에 수익을 꾸준히 내는 우량기업일 가능성이 높다.

법칙 3. 개인을 대상으로 장사하는 기업을 사라

소비자시장은 초기 개척은 힘들지만, 시장이 뚫리면 매출이 꾸준히 발생한다. 그러나 기업시장은 정부예산이나 설비투자 규모, 집행시기 등에 의해 매출이 고르지 못하다.

법칙 4. 제품 가격을 자체적으로 조절하는 기업을 사라

제품 가격을 자체적으로 조절하는 기업은 경제 여건의 변화에 발빠르게 대응하므로 기업이익이 안정적이다.

법칙 5. 매출액이 자본금의 10배가 넘는 기업을 사라

장사가 잘되고 있는 기업은 평균적으로 매출액이 자본금의 10배가 넘는다.

법칙 6. 업종대표주를 사라

업종대표주는 시가총액, 매출액, 이익 측면에 업종 내 1위를 차지하는 기업이다. 강력한 시장지배력으로 업계 흐름을 선도하고, 생존력이 강한 기업이라고 할 수 있다.

법칙 7. 브랜드파워가 있는 기업을 사라

브랜드는 기업 가치를 반영한다. 최고의 브랜드는 시장점유율이 높이고 매출과 이익을 늘려준다.

법칙 8. 홀로서기에 성공한 기업을 사라

독자적인 기술과 독자적인 시장을 가지고 있는 기업을 사라. 독자성이 있는 기업은 제품을 비싸게 팔고 높은 이익을 얻는 강점을 가지고 있다.

법칙 9. 저평가된 기업을 사라

기업의 적정 가치를 산출해서 저평가된 기업의 주식을 산 후, 주가가 올라갈 때까지 기다리면 수익을 올릴 수 있다.

법칙 10. 주주를 중시하는 기업을 사라

배당금을 늘리고 투명한 경영을 하며, 자사주 매입을 통해 주주의 가치를 상승시키는 기업이 바로 주주를 중시하는 기업이다.

출처 : 오성진(2005). 부자되기 주식 10주로 시작하라. p.185~206

2. 주식의 기술적 분석

1) 기술적 분석의 개념

앞서 살펴본 기본적 분석에서는 주식의 미래 수익률을 결정하는 기본적 요소들에 대해 관심을 가졌던 것에 반해, 기술적 분석(technical analysis)은 과거의 주가 움직임이나 거래량 변화를 분석하여 미래의 주가 변동을 예측하는데 초점을 둔다. 기술적 분석에서는 자산의 수요와 공급이 일정한 추세 혹은 반복적 패턴을 가지고 있다고 보고, 증권거래의 과거 자료를 면밀히 살펴봄으로써 그 패턴을 찾아 미래의 주가를 예측하고자 한다.

기술적 분석에서는 다음과 같은 기본 가정을 하고 있다.

첫째, 주가는 그 주식의 수요와 공급에 의해서만 결정된다.

둘째, 주식의 수요와 공급은 재무적 요인 뿐 아니라, 심리적, 비이성적 요인에 의해서도 영향을 받는다.

셋째, 주가는 관련 정보를 서서히 반영하되, 상당한 기간 동안 지속되는 특정한 추세를 형성하면서 변화한다.

넷째, 주가와 거래량의 변화 양상은 스스로 반복하는 경향이 있다.

다섯째, 주가 추세의 변화는 그 주식의 수요와 공급의 변동에 의해 발생하며, 이는 차트(chart)를 통해 살펴봄으로서 파악 가능하다.

결국 기술적 분석에서는 주가가 특정한 추세를 형성하면서 변화하기 때문에 과거 주가나 거래량의 차트분석을 통해 미래 주가를 예측할 수 있으며, 주가 움직임의 추세가 형성되는 시작 시점을 잘 파악하면 투자시점을 포착할 수 있고, 증권시장의 전환점을 예측할 수 있다는 것이 핵심이다.

기본적 분석이 기업 자체를 분석해서 미래 수익률을 예측하는 것이라면, 기술적 분석은 끊임없이 변동하는 투자자들의 움직임을 분석해서 주가 변동을 예측하는 것이다. 기술적 분석은 적용이 용이하고, 여러 증권에 대해 동시에 적용할 수 있다는 측면에서 실무적으로는 기본적 분석에 비해 효과적이다. 기본적 분석의 경우, 기업분석을 철저히 하기 위해서 많은 노력과 시간을 투입해야 하지만,

기술적 분석은 차트와 지표를 이용해서 비교적 쉽게 주가의 움직임을 분석할 수 있다. 기본적 분석이 이용하는 미래 이익의 자료는 기업의 손익계산서로부터 얻어지는데, 이러한 회계자료는 자의적인 부분이 상당히 있으며, 기본적 분석에서 흔히 이용하는 주가수익비율(PER)이나 요구수익률 역시 다분히 주관적일 수 있다. 그러나 기술적 분석에서 주가예측을 위해 사용하는 추세나 패턴은 과거의 경험에 의해 얻어진 객관적인 자료라고 할 수 있다. 또한 기술적 분석을 활용하면, 변화하는 매매세력의 변동 양상과 주가 변동을 예측할 수 있기 때문에, 적절한 매수시점과 매도시점을 판단하여 단기간에 여러 번의 복리수익을 올릴 수도 있다.

그러나 기술적 분석 역시 현실적으로 몇 가지 제한점을 갖는다.

첫째, 주식의 내재가치를 간과하고 시장의 변동에만 너무 집착하면, 왜 시장이 변화하고 있는지에 대한 원인 분석이 어렵다. 따라서 증권시장의 대세와 달리 중간에 일시적으로 나타나는 속임형 변동에 영향을 받아 부적절한 매매를 할 가능성이 있다.

둘째, 주식 가격의 변동이 장기간 지속적인 특정 추세를 형성하고, 그 추세가 동일한 패턴을 가지고 순환한다는 가정은 비현실적이다. 시장에서는 항상 예기치 못한 일들이 생기기 마련이므로, 주가의 변동 추세 역시 예측과 달리 엉뚱한 방향으로 출현할 수 있다.

셋째, 주가 변동의 추세나 패턴을 해석하는데 있어, 분석자의 주관성이 개재될 가능성이 많다. 즉 동일한 차트에 대해서도 모두 다른 해석을 할 수 있다는 것이다.

넷째, 기술적 분석을 통해 단기적으로 여러 번의 복리수익을 올릴 수 있지만, 동일한 분석기법을 사용하는 투자자들이 늘어나면 효용성이 떨어지기 마련이다.

따라서 성공적인 투자를 하기 위해서는 협의의 기술적 분석 기법만을 가지고 판단하지 말고, 주식의 가치를 판단하는 기본적 분석 기법을 비롯하여 시장흐름과 투자심리분석 등 광의의 기술적 분석 기법을 종합적으로 사용해야 한다.

기술적 분석의 종류는 크게 주가차트분석, 거래량차트분석, 지표분석 등으로 분류할 수 있다. 먼저 기술적 분석의 시초인 다우이론에 대해 살펴본 후, 다양한 기술적 분석에 대해 설명하기로 하겠다.

2) 다우이론

기술적 분석을 체계적으로 시작한 것은 미국 월스트리트 저널을 창간한 찰스 다우(Charles H. Dow)에 의해서였다. 그가 1884년 다우존스 평균주가를 고안해서 발표한 것으로부터 시작된 다우이론(Dow theory)은 주식시장의 움직임에 일정한 흐름이 있으며, 이에 따라 주식시장 전체의 방향을 예측할 수 있다는 가설로부터 출발하여 주가의 장기추세를 예측한 분석방법이다. 다우이론에서는 주가가 항상 일정한 추세(trends)를 그리면서 움직이므로 추세가 하락에서 상승으로 바뀌거나 상승에서 하락으로 바뀌는 국면을 잘 포착해서 주식의 매수와 매도시점으로 활용해야 한다고 설명한다.

다우이론은 주가추세를 단기추세(minor trends), 중기추세(secondary trends 또는 intermediate trends), 그리고 주추세(primary trends)로 구분하고 있다. 단기추세는 하루하루의 주가 움직임을 말하는 것으로서, 단기변동 또는 일일변동이라고도 한다. 중기추세는 몇 주 혹은 몇 개월간의 주가 움직임으로서, 2차 추세라고도 한다. 주추세는 몇 개월 혹은 몇 년 이상 지속되는 주가추세로서, 장기적인 주가 움직임을 보여주므로 장기추세라고 한다. 다우이론에서는 주가의 단기추세는 중요하게 여기지 않으며, 중기추세를 관찰하여 파악한 변화의 양상을 근거로 주추세를 예측하고, 주추세의 방향이 전환되는 시점을 포착하는데 주목적을 두고 있다.

주추세가 상승추세에서 하락추세로 방향이 전환되거나 반대로 하락추세에서 상승추세로 전환됨을 알려주는 신호를 불임점(abortive point)이라고 한다. 즉, 불임점은 이제까지 유지되어 온 장기추세가 더 이상 유지되지 못하고 반대 방향으로의 새로운 장기추세로 전환되는 시점이라는 의미이다. 〈그림 6-2〉에서 보는 바와 같이 새로운 중기추세의 최고점(B)이 주추세의 최고점(A)을 상향 돌파하지 못하면 주추세는 하락추세로 전환되고, 새로운 중기추세의 최저점(D)이 그 이전 주추세의 최저점(C) 보다 높으면 주추세는 상승추세로 전환된다.

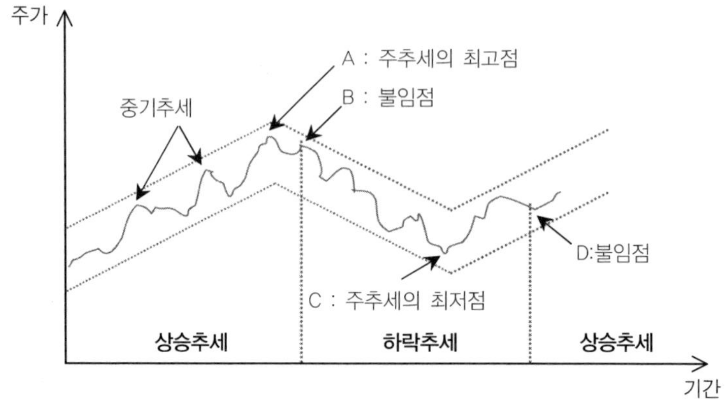

그림 6-2 다우기법의 추세전환

출처 : 김대호, 오세경(2004). 투자론. p.313

증권시장에서 장기적으로 주추세선이 상승하고 있는 경우를 강세시장(bull market)이라고 하고, 주추세선이 하락하고 있는 경우를 약세시장(bear market)이라고 한다. 다우이론의 장기추세 진행과정을 시장상황과 관련하여 구분해 보면, 강세시장에서는 매집국면, 마크업국면(상승국면), 과열국면으로 진행되고, 약세시장에서는 분산국면, 공황국면, 침체국면으로 진행된다(표 6-7).

강세시장의 초기 단계에는 경제, 산업, 기업 환경, 주식 시장 등 모든 여건이 회복되지 못하고 장래에 대한 어두운 전망이 주로 예상된다. 불안감을 느낀 대다수 일반 투자자들은 장기간 지속된 약세시장에 지쳐서 보유 주식을 매도하려고 하지만, 경기 호전을 미리 예측한 전문 투자자들은 매도 물량을 매수하기 시작해 점차 거래량이 증가하게 된다. 이렇듯 강세시장 제 1국면에서 나타나는 시장내부의 변화과정을 매집국면이라고 한다. 강세시장의 제 2국면에서는 전반적인 경제 여건 및 기업의 영업 수익이 호전됨으로써 일반 투자자들의 관심이 고조되어 주가가 상승하고 거래량도 증가하게 되는데, 이러한 국면을 마크업 국면(mark-up phase), 혹은 상승국면이라고 한다. 이 국면에서는 기술적 분석에 따라 주식투자를 하는 사람들이 가장 많은 수익을 올릴 수 있다. 강세시장의 제 3국면에서는 경제 전반에 걸쳐 각종 통계 자료가 호조를 보이면서 투자가치가 적

표 6-7 장기추세의 진행과정

구 분	강세시장(bull market)	약세시장(bear market)
제 1국면	매집국면	분산국면
제 2국면	마크업국면(상승국면)	공황국면
제 3국면	과열국면	침체국면

은 종목에까지 인기가 확산되기 시작한다. 또한 언론에서 주식시장 관련 보도가 급증하는 등 과열현상이 나타난다. 이러한 상황에서는 일반 투자자나 주식투자에 경험이 없는 사람들이 뒤늦게 확신을 가지고 적극 매수에 나서기 때문에 장세가 과열되지만, 과열국면에서 매수하는 경우 손해를 보기 쉽기 때문에 유의해야 한다.

약세시장의 제 1국면은 분산국면이라고 한다. 왜냐하면 이 시기는 강세시장의 제3국면에서 주식시장이 지나치게 과열된 것을 감지한 전문 투자자들이 투자 수익을 취한 후 빠져나가는 단계로서, 주가가 조금만 하락해도 거래량이 증가하는 양상을 보이기 때문이다. 약세시장의 제 2국면에서는 경제 전반에 관한 각종 통계 자료가 악화됨에 따라 주식을 매도하려는 일반 투자자들이 늘어나면서 매수세력이 상대적으로 크게 위축된다. 주가는 거의 수직 하락을 하게 되며 거래량도 급격히 감소하기 때문에 공황국면(panic phase)이라고 한다. 약세시장의 제 3국면은 공황국면에서 미처 처분하지 못한 일반 투자자들의 실망매물이 증가하면서 투매 양상이 나타난다. 이에 따라 주가는 계속 하락하지만 시간이 경과할수록 그 하락폭은 감소한다. 주식시장의 침체와 기업의 수익성 악화 등 부정적인 정보가 주식시장 전체에 확산되어 있기 때문에 이를 침체국면이라고 부른다.

이와 같이 다우이론은 주가변동의 장기적인 추세를 파악함으로서, 시장전체뿐 아니라 개별 종목의 주가변동을 예측한다. 다우이론은 1930년대 미국경제의 대공황에 따른 증권시장의 대폭락을 예측하여 유명해진 바 있다. 그러나 미래의 주가가 반드시 과거 주가의 반복일 수는 없다는 점, 중기추세나 주추세를 판단하는 객관적 기준이 모호하므로 구분이 어렵다는 점, 추세 전환점을 확인하는 것이 쉽지 않다는 점, 그리고 분석자의 주관적인 판단이 개입되어 분석결과의 일관성이 부족하다는 점 등이 문제점으로 지적된다.

3) 패턴분석

패턴분석은 주가차트의 모형변화 분석을 통하여 어떤 특정한 패턴을 찾아냄으로써, 주가를 예측하고 매매시점을 포착하는 방법이다. 주가의 변화는 조직적으로 움직이는 습성이 있기 때문에 수요와 공급의 원리에 의해 나타난 과거 주가의 통계를 검토하여 그 주식이 갖는 특유의 시장습성을 파악하면, 이를 기초로 향후 주가의 변화 방향을 예측할 수 있다는 것이다.

패턴분석은 주가의 천장권이나 바닥권에서 일어나는 전형적인 주가모형을 분석함으로서, 주가흐름의 전환시점을 포착하고, 매매시점을 판단하여 투자수익을 극대화하는데 그 목적이 있다. 패턴분석을 통해 주가변동을 예측하는 전형적인 방법은 크게 천장형 패턴, 바닥형 패턴, 지속형 패턴을 분류해 내는 것인데, 이는 주가 시세의 천장(top)이나 바닥(bottom)에서 일어나는 패턴을 찾아내어 주가흐름이 상승국면인지 하락국면인지를 포착하기 위한 것이다.

(1) 머리-어깨형(Head and Shoulder) 패턴

머리-어깨형 패턴은 봉우리가 세 개라고 하여 삼봉형 패턴이라고도 하는데, 추세의 반전을 예측하는데 있어 가장 신빙성 있는 패턴으로 알려져 있다. 주가의 천장권이나 바닥권에서 모두 나타날 수 있으며, 천장권에서 나타나는 머리-어깨 천장형 패턴이 가장 전형적인 형태이다.

머리-어깨 천장형 패턴은 〈그림 6-3〉에서 보는 바와 같이, 세 개의 고점(A, C, E)과 두개의 저점(B, D)으로 구성되어, 왼쪽 어깨(A), 머리(C), 오른쪽 어깨(E)의 순서로 세 개의 봉우리를 이루는 형태를 말한다.

일반적으로 왼쪽 어깨가 형성되는 과정에서는 주가가 상승하면서 동시에 거래량 증가현상이 나타나서, 왼쪽 어깨의 정점에서 거래량이 가장 많다. 두 번째 주가 상승으로 머리가 형성될 때는 왼쪽 어깨의 정상 보다 높게 나타나며, 거래량은 왼쪽 어깨와 마찬가지로 주가상승 과정에서 증가하지만, 전체의 거래량 수준은 왼쪽 어깨보다 많지 않다. 세 번째 상승으로 오른쪽 어깨가 형성될 때는 머리의 정상까지 올라가지 못하고 하락폭의 1/2 에서 2/3 수준까지만 회복하고 다시 하향 전환 된다. 이 과정에서는 거래량이 현저하게 줄어드는 것이 특징이다. 만약 이 때 거래량이 증가하면 머리-어깨형 패턴이 아닌 다른 패턴으로 움직일 가능성이 크다는 점에 유의해야 한다.

두 개의 저점(B, D)을 이은 수평선을 목선(Neckline, 기준선)이라고 하는데, 주가가 세 개의 고점을 형성한 뒤 목선을 완전히 하향 돌파하면 머리-어깨 천장형 패턴이 완성되고, 상승추세에서 하락추세로 전환된다. 머리-어깨 천장형 패턴이 완성된 후에 과거의 경험으로 미루어 주가가 앞으로 어느 수준까지 하락할 것인가를 미리 계산해 볼 수 있는데 이를 목표치 계산이라 한다. 일반적으로 머리-어깨형 천장형 패턴에서 적용되는 하락 목표치는 머리와 목선의 하락폭만큼 목선에서 더 하락한다고 예상되는데, 이는 최소 목표치일 뿐이며 때로는 그 이상으로 하락할 수도 있고, 덜 하락할 수도 있다.

머리-어깨 천장형 패턴은 상승추세에서 하락추세로의 전환을 예고하는 패턴이므로 매도시점을 포착하는 것이 매우 중요하다. 가장 바람직한 것은 머리부분의 정점에서 매도하는 것이지만, 그 단계에서는 머리-어깨형이 나타날 것을 예측하는 것이 거의 불가능하므로 일단 기다리는 것이 보통이다. 머리-어깨형이 완성되는지의 여부를 가장 빨리 판단할 수 있는 시점은 오른쪽 어깨의 정점이 나타나면서 거래량 감소와 함께 주가가 하락하는 때이다. 물론 예외적인 경우도 많이 있지만, 오른쪽 어깨의 정점이 형성되고 주가와 거래량이 하락하면 매도신호로 보는 것이 바람직하다.

머리-어깨 바닥형 패턴은 머리-어깨 천장형 패턴을 뒤집어 놓은 형태로서, 주가가 하락추세에서 상승추세로 반전할 때 나타나는 패턴이다.

왼쪽 어깨가 형성되는 과정은 장기간 하락장세가 지속된 후 주가의 급락세가 진정되면서 바닥에서 반등하는 경우로, 거래량은 하락과정에서 현저하게 증가하지만 반등으로 들어서면 감소한다. 두 번째 하락으로 머리가 형성될 때는 주

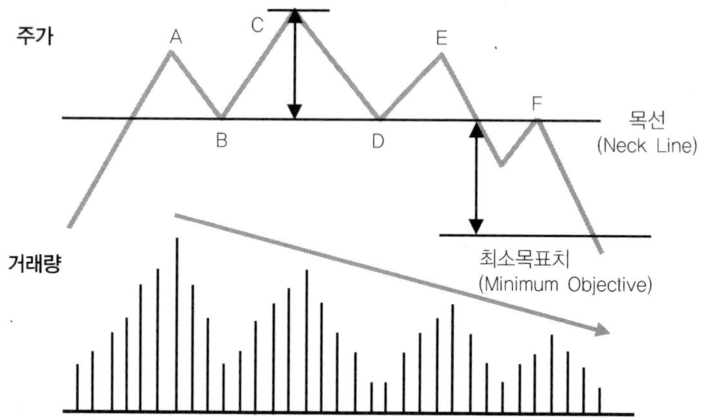

그림 6-3 머리-어깨 천장형 패턴

가는 왼쪽 어깨의 저점보다 더 하락하지만, 거래량은 일반적으로 왼쪽 어깨가 형성될 때 보다 더 많이 증가한다. 세 번째 하락은 머리의 저점까지 하락하기 전에 도중에 상승 전환되면서 오른쪽 어깨를 형성한다. 거래량은 왼쪽 어깨와 머리에 비해 훨씬 많고 주가가 목선을 돌파해서 상승하면 더욱 증가한다. 상승 최소목표치는 머리-어깨 천장형에서 적용했던 것과 마찬가지로, 머리에서 목선까지의 상승폭 만큼 목선에서 더 상승할 것으로 본다.

(2) 원형 패턴(Scallop & Saucer / Rounding Formation)

대표적인 추세반전형 모형인 머리-어깨형 패턴이 장기간에 걸쳐 형성되면, 구성 요소들이 점차 복잡해져서 어깨부분이 여러 개 나타나는 다중 머리-어깨형 패턴(Multiple Head and Shoulder Pattern)으로 발전하고, 나아가 더 복잡해지면 목선(Neckline)의 기울기가 활선의 형태를 가지는 원형 패턴으로까지 변화하게 된다. 이와 같이 원형 패턴은 장기간에 걸쳐 완만한 속도로 형성되기 때문에 명확한 신호가 나타나지 않아 천장 또는 바닥을 돌파하는지의 여부를 판단하기 어렵다. 그러나 원형 패턴이 나타난 후에는 중요한 장세 변화가 수반되므로 주의 깊게 살펴봐야 한다.

원형 천장형은 주가의 움직임이 둥근 지붕 형태이며, 주가에 따라 변화하는

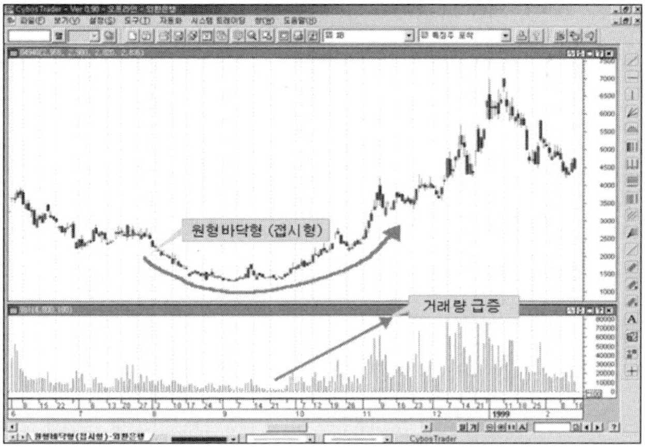

그림 6-4 원형 바닥형 패턴

출처 : 대신증권교육 http://power2.daishin.co.kr

거래량의 모양은 넓은 접시 형태를 이루는 패턴이다. 즉, 주가가 천장에 가까울수록 거래량이 감소하며, 이후 주가가 하락하면서 거래량이 증가하는 것이 특징이다. 일단 원형을 이룬 다음에는 주가의 하락추세가 본격화되는 것으로 보아야 한다.

원형 바닥형은 〈그림 6-4〉와 같이 주가의 하락추세가 완만한 곡선을 그리면서 서서히 상승추세로 전환되는 패턴으로서, 주가의 변화 모양은 원형 천장형과 반대지만, 거래량 변화 모양은 원형 천장형과 비슷한 접시 형태를 이룬다. 바닥을 형성하는 도중에 거래량이 현저하게 감소하지만 돌파시점에서는 거래량이 큰 폭으로 증가하며, 바닥을 형성하는 기간이 길수록 완성된 후 큰 폭의 주가상승이 나타나는 경향이 있다.

(3) 이중형 패턴(Double Tops and Bottoms)

이중형 패턴은 두 개의 봉우리(이중천장형), 혹은 두 개의 골짜기(이중바닥형)가 나타나는 패턴이다. 이중형은 때때로 삼중 또는 다중형으로 나타나기도 한다.

이중천장형 패턴은 M자형, 혹은 쌍봉형 패턴이라고도 부르는데, 〈그림 6-5〉에서 보는 바와 같이 주가의 급등이후 고점(A)을 형성한 뒤, 다시 저점(B)을 형성하고 상승하였으나, 두 번째 고점(C)은 첫 번째 고점(A)을 상향 돌파하지 못한 채 다시 하락하여 이중천장형(M자형)을 완성한다. 일반적으로 최소 하락 목표치는 최고점(A)에서 이중천장형을 완성한 저점(D)까지의 수직거리만큼으로 본다.

이중천장형은 주가가 본격적인 하락추세로 전환될 가능성을 보여준다. 이중천장형을 확인하기 위해서는 양 봉우리를 형성하는데 걸린 기간과 그 기간 동안의 주가 움직임을 잘 살펴보아야 하는데, 일반적으로 양 봉우리를 형성하는데 걸린 기간이 길수록, 주가 움직임의 진폭이 클수록 추세반전의 힘이 강하다고 볼 수 있다. 또한 첫 번째 봉우리를 형성하는 단계에서는 거래량이 눈에 띄게 증가하지만, 두 번째 봉우리가 형성될 때는 첫 번째 봉우리에 비해 거래량이 현격히 감소하는 특성을 보인다.

이중바닥형 패턴은 이중천장형을 뒤집어 놓은 형태이다. 이중바닥형(W자형)은 주가가 저점(A)을 형성하고 상승 반등한 후, 다시 저점을 향해 하락 전환(B)을 하다가 첫 번째 저점(A)를 돌파하지 않고 거래가 증가하면서 상승세(C)를 나타낸다. 이중천장형과 마찬가지로 이중바닥형도 첫 번째 저점에서의 거래량이 두 번째 저점에서의 거래량 보다 많다는 것이 특징이다. 이중바닥형이 완성된 후에 본격적인 상승추세로 진입할 때는 대량 거래를 수반하는 것이 일반적이다. 이중바닥형의 경우, 두 번째로 형성된 바닥이 첫 번째 바닥보다 더 낮은 경우는 거의 없으며, 두 번째 바닥의 경사가 첫 번째 바닥의 경사보다 완만할 때가 많다.

그림 6-5 이중 천장형 패턴

그림 6-6 이중 바닥형 패턴

출처 : 대신증권교육 http://power2.daishin.co.kr

4) 봉차트분석

봉차트는 가장 많이 이용되고 있는 주가차트로서, 일본식 봉차트와 미국식 봉차트가 있으나, 우리나라를 비롯하여 많은 국가에서 일본식 봉차트를 사용하고 있다.

〈그림 6-7〉에서 보는 바와 같이, 봉차트에는 시가, 최고가, 최저가, 종가를 모두 표시하며, 종가가 시가보다 높으면, 즉 주가가 상승한 날에는 양봉(흰색 또는 빨간색)으로 표시하고, 종가가 시가보다 낮으면, 즉 주가가 하락한 날에는 음봉(검은색 또는 파란색)으로 표시한다. 시가와 종가 사이를 몸통(body)이라고 하고, 최고가와 최저가는 몸통의 위 또는 아래의 방향으로 고가선과 저가선을 그려 나타낸다. 몸통에서부터 최고가와 최저가까지를 각각 윗그림자(upper shadow), 아래그림자(lower shadow)라고 하기도 한다. 예를 들어, 어떤 주식의 시가가 8,000원에서 시작하여 10,000원 종가로 끝나고, 그 날 장중 최고가가 11만원, 최저가가 7,500원을 기록했다면, 〈그림 6-7〉의 왼쪽 그림과 같은 봉차트를 그릴 수 있다.

또한 시가가 10,000원이었는데 종가가 8,000원이고, 최고가와 최저가는 각각 11,000원, 7,500원이었다면 〈그림 6-7〉의 오른쪽 그림과 같은 봉차트를 그릴 수 있다.

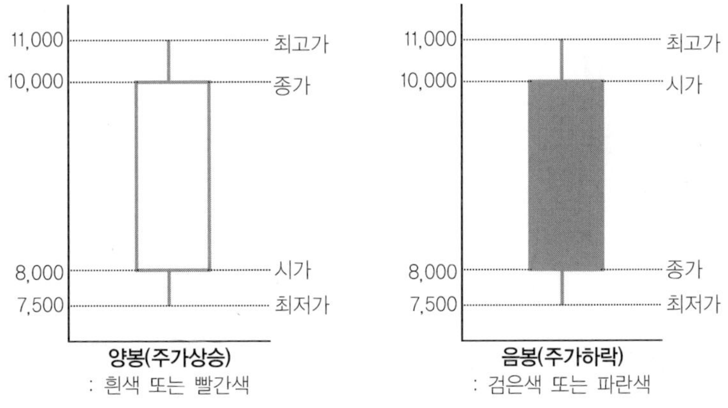

그림 6-7 봉차트 기본모형

봉차트의 몸통은 일정기간(1일, 1주일, 1개월 등) 동안 형성되는 주가의 상승과 하락폭을 나타내 주고, 고가선과 저가선의 길이는 주가의 변동폭을 의미한다.

즉 고가와 저가 사이의 간격이 멀면 멀수록 주가의 변동폭이 크다는 것이다. 그러므로 몸통의 크기와 그림자의 길이가 봉차트 분석의 기초가 된다.

봉차트는 하나의 봉이 나타내는 시세변동의 기간이 1일이면 일봉, 1주일이면 주봉, 1개월이면 월봉차트라고 한다. 또한 봉차트를 해석하는 방법도 두 가지로 나뉘는데, 하나하나의 봉차트 모양을 분석하여 증권시장의 매수세력과 매도세력

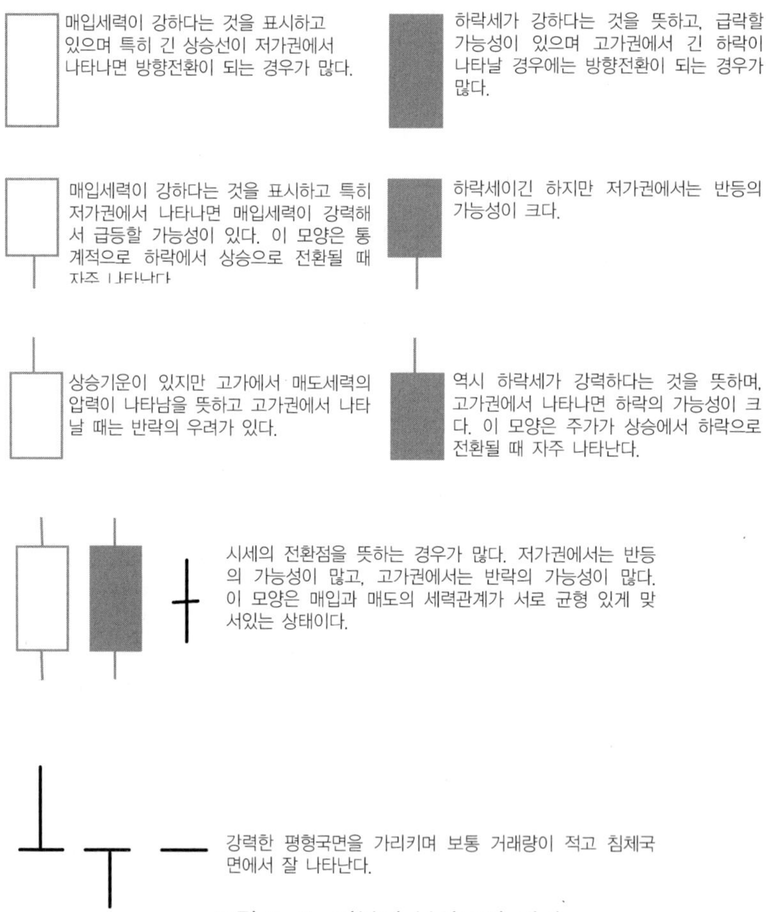

그림 6-8 기본적 봉차트의 의미

의 변동 상황을 파악하는 것을 단일봉 해석방법이라고 하고, 여러 개의 봉차트가 모여서 형성한 주가 흐름의 패턴을 분석하고 주가전환 시점을 파악하는 것을 연결봉 해석방법이라고 한다.

〈그림 6-8〉은 단일 봉차트가 갖는 기본적인 의미를 정리한 것이다. 일반적으로 몸통의 길이가 길수록 상승폭이나 하락폭이 크다는 것을 의미하고, 고가선(윗그림자)은 매도세력이 우세하다는 것을 나타내며, 저가선(아래그림자)은 매수세력이 우세함을 의미한다. 또한 고가선과 저가선이 똑같이 달린 것은 매수, 매도세력이 균형을 이루고 있음을 나타낸다. 이렇듯 균형을 이루고 있을 경우, 그 다음날(주)에 양봉이 나타나면 주가가 상승하고, 음봉이 나타나면 주가가 하락할 가능성이 매우 크다.

5) 이동평균선 분석

이동평균(moving average) 분석은 단기변동에서 나타나는 불규칙성을 제거하고 장기적이고 안정적인 변동추이를 파악하기 위해 사용된다. 특정 날짜의 이동평균은 그 날을 포함하여 과거 일정 기간 동안의 평균값을 구한 것이며, 매일의 이동평균을 선도표(line chart)로 나타낸 것이 이동평균선이다. 증권분석에서는 주가 이동평균선을 가장 많이 활용하며, 거래량 이동평균선도 이용한다.

(1) 주가이동평균선

주가이동평균선은 매일의 종가로 작성한 이동평균값, 즉 당일 포함 최근 O일간의 종가 평균을 구한 값을 연결한 선이다. 이는 일정기간 동안에 이루어진 주가의 연속적인 변동과정에서 일일변동과 같은 비정상적인 변동의 영향을 최대한 줄이고, 전체 주가의 흐름에 대한 객관적 관찰이 가능하도록 주가를 평균화하여 도표상에 옮겨놓은 것이다. 주가이동평균선을 통해 일정기간 동안 주가평균치가 어떻게 진행되어 왔는지를 확인하고, 현재의 주가 진행방향과 어떤 관계가 있는지를 분석함으로써 미래 주가동향을 예측할 수 있다.

주가이동평균선은 종가의 이동평균값을 구한 날짜 수를 기준으로 5일, 20일,

60일, 120일, 200일 등의 이동평균이 사용된다. 예를 들어, 2005년 6월 1일부터 6일까지의 종가를 P_1, P_2, ……P_5, P_6, 라고 할 때, 5일 이동평균주가를 구하는 방법은 다음과 같다.

- 2005년 6월 5일 : 5일 이동평균주가(5MA) $= \dfrac{P_1 + P_2 + P_3 + P_4 + P_5}{5}$

- 2005년 6월 6일 : 5일 이동평균주가(5MA) $= \dfrac{P_2 + P_3 + P_4 + P_5 + P_6}{5}$

즉 당일을 포함하여 지난 5일 간의 종가 평균값을 구하면 된다. 이러한 방법으로 이동평균주가를 구하고 매일 매일의 이동평균주가를 연결하면 5일 주가이동평균선이 된다.

〈그림 6-9〉는 다양한 이동평균선의 모양을 보여주고 있다. 대체로 5일, 10일, 20일 이동평균선은 단기적 변동을 보기 위해 사용되므로 단기 이동평균선이라고 하고, 60일 이동평균선을 중기 이동평균선, 그리고 120일, 200일 혹은 그 이상의 주가이동평균을 구하여 연결한 선을 장기 이동평균선이라고 한다. 단기 이동평균선은 시세변화에 민감하게 반응하지만 전반적인 추세파악이 어려운 반면, 장기 이동평균선은 시세변화를 잘 반영하지는 못하지만 추세 변화를 쉽게 파악할 수 있다.

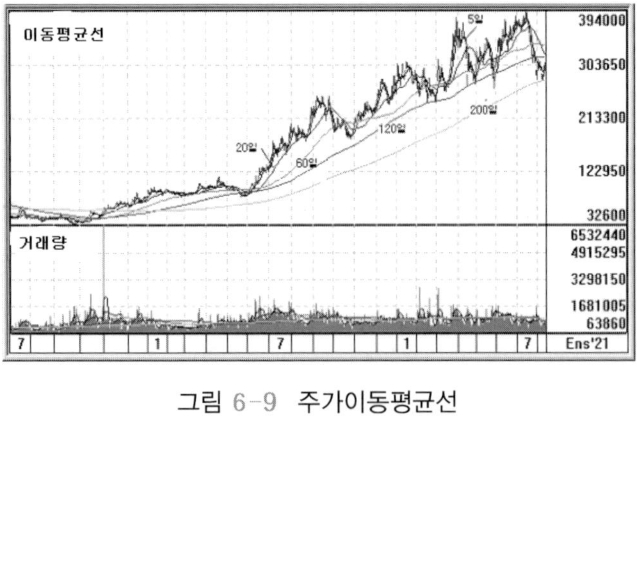

그림 6-9 주가이동평균선

(2) 단기, 중기, 장기 이동평균선의 활용

단기 이동평균선은 주가의 움직임이 가장 빠르고, 장기 이동평균선은 늦게 서서히 움직인다. 그러므로 장기 이동평균선(120일)이 상승추세에 있다는 것은 주가가 향후에도 상승할 여력이 많다는 의미이다. 단기, 중기, 장기 이동평균선을 활용하여 매매시점을 포착하는 방법은 〈그림 6-10〉과 같이 주가가 상승추세일 때와 〈그림 6-11〉과 같이 주가가 하락추세일 때로 나누어 살펴볼 수 있다.

〈그림 6-10〉은 상승추세일 때의 매매전략을 보여준다. 네 개의 그림 중 A는 단기 이동평균선이 중기와 장기 이동평균선을 아래서 위로 급하게 가로질러 올라가는 경우로서, 골든 크로스(golden cross)라고 하며, 향후 주가 상승이 예상되므로 매수신호라고 할 수 있다. B는 단기, 중기, 장기 이동평균선이 위로부터 차례로 배열되어 상승하고 있는 추세로서, 앞으로 주가가 계속 오른다는 신호, 즉 강세국면이라고 할 수 있다. C와 같이 단기, 중기, 장기 이동평균선이 한동안 위를 향해 가다가 단기 이동평균선이 하락세로 돌아서는 경우는 주가가 단기 최고치에 이르렀고 곧 하락한다는 신호이므로 천장권이라고 본다. D와 같이 단기, 중기, 장기 이동평균선이 밀집되어 복잡하게 얽혀 있을 때는 장세의 방향이 불투명하므로 매수를 보류하는 것이 좋다.

〈그림 6-11〉은 주가가 하락추세일 때 이동평균선을 활용한 매매전략을 보여준다. 네 개의 그림 중 A는 단기 이동평균선이 위에서 아래로 중기와 장기 이동평균선을 급속히 하향 돌파하는 경우로, 데드 크로스(dead cross)라고 한다. 이는 향후 주가의 하락을 예고하므로 대표적인 매도신호이다. B와 같이 단기, 중기, 장기 이동평균선이 나란히 하락할 때는 약세시장이다. C는 단기, 중기, 장기 이동평균선이 나란히 하락하다가 단기 이동평균선이 더 이상 하락하지 않고 상승하기 시작하는 경우이다. 이는 바닥권이라고 보면 되고 주가가 단기 최저치를 지나 상승세로 돌아선다는 신호이다.

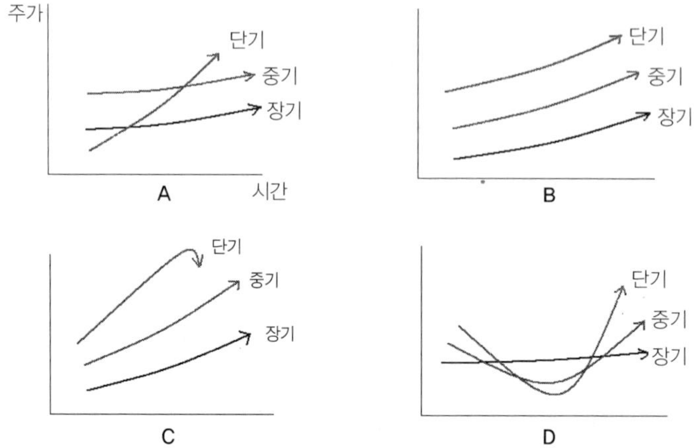

그림 6-10 이동평균선을 활용한 매매전략 - 상승추세
A : 골든크로스(Golden cross), B : 강세국면, C : 천장권

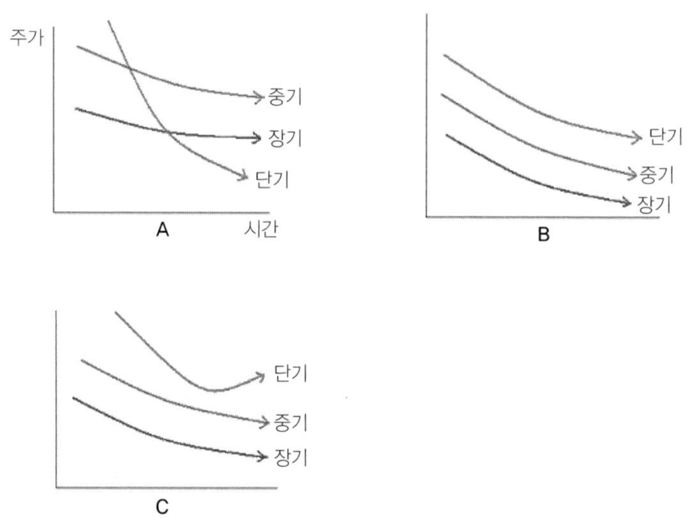

그림 6-11 이동평균선을 활용한 매매전략 - 하락추세
A : 데드크로스(Dead cross), B : 약세국면, C : 바닥권

〈그림 6-12〉에서는 대표적인 매수신호와 매도신호인 골든크로스와 데드크로스의 실례를 제시하였다.

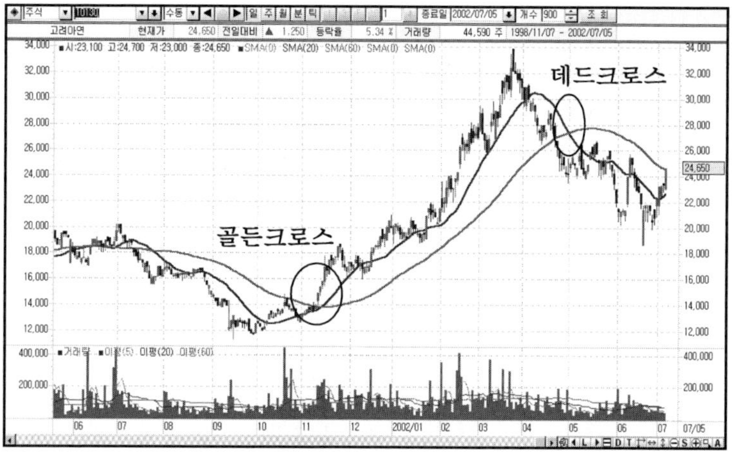

그림 6-12 골든크로스와 데드크로스
출처 : 대신증권교육 http://power2.daishin.co.kr

(3) 그랜빌법칙의 활용

그랜빌(J. E. Granville)은 주가와 이동평균선의 움직임을 이용하여 매수시점과 매도시점을 파악할 수 있는 8가지 투자전략을 제시하였는데, 이를 그랜빌의 법칙이라고 한다. 주로 120일이나 200일 이동평균선을 많이 이용한다.

그랜빌에 의한 매수신호 4가지는 〈그림 6-13〉의 상단에 제시되어 있으며, 각각에 대해 구체적으로 설명하면 다음과 같다.

첫째, 이동평균선이 하락한 뒤에 보합이나 상승국면으로 진입할 때 주가가 이동평균선을 아래서 위로 뚫고 위로 올라가는 경우, 주가가 반등한다는 의미이므로 중요한 매수신호이다.

둘째, 이동평균선이 상승하고 있을 때 주가가 이동평균선 아래로 하락하는 경우 매수해도 좋다. 왜냐하면 이동평균선이 상승국면이므로 이 때의 주가하락은 일시적인 현상일 가능성이 높기 때문이다.

셋째, 주가가 이동평균선 위에 있을 때, 이동평균선을 향해 하락하다가 하향돌파하지 않고 다시 상승하는 경우는 이동평균선이 주가하락을 지켜주는 지지선 역할을 하고 있다는 의미이므로, 주가가 이동평균선에 접근할 때가 매수신호가 된다.

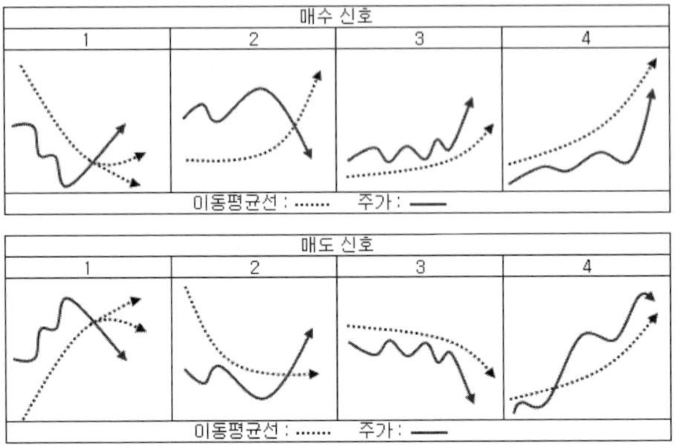

그림 6-13 그랜빌법칙에 의한 매수신호와 매도신호

넷째, 주가가 이동평균선 아래에서 급속히 하락하다가 이동평균선에 접근하려고 할 때, 단기적인 매수신호가 된다. 이는 주가가 이동평균선으로 회귀하는 성향을 이용한 것이다. 이동평균선과 주가의 거리가 멀어질수록 이동평균선으로 접근할 가능성 역시 높아진다.

〈그림 6-13〉의 하단 4개의 그림은 그랜빌에 의한 매도신호로서, 다음과 같이 설명할 수 있다.

첫째, 이동평균선이 상승한 뒤 평행 또는 하락으로 전환되는 국면에서, 주가가 위에서 아래로 이동평균선을 뚫고 내려가는 경우, 이동평균선과 주가가 모두 하락하는 경우이므로 중요한 매도신호가 된다.

둘째, 이동평균선이 계속 하락하고 있을 때 주가가 이동평균선 밑에서 위로 상향 돌파하는 경우 매도의 기회이다.

셋째, 주가가 이동평균선 아래에서 이를 향해 계속 상승하다가 이동평균선을 뚫지 못하고 그 직전에서 다시 하락하는 경우 매도신호이다.

넷째, 주가가 상승하고 있는 이동평균선을 넘어서 급등하다가 다시 하락할 기미를 보일 때에는 단기적인 매도신호이다. 왜냐하면 이동평균선과 주가가 모두 상승할 때의 일시적인 주가하락은 재반등의 가능성이 높기 때문에 일시적인 매도전략으로 활용하는 것이 좋다.

(4) 이격도(disparity) 분석

이격도는 주가와 이동평균선이 떨어져 있는 간격을 의미하며, 당일의 주가를 이동평균주가로 나눈 비율을 %로 표시한다. 이격도가 100% 이상이면 당일 주가가 이동평균주가 보다 높다는 의미이고, 100% 이하이면 당일 주가가 이동평균주가 보다 낮다는 의미이다.

$$\bullet\ \text{이격도}(\%) = \frac{\text{당일주가}}{\text{당일이동평균주가}} \times 100$$

주가는 이동평균선으로부터 멀어지면 언젠가는 다시 이동평균선으로 회귀하려는 성향이 있다. 즉 주가가 이동평균선 보다 높아 그 간격이 커지면 다시 이동평균선을 향하여 하락하게 되고, 반대로 주가가 이동평균선 보다 낮으면 다시 이동평균선을 향해 상승하려는 특성을 지닌다. 따라서 주가와 이동평균선 간의 간격, 즉 이격도가 너무 크거나 작으면 시장가격이 추세로부터 벗어나 있다는 의미이므로 곧 추세가 반전될 것임을 예측할 수 있으며, 매수 혹은 매도의 신호가 된다.

이동평균주가는 과거 일정 기간의 주가를 평균한 값이기 때문에 매매시기를 포착하는데 어려움이 있는 반면, 이격도는 매매시기에 대한 준거를 제공해 준다는 장점이 있다. 일반적으로 상승국면에서는 20일 단기 이동평균주가에 의한 이격도가 106% 이상이면 매도시점으로, 98% 이하이면 매수시점으로 판단하고, 60일 중기 이동평균주가에 의한 이격도가 110% 이상이면 매도시점으로, 98% 이하면 매수시점으로 판단한다. 하락국면일 경우에는 20일 단기 이동평균주가에 의한 이격도가 102% 이상이면 매도, 92% 이하이면 매수시점으로 판단하고, 60일 중기 이동평균주가에 의한 이격도의 경우에는 104% 이상일 때 매도, 88% 이하면 매수시점으로 판단한다.

대개는 20일선 또는 60일선과 당일 주가와의 이격도가 주로 분석되는데, 단기매입에는 20일선과의 이격도가 더 중요하지만, 장기종목을 발굴하고자 할 때는 120일선과의 이격도를 살펴봐야 한다.

6) 주가관련 지표분석

(1) 투자심리선

주가는 경제적, 정치적 요인과 같은 체계적인 요인에 의해 영향을 받지만, 한편으로는 증시 분위기에 따른 투자심리에 의해서도 영향을 받는다. 주식시장에 대한 인기의 변화, 즉 투자심리의 변화를 일정 기간 동안 파악하여 과열상태인지, 침체상태인지를 특정하는 기법이 투자심리선(psychological line)이다. 투자심리선은 최근 10일(혹은 12일)중 전일 대비 종가가 상승한 일수가 차지하는 비율로 나타낸다. 만약 최근 10일 중 6일의 주가가 상승하고, 4일이 하락했다면 투자심리선은 60%가 된다.

$$\bullet\ \text{투자심리선}(\%) = \frac{\text{최근 10일중 주가상승일}}{10} \times 100$$

일반적으로 투자심리선이 25% 이하이면 침체로 판단하여 매수신호가 되고, 75% 이상이면 과열로 판단하여 매도신호가 된다. 그러나 투자심리선은 단순히 10일 간의 주가 등락일 수만으로 판단하기 때문에 매매시점을 포착하기 위한 지표라기보다는 시장의 과열, 침체정도를 측정하는 지표로 보는 것이 바람직하다.

(2) 상대강도

어떤 주식은 강세시장에서 다른 주식 보다 더 빠른 속도로 주가가 상승하고, 약세시장에서 더 빠른 속도로 하락하는데, 이러한 주식을 상대강도 (Relative Strength)가 큰 주식이라고 한다. 상대강도를 이용하는 분석가들은 주식의 상대강도가 장기적으로 변하지 않는 경향이 있으므로 과거에 상대강도가 크다고 입증된 주식에 투자하면 높은 수익을 기대할 수 있다고 본다.

상대강도를 측정하는 방법은 여러 가지가 있으나 가장 많이 사용하는 방법은 가격변동의 상대적 비율을 이용하여 측정하는 방법이다. 즉 개별 종목이나 업종의 주가 변화를 종합주가지수의 변화율과 비교함으로서, 해당 종목 혹은 업종의 집중, 분산추세를 파악하는 것이다.

$$\text{• 종목 상대강도} = \frac{\text{개별종목의 주가변동률}}{\text{종합주가지수의 변동률}}$$

$$\text{• 업종 상대강도} = \frac{\text{개별업종의 주가변동률}}{\text{종합주가지수의 변동률}}$$

상대강도가 높은지 낮은지, 그리고 점차 강해지는지 약해지는지를 분석하면, 해당 종목이나 업종에 대한 시장 흐름의 전환을 파악할 수 있다. 특히 상대강도는 업종지수를 판단하는데 많이 이용되는데, 종합주가지수 변동률에 비해 상대적으로 강하게 움직이는 업종이 주도 업종이므로, 수익률이 높은 인기 주도업종을 판단하는데 도움이 된다.

(3) 등락주선(Advance-Decline Line; ADL)

증권시장 전체가 상승추세인지 하락추세인지를 파악하기 위해서 시장의 폭(the breadth of market)을 계산하는데, 이를 계산하는 가장 간단한 방법은 주가 상승종목 수와 하락종목 수의 차이를 매일 누계하는 것이다. 이렇게 주가상승종목 수에서 하락종목 수를 차감하여 매일 누계한 값을 그래프로 그린 것을 등락주선(ADL)이라고 한다.

- 등락주선(ADL) = 분석기간 중 상승종목 수 누계 - 동기간의 하락 종목 수 누계

상승종목 수에서 하락종목 수를 차감하여 매일 누적할 경우, 상승 종목 수가 상대적으로 많으면 시장 내부로의 자금유입이 활발함을 의미하고, 하락종목 수가 상대적으로 많으면 자금유출이 많음을 뜻한다. ADL은 이와 같이 자금유입 수준을 통해 주가가 전체적으로 상승할지, 혹은 하락할지의 여부를 판단하고 시장의 내부세력을 측정하는데 유용하다.

ADL은 주가의 선행지표로 이해되고 있는데, 만약 종합주가지수가 상승추세를 보이고 있더라도 ADL이 하락하면, 즉 상승종목의 수가 감소하면, 시장내부세력이 약화되고 있어 조만간 주가지수가 하락할 것으로 예상되며, 반대로 종합주가지수가 하락하더라도 ADL이 상승하면, 즉 상승종목의 수가 증가하면, 시장내부세력이 강화되고 있어 곧 주가가 반등할 것으로 예상할 수 있다.

(4) 등락비율(Advance-Decline Ratio; ADR)

등락비율(ADR)도 등락주선(ADL)과 마찬가지로 상승종목수와 하락종목수를 이용하여 작성한 지표인데, 이는 분석기간(주로 25일) 동안의 상승종목 수 누계를 동기간의 하락종목 수 누계로 나누어 비율(%)로 표시한다.

$$\bullet\ \text{ADR}(\%) = \frac{\text{분석기간중 상승종목 수 누계}}{\text{분석기간중 하락종목 수 누계}} \times 100$$

등락주선(ADL)이 시장 전체의 대세를 판단하는데 유용한 지표인데 반해, 등락비율(ADR)은 특정 시점에서의 시장상황을 보여준다. ADR이 100% 수준이라는 것은 상승종목 수와 하락종목 수가 동일함을 의미하며, 110%라면 상승종목 수가 하락종목 수보다 10% 많다는 것을 의미한다. 그러므로 ADR의 상승은 시장인기의 확대를 의미하고, ADR의 하락은 시장인기의 하락을 의미한다. 일반적으로 ADR이 75% 이하면 매수신호, 125% 이상이면 매도신호로 해석한다.

7) 거래량관련 지표분석

거래량은 주식의 수요와 공급의 관계를 나타내며, 개별 종목 뿐 아니라 시장 전체에 대해서도 변화의 전환점을 알려주는 신호가 된다. 주식의 가격은 주식의 수요와 공급에 의해 결정되기 때문에 일반적으로 거래량은 주가에 선행하여 움직인다. 그러므로 증권시장의 주가변동을 예측하려면 주가와 거래량 변화를 함께 파악해야 한다.

(1) 거래량 이동평균선

주가가 상승 중일 때는 매수세력이 강하기 때문에 거래량이 증가하고, 주가가 하락추세에 있을 때에는 매수세력이 줄어들어 거래량도 감소하는 경향이 있다. 그러므로 감소추세를 보이던 거래량이 증가하기 시작하면 주가가 상승할 것으로 예상할 수 있고, 반대로 증가세를 보이던 거래량이 감소하기 시작하면 조만간 주가하락을 예상할 수 있다. 또한 주가가 큰폭으로 상승한 후 주가의 지속적인 상승에도 불구하고 거래량이 감소하기 시작하면 조만간에 천장권이 예상되고, 반대로 주가가 큰폭으로 하락한 후 주가의 지속적인 하락에도 불구하고 거래량이 증가하기 시작하면 조만간에 바닥권이 예상되기도 한다. 이와 같은 원리를 이용하여 주가변동을 예측하고, 매매시점을 포착하는 방법이 거래량 이동평균선 분석이다.

거래량 이동평균선도 주가 이동평균선과 동일한 방법으로 산출하며, 단기투자에는 5일 평균선을, 중기투자에는 20일 평균선을, 장기투자에는 60일 평균선을 주로 사용한다.

(2) OBV(On Balance Volume)

OBV는 그랜빌(J. E. Granville)에 의해 고안된 것으로, 거래량이 주가에 선행하여 변동한다는 것을 전제로 주가변동을 예측하는데 사용된다. OBV는 주가가 전일에 비해 상승했을 때의 거래량 누계에서 하락했을 때의 거래량 누계를 차감하여 계산한다.

- OBV = **주가상승일 누적거래량 − 주가하락일 누적거래량**

다시 말해, 주가가 상승한 날의 거래량은 더하고, 주가가 하락한 날의 거래량은 뺀 누적거래량과 같다. 그러므로 다음과 같이 계산할 수도 있다.

- **주가상승일** OBV = **전일** OBV + **당일거래량**
- **주가하락일** OBV = **전일** OBV − **당일 거래량**
- **주가보합일(전일 주가 = 당일 주가)** OBV = **전일** OBV

〈표 6-8〉의 예를 통해 7일째의 OBV를 구해보면, 주가상승일의 누적거래량은 6,100만 주, 주가하락일의 누적거래량은 3,400만 주이므로 OBV는 6,100 - 3,400 = 2,700만 주이다. 이와 같은 방법으로 각 거래일의 OBV를 구하여 연결한 것이 OBV선이다.

강세시장에서는 주가상승과 함께 거래량도 증가하므로 OBV선이 상승곡선을 그리며, 약세시장에서는 주가하락과 함께 거래량도 감소하므로 OBV선이 하락곡선을 그린다. 〈그림 6-14〉의 A지점과 같이 OBV선이 이전 고점수준 이상으로 올라가면 주가의 상승을 예측할 수 있고, B지점과 같이 이전 저점수준 이하로 내려가면 주가의 하락을 예측할 수 있다.

주가가 상승한 날의 거래량은 선도세력이 주식을 매수한 거래량이고, 주가가 하락한 날의 거래량은 선도세력이 주식을 매도한 거래량이라는 가정을 근거로 볼 때, 당일 주가가 크게 오르지 않더라도 매수한 거래량이 많으면 주가는 조만간 상승할 것이다. 그러므로 OBV선이 상승추세에 있을 때는 매수세력이 집중되므로 주가상승의 신호가 되고, OBV선이 하락추세에 있으면 매도세력이 분산되어 주가하락을 예측할 수 있다. 또한 주가상승기에 OBV선이 이전의 고점 수준 이상으로 오르지 않고 일정 수준에 머무르면 조만간 주가가 하락할 것을 예상할 수 있고, 주가하락기에 OBV선이 이전 저점 수준 이하로 떨어지지 않고 일정 수준에 머무르면 조만간 주가가 상승할 것이라고 예측할 수 있다.

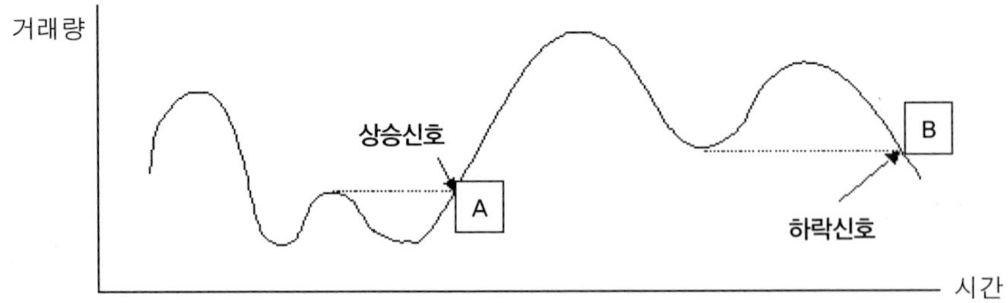

그림 6-14 OBV선

표 6-8 OBV 분석의 예

일 자	종합주가지수	거래량(백만주)	OBV(백만주)
1	987	1,200	-
2	999	1,500	1,500
3	997	1,600	-100
4	1,015	1,300	1,200
5	1,023	1,100	2,300
6	1,019	1,800	500
7	1,030	2,200	2,700

(3) 거래량 비율(Volume Ratio; VR)

거래량 비율은 OBV와 상호 보완적 역할을 하는 거래량 지표로서 현재 시장 상황이 과열인지 침체인지를 판단하는데 유용하다. VR은 분석기간(주로 25일) 동안의 주가상승일 거래량 합계를 동기간의 주가하락일 거래량 합계로 나누어 비율(%)로 표시한다.

$$\bullet\ \text{VR}(\%) = \frac{\text{주가상승일 거래량합계} + (\text{주가보합일 거래량합계}*0.5)}{\text{주가하락일 거래량합계} + (\text{주가보합일 거래량합계}*0.5)} \times 100$$

OBV는 기준 일을 언제로 정하느냐에 따라 수치에 차이가 발생하기 때문에, 개개의 국면을 분석하는 것은 가능하지만 절대수치 자체로는 시세 판단이나 과거와의 비교가 불가능하다는 단점이 있다. 그러나 VR은 일정기간 동안의 주가 상승일과 하락일 거래량 합계를 비율로 파악함으로써, 시세의 강약을 분석하는 것이 가능하다.

VR이 100%라는 것은 일정 기간 동안 주가가 상승할 때의 거래량과 주가가 하락할 때의 거래량이 동일하다는 의미이다. 일반적으로 주가가 상승하는 날의 거래량이 하락하는 날의 거래량에 비해 다소 많기 때문에 평상시의 VR은 150% 정도를 나타내며, 강세시장에서는 주가 상승 시의 거래량이 하락 시의 거래량 보다 더욱 많아 3배 이상을 기록하는 것이 보통이다. 만약 VR이 450% 이상이면 과열로 판단하여 매도를 적극적으로 고려하고, VR이 75% 이하면 바닥권으로 보고 공격적인 매수를 준비하는 것이 바람직하다.

참고문헌

곽철효, 김병곤(2004). 잇센셜 투자론. 도서출판 대명.
곽해선(2004). 주식투자 궁금증 300문 300답. 동아일보사.
국일증권경제연구소(2001). 증권투자 길잡이.
김건우(2002). 투자론. 홍문사.
김대호, 오세경(2004). 투자론. 경문사.
김상범(2003). 알기쉬운 주가차트. 더난출판사.
박정식, 박종원(1998). 현대투자론. 다산출판사.
안승철, 정영숙, 배미경(2002). 신 투자와 보험. 도서출판 신정.
오성진(2005). 부자되기 주식 10주로 시작하라. 더난출판사.
이해영, 김철중(2003). 현대투자론. 도서출판 탐진.
조승제(2002). 쉽게 배우는 실전주가차트입문. 중앙경제평론사.
지청, 조담(2003). 투자론. 학현사.
최운열(1999). 투자론 (3판). 박영사.

Ernst & Young Lip (2004). *Personal Financial Planning Guide* (5/e). John Wiley & Sons Inc.
Garman, E. T. & Forgue, R. E. (1997). *Personal Finance* (5th ed.). Houghton Mifflin Company : Boston, MA.
Mayo, H. B. (1997). Investments : *An Introduction*. The Dryden Press.
http://kr.yahoo.com/finance (야후코리아)

제 7 장 파생상품 투자

이 장은 최근 급속도로 성장하고 있는 파생상품 투자에 대한 이해를 높이고 이를 바탕으로 다양한 파생상품 투자에 대한 기초지식을 학습하는데 목적이 있다. 파생상품의 기본적 지식을 학습한 후 파생상품 시장의 대표 범주인 선물거래와 옵션거래를 학습하고 그 차이점을 이해한다.

1. 파생상품 개요

1) 파생상품의 출현배경

금융시장의 복잡한 위험요인들이 증가함에 따라서 위험회피의 수단으로서나 적정 수익확보의 수단으로서 파생상품(derivatives)에 대한 관심이 증가하고 있다. 특히 금융파생상품의 거래는 전 세계적으로 급속히 증가하고 있는 추세이다. 우리나라의 금융시장도 국제화와 개방화가 진행됨에 따라 환율, 주가, 금리 등이 국내적 요인은 물론 해외요인에 의해서도 민감한 영향을 받게 되었다. 따라서 그만큼 가격변동위험 등 불확실한 환경을 가지게 되었으며, 이렇게 증가하는 위험에 대한 관리수단으로서 파생상품시장의 국내 개설의 필요성을 인식하여 1996년 5월 3일 KOSPI 200 주가지수선물을 도입하고, 1997년 7월 7일에는 KOSPI 200 주가지수옵션을 도입하였다. 이후 1999년 4월 23일에는 선물거래소가 개장되어 금리선물, 통화선물이 상장되었고, 2001년 1월 30일에는 KOSDAQ 50 주가지수 선물이 2001년 12월 14일에는 KOSDAQ 50 주가지수 옵션이 선물거래소에 상장되어 거래되고 있으며, 2002년 1월 28일에는 증권거래소에 주식옵션이 상장되어 거래되고 있다.

2) 파생상품의 개념 및 분류

파생상품(derivatives)은 기초자산에서 파생된 상품으로 기초자산의 변형된 형태를 말한다. 즉 파생상품은 그 시장가치 또는 현금흐름이 특정 자산의 가격이나 금리, 주가지수 등에 연동되어 있는 상품 또는 증권을 말한다. 기초자산(underlying assets)이란 파생상품의 가격이 연동되어 있는 자산 또는 증권을 말한다.

파생상품의 가장 기본적인 기법에는 선도(forward), 선물(futures), 옵션(options), 스왑(swaps) 거래 등 4가지가 있으며, 이들은 파생상품의 거의 전부라 할 수 있을 만큼 중요한 위치를 차지하는 기법들이다. 선도나 선물은 특정 상품을 미래의 특정 시점에 미리 정한 가격과 수량으로 사거나 팔 것을 약정하는 계약이다. 선물과 선도의 차이는 시장에 있다. 선물은 거래소에서 정형화된 상품으로 매매가 이루어지는 반면 선도는 장외에서 당사자간에 이루어지는 거래를 말한다. 옵션은 특정 상품을 특정 기일 내에 사거나 팔 수 있는 권리를 말하며, 스왑은 거래 쌍방간에 상품 또는 경제적 조건을 서로 맞바꾸는 것을 말한다.

파생상품의 거래 장소는 보통 두 가지로 분류된다. 하나는 장내파생상품(listed or exchange derivatives trade)이고 또 하나는 장외파생상품(over-the-counter or forward derivatives trade)이다. 장내파생상품이란 파생상품을 거래소

표 7-1 파생상품의 분류

거래기법	거래의 개념적 장소	기초자산	거래목적
선물(futures) 옵션(options) 스왑(swaps) 선도(forward)	장내파생상품(Exchange traded derivatives) 장외파생상품 (OTC derivatives)	주가지수, 개별주식, 단기금리, 채권, 통화 (환율), 상품(원자재) 신용위험(credit risk)	투기거래(speculation) 헤지거래(hedge) 차익거래(arbitrage) 스프레드거래(spread)

표 7-2 파생상품의 분류

<table>
<tr><th>파생상품시장</th><th colspan="2">주요 파생상품</th></tr>
<tr><td rowspan="2">외환시장파생상품</td><td>장외파생상품</td><td>선물환(foreign exchange)
외환스왑(foreign exchange swap)
외환옵션(fx option)</td></tr>
<tr><td>상장파생상품</td><td>통화선물(currency futures)
통화선물옵션(currency options)</td></tr>
<tr><td rowspan="2">단기금융시장
파생상품</td><td>장외파생상품</td><td>선도금리계약(forward rate agreement)
금리상한, 하한계약(interest rate caps, floors)</td></tr>
<tr><td>상장파생상품</td><td>유로달러 선물(eurodollar futures)
유로엔 선물(euroyen futures),
유로스털링 선물(eurosterling futures) 등
유로달러 선물옵션, 유로엔 선물옵션 등</td></tr>
<tr><td rowspan="2">채권시장파생상품</td><td>장외파생상품</td><td>선도국채(forward treasury)
선도국채옵션(forward treasury option)
금리스왑(interest rate swap)
스왑션(swaption)
유동화증권(structured notes)</td></tr>
<tr><td>상장파생상품</td><td>국채선물(treasury futures)
국채선물옵션(treasury future option)</td></tr>
<tr><td rowspan="2">주식시장파생상품</td><td>장외파생상품</td><td>주식스왑(equity swap)</td></tr>
<tr><td>상장파생상품</td><td>주가지수선물(stock index futures)
주가지수옵션(stock index option)</td></tr>
<tr><td rowspan="2">상품시장파생상품</td><td>장외파생상품</td><td>상품스왑(commodity swap)
상품선도계약(forward commodity contract)</td></tr>
<tr><td>상장파생상품</td><td>상품선물(commodity futures)
상품선물옵션(commodity futures option)</td></tr>
</table>

(Exchange)에 상장시켜서 거래하는 경우이다. 주로 선물 및 옵션 상품들이 이에 해당한다. 이와는 반대로 거래소가 없이 매매당사자가 직접 계약을 통해 거래가 일어나는 경우를 장외파생상품이라 하고 외환시장과 단기금융시장에서 주로 이루어진다.

파생상품의 거래대상이 되는 기초자산에는 주가지수, 개별주식, 단기금리, 채권, 통화, 상품, 그리고 신용위험의 여섯 가지 영역이 있다. 신용위험 부분을 제외한 다섯 분야와 관련된 가격의 하락위험을 시장위험(market risk)이라고 한다. 즉 파생상품의 거래대상은 시장위험과 신용위험이라는 두 가지 범주로 나누어진다고 할 수 있으며, 시장위험은 다시 금융(금리, 채권, 주가, 환율)과 상품으로 분류할 수 있다.

파생상품의 거래 목적에 따라서는 네 가지로 분류가 가능하다. 투기거래는 기본적으로 방향 맞추기를 전제로 한 배팅성 거래이며, 일부 증거금만으로 거래가 가능하다. 헤지거래는 파생상품을 보유하거나 보유할 예정인 포트폴리오에 대한 방어적 목적, 즉 가치 보전의 수단으로 사용하는 것이다. 차익거래는 현물과 선물가격간의 차이(베이시스)가 이론적인 수준을 벗어날 경우, 그 비정상적 가격차를 이윤으로 획득하는 거래로서 기본적으로 무위험 투자가 된다. 스프레드는 비슷하게 움직이는 선물과 선물 혹은 옵션과 옵션간의 가격차를 노린 거래로서 이 가격차가 줄어들 것 같다, 혹은 이 가격차가 커질 것 같다는 예상을 근거로 두 계약의 가격차이의 움직임에 대해 배팅을 하는 거래이다.

2. 선물(futures)

1) 선물거래와 선도거래

계약과 동시에 돈과 물건을 주고받는 것을 현물거래(spot or cash trade)라고 하고, 미래 가격과 거래시점을 확정하는 계약을 하는 것은 지금시점이지만 실제로 돈과 물건을 주고받는 것은 미래시점이 되는 거래를 선물거래라고 한다. 선물거래는 기본적으로 만기일의 기초자산가격에 대한 배팅거래라고 볼 수 있다. 선물거래는 본질적으로 선도거래와 동일하며, 선도거래의 거래형태가 표준화되어 선물거래소라는 조직화된 시장에서 이루어지도록 한 것이 선물거래이다. 또한 거래소에서 거래되는 선물계약은 일일정산(daily mark-to market)을 거친다는 것이 선물계약과 선도계약의 큰 차이점이다.

선도거래와 선물거래의 중요한 차이점을 정리해 보면 다음과 같다.

첫째, 선물거래는 반드시 조직화된 거래소에서 자격 있는 회원의 중개를 통하여 거래된다. 선도거래는 시간과 장소에 관계없이 계약당사자간에 이루어지는 것인데 반해, 선물거래는 다수의 수요자와 공급자가 일정한 시간에 정해진 장소에 모여 시장을 형성함으로써 이루어진다.

둘째, 선도계약의 경우는 계약조건이 당사자간의 합의에 따라 정해지나 선물거래는 거래소가 지정한 표준화된 상품으로 선물시장의 참여자로 하여금 계약조건에 대한 명확한 이해를 가능하게 하고 시장유동성을 높임으로써 선도거래의 경우와 달리 거래 시마다 거래 상대방을 찾아 계약조건을 협의해야하는 번거로움을 줄일 수 있다.

셋째, 선물거래의 원활한 계약이행보증을 위해 선물거래소는 공통적으로 청산기관을 운영하고 있다. 운영형태는 거래소의 별도 자회사나 산하 부서로 혹은 청산전문기관에 의뢰하는 방식으로 거래소의 청산기능을 수행하고 있다. 청산소는 선물계약을 매도한 사람에게서 해당 상품을 받아 이것을 계약을 매입한 사람에게 전달하고 대금을 받아 다시 원래의 매도자에게 전달하기만 하면 된다. 청산회원은 결과적으로 자기 또는 고객중개 거래분을 포함하여 계약이행을 재정적으로 보증하게 됨으로써 선물계약 이행의 확실성을 기하고 있다. 따라서 선물거래는 거래당사자간의 계약이 아니라 궁극적으로 상품거래소와의 계약이다. 선물거래는 반드시 중개회사(회원)를 통해 매매주문을 내며, 거래소 내에서 공개호가방식이나 전산거래방식에 따라 결정된 가격으로 거래가 이루어진다. 따라서 매입자와 매도자는 서로 상대방을 알지 못하더라도 거래가 성립되며 계약에 따른 모든 책임은 거래소가 진다.

넷째, 선물거래에서는 선물계약의 종료를 위해 반드시 상품의 인수와 인도가 행해질 필요가 없다. 선물거래에서는 계약기간이 도래하기 이전이라도 매입한 선물계약을 다시 팔거나 매도한 선물을 다시 매입하는 반대매매가 가능하기 때문에 매매차금만 주고받으면 만기 이전이라도 거래의 종결이 가능하다. 다시 말하면 선물거래의 가장 큰 특징이 바로 이러한 청산거래(offset transaction)가 가능하다는 것이며, 실제로 전체 거래의 95~98%가 청산거래에 의해 결제가 이루어진다. 이에 비해 선도거래에서는 실물의 인수도가 이루어지는 경우가 많다.

다섯째, 선물거래를 하고자 하는 고객이나 회원들은 의무적으로 거래소가 지정하는 소정의 증거금(margin)을 납부하게 된다. 계약이행의 보증 성격을 갖는 이 증거금의 수준은 일일가격변동폭 허용폭 크기와 비슷한 수준으로, 거래소는 증거금 수준의 적절한 관리를 통해 매일매일 가격변동에 따른 매입자, 매도자의 손익으로부터 발생되는 일일 대차를 0으로 만들고 만일의 경우에 손실이 난 고객이 요구 증거금을 추가로 납부하지 않을 경우 다음날 해당 고객의 포지션에 대한 강제청산을 통해 고객손실분을 고객 위탁증거금에서 정산하는 방식으로 계약이행의 안전을 기하고 있다.

2) 선물거래의 기능

선물거래의 주요 기능은 '위험의 회피'라고 할 수 있는데 구체적으로 다음과 같은 네 가지 기능으로 구분될 수 있다.

(1) 시장가격발견기능(price discovery)

파생상품거래는 현물거래보다 제약을 덜 받기 때문에 시장에서의 수요공급변동에 관한 정보를 거래자들이 보다 쉽게 활용할 수 있다. 이에 따라 파생상품시장에서 형성되는 가격은 현물시장가격에 비해서 시장수급정보를 빠르고 정확하게 전달할 수 있다. 이것을 시장가격발견기능이라 한다. 이러한 기능과 역할은 금융선물보다는 상품선물에서 강하다고 볼 수 있다. 상품선물의 선물가격은 미래 시점의 현물시장의 수급동향에 대한 예측자료가 미리 강하게 반영되는 경향이 있기 때문이다.

(2) 위험전가기능(risk transfer)

투자를 하게 되면 미래에 발생하게 될 가격변동위험이 있기 마련이며, 그러한 위험을 회피하기 위하여 선물거래가 생겨나게 된 것이다. 바로 미래를 예측하고 위험을 어느 정도 감수하면서 투자하는 사람은 적극적으로 위험을 사는 사람인 반면, 원치 않는 위험을 회피 또는 전가하는 사람은 위험을 팔아서 그 위험을 제거하는 사람이다. 전자를 보통 투기거래자라 하고 후자를 헤지거래자라고 한다.

(3) 효율성의 증대(efficiency gain)

선물시장의 존재는 경제주체들에게 동일한 자산이나 상품에 대해 투자할 수 있는 기회를 두 가지로 증가시킨다. 즉, 동일한 자산에 대한 현물시장과 선물시장이 동시에 존재할 경우 투자자들은 어느 한쪽 시장에만 투자할 수도 있고 두 시장에 모두 투자할 수도 있다. 이 과정에서 두 시장에서 형성된 가격에 불균형이 존재할 경우 투자자들은 고평가된 쪽을 매도하고 저평가된 쪽을 매수하는 차익거래(arbitrage transaction)를 통해 이익을 창출할 수 있고 이에 따라 불균형은 즉시 해소되게 된다. 따라서 선물시장의 존재는 현물시장만이 존재하는 경우에 비해 양 시장을 모두 효율적으로 만들면서 시장에서 형성되는 가격이 모든 정보를 정확하게 반영하도록 하는 효과를 가져온다.

(4) 거래비용의 절약(transaction cost saving)

이 기능은 주로 주가지수선물시장이 수행하는 기능이다. 즉, 선물거래의 대상이 개별주식이 아니라 주가지수이므로 현물시장에서의 개별 종목투자와는 달리 시장전체에 대한 투자가 가능해진다. 주가지수선물시장에의 투자는 적은 비용으로 주가지수를 구성하는 모든 종목에 투자한 것과 동일한 효과를 낼 수 있으므로 투자자들에게 매력적인 투자기회를 제공하게 된다.

(5) 새로운 투자수단의 제공

주가지수선물거래는 주식투자에 비하여 비교적 적은 증거금으로 대규모의 거래가 가능하다. 따라서 위험이 큰 만큼 수익률도 매우 높아 높은 수익을 원하는 투자자에게 새로운 투자수단을 제공하는 기능을 한다.

(6) 현물시장의 활성화 기능

외환, 금리, 주식 등 현물시장은 서로 다른 시장 관행, 정책목적, 이해관계 등으로 활성화 수단에 한계가 있는 반면, 선물시장은 거래비용이 저렴하고 신속한 거래체결이 가능하여 활성화가 용이하고, 이러한 선물시장의 활성화는 현물시장과의 연계 거래를 유발해 현물시장의 활성화를 유도한다.

(7) 다양한 거래수단, 신상품 개발 기능

선물거래는 미래에 인도, 결제되는 자산을 거래하기 때문에 다양한 예상을 수용하는 거래수단 및 상품개발이 가능하고, 날로 복잡해지는 민간 거래욕구를 충족시킬 수 있다.

3) 선물거래의 특징

(1) 연속적인 거래

선물시장은 미래의 일정한 시점의 자산이나 상품가격에 대한 예상을 근거로 형성되는 시장이다. 따라서 선물시장에는 미래의 일정시점에서의 자산가격에 대한 예상을 변화시키는 새로운 정보가 계속 도착하게 되고 이에 따라 선물시장의 참가자들은 새로운 거래를 통해 가격을 계속해서 변화시키게 된다. 즉 계약시점부터 만기까지 계속해서 거래가 일어나고 이에 따라 가격도 수시로 변화하게 된다.

(2) 증거금제도와 일일정산제도

선물계약의 결제일이 되면 선물거래의 매입자와 매도자 쌍방은 계약과 관련된 의무를 이행하여야 하는데, 가격이 불리한 방향으로 움직여서 손해가 발생하면 선물거래자가 계약을 이행하지 못할 가능성이 커지며, 이 경우 선물계약의 이행을 보증한 청산소는 손실을 입게 된다. 이러한 손실을 방지하기 위하여 선물거래를 위한 계좌를 개설할 때 선물중개인은 투자자에게 그리고 청산소는 선물중개인에게 계약의 이행을 보증하기 위한 증거금을 내도록 요구하고 있다. 이러한 증거금은 선물계약마다 다를 수가 있으며, 증거금으로는 일반적으로 현금과 대용증권이 이용된다.

증거금에는 개시증거금, 유지증거금, 추가증거금의 3가지가 있다. 선물거래를 위한 계좌 개설시에 납부하는 증거금을 개시증거금(initial margin)이라 하며 보통 계약금액의 15% 수준이다. 개시증거금을 예치하고 매입 또는 매도 포지션을 취한 고객은 보유하고 있는 선물포지션의 가격이 변동될 때마다 증거금을 조정하게 되는데 이 때 거래소에서 정한 최소한의 증거금은 계속 유지하여야 한다. 이와 같이 고객구좌의 보유포지션에 대한 가격변동에 따라 유지해야 하는 최저수준의 증거금을 유지증거금이라 하며 보통 10% 수준이다. 투자자의 증거금 수준이 유지증거금 이하로 떨어지면 그 투자자는 'margin call(부족한 증거금을 청구하는 것)'을 당하게 되며 이때 개시증거금 수준까지 납부하여야 하는데 이 증거금을 추가증거금이라 한다.

반면, 이러한 증거금은 선물계약 거래자의 자산으로서 그 가격이 상승하여 증거금의 가치가 개시증거금을 초과하게 되면 투자자는 그 차액을 인출할 수 있다. 이렇게 청산소는 선물거래에서 거래자가 얻은 매일 매일의 이익이나 손실을 계산하여 거래자의 계좌에 반영하는데 이러한 제도를 일일정산(daily settlement 또는 marking to market)제도라고 한다. 이러한 일일정산제도를 통해 선물거래에 있어서 신용위험, 즉 채무불이행위험은 최소화될 수 있다.

표 7-3 증거금의 분류

개시증거금	최초의 선물계약 매매시점에 납부, 보통 계약금액의 15% 수준
유지증거금	선물계약유지를 위한 최소한의 증거금 수준, 보통 10% 수준
추가증거금	선물계약보유에 따른 손실 발생시에 납부하는 증거금

(3) 만기일 이전의 포지션 청산

선물거래에서는 계약이행의 시점 즉, 만기일이 존재한다. 이러한 만기일이 들어 있는 해당 월을 결제월이라 부르며, 선물거래에서는 이러한 결제월을 하나의 종목으로 하여 거래가 이루어진다. 예를 들어 주가지수선물의 경우, 3, 6, 9, 12월의 두 번째 목요일이 만기일이 되며 각각 3월물, 6월물, 9월물, 12월물이라 부르고 있다. 이들은 각각의 독립된 상품으로서 독립적으로 가격이 형성되게 된다. 그런데 만기일에 가서야 계약이 청산되는 선도거래와는 달리 매일매일 거래가 이루어지는 선물거래에서는 자신이 보유한 포지션을 어느 때든지 수시로 청산이 가능하다.

(4) 거래소와 청산소의 존재

거래소는 거래계약의 체결이 이루어지도록 하며, 청산소는 선물시장에서 거래되는 모든 거래를 등록하고 각 거래의 법적인 상대방이 되어 매수자와 매도자의 계약이행을 보증하는 기능을 한다. 선물거래는 거래소와 청산소라는 제도적 장치를 통해 신용위험이 최소화되고 안전한 거래가 이루어질 수 있게 된다.

(5) 거래대상의 규격화, 표준화

선물거래에서는 선물가격의 변동 폭에 대응하는 자금액수가 정해져 있다. '1996년 5월부터 거래가 시작된 KOSPI 200 주가지수선물의 경우에는 가격이 1포인트 상승시 50만원의 이익을 보게 된다. 따라서 최소 변동 폭인 0.05 포인트만큼 상승할 경우에는 25,000원의 자금이 이동하게 된다. 이처럼 선물거래는 계약의 변동 폭과 이에 따른 자금액수가 규격화 또는 표준화되어 이루지고 있다.

(6) 부외거래(off-the-balance-transactions)

파생상품의 거래에는 계약시점과 이행시점이 존재하게 되고 계약시점에서는 자금이동이 일어나지 않게 되므로 만기일 이전까지 파생상품의 거래사실은 대차대조표에서 각주사항이 된다. 즉, 부외거래(簿外去來)로 처리되는 것이다.

4) 선물가격의 결정

(1) 선물가격의 이해

선물가격은 현물가격과 밀접한 관계를 가지는데, 만약 선물시장이 완전하다면 상품보관에 소요되는 보유비용(저장비용, 보험료, 운송비용, 금융비용 등등)과 현물가격의 합은 선물가격과 일치하게 된다. 그러나 현실적으로 시장의 불완전성이 존재하고 있다. 즉, 완전시장은 거래비용이 없고, 차입금리와 대출금리가 같으며, 공매(short selling)에 대한 제한이 없고 상품보관에 문제가 없는 것을 가정하고 있으나 실제로는 그렇지 않은 것이다. 거래비용, 차입금리와 대출금리 차, 공매제한, 보관상품질의 저하 등의 문제가 존재하므로 선물가격은 차익거래에 의한 이익이 발행하지 않는 한 일정한 범위 내에서 움직이게 된다.

- 선물가격 = 현물가격 + 이자비용 - 배당금

만약 보유비용을 감안한 선물가격이 현물가격보다 높으면, 자금을 차입하여 상품을 구입하면서 관련된 선물을 판 후 만기일에 상품을 인도하면 이익을 얻을 수 있다. 반대로 선물가격이 현물가격보다 지나치게 낮다면 현물을 팔고 선물을 매입함으로써 차익거래에 따른 이익을 얻을 수 있는 것이다.

대개 일반상품은 현물가격에 비해 선물가격이 높고 선물가격에도 결제월이 가까운 선물(근월물)보다 먼 선물(원월물)의 가격이 높게 나타나는 것이 정상이다.

(2) 베이시스(basis)

베이시스란 선물가격과 현물가격간의 차이를 말한다. 즉 베이시스는 이자비용에서 배당금을 제외한 보유비용(cost of carry)을 의미한다. 이자비용이 배당금보다 큰 우리나라의 경우 이론적으로 선물가격이 현물가격보다 항상 크게 되며 따라서 베이시스는 양의 값을 갖게 된다. 베이시스는 결국 만기로 다가갈수록 이자비용이 “0”에 가까워지면서 결국 만기시에는 “0”이 된다. 즉 만기시에는 현물가격과 선물가격이 일치하게 된다.

- 베이시스 = 선물가격 − 현물가격
- 베이시스 = 이자비용 − 배당금

5) 선물거래의 기본전략

선물거래는 여러 가지 형태의 전략이 가능한데, 가장 기본적인 유형으로서는 투기거래, 헤지거래, 차익거래 및 스프레드거래가 있다.

(1) 투기거래(speculation trading)

투기란 자산의 예상되는 가치변동에서 이익을 추구하면서 이를 위해 예상이 빗나갔을 때 입을 수 있는 잠재적 손실도 감수하는 형태의 경제행위라고 할 수 있다. 투기거래란 선물가격이 하락할 것으로 예상되는 경우 선물을 매도한 후 예상대로 가격이 하락하면 이를 매수하여 그 차익을 얻고, 반대로 선물가격이 상승할 것으로 예상되는 경우 선물을 매수한 후 가격이 상승하면 매도하여 그 차익을 얻고자 하는 거래방법이다. 선물시장에서 자신의 예상을 토대로 활발하게 투자가 이루어질 경우, 자산가격 하락시에도 이익을 창출하는 투자자가 존재하고 반대로 자산가격 상승시에도 손해를 보는 투자자가 존재하게 된다. 따라서 자산가격 상승시 모두가 이익을 보고 하락시에는 모두 손해를 보게 되는 일방향적 시장이 아닌 양방향적 시장이 경제 내에 등장하게 되는 것이다.

이처럼 자산가격변동의 방향을 예측하고 이를 토대로 한 포지션을 시장에서 취하여 이익을 실현하고자 하는 전략이 투기적 거래전략이므로, 방향에 대한 베팅(directional betting)이 가장 중요하게 된다. 선물시장에서는 일부 증거금만 있으면 투자자가 시장에 대한 자신의 예상을 실현할 수 있으므로 현물시장에 비해 투기성이 강하게 된다.

(2) 헤지거래(hedge trading)

헤지거래란 기초자산의 가격변동위험을 회피하기 위하여 선물시장에서 현물시장과 반대되는 거래형태를 취하는 것을 말한다. 매수헤지(long hedge)란 선물시장에서는 매수포지션(long position)을 현물시장에서는 매도포지션(short position)을 취하여 가격 상승시 발생하는 손실을 선물시장에서 상쇄시키는 것이다. 매도헤지(short hedge)란 선물시장에서 매도포지션을 현물시장에서는 매수포지션을 취하여 가격 하락시 발생되는 손실을 선물시장에서 상쇄시키는 것이다.

(3) 스프레드거래

베이시스는 동일한 상품의 현물가격과 선물가격의 차이인 반면, 스프레드는 종류가 다른 두 선물가격의 차이를 나타낸다. 스프레드거래(spread transaction)란 만기 또는 종목이 서로 다른 두 개의 선물계약을 대상으로 한쪽 계약을 매수하는 동시에 다른 쪽 계약은 매도하는 전략을 의미한다. 이 전략은 가격이 비슷하게 움직이는 두 개의 선물계약을 대상으로 행해지는데, 두 선물가격의 움직임의 차이를 이용하여 이윤을 획득하려는 투자전략이다. 같은 방향으로 움직이는 두 개의 계약에 서로 다른 포지션을 취하게 되므로 스프레드거래는 기본적으로 다른 전략에 비해 위험이 적다고 볼 수 있다.

스프레드거래는 크게 시간 스프레드(상품내 스프레드)와 상품간 스프레드의 두 가지로 구분할 수 있다. 만기가 상이한 동일상품의 선물가격 차이를 상품내 스프레드(intra-commodity spread) 혹은 시간 스프레드(calendar spread)라 하고 서로 다른 종류 상품의 선물가격의 차이를 상품간 스프레드(inter-commodity spread)라 한다.

① 시간 스프레드(calendar spread)

이는 동일한 품목 내에서 서로 만기가 다른 두 선물계약에 대해 각각 매수와 매도 포지션을 동시에 취하는 전략으로서 만기가 다른 선물계약의 가격들이 서로 변동 폭이 다르다는 것을 전제로 하여 포지션을 구축하게 된다는 특징이 있다. 이 스프레드는 동일한 상품에 대해 사용된다는 면에서 상품내 스프레드(intra-commodity spread)라고 불리기도 한다. 이 때 투자자는 두 가지 전략을 사용할 수 있다. 첫째는 근월물매입, 원월물매도전략이고 둘째는 근월물매도, 원월물매입전략이다. 첫 번째 전략은 강세장에서는 근월물가격이 원월물보다 많

재테크코너 7-1

헤 징 (hedging)

금융선물거래에 있어서 헤징(hedging)이란 현물시장에서 현재 보유하고 있는 금융자산 또는 앞으로 변제해야 할 채무에 대해서 선물시장에서 현물시장과는 정반대의 매입 또는 매도거래를 함으로써 주가, 금리, 그리고 환율변동에 따라 발생될 현물시장에서의 손실(또는 이익)을 선물시장에서의 이익(또는 손실)으로 상쇄시키는 것을 말한다. 이는 장래의 불확실한 환율 및 금리수준을 일정하게 확정시킴으로써 손실발생위험을 제거하는데 그 목적이 있으며 헤징의 성공여부는 베이시스(Basis)의 움직임, 즉 선물가격과 현물가격의 차에 의하여 결정된다.

이 오를 것이고 약세장에서는 근월물의 가격이 원월물에 비해 덜 떨어질 것이라는 예상에 근거한 것이다. 즉, 근월물이 원월물에 비해 상대적으로 강세를 보임에 따라 두 선물계약의 가격차이가 지금보다는 더 작아지게 된다는 예상에 근거하여 구축되는 포지션인 것이다. 따라서 이 전략은 강세스프레드(bull spread)라고도 부른다. 두 번째 전략은 위와는 반대로 강세장에서는 근월물의 가격보다 원월물의 가격이 많이 오를 것이고 약세장에서는 근월물의 가격이 보다 많이 떨어질 것이라는 예상에 근거하여 구축되는 포지션이다. 이는 근월물이 원월물에 비해 약세를 보일 것이므로, 두 계약의 가격차이가 지금보다 더 벌어질 것이라는 예상에 근거하여 구축되는 포지션이며, 따라서 약세스프레드(bear spread)라고도 부른다.

② **상품간 스프레드**(inter-commodity spread)

선물거래의 대상이 되는 자산가격이 서로 밀접하게 연관되어 움직이는 두 계약이 존재할 수 있다. 투자자는 두 계약에 서로 반대의 포지션을 취함으로써 두 자산의 움직임 폭의 차이에서 오는 이익을 향유할 수 있게 된다. 이 스프레드

전략은 상당히 일반화된 스프레드 전략으로서 보통 'TED스프레드'라고 불린다. 물론 선물가격이 원하는 방향과 반대로 움직일 경우 손해를 볼 수도 있으나 그 폭은 그다지 크지 않게 되므로 상품간 스프레드는 선물을 이용한 전략 중에서는 비교적 위험이 적은 전략이라고 볼 수 있다.

6) 주가지수선물거래

주가지수선물은 대표적인 파생상품으로서 주식시장에 상장되어 있는 전체주식 또는 일부주식의 평균적인 움직임을 나타내는 주가지수를 거래대상으로 하는 선물이다. 즉 주가지수가 변동해 나갈 때 장래 특정시점에 주가지수가 어떻게 될 것인지를 미리 예측해서 거래하는 것이다. 주가지수 상승이 예상될 때는 주가지수선물을 매입하고, 주가지수 하락이 예상될 때는 주가지수 선물을 매도하게 된다. 주가지수선물은 거래대상이 유형의 실물이 아니라 기술적으로 수도가 불가능한 무형의 지수이기 때문에 만기일 전에 반대매매를 통하여 포지션을 청산하든지, 아니면 만기일에 가서 그 차액을 현금으로 결제하게 된다.

(1) KOSPI 200 선물거래

KOSPI 200 선물거래는 주가지수선물거래를 위해 개발된 KOSPI 200 주가지수를 대상으로 하는 것으로 1996년 5월부터 개장되어 거래되고 있다. 이는 미래 일정시점의 주가지수를 예측하여 매매거래에 따른 계약을 체결하고 만기일 전에 반대매매하여 결제를 하거나, 또는 만기일에 현금으로 정산하여 계약을 종료시키는 선물거래이다.

① 거래대상 및 거래종목

KOSPI 200 선물거래의 대상은 1990년 1월 3일을 기준시점(기준지수 100)으로 하여 시가총액방식으로 산출되는 한국주가지수 200(KOSPI 200)이다. KOSPI 200의 편입대상종목은 매년 6월에 직전년도의 1년간 종목별 평균 시가총액 및 연간 거래량을 기준원칙으로 선정된다. 이때 구성 종목의 시가총액이 전체 시가 총액의 70% 이상으로 해야 하며, 상장폐지나 관리종목지정, 합병 등의 사유발생시 운영위원회를 개최하여 종목조정을 위한 특별 심의를 할 수 있다. 선물의 결제월은 3월, 6월, 9월, 12월이고 새로 상장되는 종목의 거래기간은 최장 1년이며 거래최종일은 각 결제월의 두 번째 목요일(휴장일인 경우 순차적으로 앞당김)로서 이날이 되면 해당 결제월 종목은 당일 거래시간 종료 후 상장폐지 되고, 다음 날부터는 새로운 결제월종목이 자동적으로 상장되어 거래된다. 즉, KOSPI 200 주가지수선물의 종목은 결제월에 따라 총 4가지로 구분된다.

② 거래단위와 호가단위

거래의 편의상 일정규모의 크기를 1계약으로 정하고 있는데, KOSPI 200 선물의 경우 주가지수에 거래단위승수 50만원을 곱한 값을 1계약단위(KOSPI 200 × 50만원)로 한다. 호가의 수량단위는 1계약이며 호가의 가격단위는 1 tick 즉 0.05포인트이므로 금액으로는 1계약당 25,000원(0.05 × 50만원)이 된다. 따라서 만약 KOSPI 200 선물지수가 110포인트이고 어떤 투자자가 2계약을 매수하였다면 계약금액은 1억 1,000만원(110 × 50만원 × 2계약)이 된다. 그리고 현재 KOSPI 200이 75.30이라면 위로는 75.35, 75.40 등으로 호가가 가능하고, 아래로는 75.25, 75.20 등으로 호가가 가능하다.

③ 거래시간 및 매매체결원칙

선물매매는 주식시장과 동시에 거래를 개시(09:00) 하여 주식시장 종료 15분 후(15:15)에 거래를 종료한다. 그 이유는 확정된 현물포지션에 대해 자신의 투자목표 내지 전략에 맞게 선물포지션을 조정할 수 있는 기회를 부여하기 위해서다. 거래최종일에는 주식시장이 종료되면 최종결제가격이 확정되므로 더 이상 선물을 거래할 이유가 없고, 주식시장이 매매종료 전 10분 동안 동시호가에 의한 단일가로 거래되어 시장정보가 단절되기 때문에 주식시장보다 10분 일찍(14:50) 선물거래가 종료되도록 하고 있다. 거래의 체결은 주식시장과 마찬가지로 개별경쟁매매방식으로 가격, 시간, 수량의 우선원칙에 따라 이루어진다.

④ 가격제한폭

선물거래의 상하의 가격제한폭은 기준가격대비 ±10%이다. 만약 현재 KOSPI 200 지수가 100.00포인트라면 상한가는 110.00이며 하한가는 90.00이 된다.

⑤ 기본예탁금

신규 거래 시에는 500만원 이상의 현금이나 대용증권을 납부하여야 한다.

⑥ 증거금

개시증거금은 약정금액의 15%이며 유지증거금은 10%이다.

⑦ 투자방법

투자자가 주가지수거래를 하려면 먼저 선물중개인 역할을 하는 증권회사에 선물거래계좌를 개설해야 한다. 이때 최저증거금(기본예탁금)으로 500만원을 납부하여야 한다. 기준액수가 큰 것은 일반인들의 무분별한 거래를 방지하기 위해서이다. 선물투자는 전형적인 고위험, 고수익 투자이다. 투자에 성공하면 몇십 배 수익을 올릴 수 있는 반면, 실패하면 투자금액의 몇십 배를 손해 볼 수 있는 것이다. 선물투자가 이처럼 고위험, 고수익인 이유는 약정금액의 15%만 있어도 투자가 가능하기 때문이다. 선물투자의 장점 중의 하나는 가격이 하락하는 경우에도 수익을 올릴 수 있다는 점이다. 즉 선물을 매수하지 않고 매도하면 가격하락에 따른 이익을 발생시킬 수 있는 것이다.

(2) KOSDAQ 50 선물거래

KOSDAQ 50 선물시장은 2001년 1월 30일에 개장되었다. KOSDAQ 50 선물거래는 코스닥시장에서 거래되고 있는 종목 가운데 시가총액이 큰 50개 종목의 시가총액을 지수화한 코스닥 50 지수를 거래대상으로 하고 있다. KOSDAQ 50 선물거래는 KOSPI 200 선물거래와 거래방식이 대부분 동일하지만, 신규계좌개설시 최소예치금(500만원)이 없어도 된다.

표 7-4 주식 현물거래와 주가지수 선물거래의 비교

구 분	현물거래	주가지수 선물거래
가격위험	가격제한폭 15%	가격제한폭 10%
신용위험	개별종목 투자로 파산위험 존재	주식집단의 가격수준으로 파산위험 적음
증거금률	40%(현금 20%, 대용증권 20%)	15%(현금 5%, 대용증권 10%)
투자전략	현실적으로 매수만 가능	매수, 매도 모두 가능
유동성위험	선물에 비해 상대적으로 높음	개별주식에 비해 상대적으로 낮음
레버리지	현금기준으로 5배까지 매수만 가능	현금기준으로 20배까지 매매가능

자료 : 김헌(2003) p.39

① 거래대상 및 거래종목

KOSDAQ 50 선물의 거래대상은 KOSDAQ 50 이다. KOSDAQ 50의 편입대상 종목은 6개월 이상 협회중개시장(코스닥시장)에 등록된 시가총액 상위 50종목을 기준으로 하여 선정함을 원칙으로 한다. 종목의 변경은 매년 3월과 9월에 지수운영위원회의 심사를 거쳐 정기적으로 이루어지지만 편입종목 중 등록폐지나 관리 또는 유의종목 지정 등의 사유발생시 수시로 변경 할 수 있다. 결제월도 KOSPI 200 선물과 동일하게 3월, 6월, 9월, 12월이고 새로 상장되는 종목의 거래기간은 최장 1년이며 거래최종일은 각 결제월의 두 번째 목요일(휴장일인 경우 순차적으로 앞당김)로서 이날이 되면 해당 결제월 종목은 당일 거래시간 종료후 상장폐지 되고, 다음 날부터는 새로운 결제월 종목이 자동적으로 상장되어 거래된다.

② 거래단위와 호가단위

KOSDAQ 50 선물의 경우 거래단위승수는 20만원이며 호가의 수량단위는 1계약이며 호가의 가격단위는 1 tick 즉 0.05포인트이므로 금액으로는 1계약당 1만원(0.05×20만원)이 된다. 따라서 만약 KOSDAQ 50이 100포인트이고 어떤 투자자가 2계약을 매수하였다면 계약금액은 4,000만원(100×20만원×2계약)이 된다. 그리고 현재 KOSDAQ 50이 75.30이라면 위로는 75.35, 75.40 등으로 호가가 가능하고, 아래로는 75.25, 75.20 등으로 호가가 가능하다.

③ **거래시간 및 매매체결원칙**

KOSDAQ 50 선물의 거래시간도 KOSPI 200 선물과 동일하여 코스닥시장과 동시에 거래를 개시(09:00) 하여 코스닥시장 종료 15분 후(15:15)에 거래를 종료한다. 최종거래일에는 코스닥시장보다 10분 일찍(14:50) 선물거래가 종료되도록 하고 있다. KOSDAQ 50 선물거래의 체결도 KOSPI 200 선물과 마찬가지로 개별경쟁매매방식으로 이루어지지만 가격과 시간 우선원칙만이 적용되고 있다.

④ **가격제한폭**

KOSDAQ 50 선물거래의 상하의 가격제한폭은 기준가격대비 ±10%이다.

3. 옵션(option)

옵션(option)이란 특정 자산을 현재 미리 약정된 가격으로 미래의 일정시점에서 매매할 수 있는 권리이다. 옵션거래는 옵션을 매매대상으로 하여 매도자가 매입자에게 옵션(권리)을 제공하고 매입자는 매도자에게 그 대가(프리미엄)를 지급하는 거래를 말한다.

1) 옵션의 개념

(1) 옵션 관련 주요개념

어떤 시점에 가서 미리 약속한 거래에 대한 혜택을 선택할 수 있는 것이 옵션이다. 옵션은 '주어진 자산(기초자산)을 미래의 일정시점에 미리 정한 가격에 사거나 팔 수 있는 권리'를 의미한다. 즉 옵션이란 상품이나 유가증권 등을 미리 정한 가격으로 일정시점에 가서 사거나 팔아서 이익을 획득할 수 있는 권리를 말한다.

옵션의 기초가 되는 특정한 자산을 기초자산(underlying asset)이라 하고 특정한 날짜는 만기일(expiration date)이라고 하며, 약정한 가격은 행사가격(exercise price 또는 striking price)이라고 한다. 그리고 기초자산을 매입할 수 있는 권리를 콜옵션(call option)이라 하고 기초자산을 매도할 수 있는 권리를 풋옵션(put option)이라 한다. 이러한 계약은 옵션발행자(option writer 또는 option seller)와 옵션매입자(option buyer)간에 이루어진다. 옵션매입자는 이러한 권리를 얻는 대신 옵션발행자에게 일정한 대가를 지불해야 하는데 이를 옵션 프리미엄(option premium) 또는 옵션가격(option price)이라고 한다.

옵션이 만기가 되었을 때 옵션매입자는 기초자산의 가격과 행사가격을 비교하여 자신에게 유리할 경우에는 옵션을 행사한다. 따라서 옵션은 일종의 조건부 청구권이다. 만약 기초자산의 시장가격이 행사가격보다 높으면 콜옵션을 행사하는 것이 그 자산을 시장에서 매입하는 것보다 유리하기 때문에 권리를 행사할 수도 있다. 그러나 반대의 경우에는 옵션을 행사하는 것보다 그 기초자산을 시장에서 직접 매입하는 것이 유리하기 때문에 옵션을 행사하지 않을 것이다. 다시 말하면, 옵션매입자의 경우 옵션을 행사할 수 있는 권리는 있으나 이 권리를 꼭 행사해야 하는 의무는 없는 것이다.

(2) 옵션거래와 선물거래

옵션거래는 광의의 개념으로 선물거래의 일종이라고 할 수 있기 때문에 선물거래의 경제적 기능과 유사한 기능을 가지고 있다. 그러나 옵션이 가지고 있는 특수한 거래구조에 의해 선물거래와는 크게 다르며 그 차이는 다음의 표와 같다.

표 7-5 선물거래와 옵션거래의 비교

구 분	선 물	옵 션
개념	미래의 일정시점에 특정 기초자산을 매매하는 계약	미래의 일정시점 또는 일정기간 내에 특정 기초자산을 매수·매도할 수 있는 권리를 매매
거래대상	기초자산	기초자산을 매도, 매수할 수 있는 권리
가격	기초자산의 가격에 연동	일정범위에서는 기초자산의 움직임에 연동되나, 그 범위 밖에서는 연동되지 않음
권리와 의무	매수자와 매도자는 권리와 의무를 동시에 지님	매수자는 권리만 있을 뿐 의무는 없음, 매도자는 계약이행의 의무만 있음
결제방법	반대매매, 최종결제	반대매매, 권리행사, 권리포기
계약시 수수금액	프리미엄이 없음	매수자가 매도자에게 프리미엄을 지불
이익/손실	매수자와 매도자 모두 이익, 손실 무한대	매도자 : 이익은 프리미엄으로 한정되나 손실은 무한대 매수자 : 손실은 프리미엄으로 한정되나 이익은 한정되지 않음
위탁증거금	매도자와 매수자가 위탁증거금을 징수함	매도자에게만 부과하고 매수자는 프리미엄으로 대체함
위험관리	매수자와 매도자가 모두 무한정의 위험에 노출됨	매수자는 위험을 프리미엄으로 한정할 수 있고 매도자는 프리미엄만큼 감소시킬 수 있음

2) 옵션의 기능 및 특징

옵션은 투자자에게 주식이나 채권과는 다른 새로운 투자기회를 제공한다.

첫째, 옵션은 유가증권 투자에서 레버리지(leverage)를 증대시키는 효과적인 수단으로 사용될 수 있다. 투자자들이 주가가 오를 것으로 생각할 때에는 주식을 사서 보유하고 주가가 하락할 것으로 예상할 때에는 대주(short selling)를 함으로써 이익을 기대할 수 있다. 그런데 주식을 직접 매입하거나 대주하는 대신

기초주식의 가격이 오를 것으로 예상될 때에는 주식 대신 콜옵션을 매입하고, 반대로 주가가 내릴 것으로 예상될 때에는 풋옵션을 매입하더라도 같은 효과를 얻을 수 있다. 그런데 옵션 투자 시 소요되는 금액은 주식투자시보다 훨씬 적기 때문에 직접 주식을 사거나 대주하는 경우보다 옵션을 이용하면 적은 금액으로 같은 이익을 얻을 수 있다. 이것은 옵션을 이용하여 투자를 하는 경우 직접 주식을 거래하는 것보다 수익률이 크게 높아지는 레버리지 효과를 얻을 수 있음을 의미한다.

둘째, 옵션은 불리한 가격변동에 대한 헷징의 수단으로 이용될 수 있다. 주식을 사서 보유할 경우에 주가가 오르면 큰 이익을 얻을 수 있지만 반대로 주가가 하락하면 큰 손실을 입게 된다. 그러나 주식 대신 콜옵션을 보유하고 있으면 주가가 떨어질 때는 단순히 옵션을 포기하면 되기 때문에 손실이 옵션의 매입가격으로 한정된다. 또한 대주를 하였을 경우에는 주가가 하락하면 큰 이익을 낼 수 있지만 주가가 오를 경우 큰 손실을 보게 된다. 이때 대주를 하는 대신 풋옵션을 보유하면 주가가 오르더라도 역시 옵션을 포기하면 되므로 손실은 풋옵션의 매입가격으로 한정된다. 이와 같이 옵션은 주가가 불리한 방향으로 움직일 때 손실을 일정한 한도 내로 제한함으로써 위험에 대한 헷징의 기능을 수행한다.

셋째, 옵션은 여러 가지 포지션과 결합하여 투자자가 원하는 형태의 이익을 얻을 수 있게 해 준다. 다시 말하면 주식을 보유하고 있는 투자자는 동시에 풋옵션을 매입함으로써 주가하락에 대한 손실을 줄일 수 있으며, 주가가 하락할 것으로 예상하고 대주를 한 투자자는 동시에 콜옵션을 매입함으로써 주가상승에 따른 손실을 줄일 수 있게 된다.

넷째, 옵션은 기초주식의 가격변화에 상관없이 그 자체로서 하나의 투자수단을 제공한다. 옵션가격은 주로 기초주식 가격 등에 의해 결정되는데, 만약 어떤 옵션의 가격이 기초주식의 가격이나 다른 옵션가격에 비해 높거나 낮은 경우에는 여러 종류의 옵션과 주식을 이용함으로써 차익거래의 기회를 만들 수도 있다.

3) 옵션의 손익구조

(1) 콜옵션

콜옵션을 매입할 경우 만기일에 기초자산의 시장가격이 미리 정한 행사 가격보다 높으면 옵션을 행사함으로서 그 차액만큼의 이익을 볼 수 있다. 그러나 콜옵션을 살 때 콜옵션 매도자에게 매입가격, 즉 프리미엄을 이미 지불할 상태이기 때문에 프리미엄만큼의 비용을 초과한 부분이 이익이 된다.

- 콜옵션 행사시 실제이익 = (시장가격 − 행사가격) − 프리미엄

반면 만기일에 시장가격이 행사가격보다 낮을 경우 콜옵션 매수자는 직접 시장가격으로 기초자산을 사는 것이 더 유리하므로 옵션행사를 포기하게 된다. 시장가격이 행사가격을 초과하는 영역이 콜옵션 매수자에게는 권리행사 영역이 되고 콜옵션 매도자에게는 의무이행영역이 된다.

콜옵션 매수자는 시장가격이 상승할 경우 이익은 무한대가 되지만 하락할 경우 콜옵션 권리행사를 포기함으로서 프리미엄만큼 한정된 손실만 보게 된다. 콜옵션 매도자는 매수자와 대칭적인 손익구조를 갖게 되며 시장가격이 하락할 경우 프리미엄만큼의 이익이 확보되지만 상승할 경우는 손실이 무한대가 된다.

(2) 풋옵션

투자자가 풋옵션을 매수할 경우 만기일에 기초자산의 시장가격이 행사가격보다 낮으면, 시장가격보다 높은 행사가격에 기초자산을 파는 것이 유리하므로 권리를 행사하게 된다. 이 때 풋옵션을 살 때 풋옵션 매도자에게 매입가격, 즉 프리미엄을 이미 지불한 상태이기 때문에 프리미엄만큼의 비용을 초과한 부분이 이익이 된다.

- 풋옵션 행사시 실제이익 = (행사가격 − 시장가격) − 프리미엄

반면 만기일에 시장가격이 행사가격보다 높을 경우 풋옵션 매수자는 직접 시장가격으로 기초자산을 파는 것이 더 유리하므로 옵션행사를 포기하게 된다. 시

장가격이 행사가격을 초과하는 영역이 풋옵션 매수자에겐 권리포기영역이 되고 풋옵션 매도자에게는 의무소멸영역이 된다. 그리고 행사가격이 시장가격을 초과하는 영역이 반대로, 풋옵션 매수자에게 권리행사영역이 되고 풋옵션 매도자에게는 의무이행영역이 된다. 풋옵션을 매도한 입장에서는 권리행사시 행사가격으로 기초주식을 매수해야 할 의무가 있으므로, 시장가격이 하락하면 하락할수록 손실이 커지게 된다.

4) 옵션가격의 결정요인

옵션은 옵션소유자가 유리할 때 행사되는 권리이다. 따라서 그 권리에 적절한 가격을 지불하여야 한다. 옵션가격에 영향을 주는 요인들은 무수히 많다. 기본적으로 옵션 매수자는 프리미엄을 지불하기 때문에 가급적 적게 주려고 한다. 반대로 옵션 매도자는 의무를 이행해야 하는 만큼 대가인 프리미엄을 많이 받으려 한다. 프리미엄에 영향을 주는 주요한 요인들은 기초자산 가격, 행사가격, 기초자산 가격 변동성, 잔존기간, 단기 이자율, 배당 등이다. 이러한 요인들이 복합적으로 프리미엄에 영향을 미친다.

(1) 기초자산 가격

기초자산의 가격이 높아질수록 매수자의 이익이 많아지기 때문에 프리미엄은 상승한다. 콜옵션의 가치는 일정한 행사가격에 기초자산을 살 수 있는 권리이므로 기초자산의 가격이 증가할수록 올라가며, 반대로 풋옵션은 행사가격에 기초자산을 팔 수 있는 권리이므로 기초자산의 가격이 하락할수록 그 가치가 올라간다. 유의할 점은 콜옵션의 가치는 기초자산가격보다 높을 수 없으며, 풋옵션의 가치는 행사가격보다 높을 수 없다는 점이다.

(2) 행사가격

콜옵션의 경우 행사가격이 낮을수록 기초자산 가격의 상승 여지가 많기 때문에 프리미엄이 높아진다. 반대로 풋옵션은 행사가격이 높을수록 기초자산 가격의 하락 여지가 많기 때문에 프리미엄이 높아진다. 즉 다른 조건이 일정하다면 콜옵션은 행사가격이 낮을수록 가치가 올라가고, 풋옵션은 반대로 행사가격이 높을수록 그 가치가 올라간다.

(3) 잔존기간

일반적으로 만기가 많이 남아있는 옵션일수록 프리미엄이 높다. 이유는, 시간이 경과할수록 기초자산 가격이 자신에게 유리하게 변동할 가능성이 많이 남아있기 때문이다. 반면에 잔존만기가 줄어들수록 이와 같은 변동의 가능성이 줄어드는 관계로 프리미엄도 줄어든다.

다시 말해서 잔존기간이 길수록 시간가치가 크므로 프리미엄이 높아진다. 극단적인 경우로, 만기가 만일 무한대로 남아 있다면, 콜옵션의 가치는 기초자산 가격에 접근하고 풋옵션의 가치는 행사가격에 접근하게 된다. 요약하면, 만기일까지의 남은 기간이 길수록 콜옵션과 풋옵션 모두 권리행사의 기회 폭이 넓어지므로 가치가 높아진다.

(4) 기초자산의 가격 변동성

기초자산의 가격 변동성이 크면 이익과 손실이 모두 커질 수 있다. 반대로 기초자산 가격 변동성이 작으면 이익과 손실이 모두 작다. 가격 변동이 클수록 만기일에 기초자산 가격이 행사가격보다 높거나 낮아질 확률이 증가한다. 이에 따라 프리미엄도 상승하게 된다. 즉, 기초자산 가격의 변동성이 클수록 풋옵션과 콜옵션 프리미엄이 높아진다.

(5) 이자율

이자율과 콜옵션 프리미엄은 비례적으로 움직인다. 일반적으로 이자율이 상승하면 콜옵션 가치가 커진다. 반대로 풋옵션 가치는 하락한다. 따라서 이자율이 상승하면 콜옵션 프리미엄은 높아지고 풋옵션 프리미엄은 떨어진다.

표 7-6 옵션가격의 결정변수가 프리미엄에 미치는 영향

프리미엄 결정변수			옵션가격변화	
			콜옵션	풋옵션
내재가치 (행사가치)	기초자산가격	상승	상승	하락
		하락	하락	상승
	행사가격	높다	싸다	비싸다
		낮다	비싸다	싸다
시간가치	잔존기간	길다	비싸다	
		짧다	싸다	
	가격변동성	증가	상승	
		감소	하락	
	단기금리	상승	상승	하락
		하락	하락	상승

자료 : 김헌(2003), p.208

콜옵션의 경우, 금리가 높아질수록 옵션매입자가 옵션행사시 지불해야 하는 행사가격의 현재가치가 하락하므로 옵션매입자에게 유리하다. 따라서 옵션의 프리미엄이 상승하고 반대로 풋옵션의 경우는 옵션매입자가 옵션 행사시 수취해야 할 행사가격의 현재가치가 내려가므로 옵션매입자에게 불리하며 따라서 옵션의 프리미엄이 하락하게 된다. 배당률에 대해서는, 금리와 반대방향의 효과가 나타나게 된다. 즉, 배당이 많아지게 되면 기초자산 또는 주가지수가 이에 따른 조정으로서 배당락이 일어나게 되므로 기초자산 가격이 하락한 것과 동일한 효과가 나타나게 된다.

5) 옵션의 종류

옵션은 권리행사 방향에 따라 콜옵션과 풋옵션으로 나누어지며, 일정한 기일(만기일)에만 권리를 행사할 수 있는 유럽식 옵션과 만기일 이전이라도 언제든지 권리를 행사할 수 있는 미국식 옵션이 있다. 또한 옵션은 권리행사 대상자산에 따라 주식옵션(stock option), 주가지수옵션(stock index option), 통화옵션(currency option), 금리옵션(interest rate option) 그리고 상품옵션(commodity option)으로 구분된다.

(1) 주식옵션(stock option)

주식옵션은 1997년 4월, 「증권거래법」이 개정되면서 도입된 제도로서, 경영성과에 대한 보상의 차원에서 임직원들에게 회사가 일정량의 자사주식을 매입한 뒤 시장에서 처분할 수 있도록 권리를 부여하는 제도이다.

회사가 임직원과 함께 열심히 일해 영업실적을 높이도록 유도함으로써 이에 따른 주가상승 혜택을 공유하고자 하는 취지이다. 따라서 주식을 시세보다 훨씬 싸게 살 수 있는 권리를 준 뒤 일정한 시점이 지나 주가가 상승하면 시장에서 팔아 매매차익을 챙길 수 있다.

(2) 주가지수옵션(stock index option)

주가지수옵션이란 주가지수를 기초자산으로 하는 옵션을 말한다. 주가지수는 주식시장의 지표이므로 그 시장전체의 동향을 나타낸다. 따라서 주가지수옵션거래를 이용하면 개별종목의 가격변동보다는 시장전체의 동향이나 변동성 추이를 전망하여 주식시장 전체에 대한 투자를 할 수 있다. 그러나 주가지수는 어디까지나 시장지표 즉 계산상의 수치일 뿐이며 거래의 대상이 될 수 없기 때문에 권리행사나 반대매매시 지수의 상황과 사전에 정한 계약조건(행사가격, 지수승수)에 따라 실물을 거래하는 효과를 나타내도록 거래제도상의 장치를 두고 있다.

이와 같은 맥락에서 주가지수옵션거래제도의 골자가 되는 것이 현금결제제도이다. 이는 옵션을 행사하는 경우 결제차금 즉, |주가지수－행사지수(가격)|에 지수승수를 곱한 금액을 옵션매도자가 권리행사자(옵션매수자)에게 지불하도록 함으로써 주가지수 종목전체에 투자하는 효과를 기하면서도 포트폴리오 전체를 인수도하는 절차를 하지 않아도 되는 것이다. 다시 말하면, 주식옵션과는 달리 주가지수는 인수도할 수가 없으므로 권리행사시 이익 또는 손실을 현금 결제함으로써 옵션거래가 완료되는 것이다. 주가지수옵션은 기관투자가의 위험 헷지 수단 등으로 이용되어 거래가 매우 활발하다.

(3) 통화옵션(currency option)

미래의 어느 특정일 또는 특정일 이전에 어느 특정 통화의 일정량을 지불하는 대가로 다른 통화의 일정량을 지급받는 권리를 통화옵션이라 한다. 통화옵션은 환위험에 대한 헷지를 제공하면서 옵션매입자의 이익을 보장할 수 있다.

(4) 금리옵션(interest rate option)

금리옵션은 고정금리를 지불하는 채권 등을 기초자산으로 하는 옵션이다. 금리옵션은 기초자산의 성격에 따라 단기금리옵션과 장기금리옵션으로 구분하며, 현물옵션(cash option)과 선물옵션(option on futures)으로 구분하기도 한다. 단기금리옵션은 대부분이 선물옵션이다. 현물옵션과 선물옵션은 중요한 차이점이 있는데, 현물옵션은 권리가 행사되면 거래자는 포지션의 전액을 지불해야 하지만 선물옵션의 경우에는 옵션의 행사가격과 기초자산의 시장가격의 차액만을 지불한다.

(5) 선물옵션(option on futures)

선물옵션의 경우 선물계약을 옵션의 기초자산으로 하는 계약이다. 현재 선물거래소에 상장되어 있는 대부분의 선물계약에 대한 선물옵션거래가 이루어지고 있다. 선물옵션을 행사하면 대상현물의 매매를 할 수 있는 것이 아니라 현물에 대한 선물계약이 이루어지는 것이다. 예를 들어 콜옵션을 행사하면 행사자는 행사가격에 선물매입포지션을 취하는 것이고, 옵션발행자는 선물매도포지션을 취하게 되어 결과적으로 선물의 매입·매도 관계가 되어 그 후에는 선물계약에서와 똑같이 서로 간에 선물계약의 청산까지는 일일정산이 이루어진다. 풋옵션의 경우는 그 반대가 된다.

(6) 상품옵션(commodity option)

상품옵션은 상품(commodity)을 기초자산으로 하는 옵션으로서 특히 귀금속에 대한 옵션은 세계적으로 여러 거래소에서 취급되고 있다. 상품옵션도 현물옵션과 선물옵션으로 구분된다.

6) KOSPI 200 주가지수옵션

KOSPI 200 주가지수옵션은 KOSPI 200 주가지수를 살 수 있는 권리 또는 팔 수 있는 권리로서 1997년 7월부터 거래되고 있다. 주가지수옵션은 주식시장의 상승기나 하락기에 관계없이 높은 수익효과를 기대할 수 있고, 선물에 비해 적은 돈으로 투자가 가능하며 위험도 낮아 일반투자자들의 관심을 끌고 있다.

(1) 거래대상 지수 : KOSPI 200

한국종합주가지수 200은 주요 200종목의 상장주식을 대상으로 시가총액 방식으로 계산된다. 우리나라의 옵션거래에는 KOSPI 200지수를 대상지수로 사용하고 있다.

(2) 옵션의 유형 : 유럽형 옵션

한국의 주가지수 옵션은 권리 만료일에만 권리행사가 가능한 유럽형으로 발행된다. 이는 포트폴리오 관리와 시장관리 측면에서 유리하다고 생각되기 때문이다.

(3) 거래제도

KOSPI 200 주가지수옵션의 거래대상물은 만기일로 구분한다. 1월 1일을 기준으로 할 경우 연속 3개월물인 1, 2, 3월물과 6월물 등 4가지이다. 거래최종일은 결제월의 두 번째 목요일이다.

옵션매입자가 매도자에게 지불하는 옵션가격(프리미엄)은 1포인트당 10만원으로 정해져 있다. 한편, 개인투자자들이 투기목적으로 무분별하게 주가지수옵션 시장에 몰리는 것을 방지하기 위해 기본예탁금을 주가지수 선물시장과 같은 500만 원 수준으로 정하고 있다.

(4) 거래단위 : KOSPI 200×10만원

거래단위는 '계약'으로 표시하며, 최소거래단위는 1계약이다. 1계약의 금액은 가격(포인트)에 10만원을 곱한 금액이다.

주가지수 옵션거래는 선물과 마찬가지로 거래대상지수에다 일정한 승수를 곱한 금액을 거래단위로 하여 현금정산을 한다. 현재 한국증권거래소에서는 주가지수 옵션거래를 위한 승수를 10만원으로 정하고 있다. 주가지수 옵션은 선물보다 종목 수가 많은 점을 감안하여 매매단위를 선물보다 작게 정하고 있으며, 선물과의 연계를 쉽게 하기 위해 선물거래 승수의 1/5 수준으로 정하고 있다.

(5) 행사가격 : KOSPI 200 지수 2.5포인트 간격 5종목

3, 6, 9, 12월 이외의 결제월 주가지수 옵션의 행사가격은 전일의 KOSPI 200 지수를 기준으로 2.5포인트를 간격으로 하여 정한다. 이때 전일의 KOSPI 200 보다 높거나 낮은 권리행사가격이 3개 이하인 경우 4개가 되도록 추가 설정하여 권리행사의 수가 9개가 되도록 한다.

한편, 3, 6, 9, 12월 결제월 주가지수 옵션의 행사가격은 5포인트를 간격으로 행사가격을 정하여 권리행사가격의 수가 5개가 되도록 설정함으로써 여타 종목과 밴드를 일치시킨다. 그리고 3, 6, 9, 12월물도 상장 후 3개월 이후에는 2.5포인트 간격으로 하여 9개의 행사가격을 설정한다.

(6) 결제일(만기)

한국증권거래소에 상장되는 주가지수옵션의 만기는 4개의 종류가 있다. 기본적으로 주가지수 선물거래의 결제월과 같은 3, 6, 9, 12월물 중에서 근월물 2개 종목과 주가지수 옵션거래의 근월물 집중현상을 고려하여 3개월 간격을 제외한 1개월 간격의 최근월물 2종목이 추가로 상장된다. 또한 최종거래일, 즉 권리 만료일은 각 결제월의 두 번째 목요일로 정하고 있다. 이는 주가지수 선물거래와의 연계를 도모하기 위한 조치이다.

(7) 증거금(margin)

증거금이란 옵션거래가 성립한 후 결제일까지 결제이행을 담보하기 위해 징수하는 금액을 말한다. 옵션거래에서는 매도자에게만 결제이행의 의무가 있어 매수자에게는 증거금을 부과할 필요가 없고 매도자에게 권리행사에 수반되는 결제이행을 보장하기 위해 증거금을 부과한다.

(8) 호가 가격단위 및 호가의 한도

호가가격단위는 최소가격 변동폭으로서 옵션가격(프리미엄)이 3.0포인트 이상인 경우 0.05포인트이며 3.0포인트 미만인 경우는 0.01포인트이다. 호가한도가격은 KOSPI 200 지수의 ±10% 변동시의 이론가격 이내로 제한되며, 호가한도수량은 호가당 4,999계약까지 허용한다.

(9) 가격제한폭

가격 제한폭은 없다.

(10) 거래방법

투자자는 증권회사에 옵션매매용 계좌를 별도로 개설해야 한다. 계좌를 개설할 때에는 현금이나 유가증권(대용증권)으로 500만원 이상을 예탁해야 한다.

7) 주가지수 옵션의 가치

옵션거래는 기초자산을 사고팔 수 있는 권리를 매매하는 하나의 계약이다. 권리를 사는 옵션 매수자는 매도자에게 일정한 대가를 지불하게 되는데 이를 옵션가격 또는 프리미엄이라고 한다. 이 가격은 매매 쌍방간의 호가로 정해진다. 권리를 행사할 수 있는 기간을 만기일이라고 하며, 옵션가격은 만기일에 발생할 현금흐름을 현재가치로 할인한 가격이라고 할 수 있다.

주가지수 옵션의 가치를 결정하는 가장 큰 요소는 행사가격과 현재 주가지수와의 차이이다. 콜옵션의 경우는 행사가격이 현재 주가지수에 비해 낮을수록, 풋옵션의 경우는 반대로 행사가격이 현재 주가지수에 비해 높을수록 프리미엄이 크다. 실제 옵션을 거래할 때 이와 같이 행사가격과 주가지수와의 차이에 따라 옵션을 구분하는데 콜옵션의 경우에는 행사가격이 현재 지수(기초자산 가격)보다 낮으면 내가격 옵션(In-the-Money Option; ITM Option), 거의 같으면 등가격 옵션(At-the-Money Option; ATM Option), 행사가격이 높으면 외가격 옵션(Out-of-the-Money Option; OTM Option)이라고 한다. 풋의 경우에는 반대로 행사가격이 현재 지수보다 높으면 내가격(ITM) 옵션, 낮으면 외가격(OTM) 옵션이라고 한다.

내가격 옵션은 권리행사로 매수자가 이익을 보기 때문에 매수자에게 유리한 옵션이다. 한편 외가격옵션은 매수자가 권리행사를 포기하는 옵션으로 매수자에게 불리한 옵션이다. 등가격 옵션은 매수자나 매도자 모두에게 유리하거나 불리하지 않은 옵션이다.

옵션거래는 일반적으로 거래소가 상장한 등가격 옵션을 중심으로 내가격 옵션 4개, 외가격 옵션 4개 등 9개 가격을 놓고 매매 쌍방간의 호가에 의해 프리미엄이 결정된다. 프리미엄은 권리를 행사해 받을 수 있는 금액보다 높게 형성된다. 따라서 프리미엄은 권리행사로 받을 수 있는 금액과 이를 초과하는 금액으로 구분해 옵션 가치를 평가할 수 있다. 프리미엄 중 권리행사로 얻을 수 있는 가치를 내재가치 또는 행사가치라고 하고 이를 초과하는 부분을 시간가치라 한다.

- **프리미엄(옵션 가격) = 내재가치(행사가치) + 시간가치**

표 7-7 옵션의 종류

구분	정의	옵션	가격
등가격옵션	매수자이익 = 0	콜옵션	행사가격 = 기초자산 가격
		풋옵션	행사가격 = 기초자산 가격
내가격옵션	매수자에게 유리	콜옵션	행사가격 < 기초자산 가격
		풋옵션	행사가격 > 기초자산 가격
외가격옵션	매수자에게 불리	콜옵션	행사가격 > 기초자산 가격
		풋옵션	행사가격 < 기초자산 가격

자료 : 김헌(2003) p.169

재테크코너 7-2

트리플위칭데이(triple witching day)

매월 두 번째 목요일은 옵션만기일이고, 매년 3, 6, 9, 12월의 두 번째 목요일은 선물만기일이다. 따라서 매년 3, 6, 9, 12월의 두 번째 목요일은 선물, 옵션이 동시에 만기일이 된다. 이를 두고 더블위칭데이(double witching day)라 한다. 2002년 1월 28일부터 개별주식 옵션거래(옵션만기일은 매년 3, 6, 9, 12월의 두 번째 목요일)가 개시됨에 따라 주가지수선물, 주가지수옵션 및 개별주식옵션과의 동일 만기일로 트리플위칭데이(triple witching day) 효과가 나타나게 되었다. 이는 '세 마녀가 동시에 날뛴다'는 뜻으로 주가의 변동성이 커진다는 의미를 담고 있다.

(1) 옵션의 내재가치(intrinsic value)

내재가치는 옵션 권리행사로 얻을 수 있는 가치로 행사가치라고도 한다. 가치인 만큼 0이거나 마이너스일 수는 없다. 따라서 권리를 행사할 수 있는 매수자에게 유리한 내가격 옵션에서만 내재가치가 존재한다. 등가격 옵션이나 외가격 옵션에서는 존재하지 않는다.

콜옵션의 내재가치는 기초자산 가격에서 행사가격을 차감한 금액이고, 풋옵션의 내재가치는 행사가격에서 기초자산 가격을 뺀 금액이다.

표 7-8 옵션의 내재가치

옵션 종류	내재가치
콜옵션	기초자산가격 - 행사가격
풋옵션	행사가격 - 기초자산가격

표 7-9 옵션의 시간가치

옵션 종류	시간가치
콜옵션	프리미엄 - 내재가치 = 프리미엄 - 기초자산 가격 + 행사가격
풋옵션	프리미엄 - 내재가치 = 프리미엄 - 행사가격 + 기초자산 가격

(2) 옵션의 시간가치(time value)

옵션의 시간가치는 현재의 옵션 가격에서 내재가치를 초과하는 부분이다. 따라서 시간가치는 프리미엄에서 내재가치를 제외한 금액이다. 콜옵션의 시간가치는 기초자산 가격(주가지수 또는 주가)에서 행사가격을 뺀 내재가치를 프리미엄에서 차감한 금액이다. 풋옵션의 시간가치는 행사가격에서 기초자산 가격을 뺀 내재가치를 프리미엄에서 차감한 금액이다. 시간가치가 존재하는 이유는 만기일까지 보유하면 기초자산 가격이 변할 수 있는 가능성이 있기 때문이다.

옵션을 매입한다고 하는 것은 핵심적으로 그 옵션의 시간가치를 매입하는 것이라고 할 수 있으며, 옵션을 매도한다는 것은 옵션의 시간가치를 매도하는 것이다. 따라서 옵션을 매입한 사람은 만기까지 자신이 지불한 프리미엄이상으로 주가지수가 변동해 주기를 원하는 것이며, 옵션을 매도한 사람은 만기까지 가능한 지수가 변동하지 않기를 원하는 것이다. 결국 옵션거래의 성패는 지불한 시간가치보다 실제 변동성이 더 크냐 작으냐의 게임이므로 이러한 시간가치의 특성을 잘 이해하는 것이 매우 중요하다.

8) 주가지수 옵션거래의 손익구조

(1) 콜옵션 매입 거래

현재 KOSPI 200 지수가 69.1인 상황에서 A 투자자는 향후 한국 주식시장이 계속 상승할 것으로 예상하고, 행사가격이 72.5인 콜옵션을 1계약 프리미엄 1.4를 지불하고 매입하였다. 주가지수 옵션의 경우, 1포인트가 10만원을 의미하므로, A투자가는 실제 이 옵션을 매입하는데 14만원을 지불한 것이다. 이제 옵션의 만기가 되었을 경우, KOSPI 200 지수에 따라 이 투자가의 손익은 다음과 같이 나타나게 된다.

만기 주가지수	67.5	70.0	72.5	75.0	77.5
손 익	−140,000	−140,000	−140,000	+110,000	+360,000

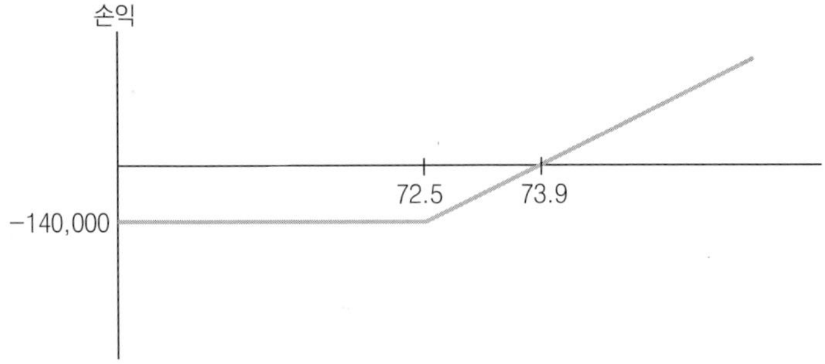

그림 7-1 콜옵션 매입의 손익

즉, 이 투자자의 경우, 만기시 주가지수가 최소한 73.9 이상 상승하여야 이익이 나며, 그때부터는 상승분만큼 이익이 커지는 반면, 주가지수가 예상과 달리 상승하지 않았을 때 입을 수 있는 손실은 -140,000으로 한정되어 있다는 것을 알 수 있다. 이처럼, 옵션 매수는 향후 기초자산 가격이 상당폭 상승할 것으로 예상하는 경우 일반적으로 사용하는 투자 전략이라고 할 수 있다. 이러한 옵션 매수 전략은 자신의 예상과 달리 대폭적 상승이 이루어지지 않았을 경우 매수 프리미엄의 상당부분을 잃게 된다.

(2) 콜옵션 매도 거래

다음으로는 위의 경우와 반대로 B라는 투자자가 A투자자 상대의 입장에서 동일한 옵션을 A에게 매도한 경우를 살펴보자. 이 경우 A투자자의 손익이 B라는 옵션 매도자에게는 정반대로 나타나게 된다.

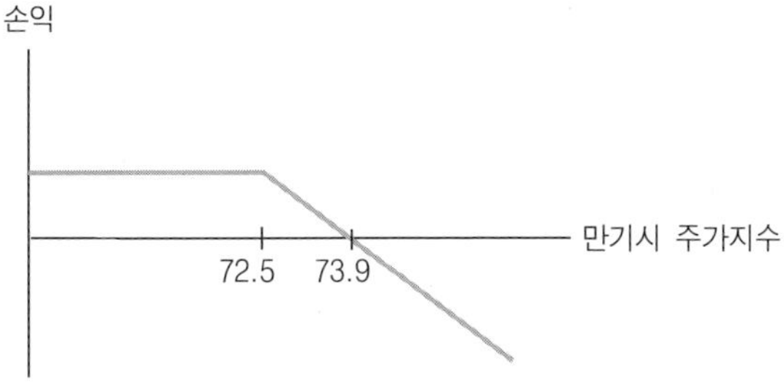

그림 7-2 콜옵션 매도의 손익

A 투자자와는 반대로 B 투자자는 가격이 크게 상승하면 큰 손실을 입게 되나, 주가지수가 크게 상승하지 않거나 또는 하락하는 경우 이익을 보게 된다. 따라서 이러한 전략은, 시장의 체력이 소모되어 향후의 주가가 당분간 크게 상승할 것으로는 기대되지 않을 때 사용된다. 이러한 옵션 매도 전략은 예상과 달리 주식시장이 움직였을 경우 큰 손실을 입을 수 있는 포지션이다.

(3) 풋옵션 매입 거래

다음은 현재 KOSPI 200 지수가 69.1인 상태에서 향후 주식시장의 상당폭 하락 조정을 예상한 C 투자자의 경우를 살펴보자. 이 투자자는 행사가격 67.5인 풋옵션을 2.7포인트, 즉 1계약당 27만원에 매수하였다. 앞에서와 같이 옵션 만기시 이 투자자의 손익을 살펴보면 다음과 같다.

만기 주가지수	62.5	65.0	67.5	70.0	72.5
손　　익	+230,000	−20,000	−270,000	−270,000	−270,000

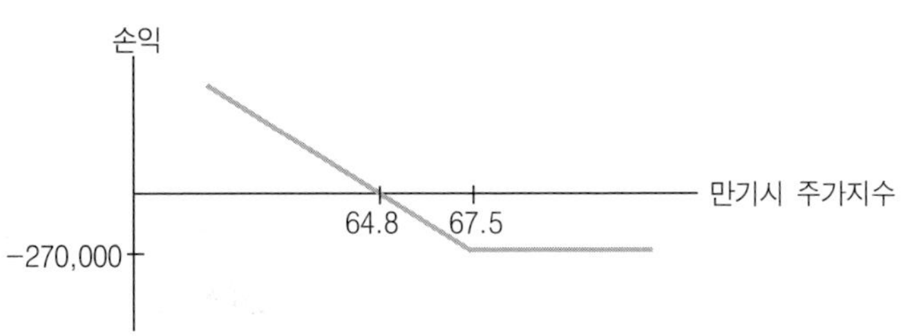

그림 7-3 풋옵션 매입의 손익

이 투자가는 주가지수의 하락이 64.8포인트 보다 더 깊어야 이익을 볼 수 있는 반면, 그때부터는 지수의 추가하락이 있을 때마다 비례적으로 손익이 늘어남을 알 수 있다. 따라서 이 같은 풋옵션 매수 전략은 대폭적인 지수의 하락이 예상될 때 사용하는 전략이라는 것을 알 수 있으나, 예상과 달리 지수의 하락폭이 크지 않을 경우 지불한 프리미엄의 상당 부분 때로는 전부를 손해 볼 수도 있다.

(4) 풋옵션 매도 거래

이제 D라는 투자자가 있어, 위에 예로 든 C 투자자의 거래 상대방으로 옵션거래를 체결하였다고 가정하자. 이 경우, D 투자자의 손익은 C 투자자 손익과 정확히 반대되는 모습으로 나타나게 된다.

풋옵션을 매도한 경우 지수의 하락폭이 크지 않거나 오히려 상승하는 경우 이익을 낼 수 있는 투자전략이다. 바꾸어 말하면, 주가지수의 큰 폭 변동 없이 오히려 약간의 상승가능성이 짙어 보일 때 사용하는 전략이라고 할 수 있는데, 이러한 옵션 매도 전략은 예상과 달리 큰 폭의 지수 하락이 발생하였을 경우 엄청난 손실을 볼 수 있는 관계로 매우 조심스럽게 사용되어야 한다.

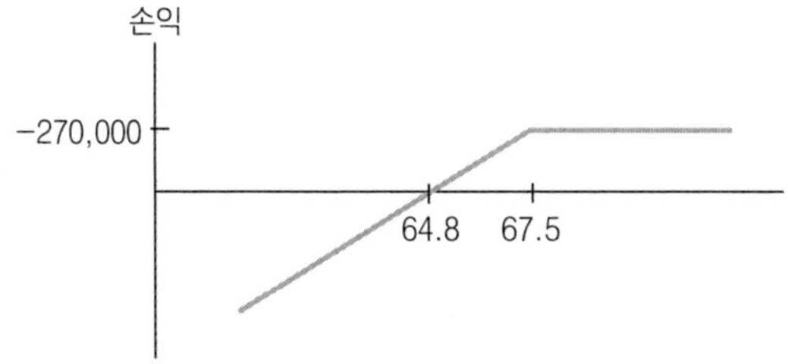

그림 7-4 풋옵션 매도의 손익

참고문헌

김응호 외 12인(2002). 금융연수원 자산관리사(FP)자격수험서 자산관리사 핵심 1600. 도서출판 무한.

김헌(2003). 선물 옵션 제대로 알아야 진짜 돈된다. 거름.

매일경제(2005년 3월 23일자).

보험연수원(2004). 종합자산관리사 시험대비 ② 금융자산운용설계. 보험연수원.

안승철, 정영숙, 배미경(2002). 신 투자와 보험. 도서출판 신정.

한국금융연수원(2002). 자산관리사(FP)자격시험대비도서 III 자산운용 I. 한국금융연수원.

한국증권업협회(2004). 시험대비교재 증권투자상담사 II. 한국증권업협회.

한국증권업협회(2004). 시험대비교재 금융자산관리사(FP) IV. 한국증권업협회.

www.empas.com (엠파스)

www.nso.go.kr (통계청)

www.samsungfn.com (삼성증권)

제4부 부동산 투자

제8장 부동산 투자전략

이 장은 개인 또는 가계의 입장에서 투자와 보험의 영역이 중요해지고 있는 이유와 필요성을 학습하는 도입부이다. 우선, 가계투자의 개념을 살펴보고 개인과 가계를 둘러싸고 있는 경제 환경의 변화에 대해서 학습한다. 이러한 경제 환경의 변화에 따라서 가계의 투자전략 및 위험관리가 왜 중요하게 부각되고 있는지를 이해하며, 투자를 위한 기초지표와 이 지표가 투자 행동에 미치는 영향에 대해서 살펴본다.

1. 부동산 투자의 개요

1) 부동산 투자의 의의

부동산 투자란 부동산을 대상으로 장래 이익을 얻기 위해 현재의 노력을 쏟는 것을 말한다. 보통 부동산 투자에 따른 위험은 기대수익률에 비례한다. 이는 위험과 불확실성이 증가할수록 부동산 투자에 대한 요구수익률이 증가한다는 것을 의미한다. 결국 부동산 투자의 개념은 현재의 소비를 희생된 대가로 미래의 경제적 보상을 받으려고 하는 행위를 말한다(김영곤외 3인, 2002).

부동산 투자의 종류는 크게 실물투자와 재무투자로 구분한다. 실물투자란 자원의 희소성이나 인플레이션 등에 의하여 상품가치가 증가하는 것에 대한 투자로 예를 들면, 금, 은, 보석, 골동품, 부동산 등의 실물에 투자하는 것이다. 재무투자란 공채, 사채, 외환 등의 금융유가증권에 대한 투자로 통화가 안정되고

표 8-1 투자와 투기의 비교

구 분	투 자	투 기
주체	실수요	가수요
시기	투자자의 필요시 · 소유나 이용의 필요성 · 인플레로부터의 자신보호 · 부동산의 영속성으로 인한 자산보존 욕구	주위의 개발시 지역, 도시개발 · 교통체계의 신설 및 증설 · 금리하락과 주식시장 침체시
목적	· 소유, 이용의 가치 향유 · 자산으로부터의 가치발생	· 권리 자체로부터의 이익발생 · 차익이나 프리미엄, 권리금

출처 : 안효빈(2003), 부동산입문총론.

경제성장이나 생산성 향상 등이 유리하게 되면 재무투자의 기회가 많아지게 된다.

부동산 투자와 달리 투기는 〈표 8-1〉에 제시한 바와 같이 장래 가격변동의 예측에 따라 현재가격과 장래가격의 차이에서 발생하는 양도이익을 얻기 위해 이루어지는 거래를 의미한다(국토개발연구원, 1981, 김영곤 외 3인, 2002).

2) 부동산 투자의 주체와 목적

부동산 투자의 목적은 보통 부의 극대화에 있지만 현금소득의 극대화, 지분수익률의 증대, 자본이득과 소득이득 획득, 절세효과 등으로 부동산을 많이 보유한 투자주체에 따라 그 목적이 달라진다. 부동산에 투자할 경우 가장 먼저 해야 할 일은 자신에게 적합한 투자대상을 찾는 것으로 〈표 8-2〉에 제시한 바와 같이 투자자의 투자성향이나 투자 관련 정보 및 지식수준, 투자자금 등에 따라 투자주체와 목적이 달라야 한다.

표 8-2 투자주체 분류와 투자목적

부동산 투자주체	예	부동산 투자목적	투자 잔금
부동산 자체 수익 목적 아닌 투자주체	부동산 산업 (분양, 임대, 유통)	· 부동산 장기보유(임대) · 부동산 개발/분양(분양) · 부동산의 전매(유통)	· 자산선택보다 사업으로 전개 · 차입금 의존 경우 많음
풍부 운용자금 보유 투자주체	생명보험회사 등 기관 투자자	자금 운용(안정수익확보, 분산투자 등) ⇒ 자산 선택	자금이 풍부
많은 부동산 보유 투자주체	중대형사업 등의 거대기업	자산의 유효 활동 (계속 보유 전제 경우)	· 토지보유기업 자산선택 · 사업의 다각화
부동산 자체 수익 목적 아닌 투자주체	본사빌딩 소유, 기업안전성 확보 추구 기업 등	· 자사빌딩 보유목적 · 기억의 담보가치 증대 · 절세목적	차입금 의존 경우 많음

출처 : 이래영(2000), 부동산투자론.

3) 부동산 투자의 일반적 특성

부동산 투자의 일반적 특성은 개별성, 비대체성, 공급의 한정성, 위험성 등이 있는데 구체적으로 살펴보면 다음과 같다.

① 개별성 · 비동질성 · 비대체성

토지는 지리적 위치가 고정되어 있기 때문에 각 토지마다 매우 강한 개별성을 갖고 있다. 즉, 어느 한 평의 토지도 다른 토지와 동일한 속성을 갖고 있다고 볼 수 없으며, 비대체적인 성격을 띠고 있다. 또한 일반 상품은 표준화에 의하여 대량생산되고 견본거래를 할 수 있지만 토지는 개별성이 강하므로 대량생산이나 견본거래가 불가능하다.

② 공급의 한정성

토지는 자연 그대로의 피조물로서 그 물리적인 양을 인위적으로 증가시킬 수 없다. 지구상의 면적은 바다를 매립하여 육지를 만든다고 하여도 토지 용도의 전환에 불과하고 그 면적이 늘지 않으며 원래의 면적은 조금도 증가하지 않는다.

③ **투자의 위험성**

투자에는 안전성이 있어야 하는데, 이는 투자로 획득한 자산을 장래에 처분하여 원금을 합리적으로 회수할 수 있는 것을 말한다. 이러한 안전성은 모든 투자활동에서 언제나 보장되는 것은 아니고 때에 따라서는 원금회수가 불가능한 경우도 있다. 이를 원금의 위험성이라 하며, 투자활동에 대한 3대 위험성의 하나이다.

④ **투자소득의 발생**

부동산의 투자소득에는 양도소득과 임대소득이 있는데, 부동산의 소유, 임대 그리고 양도에 의한 자본이득을 목적으로 한다. 양도소득이란 부동산을 처분하여 자본이득이 발생하는 경우이고, 임대소득이란 부동산을 타인에게 임대하여 임대료를 수취하는 것을 말한다,

⑤ **토지의 영속성**

토지는 소모, 마멸되지 않는 영속성 또는 불변성을 가지고 있다. 화재나 홍수 등으로 소실, 유실되더라도 불멸, 불변이라고 볼 수 있다. 이 특성은 사용해도 줄어들거나 방치해 두어도 부패하거나 또는 질적 변화가 거의 없는 영속적인 보존이 가능하다는 뜻이다.

4) 부동산 투자의 장점과 단점

부동산 투자의 장·단점은 다음과 같다(투자 순기능, 역기능 〈표 8-3〉참조).

(1) 부동산 투자의 장점

① **투자수익**

부동산은 여러 투자대상 중에서 안전성과 수익성 측면에서 유리하다. 일정한

소득을 가지고 투자하는 경우 부동산은 다른 투자대상물보다 안정성이 높기 때문에 높은 수익률을 기대할 수 있다. 고물가시대에는 부동산 수익률이 다른 투자재보다 일반적으로 높다.

② 자본이득

자본이득이란 자본적 자산, 즉 토지, 건물, 광산 등의 양도 또는 교환에서 생기는 예상외의 가치증가를 말한다. 자산의 가치가 생산 활동과는 관계없이 인플레이션, 경제발전, 공공건물의 건축, 지역개발 등으로 증가한 불로소득을 자본이득이라 하고 반대로 생산과정과 관계없이 전쟁, 지진 등 천재지변, 경쟁 산업의 기술혁신, 산업체의 이동 등에 의하여 예상외의 자산가치가 감소하는 경우를 자본손실이라 한다.

③ 저당권 설정으로 인한 자금 융통

저당권은 담보물권의 한 종류로서 교환가치를 목적으로 하고 있다. 저당권 설정자는 자기 또는 제 3자의 부동산을 담보로 제시하여 일정기간 자금을 융통할 수 있다.

(2) 부동산 투자의 단점

① 소유권자의 노력

부동산 투자 및 관리는 소유자의 노력이 필요하며 건물은 사용이나 시간의 경과, 부적응, 진부화에 의하여 가치가 감소하는데 이러한 경우 개수, 보수 등의 수익적 지출과 자본적 지출이 필요하다.

② 재산상의 위험

건물이나 토지는 인위적이건 또는 인위적이 아니건 부가물에 의하여 손해가 발생한다. 위험의 종류는 다양하다. 인간의 능력으로 예지할 수 없고 예방할 수 없는 천재지변으로 인한 부동산 가치의 감소도 위험의 한 종류이며, 건물의 경우 시간의 경과로 마멸, 부적응 등에 의하여 재산적 손실의 위험을 당하는 경우가 있다.

표 8-3 투자의 순기능과 역기능

순기능	역기능
· 인플레 등으로부터 보호 · 자본이득과 소득이득 등 이윤확보 가능 · 상품에 따라 절세 · 지렛대효과에 따른 가격상승	· 환금성이 결여되어 사업위험의 부담 · 금리상승 등에 다른 금융손실의 부담 · 주가상승에 따른 단기이익 손실 부담 · 행정적 또는 정책적 위험

출처 : 안효빈(2003), 부동산입문총론.

2. 부동산 투자의 기초 전략

1) 투자를 위한 3가지 원칙

① 안정성

투자는 목적물에 대한 안정성이 있어야 하며 부동산은 그 물건의 절대가치에 대한 신뢰 또는 안정성이 있어야 한다. 절대가치에 대한 신뢰는 떨어지는데, 호재로 인한 기대가치만 반영된 경우라면 투자결정에서 심사숙고하여야 한다.

② 수익성

수익성은 동일한 안정성을 가진 다른 투자대상과의 비교수익을 말한다. 감수해야 되는 위험이 있는 투자대상이라면 그 위험만큼의 수익이 추가로 반영되어야 한다는 것이다. 수익 창출이 되는 시기에 대한 문제도 반드시 고려해야 할 사항이다.

③ 유동성

어떤 투자대상도 유동화 할 수 없는 기간이 있는데 이 유동성이 제한되면 그 옛날 강남의 "억대 거지"라는 신조어를 떠올리게 된다. 다시 말해, 가지고 있는 부동산은 억대 인데 비해 매매가 이루어지지 않자 그 부대비용(각종 세금, 유지비용)을 감당하지 못해 결국 대출을 하게 되고 종국에는 그 부동산의 가치를 떨어뜨리게 되고 결국 어느 자본가의 손으로 돌아가게 된다는 것이다. 결국, 유동성은 부동산 투자에서 반드시 고려해야 할 사항이다.

2) 재산 3분법 전략

많은 계란을 한 바구니에 담지 말라는 속담이 있다. 이런 이유로 현명한 투자행위를 영위하기 위해서는 재산 3분법이 널리 활용되고 있다. 재산 3분법이란 재산을 예금, 부동산, 주식에 각각 배분·투자하여, 투자에서 발생되는 위험을 분산시키고 수익성, 환금성, 안전성을 균형 있게 검토하여 재산을 관리하는 것이다(이래영, 2000). 한편, 포트폴리오(portfolio)란 하나의 재산에만 투자하지 않고 둘 이상의 자산에 분산투자할 경우의 투자대상을 지칭하는 개념이다.[1] 부동산 포트폴리오의 효과는 부동산 투자시 개별부동산에 분산투자함으로써 투자위험을 축소시킬 수 있다는데 있다. 투자자가 그의 여유자금을 한 장소, 한 종류에 집중적으로 투자하지 않고 분산투자하는 것을 포트폴리오 효과라고 한다. 부동산 투자의 목적은 위험을 감수하고 더 많은 투자수익을 확실히 올리는데 있다. 투자는 미래를 보고 행하는데 미래는 불확실하다. 따라서 기대수익의 크기와 이에 수반되는 위험의 크기를 적절히 조정하여 균형을 유지하여야 한다.

3) 수익형 부동산 투자전략

수익형 부동산 투자의 생명은 현금흐름을 제대로 하는 것이다. 현금이 창출되지 않는 부동산은 수익형으로서 가치가 없다. 따라서 현금흐름을 좋게 하려면 치밀한 계획을 세워야하고 투자하려는 부동산 상품의 특성을 철저하게 파악해야 한다. 수익형 투자를 위한 일반적인 전략에 대해 살펴보면 다음과 같다.

---

1) 넓은 의미에서 포트폴리오란 자산의 조합을 말하나, 좁은 의미에서 포트폴리오란 증권시장에서 거래되는 주식, 회사채 등 금융자산의 조합을 말한다(이래영, 2000).

① 철저한 자금계획이 생명이다

테마형 원룸, 펜션 등 건물을 지어서 수익을 얻는 경우 사전에 치밀한 투자금액을 산출, 부족한 자금의 효율적인 조달방법을 마련하고 투자에 나서야 한다. 분양권이나 리츠 등 돈으로 투자하는 경우도 자신의 자금사정을 체크, 여건에 맞는 상품을 골라야 한다.

② 가격상승 가능 상품과 지역을 선택해야 한다

싸다고 무조건 좋은 것이 아니다. 조금 비싸더라도 개발 잠재력, 교통여건 등 입지여건이 좋아서 값이 오를 소지가 있는 상품이나 지역을 고르는 게 중요하다. 지하철이나 신규도로 개통여부 등도 잘 따져봐야 한다.

③ 부대비용과 세금계산을 철저히 해야 한다

부동산 구입시 붙는 세금은 보통 취득세, 등록세 등으로 이를 합치면 매매가격의 5.6%정도 된다. 투자수익을 분석할 경우 세금과 부대비용도 잘 따져봐야 한다.

④ 매입·매수 시점의 타이밍도 중요하다

사고파는 시점을 잘 잡아야 수익을 한층 높일 수 있다. 다시 말해 싼값에 사서 비싸게 파는 타이밍 포착이 중요하다.

⑤ 만약의 경우를 대비한 대안을 마련하라

예상했던 투자수익을 얻지 못했을 경우를 대비한 대안마련도 해두는 것이 현명한 투자방법이다. 소형룸, 펜션, 분양권 등의 경우 투자수익이 없을 때에는 직접 거주한다던지 상가라면 직접 장사를 한다는 등의 방법을 생각해 둬야 한다.

⑥ 매매가 대비 전세가 비중이 높은 지역을 선택하라

원룸 분양권 등은 임대수요가 많고 전세가 비중이 높은 지역이 유리하다. 건축비와 분양권 초기 투자비를 쉽게 건질 수 있기 때문이다.

3. 부동산 투자 의사결정

모든 투자 사업은 경우에 따라 그 순서가 조금씩 바뀌거나 현실적으로 어느 단계가 생략되기도 하지만 대체로 사업의 착안으로부터 사업효과의 평가분석에 이르기까지 어떤 형태로든지 몇 가지의 단계를 거쳐서 계획·추진한다.

1) 투자 의사결정

자산선택의 관점에서 투자의 의사결정은 매우 중요하다. 특히 부동산 투자는 장기적인 고려를 통해 투자를 결정하여야 한다. 의사결정과정에서 해당 부동산의 여러 가지 규제가 있기 때문에 투자자의 자금력과 양호한 투자대상을 선택하지 않으면 안 된다. 투자실행가능성 분석은 어떤 투자 안에 대하여 토지이용규제 등의 법칙 및 행정적 관점, 거시경제동향 및 시장동향 등의 관점으로부터 실시 가능성의 검토, 자금조달의 검토 및 그 투자 안이 경제효율에서 보았을 때 적당한가에 대한 검토를 거쳐 실행 가능한 투자 안을 가지고 분석을 행하게 된다(김영곤 외 3인, 2002).

부동산 투자의 의사결정에 있어서 투자목적을 명확하게 하고 투자전략을 수립하여 입안하여야 한다. 그리고 입안한 투자 안에 대하여 용도지역 등의 법적 및 행정적 규제가 어떠한지, 규제가 없다면 투자가능성 범위를 명확하게 하여야 한다. 시장분석에 있어서 지역분석, 인근분석, 부지분석, 수요분석, 공급분석, 경제성 분석을 하여야 한다. 투자분석 후 토지 및 건물의 투자계획이 확정되면 자금조달의 검토 및 사업계획서를 작성하여야 한다.

2) 부동산 투자 결정과정

투자결정이란 불확실한 미래를 위하여, 확실한 현재를 희생할 것인가를 선택하는 행위이다. 부동산 투자결정은 보유와 처분시에 예상되는 수입과 지출을 비교함으로써 이루어진다. 부동산의 투자결정과정은 투자의 목적, 투자환경, 비용 및 편인분석, 투자타당성 분석 등을 토대로 의사결정을 하게 된다(김영곤 외 3인, 2002).

① 투자자의 목적이 무엇인가를 파악한다.
② 투자결정이 이루어지는 투자환경을 분석한다.
③ 부동산투자로부터 기대되는 편익과 비용을 분석한다.
④ 분석된 현금수지에 투자 준거를 적용하여 투자의 타당성을 판단한다.
⑤ 이상의 분석결과를 토대로 투자를 최종적으로 결정한다.

3) 부동산 투자 절차

부동산 투자의 일반적인 절차는 정보수집, 현장조사, 전문가 분석, 2차 현장답사, 종합검토, 최종 결정의 순서로 진행된다. 부동산 절차를 구입과 처분 단계로 구분하여 살펴보면 다음과 같다.

(1) 부동산 구입 절차

① 투자계획 수립 : 투자자금의 조달계획이나 투자 기간 등 투자 관련 전반적인 사항 결정
② 투자 대상 결정 : 투자 목적과 자신의 능력 등을 감안한 투자 대상물 결정
③ 지역 결정 : 투자 대상 지역 결정
④ 대상물 찾기 : 구입할 대상 부동산을 3개 정도로 결정하는 것이 바람직함
⑤ 대상물 분석 : 구입 대상 부동산에 대한 권리분석과 입지분석, 개별분석 등을 시행
⑥ 거래조건 협의 : 가장 적정한 부동산부터 거래금액과 거래조건 등을 협의하여 구입 대상 부동산 확정함
⑦ 매매계약 : 매도자와 매매계약을 체결함
⑧ 중도금 지급 : 중도금 지급 날짜 이전에 각종 권리분석을 다시 한번 시행
⑨ 잔금 지급 : 잔금 지급시 명의 이전에 필요한 서면을 받아두어야 함
⑩ 명의이전 : 소유권이전등기 절차를 이행
⑪ 건물명도 : 매도자가 살고 있던 건물의 경우에는 매도자가 이사를 나가는 것을 반드시 확인해야 함

⑫ 세금납부 및 관리 : 취득세와 기타 세금 납부, 부동산에 대한 보수 및 관리

(2) 부동산 처분 절차

① 매각 계획 수립 : 매도가격 결정, 매각 자금의 재투자 등 처리 문제와 기타 투자 전반에 걸친 계획 점검
② 수요계층 분석 : 대상 부동산을 구입할 수 있는 수요계층과 수요계층을 대상으로 한 매각 전략 수립
③ 매각 시기 결정 : 최적의 매각 시점 결정
④ 대상물 관리 : 제값을 받고 빠른 시일 이내에 매각하기 위한 건물의 보수 등
⑤ 매각 홍보 : 대상 부동산을 구입할 수 있는 가장 적정한 매각 홍보방법 선택
⑥ 거래조건 협의 : 매수 대상자가 나타나면 매각 조건 협의
⑦ 매매계약
⑧ 중도금 수령
⑨ 잔금 수령
⑩ 명의이전
⑪ 양도소득세 처리 : 양도소득세 사전신고제도를 이용 세금 납부액 최소화 할 것

재테크코너 8-1

부동산 투자 기초상식

① 부동산이라고 아파트만 보지 마라.
② 토지는 5~10년 앞을 내다보고 투자해야 한다.
③ 재정적 여건을 고려해야 한다.
④ 부동산 거래는 중개업소를 통한 거래가 가장 좋다.
⑤ 장래의 어느 정도의 이익을 보장한다는 광고 또는 선전은 결코 믿으면 안 된다.
⑥ 매도·매수 시기의 선택이 중요하다.
⑦ 반드시 서류 확인절차를 거치는 게 좋다.
⑧ 부동산 투자의 성패는 입지선정에 있다.

4. 투자주체에 따른 부동산 투자 전략

1) 학생 / 독신

안정적인 직업이나 수입이 보장되어 있지 않은 학생이나 독신자의 경우 부동산에 투자한다는 것은 현실적으로 어렵다. 따라서 목돈을 모을 수 있는 적립식 상품 비중이 높을 것이며, 수익률보다는 안전성에 비중을 두는 것이 좋을 것이다. 학생이나 독신자를 위한 재테크 전략을 살펴보면 다음과 같다.

① 저축하는 습관을 기르는 것이 좋다

대학생은 물론 초·중·고등학생들도 저축하는 습관을 기르는 게 좋다. 직접 자신에게 맞는 저축방법을 알게 한다면, 어릴 때부터 재테크를 몸으로 익힐 수 있을 것이다. 물론 큰 돈을 모으는 것은 쉽지 않은 일이지만, 장학적금(세금우대)정도는 가입할 수 있을 것이다. 부동산 투자를 하기 위해서는 어느 정도의 목돈이 필요하므로 이를 위한 저축이 우선 되어야 한다.

② 한 살이라도 젊을 때부터 재무 설계에 들어가는 것이 좋다

최소한 대학생이라면, 자신의 취업과 라이프사이클에 따른 재무 설계 정도는 해봐야 한다. 빌 게이츠는 20대에 세운 자기 인생설계를 차곡차곡 완성시킨 결과 오늘날과 같은 갑부가 된 것이다. 젊을 때부터 전생애주기에 대한 부동산 투자를 포함한 재무 설계를 구상하여야 한다.

③ 인생설계를 위한 사전 준비작업을 해야 한다

장기적 재무 설계를 하는 경우, 우선 세대주 독립 등을 통한 내집마련 저축에 가입하거나 각종 생애 행사(내집마련, 결혼, 대학교육, 유학 등)에 필요한 자금 설계가 선행되어야 한다. 말하자면, 주택 청약저축이나 예금을 들어 부동산 투자에 대비한다. 한편, 학생이나 독신이라도 어느 정도 목돈을 가지고 있다면 소액투자자로써 부동산 투자전략을 수립할 필요가 있다. 새해가 되면 대부분의 건설회사들이 그해의 분양계획을 발표하게 되므로, 연초에 정보탐색에 주력하는 것이 좋다. 저렴한 가격의 미분양 아파트에 관심을 갖는 것도 좋다.

2) 자영업자

자영업자란 영리를 목적으로 한 각종의 독자적인 사업을 전개하는 사람을 뜻한다. 따라서 대기업으로부터 소규모 자영농에 이르기까지 그 규모와 성격이 매우 다양하다. 자영업종은 성공 가능성이 무한하지만, 대개 그에 따른 상당한 위험 부담을 안는 것이 특징이며, 정해진 보수가 안정되게 보장되는 봉급생활자와 대조적이다.

자영업자의 특징은 첫째, 소득이 일정하지 않다. 일정한 보수가 보장되는 것이 아니기 때문에, 경기에 따라 소득 편차가 매우 클 수 있다. 둘째, 지출이 일정하지 않다. 사업과 관련된 비용이 상황에 따라 크게 달라질 수 있기 때문이다. 셋째, 자영업자는 세금에 민감하다. 근로소득자는 각종 세금공제 제도가 명확하게 규정되어 있어서 비교적 쉽게 관리할 수 있으나, 자영업자는 장부 기장, 간이과세 등의 제도를 알아야 하고 신고의 방법에 따라 세금의 부담이 크게 달라진다. 넷째, 항상 준비되어 있어야 할 비상금의 규모가 근로자에 비해 크다. 이는 두 번째 특성과 연관이 있는데, 보통 근로자는 월 생활비의 3개월분 정도의 비상금이면 충분한 반면, 자영업자는 최소 6개월에서 최장 2년 정도의 유동성을 보유하고 있어야 한다. 다섯째, 간접 혜택이 없다. 직장인은 회사에서 각종 부담금(국민연금, 고용보험, 교통비 지원 등)과 퇴직금을 지원받지만, 자영업자는 이런 혜택을 전혀 받을 수 없다. 그러므로 봉급자에 비해 훨씬 많은 소득을 얻어야 비슷한 생활을 할 수 있다고 볼 수 있다.

자영업자의 부동산 투자경향을 살펴보면 자영업자들은 안정치 못하다는 직업의 특징상 약간의 모험 요소를 좋아하는 편이며, 이러한 직업의 특징이 부동산 투자 시에도 여실히 드러난다. 자영업자들은 공격적이고 고수익 지향적인 부동산, 예를 들면 토지나 사업 확장용 부동산을 선호하는 경향을 보이고 있다. 자영업자들이 선호하는 부동산은 위험요소가 높은 만큼 사전 정보나 지식이 필요하며, 이를 위해 자영업자들은 많은 정보를 수집할 수 있도록 노력해야만 할 것이다. 또한 자영업자들의 경우 노후 대책을 위한 연금 보장이나 퇴직금이 마땅히 존재하지 않으므로 자영업자는 부동산에 의지하는 경향이 짙다고 볼 수 있다. 따라서 자영업자의 부동산 투자 전략을 제시하면 다음과 같다.

첫째, 위험을 좋아하지 않고 안정성을 추구한다면 아파트가 알맞을 것이다. 아파트의 경우 지역에 따라 적정 임대평수가 다르지만 대체로 15, 18, 23, 27평형이 월세 임대수요가 풍부하다. 교통, 학교, 할인점 등의 조건을 갖춘 아파트가 더 유리하며, 전철역에서 마을버스로 10분 이내 거리 연립주택이나 원룸, 단독 주택에 투자하는 것도 좋다. 둘째, 위험을 꺼리지 않는 편이라면 상가나 공장부지 등도 투자해볼 만하다. 상가 투자는 아파트나 토지에 비해 규제가 덜한 편이지만 불황을 덜 타는 상권에 들어가는 것이 매우 중요하다. 테마 쇼핑몰과 주상복합, 오피스텔은 3대 위험상품으로 꼽히는 만큼 주의해야 하는데, 상가는 아파트와는 달리 분양보증이나 임대차보호가 되지 않아 시행사를 보고 잘 결정해야 한다. 되팔기도 쉽지 않으므로 '장사가 안 되면 되팔면 그만'이라는 생각 역시 위험하다. 따라서 상가를 선택할 때는 지역보다 지역 내 요지를 잘 선택해야 하며, 신중하게 많은 정보를 수집하는 것이 좋다. 셋째, 임대수익을 노리고 산 부동산은 꾸준한 관리가 중요하므로, 리모델링으로 인해 부동산 가치를 높이는 것도 좋은 방법이 될 수 있다.

3) 주 부

최근 남성들뿐만 아니라 여성들 역시 부동산에 대한 관심이 급증하고 있다. 특히 주부들이 부동산에 많은 관심을 나타내며 활발한 활동을 하고 있는데, 여성 특유의 섬세함과 철저한 조사를 통한 탄탄한 사전정보로 강세를 보이고 있다. 주부의 부동산 투자대상은 주로 아파트와 토지가 보편적이므로 이에 대해 살펴보면 다음과 같다.

(1) 아파트 투자

아파트 분양권은 일반 아파트, 재건축 아파트, 재개발 아파트, 주상복합 아파트, 택지개발 아파트 등으로 나누어진다. 보통 아파트 건설 기간은 2년 6개월~3년 정도이며, 보통 잔금은 7~8회 정도 나누어 지불하게 되는데, 재건축 아파트의 경우에는 이주비를 공제한 금액으로 기존아파트 한 채를 사는 것과 같아서 초기에 거액이 들고, 주상복합 아파트 분양권은 일반 아파트 분양권처럼 초기 부담은 적으나 신축 아파트 분양권보다 투자가치가 떨어지는 등 각각의 특징이 다르므로, 부동산 경기 흐름을 잘 파악하고 타이밍을 잘 맞추면 성공적인 재테크를 할 수 있다.

아파트의 공급면적은 전용면적과 공용면적을 포함한 것인데, 보통 전용면적은 별도로 표시되어 있으며 분양면적 대비 전용면적 비율은 보통 75~80% 정도이다. 청약통장의 불입 금액 기준은 전용면적 기준이므로 그에 따라 청약 가능한 평형을 찾아야 한다. 또한 전용면적이 같은 경우일지라도 분양면적이 다르다면 그 만큼 분양가에서 차이가 발생하기 때문에, 분양광고를 볼 경우 전용면적을 확실히 이해하여야 한다.

(2) 토지 투자

그린벨트, 전원주택 투자를 중심으로 살펴보자. 먼저 그린벨트의 경우 수도권의 그린벨트 일부가 해제되고 주변의 주거환경이 개선된다면 도시근접형 전원주택지로 그린벨트 지역의 수요자가 급속도로 늘어날 것이다. 앞으로 어느 지역에서나 도심으로 접근하는데 심리적 거리감이 없어질 것이고, 병원, 문화시설 등으로 인한 문제가 해결되면서 새로운 주거지가 될 수 있다. 전원주택의 경우 과거에는 도심의 아파트에서 생활하던 사람들이 자녀의 교육문제와 도심생활의 편리함에 익숙해져, 전원주택으로 이사하는 것을 어렵게 생각하였고, 특수한 직업을 가지고 있거나 건강문제로 인한 경우에만 전원주택 및 부지를 구입하였다. 또한 그러한 이유로 전원주택은 선호도가 떨어져, 부동산 시장에서는 외면을 당해왔다. 그러나 주 5일제 근무가 보편화되어가고 있는 요즘 전원주택에 대한 사람들의 관심이 증가하고 있으며, 출퇴근형 전원주택, 주말형 전원주택, 임대형 전원주택 등 다양한 형태의 전원주택이 있다. 이런 분류를 크게 나누면 주거형과 주말형 전원주택으로 구분할 수 있다.

4) 퇴직자

퇴직자들은 퇴직금이 목돈으로 생기면 어떻게 투자할지 많은 고민을 하게 된다. 이때, 보통 부동산으로 눈을 돌리는 경우가 많은데, 잘못된 투자로 인해 퇴직금을 잃을 수 있는 위험이 항상 존재하므로 무리한 부동산 투자는 피하는 것이 좋다. 특히 고정적인 수입이 한순간에 없어지는 만큼 무엇보다도 생계대책수립에 만전을 기해야 한다. 먼저 예금이자보다 대출이자가 높다는 것은 누구나 아는 사실이므로, 퇴직금을 받으면 일반적으로 대출금부터 상환하는 것이 좋다. 또, 퇴직금을 투자할 때는 안전을 중시해야 한다. 평범하고 누구나 아는 투자방법이 옳은 투자방법이다. 노후에 대비해야 할 목돈을 한순간에 잃어버리는 것은 퇴직자에게는 되돌릴 수 없는 큰 손실이 되고, 평생 동안 일하며 쌓아온 것이 다 없어졌다는 상실감은 퇴직자에게는 치명적일 것이다. 그러므로 수익성보다 안전성에 초점을 맞추어야만 한다.

퇴직자의 투자전략을 살펴보면 첫째, 안전성과 환금성 위주로 투자전략을 세우는 것이 중요하다. 퇴직자는 앞에서도 언급했듯이 이제 고정적인 수입이 없어진 만큼, 원금에 대한 위험성이 높은 주식투자는 가급적 피하는 것이 좋다. 또한 투기적인 부동산투자도 급히 돈이 필요할 때 손쉽게 처분할 수 없으므로 피하는 것이 좋으며, 매달 안정적 수입이 보장되는 부동산 임대사업이 유망하다.

둘째, 금융소득종합과세를 유의해야 한다. 목돈인 퇴직금을 운용하다보면, 금융소득이 금융소득종합과세 대상인 4,000만원을 넘을 수 있다. 따라서 거래 금융기관과 이자 인출시기 등을 꼼꼼히 검토하여 적절히 분산하여 4,000만원 선을 넘지 않도록 조심해야 한다.

셋째, 생활자금이 확보되어야 한다. 이자를 매달 인출하여 생활비로 사용할 수 있는 상호신용금고의 정기예금과 투자신탁회사의 공사 채형 저축, 은행의 월복리신탁에 가입하는 것이 좋다. 자금이 1억원 규모일 때는 아파트 월세가 가장 추천할만하며, 2~3억원 규모일 때는 관할 구청에서 부동산임대 사업자증을 발급받아 본격적인 부동산 임대사업에 나설 수도 있다. 18평 이하 주택 5채 이상을 구입하여 임대 사업을 하면 재산세, 교육세 등을 면제받고 5년 이상 보유 후 매각할 경우에는 양도소득세와 취득세도 면제된다.

5) 직장인

대한상공회의소가 2004년 8월 서울 등 전국 7대도시 직장인 700명을 대상으로 전화 설문조사한 결과를 살펴보면, 직장인들이 1년간 투자를 할 경우 부동산 투자(조사대상의 65%)를 가장 선호하는 것으로 나타났다. 또한 실제 부동산과 주식 투자를 모두 경험한 응답자들을 대상으로 그동안의 재테크에 대한 평가를 묻는 질문에 대해서는 80.1%가 부동산 투자 수익률이 주식보다 더 높았다고 응답했다. 그만큼 직장인들에게도 부동산 투자는 관심의 대상이 되고 있다.

(1) 아파트 투자

모든 사람들은 결혼을 위해서든 노후에 대비하기 위해서든 자신의 집을 장만하는 것을 목표로 한다. 가장 대중적이고, 사람들이 많이 선호하는 투자대상은 아파트이다. 먼저 좋은 아파트 고르는 법을 살펴보면 다음과 같다.

① 자신과 잘 맞는 중개소를 선택해야 한다

특정 지역에 관심이 있거나 원하는 매물이 있다고 해도 가격차이가 있을 수 있으므로, 매물을 한 곳에서만 확인하는 것은 금물이다. 시세 확인은 현장에서 확인해야 한다.

② 부자가 많이 사는 아파트

상류층, 부유층이 많이 거주하는 아파트는 현재 가격이 비싸기도 하지만, 앞으로도 더 오를 확률이 많다. 현재 가격이 높은 아파트를 살 수 없다면, 부유층이 많이 거주할 가능성이 있는 곳을 골라야 한다.

③ 역세권 아파트를 선택한다

역세권 아파트는 실수요자가 많아 가격하방경직성이 강해 샐러리맨 투자 자산으로 최적이다. 다만 역세권이라도 지하철이나 대로의 바로 옆에 붙어 있어 소음이 많거나, 유흥가가 근접하여 교육환경이 열악하다면 피하는 것이 좋다.

④ 교육환경이 좋은 아파트가 좋다

우리나라는 특히 교육열이 높은 나라이므로, 교육환경에 따라 부동산 가격에도 많은 차이가 있다. 교육환경이 좋은 지역은 매매가뿐만 아니라 전세가도 비싸지만, 그럼에도 불구하고 사람들의 선호도가 매우 높다. 이 밖에도, 아파트 브랜드를 고려하거나 교통, 주차, 조경, 편의시설 등이 잘 갖춰진 대단지 아파트, 재건축에 유리한 사각형 단지 등을 선택하는 것도 중요하다.

(2) 경 매

경매의 일반적 특징은 다음과 같다.

① 시세보다 싼 가격에 부동산을 구입할 수 있다

법원 경매는 감정평가액 100%에서 한 번씩 유찰될 때마다 최저경매가가 예를 들면, 80% → 64% → 51.2% → 40.96% → 32.77%로 떨어지기 때문에 세 번만 유찰되어도 반값에 입찰을 시작할 수 있다. 일부 경기지역 법원 경매는 한 번씩 유찰될 때마다 최저경매가가 예를 들면, 70% → 49% → 34.3% → 24.01%로 떨어지기 때문에 낙찰받기도 전에 이미 투자수익을 보장받는 것으로 볼 수 있다.

② 물건정보가 빠르고 정확하며, 정보에 대한 접근이 용이하다

경매물건은 첫 매각기일 14일 전에 각 일간신문에 공고될 뿐만 아니라 대법원 경매정보를 비롯한 각종 경매정보 제공업체들이 경쟁적으로 정확하고 신속한 양질의 매물정보를 제공하고 있어 1차로 제공된 자료만으로도 물건 정보를 90% 이상 신뢰할 수 있다. 나머지 10%는 공부서류 열람, 현장조사 등을 통해 보정하면 된다. 또한 공신력 있는 법원을 매개자로 하기 때문에 일반중개보다 거래과정에서의 위험률이 낮으며, 전국단위의 매물정보가 인터넷을 통해 상세하게 제공되고 있어 정보를 쉽게 접할 수 있다는 장점이 있다.

③ 매수(입찰)절차가 간편하고 안전하다

경매는 초보자에게는 어려울 것으로 생각되지만, 입찰 당일 법원에서 교부하는 입찰표에 주소, 성명 및 입찰금액을 기재하고 입찰보증금과 함께 입찰봉투에 넣어 봉한 후 입찰함에 넣기만 하면 된다. 입찰시 구비사항도 본인이 직접 입찰하는 경우에는 매수신청보증금(최저경매가의 10%)과 도장 및 신분증만 준비하면 된다.

④ 배타적이다, 다만 경쟁할 뿐이다

매물정보는 공개되어 있으나 입찰할 물건을 선택한 순간 이후부터 모든 의사결정권이 자신에게 있으므로, 모든 과정을 내가 스스로 주관하는 등 배타적으로 그 물건으로의 다양한 접근이 가능하다. 심지어 매수가격 결정권까지 자신이 가지고 있다. 다만 처음부터 매수경쟁이 예상되어 있고 매수가격의 높고 낮음에 따라 당락이 결정되는 것뿐이다.

⑤ 경매제도의 적극 이용은 사회경제에 이바지하는 것이다

경매를 통해 채권자는 용이하게 채권을 회수할 수 있고, 채무자는 변제되는 채무액만큼 채무부담에서 벗어날 수 있으며 나아가 개인파산을 막고 신용을 회복할 수 있는 기회가 될 수 있다.

⑥ 등기부등본이 말끔하게 정리된다

일반 부동산 매입 시에는 등기부등본상의 복잡한 이해관계를 각 이해관계인이 상호 협의하여 인수하거나 남길 것은 남기고 말소할 것은 말소해야 하는 절차가 남는다. 그에 반해 경매는 대금을 납부하고 법원에 소유권이전등기를 촉탁하면 특별한 경우를 제외하고는 등기부등본상의 모든 권리관계가 깨끗이 정리되고, 채권자들을 일일이 만나 협의할 필요도 없다.

(3) 모기지론 활용투자

모기지론을 활용하여 부동산 투자를 하는 것도 전략적이다. 주택 가격의 최대 70%까지, 최장 20년간 빌려주는 모기지론(장기주택담보대출)은 일반적인 은행권 주택담보대출의 대출 이율과 비교할 때 비교적 저렴할 뿐만 아니라, 장기대출이라는 점에서 관심을 모으고 있다. 짧은 기간에 소액대출이 필요하거나 매달 원리금을 상환하는 것이 부담스러운 경우에는 모기지론이 알맞다고 할 수 없으나, 안정적 소득원을 가지고 있고 장기대출을 하면서 부동산 투자를 하고자 하는 경우 적절하다. 모기지론은 기존 소형 평수의 집을 가진 사람(직장인)이 평수를 넓히거나 더 고가의 집으로 이사 가려는 경우 유리하며, 소득공제를 받으려면 대출기간이 15년 이상이어야 하고 전용면적 25.7평 이하 1가구 1주택 요건을 갖추어야 한다.

5. 투자대상별 부동산 투자전략

부동산 투자대상에 따라 구별하여 투자전략을 살펴보면 다음과 같다.

1) 토 지

토지 투자전략을 살펴보면 다음과 같다. 첫째, 용도변경이 가능한 땅을 사는 것이 좋다. 부동산은 동산처럼 움직이므로 집터를 고를 때는 큰 눈으로 도시 전체를 보고 사는 안목이 있어야 한다. 다시 말해서 눈여겨보고 있는 땅이 장차 신흥 중심지로 탈바꿈하거나 쇠퇴할 가능성이 내포되어 있는지 예측해 보고 사야 투자에 대한 이익을 얻는다. 용도변경이 가능한 땅을 사라는 것도 이런 점 때문이다. 전용주거 지역이 일반주거 지역으로, 일반주거 지역이 준주거 지역으로, 준주거 지역이 일반상업지역으로 바뀔 가능성이 있다면 돈을 더 주고라도 사야 한다. 용도 변경이 되면 일대의 땅값이 상상외로 상승하기 때문이다.

둘째, 실수요자가 대다수인 땅을 산다. 대다수가 필요로 하는 땅은 수요층이 두터우므로 사고팔기가 어렵지 않고 상품화가 어렵지 않으며 필요로 하는 만큼 가격 상승이 예상되어 돈 되는 부동산으로 각광을 받는다. 대다수가 필요로 하는 땅은 주거용지, 상업용지, 공업용지, 농업용지, 관광용지이다. 이런 용지 중에서도 도시 내에 있는 용지나 도시근교에 있는 땅이 주로 실수요자가 찾고 있는 땅들이다.

셋째, 목적에 적합한 땅을 산다. 목적에 반하는 부동산 중개업자의 어떤 유혹도 단호히 뿌리친다. 일반적으로 투자자가 아닌 실수요자는 감언이설로 중개업자들이 유혹하면 본래 목적을 망각한 채 유혹에 넘어가기 쉽다. 그렇게 되면 본래 목적을 달성 할 수 없으므로 조심해야 한다. 또한, 사전에 꼼꼼히 서류와 현장을 검토할 줄 알아야 한다. 부동산을 사기전에는 무엇보다도 관련 서류를 준비하여 분석·검토해봐야 한다. 제일 먼저 검토해야 할 서류는 등기부등본이다. 등기부등본으로 소유자와 채무 유무를 확인하고 토지 이용에 관한 모든 사항이 기재돼 있는 토지 이용계획 확인원을 필수적으로 보고, 그리하여 목적에 부합되면 지적도를 들고 직접 현장에 가서 경계선을 따라가며 확인한 후 마음에 들면 그때가 되서야 값을 흥정하는 절차에 들어가야 한다.

끝으로, 집을 살 때나 택지를 살 때는 반드시 땅 모양을 보고 사는 것을 잊어서는 안 된다. 구입하려는 집 모양을 잘 만들기 위해서는 대지 모양이 좋아야 하기 때문이다.

2) 상 가

상가투자전략을 살펴보면 첫째, 창업하려는 업종의 주요 고객을 파악하는 것이 우선적으로 필요하다. 대부분의 업종과 점포에 따라 주요 소비 고객층은 정해져 있다. 식료품점이나 생활용품점은 주부들을 주요 소비 대상으로 하고 있기 때문에 주택가 주변에 많고, 문구점은 학생들을 대상으로 하기 때문에 학교 주변에 많으며, 식당의 경우는 회사원이 많은 오피스 구역에 많다. 이처럼 자신이 창업하려는 점포의 주요 고객층은 어떠한 연령층에 직업은 어떠한 사람들인지, 그들의 소비형태와 소비심리는 어떠한지 등을 파악하여 주택가, 사무실 밀집지역, 또는 상업지역 번화가 등 여러 구역 중 적당한 곳을 결정해야 한다.

둘째, 충분한 소비가 이루어 질 수 있는 곳인지 파악한다. 이론적으로는 적합한 입지라고 하더라도 소비시장 자체가 작다면 창업자가 예상한 만큼의 매출은 올리기 힘들다. 점포가 들어설 입지는 어느 정도 주변상권이 활성화 되어 고객을 흡수할 수 있는 업종들이 고루 분포된 곳이어야 하며, 판매상품의 단가가 주위 소비자들의 소득수준과 맞는 곳이어야 하므로 유의하는 것이 좋다. 즉 주변지역의 소비수준과 창업자가 준비 중인 아이템의 가격수준을 맞추어야 한다는 말이다.

셋째, 후보 지역을 상세히 분석한다. 적당한 후보 지역을 선택하였다면, 계약을 고려중인 예상점포를 중심으로 반경 500m 또는 1km 이내로 조사지역을 한정한 후 인구와 가구수, 잠재구매력, 교통망, 업종의 분포, 취급 상품의 종류, 주변 점포주들의 성별과 나이는 어떠한지 등 장사에 영향을 줄 수 있는 모든 요인을 조사한다. 긴 시간과 노력이 필요하지만 성공적인 창업을 위해서는 위와 같은 노력이 반드시 필요하다. 또한 가능하다면 계약을 고려 중인 예상 점포 앞에서 유동인구를 조사하되, 일주일간 아침 7시부터 저녁 12시까지 요일별, 시간대별, 연령별, 성별로 지나가는 사람의 숫자를 파악하여 통행인의 특성을 파악한다. 특히 그 중 창업자가 주요 소비대상으로 생각하는 잠재 고객들의 시간대별 통행 수를 자세히 살펴 볼 필요가 있다.

3) 주 택

주택을 고르는 경우 고려해야 할 사항들을 살펴보면 첫째, 교통여건을 살핀다. 대도시와 출퇴근할 때 1시간~1시간 30분 이내이거나 전철노선 신설 계획 유무를 확인해야 한다. 특히 투자는 시간, 거리에 따라 편차가 크다. 둘째, 현장을 확인한다. 홍보자료나 소개인의 설명만으로는 땅의 입지나 경계, 진입로 확보 여부

재테크코너 8-2

부동산 현황 파악에 필요한 서류

토지이용 계획 확인서

토지에 건축할 수 있는 건물의 용도 및 규모를 결정해 놓은 지역, 지구 구역 등 도시계획사항이 표시되어 있어 토지에 대한 허용 및 제한사항을 알 수가 있다.

토지대장

토지면적과 지목, 소유자, 토지의 분할, 합병의 역사, 토지등급 등을 알 수 있는 서류이다.

지적도

토지의 형상과 도로 저촉여부, 향후 도시계획으로 당해 토지의 일부가 도로로 편입되는지 여부를 지적선 등으로 확인할 수 있다.

건축물대장

건물의 규모(면적, 층수), 구조, 준공일자, 사용검사일, 건물의 용도 및 용도변경 내역 등을 확인할 수 있는 서류이다.

토지 및 건물 등기부등본

토지(건물)의 면적, 주소, 소유자, 소유권 및 저당권을 확인할 수 있는 서류로 부동산 매입시 반드시 확인해야 할 서류이다.

개별공시지가 확인서

정부가 매년 1월 1일에 조사하여 발표하는 지가 기준이다. 부동산 세금을 부과하는 데 기준이 되는 것으로 개별적인 부동산에 따라 편차가 있지만 공시지가는 시세의 약 70% 정도라고 보고 있다. 어떤 부동산을 매입하고자 할 때 매입가격에 대한 참고적인 기준이 되는 것이다.

등을 확인하기 힘들다. '다리품'을 들여 세밀하게 살펴야 한다. 비싸더라도 입지 여건이 좋은 곳을 고른다. 배산임수형이면 최적지이고, 산과 강이 없다면 시야가 탁 트인 곳, 남향이나 동남향, 마을과 가깝고 읍내에서 5km 내외 권역이어야 한다. 셋째, 관청에서 확인하여 토지 이용 계획 확인원, 등기부등본, 지적도, 농지전용, 산림형질변경 허가증 등을 원본을 보고 조목조목 따져야 하며 계약서는 꼼꼼히 본다. 중요한 사항이나 불분명한 부분은 계약서에 단서조항으로 정확히 명시해야 한다. 특히 단지형 전원주택인 경우 진입로 확보를 위한 토지매입, 전용면적과 공용면적 구분 등을 정확히 기록해야 한다. 넷째, 투자목적일 경우에는 중·소규모 필지인 곳을 고른다. 대규모 필지는 환금성이 떨어지고 이미 개발된 필지는 가격상승이 쉽지 않다. 도로 신설 계획만 있고 착수하지 않은 곳은 길이 나면 땅값이 오를 가능성이 크다. 다섯째, 법원경매물건을 주목한다. 원하는 물건이 있다면 시세의 60%선에서 구입할 수 있다. 다만 권리분석과 농지 취득 자격증명 발급 여부 등을 잘 판단해야 한다. 여섯째, 강변을 조심한다. 강가의 땅은 조망이 좋기 때문에 비싼 값에 거래되고 있다. 그러나 강가 쪽의 땅, 특히 남한강변은 체육시설이나 도로 신설 등으로 수용될 수도 있다. 끝으로, 민원발생 여부를 살핀다. 전용허가를 받더라도 정작 건물을 신축할 때 주민이 반대하거나 영농에 피해가 발생할 경우 전용허가가 무효가 되고 피해방지계획을 별도 수립해야 한다.

4) 아파트

아파트의 종류는 주공아파트, 조합아파트, 일반아파트가 있다. 주공아파트는 대한주택공사에서 건설하고 시공한 아파트이며, 조합아파트는 직장이나 지역의 무주택조합원들이 땅을 사서 아파트를 짓는 것이다. 조합아파트가 일반 아파트보다 보통 15~20% 값이 싼 것이 보통이다.

조합아파트의 단점은 기간과 추가부담금이다. 일반 아파트는 청약을 해서 입주 때까지 소요되는 기간이 2.5~3년이지만 조합아파트는 통상 5년이 넘는 경우가 허다하고 심한 경우 7년 만에 입주했다는 데도 있다. 대개 조합원 정원을 못 채우거나 땅 매입을 완료하지 못해 사업시행이 지지부진한 곳이다. 일부조합에서는 조합장에 의한 금전 사고가 발생해 이를 수습하는데 상당한 시일이 걸리는 경우도 있다. 원칙적으로 조합아파트는 건축비가 확정되지 않았기 때문에 건축기간 중 물가가 상승하면 추가로 분양가를 올린다. 입주해서는 무자격 조합원(무주택자가 아닌 사람) 때문에 등기가 나오는데 상당한 시일이 걸려 융자 등을 받는데 어려움을 겪게 된다.

아파트를 고르는 전략을 살펴보면 다음과 같다. 첫째, 단지 규모가 큰 아파트를 고른다. 아파트는 단지 규모가 큰 곳이 생활편익 시설도 잘 갖춰져 있다. 따라서 아무리 적어도 아파트 단지 규모가 500~1,000세대 정도는 되어야 한다. 가까운 거리에 대형 쇼핑센터나 백화점이 있다면 더욱 좋다.

둘째, 동간 거리가 넓어야 한다. 동간 거리가 넓어야 일조량에 문제가 없고 자동차 매연 등 오염된 공기가 잘 빠진다. 또한 아파트 동 배열도 '교차형'보다는 공기가 잘 통하는 '일렬형'이 좋다.

셋째, 반드시 남향집을 선택하고 최고층이나 최저층은 피한다. 베란다나 창문 방향이 남쪽을 향해야 따사로운 햇빛이 들고 공기가 잘 통한다. 최저층이나 최고층에는 온도와 습도간 불균형이 심해진다. 즉 여름에는 덥고 겨울에는 더 춥다는 말이다. 또한 대기오염이 심한 지역의 고층 아파트 1층 주변에는 탁한 공기가 쉽게 가시지 않는다.

넷째, 녹지공간이 충분한 아파트를 고른다. 동마다 화단이 설치되어 있고, 나무들이 무성하면 주거 환경이 쾌적한 것은 물론 집값도 비싸다.

다섯째, 지상주차면적이 넓은 아파트를 선택한다. 지하주차장을 설치하고 지상은 녹지공간으로 활용하는 단지가 많지만 역시 중요한 것은 지상주차면적이다. 차 대수는 아파트 가구 수의 1.3배 이상이면 무난하다.

여섯째, 아파트 부지를 살펴야 한다. 단지 내에 경사가 심하지 않고 부지가 평지로 돼 있으면 고지대에 위치 한 아파트라도 전망이 좋아 가격이 높게 형성된다.

일곱째, 역세권 아파트는 투자 전망이 밝다. 지하철역에서 걸어 다닐만한 거리와 그렇지 않은 거리에 위치한 아파트 값은 꽤 차이가 난다. 가까운 곳에 지하철역이 없더라도 집 앞에서 지하철역까지 연결되는 버스 노선이 있는 것이 좋다.

여덟째, 외관상 부실여부 점검은 필수이다. 당연한 이야기지만 부실정도가 클 경우 아파트 값은 떨어질 수밖에 없다. 우선 아파트 외벽에 금이 간 곳은 없는지, 지하주차장이 있는 경우 벽과 기둥에 금이 가거나 누수 현상은 없는지 철저히 점검해야 한다.

끝으로, 가장 중요한 것은 투자목적이 분명해야 한다. 내집마련용인지 아니면 장기적인 시세차익을 겨냥한 것인지를 정확히 구분해야 시행착오를 줄일 수 있다.

재테크코너 8-3

미분양 아파트 구입시 주의해야 할 점

· 현지시장조사를 통해 주변지역 신규아파트의 평형별, 층별, 향별 가격을 조사하여, 구입하고자하는 미분양 아파트를 보수적 가격으로 검토하는 것.

· 단지 및 주택 내부설계가 불편하지 않은지, 구입하고자 하는 아파트의 단지 내 배치가 열악하진 않은지 비교 검토하는 것.

· 전체적으로 단지가 지역 내 어떠한 위치에 입지하여 있는지 교통과 교육, 주거환경이 대체적으로 쾌적한지 등을 파악하는 것.

· 아파트가 오랫동안 미분양 상태로 남아있는 데는 일반 소비자들이 기피해온 이유가 있으므로 기피요인을 파악하여 미분양아파트로 재테크와 내집마련을 동시에 할 수 있는 노하우를 터득하는 것.

· 부동산 투자정책을 파악하는 것(예를 들어 부동산시장이 침체기에 접어들 때는 아파트 분양이 대부분 계약금 10%이내에 중도금 무이자 형태로 간다. 이때 투자시점이 아닌 이익창출 시점의 부동산 시장을 보고 투자한다.)

5) 전원주택

전원주택 구입시 고려해야 할 점은 다음과 같다.

① 시골집은 토지의 경계가 분명하지 않은 경우가 많으므로 지적도(또는 현황측량도)를 통해 모양을 철저하게 살펴야 한다.

② 소유자와 현 거주자가 다른 경우가 많기 때문에 현 거주자가 자손 대대로 살아왔다면 등기되어 있지 않더라도 지상권을 인정받으므로(관습적 법적 지상권) 완전한 소유권을 행사하려면 낙찰 후 주택을(또는 건물을) 다시 사야 한다. 그러므로 소유자와 현 거주자가 동일인인지 확인해야 한다.

③ 등기부등본, 토지대장, 건물관리대장, 지적도(또는 임야도), 토지이용 계획확인 원을 열람해 공법상의 제한이나 공부상의 지목과 현재의 이용 상황이 같은지, 말소되지 않는 지상권이 있는지를 확인해야 한다.

④ 진입로가 대지에 접해 있는지 아니면 이웃집을 통해서 들어가는지를 확인해야 한다.

⑤ 구옥을 헐고 전원주택을 지을 계획이라면 진입로의 폭이 4m 이상 되어야 건축허가를 받을 수 있기 때문에 관할 시, 군, 구청(면)건축과에 문의하여 건축허가 여부를 미리 파악해야 한다.

⑥ 증·개축(리노베이션)을 할 계획이라면 기둥과 서까래, 지붕 등 기본골격이 튼튼한지 살펴보아야 한다.

⑦ 도로상황, 교통상황, 방범상황, 교육여건 등 일반주택과 마찬가지로 중요한 요소라는 것을 인식해야 한다.

⑧ 주변경관도 좋아야겠지만 주거에 필요한 상가, 학교, 은행, 병원, 교육시설 등 생활편익시설과 너무 멀지 않아야 한다.

⑨ 한적한 곳에 홀로 떨어져 있는 곳보다는(방범 문제로) 주변에 농가나 전원주택들로 일정한 마을이 형성되어 있는 곳이 좋다는 것을 알아야 한다.

⑩ 농지의 전원주택지인 곳은 시세가 일정하지 않기 때문에 감정평가액 보다는 현장 답사 시 정확한 시세를 파악하여야 한다.

6) 오피스텔

오피스텔 투자시 주의할 사항은 다음과 같다.

① 소형평형을 선택하라

오피스텔은 임대수익이 주목적이므로 소형을 선택하는 것이 좋다. 이는 임대금액에 대한 부담감이 적어 자금회전력이 빠르다는 것을 의미한다.

② 역세권을 선택하라

오피스텔은 교통여건 확보가 필수적이다. 역세권은 월세전환이자율이 높다는 것이 정설이다. 적어도 적용이율이 18% 이상인 지역을 선택해야 한다.

③ 업무시설 밀집지역을 선택하라

업무용 수요가 오피스텔의 열기를 끌고 가기 위해서는 업무시설 밀집지역에 공급하는 것이 좋다. 통상 업무용 오피스텔은 주거용보다 임대료가 비싸기 때문에 대형보다는 소형이 낫다.

④ 부가가치세는 반드시 환급 받아라

분양가에 포함된 부가가치세는 임대사업자등록을 하면 환급받을 수 있다. 이는 분양가의 7.6% 수준이다.

⑤ 공급물량이 적은 지역을 선택하라

⑥ 분양업체가 제시하는 임대료를 확인하라

분양업체가 제시하는 임대료는 대부분이 인접지역의 최고시세를 기준으로 삼기 때문에 현장을 방문했을 때, 주변 중개업소에서 인근 시세를 직접 확인하는 것이 좋다.

⑦ 가격이 낮은 층을 선택하라

층별로 가격 차이가 나나 임대목적으로 분양되는 경우에는 층에 따라 임대가를 차등적용하지 않기 때문에 가격이 싼 저층형을 매입하는 것이 여러모로 좋다.

⑧ 전용률에 너무 신경 쓰지 마라

업체들마다 오피스텔 전용률이 60%를 상회한다고 하나 속을 들여다보면 전용률이 높은 것이 꼭 좋은 것만은 아니다. 전용률이 높으면 부대시설을 빈약한데, 가령 주차장, 공용면적이 적어 주거면적은 확대되지만, 나머지 부분은 불편하다.

⑨ 개방감이 높은 곳이 좋다

업무용이든 주거용이든 건물의 개방감이 높아야 임대가 잘된다. 주거용에서는 더욱 차이가 난다. 밀집된 도심권에서 개방감이 크다는 것은 가격 상승력을 이끄는 요인으로 작용하기에 충분하다.

⑩ 복층형 오피스텔이 희소가치가 크다

2003년 10월 31일부터 서울 시내 신규 오피스텔 건축심의 규정이 적용되면서, 층고가복층형 설계 오피스텔의 설립이 어려워졌기 때문에, 이미 분양된 복층형 오피스텔은 그만큼 희소성이 크다.

참고문헌

국토개발연구원(1981). 주택투자에 관한 연구.
김영곤, 오준석, 이창석, 정상철(2002). 부동산투자론. 형설출판사.
김종봉(2004). 지금 이 땅에 돈을 묻어라. 월형조선사.
김혜경(2004). 집 없어도 땅은 사라. 국일 증권경제연구소.
김학동, 김종수(2003). 부자따라잡기. 한솜출판.
김종철 외(2002). 금융자산관리사 핵심요약집. 형설.
고다 마사노리(2004). 新부동산 투자전략. 부광.
박연수(2004). 부동산 고수들의 투자법. 청림출판.
안효빈(2003). 부동산 입문총론. 새로운 제안.
이래영(2000). 부동산투자론. 삼영사.
이태교 외(1997). 부동산마케팅. 법문사.

www.r114.co.kr (부동산 114)
www.speedbank.co.kr (스피트뱅크)
www.wereits.com (한국부동산리츠)
www.changapt.co.kr (장용동 부동산 투자전략 연구소)

제9장 부동산 투자분석 및 가치평가

이 장은 개인 또는 가계의 입장에서 투자와 보험의 영역이 중요해지고 있는 이유와 필요성을 학습하는 도입부이다. 우선, 가계투자의 개념을 살펴보고 개인과 가계를 둘러싸고 있는 경제환경의 변화에 대해서 학습한다. 이러한 경제 환경의 변화에 따라서 가계의 투자전략 및 위험관리가 왜 중요하게 부각되고 있는지를 이해하며, 투자를 위한 기초지표와 이 지표가 투자행동에 미치는 영향에 대해서 살펴본다.

1. 부동산 투자 수익률

1) 투자 수익률

투자수익률은 일정기간 동안 부동산에 대한 투자로부터 발생하는 수익을 부동산자산가격으로 나눈 값으로 소득수익률과 자본수익률로 구성되며 소득수익률과 자본수익률의 합을 종합수익률이라 한다. 소득 수익률은 일정기간 빌딩소유 및 운영에 따라 발생하는 임대료 등의 수입에서 동일기간 발생하는 영업경비를 차감한 순영업소득을 구한 후 이를 부동산자산가격으로 나누어 산출한 값을 의미하며, 자본수익률은 부동산의 보유기간동안 부동산자산가격의 증감분을 해당 부동산의 (기초)자산가격으로 나누어 산출한 값을 의미한다.

투자수익률 추계를 위한 부동산 자산가격은 시장의 정상적인 거래가격 수준으로 구한 감정평가결과를 사용한다. 거래조건에 따른 자산가격의 변동이 크고 거래빈도가 적어 거래가격을 구하는 것이 쉽지 않은 여건에 기인한 것으로, 선진 외국에서도 투자수익률 추계를 위한 부동산자산가격은 감정평가액을 기준으로 하는 것이 일반적이다. 부동산 투자에 의해서 발생하는 수익은 임료 등과 같이 매 기간 발생하는 소득이득(income gain)과 투자의 기간 말에 당해 부동산을 처분할 때 양도차익으로 발생하는 자본이득(capital gain)으로 나뉘어 진다.

- 소득 수익률 $= \dfrac{\text{순 영업소득}}{\text{기초 자산가격}}$
- 자본 수익률 $= \dfrac{\text{기말 자산가격} - \text{기초 자산가격}}{\text{기초 자산가격}}$
- 종합 수익률(투자 수익률) = 소득 수익률 + 자본 수익률

2) 투자가치와 시장가치

투자가치란 부동산을 소유함으로써 예상되는 미래의 편익이 부동산 투자자에게 주는 현재 가치로서 대상 부동산이 특정한 투자자에게 부여하는 주관적 가치를 말한다. 한편, 시장가치는 부동산이 시장에서 매매되었을 때 형성될 수 있는 가치로서 대상 부동산이 시장에서 가지는 객관적 가치를 말한다. 투자자는 대상 부동산의 투자가치가 시장가치보다 크다면 투자를 하려고 할 것이고 투자가치가 시장가치보다 작다면 투자하지 않을 것이다.

3) 기대수익률과 요구수익률의 관계

투자 결정은 기대수익률과 요구수익률을 비교함으로써 이루어진다. 기대수익률이 요구수익률보다 클 경우 투자가 이루어진다.

① 기대수익률이 요구수익률보다 낮은 경우

어떤 특정 부동산에 대한 기대수익률이 요구수익률보다 낮은 경우 어떤 투자자도 투자를 하려고 하지 않을 것이다. 따라서 그 부동산에 대한 수요는 줄어들게 되고 부동산 가치는 점차 하락하게 되며 그 결과 대상 부동산에 대한 기대수

익률은 점차 증가하게 된다. 마침내 기대수익률이 요구수익률과 같아지는 수준에 이르면 투자자는 투자할 것이다.

② 기대수익률이 요구수익률보다 높은 경우

특정 부동산에 대한 기대수익률이 요구수익률보다 높은 경우 많은 투자자들이 투자할 것이다. 따라서 대상 부동산의 수요는 늘게 되고 부동산 가치는 점차 상승하게 되며 그 결과 대상 부동산에 대한 기대수익률은 점차 하락하게 된다. 마침내 기대수익률이 요구수익률과 같아지는 수준에서 균형을 이루게 된다.

- 기대수익률 > 요구수익률 ⇒ 투자증가
- 기대수익률 = 요구수익률 ⇒ 균형투자
- 기대수익률 < 요구수익률 ⇒ 투자감소

2. 부동산 투자 분석기법

부동산 투자를 결정하는 방법은 투자대안의 가치를 분석·평가하여 경제적 타당성을 검토하는 것이다. 투자자는 부동산에 투자함으로써 투자자의 자산 가치를 증대시켜 줄 수 있는 경우 투자를 결정한다. 이는 그 투자대안에 대하여 예상되는 기대치의 현재가치가 지출액의 현재가치를 상회할 때이다. 부동산 투자분석 기법에 대해 살펴보면 다음과 같다.

1) 할인 현금수지 분석법(DCF분석법)

할인 현금수지 분석법(Discounted Cash Flow Analysis)은 화폐의 시간가치를 고려하여 분석하는 방법으로 장래 예상되는 현금유입과 현금유출을 현재가치로 할인하고 그 값을 비교하여 투자할 것인지의 여부를 결정하는 방법이다. 매 기간 기대되는 현금수지를 현재가치로 환원해서, 대상 부동산의 시장가치를 구하는 것으로서 장래 예상되는 현금수입과 지출을 현재가치로 할인하여 현금유입과 지출을 서로 비교하여 투자 결정하는 것이다. 다수의 대안적 투자사업 가운데 하나의 투자사업을 선택하거나, 고려 중인 여러 가지 투자사업의 우선순위를 결정하고자 할 때 판단기준을 제공한다. 또한 오직 하나의 투자사업에 대하여 투자를 할 것인지를 선택하는 데 유용한 판단기준이 된다. 할인현금 분석수지분석법의 분석절차는 다음과 같다.

- 투자로부터 예상되는 수입과 지출을 추계한다.
- 추계되는 현금수지에 대한 위험의 크기를 평가한다.
- 평가된 위험을 근거로 위험 조정할인율을 결정한다.
- 이상에서 분석된 자료를 토대로 투자여부를 결정한다.

할인 현금 수지분석법에는 순현가법, 내부수익률법이 있는데 자세히 살펴보면 다음과 같다.

① **순현가법**(NPV법)

순현가법이란 투자로부터 발생하는 미래의 모든 현금유입액을 적절한 자본비용으로 할인한 현재가치에서 현금유출의 현재가치를 공제한 금액으로, 현금흐름의 시간적 가치를 현재가치로 셈하여 투자분석을 행하는 방법이다. 투자자의 모든 의사결정은 현재시점에서 이루어지지만 투자수익은 미래에 실현되므로 투자분석은 화폐의 시간가치를 고려해 보아야 한다. 투자로 인하여 발생할 미래의 모든 현금흐름을 적절한 할인율로 할인하여 얻은 순현가를 투자의 준거로 투자결정을 하는 방법으로, 투자의 결과로 발생하는 현금유입을 요구수익률로 할인하여 얻은 현금유입의 현가와 투자비용을 요구수익률로 할인하여 얻은 현금유출의 현가를 비교하는 투자분석방법이다.

- **순현가**(NPS) = (**보유기간에 예상되는 매년 세후현금수지의 현재가치 합계액**) + (**부동산 처분시에 예상되는 지분복귀액의 현재가치**) − **지분투자액**

순현가법을 이용한 투자안의 의사결정은 독립적인 투자안(순현가가 0보다 큰 투자안을 채택하고 순현가 0보다 작은 투자안을 기각한다) 또는 단일 투자안인 경우 순현가가 가장 큰 투자안을 채택하면 된다.

- **순현가** > 0 = **투자채택**
- **순현가** < 0 = **투자기각**

순현가법의 장점은 첫째, 측정된 모든 현금흐름을 고려하고 화폐의 시간적가치를 고려하는 점, 둘째, 가치의 가산원칙을 준수하고 기업의 부를 극대화할 수 있는 투자안을 선택한다는 것이다. 순현가법은 다른 투자성과 측정지표와 결합하여 사용하면 최적의 유용성을 지닌다.

② **내부수익률법**(internal rate of return; IRR)

내부수익률법이란 투자를 하여 미래에 예상되는 장래 현금유입의 현가와 현금유출의 현가를 같도록 만드는 할인율로서 투자대안의 순현재가치를 0으로 하는 할인율을 구하여 이를 요구수익률과 비교하여 투자여부를 결정하는 방법이다. 내부수익률을 이용한 투자안의 의사결정은 독립적인 투자안(내부수익률이 요구수익률보다 큰 투자안을 채택하고 내부수익률이 요구수익률보다 작은 투자안을 기각한다) 또는 단일 투자안의 경우 내부수익률이 자본의 기회비용보다 크면 투자안을 채택하고 작으면 기각하면 된다.

내부수익률의 장점은 측정된 모든 현금흐름을 고려하고 화폐의 시간적 가치를 고려하는 점, 위험을 직접 고려할 수 있는 점, 투자자의 투자형태에 부합된다는 점이다.

한편, 단점은 내부수익률로 재투자 수익률을 가정하는 것은 비현실적인 점, 가치의 가산원칙을 따르지 않는 점, 할인율이 변동하는 경우 투자비교 기준선정에 어려움이 있다는 점이다.

- **내부수익률** = **요구수익률** ⇒ **투자채택**
- **내부수익률** < **요구수익률** ⇒ **투자기각**
- **(미래예상수익/1 + 내부수익률) = 투자비용지출**

③ 수익성지수법

수익성지수법은 장래 현금유입의 현가합과 현금유출의 현가의 현재가치합을 나눈 것이다.

- **수익성 지수 > 1 ⇒ 투자채택**
- **수익성 지수 < 1 ⇒ 투자기각**
- **수익성의 지수 = 현금유입의 현가/현금유출의 현가**

2) 어림셈법

(1) 승수법(multiplier method)

승수법이란 여러 종류의 현금수지를 승수의 형태로 표시하는 방법이다. 일반적으로 승수에는 총소득승수, 순소득승수, 세전현금흐름승수, 세후현금흐름승수가 쓰인다. 총소득승수는 총소득에 대한 총 투자액의 배수이며, 순소득승수는 순 영업소득에 대한 총 투자액의 배수이다. 순소득승수를 자본회수기간이라고도 한다. 세전현금흐름승수는 세전현금흐름에 대한 지분투자액의 배수이며, 세후현금흐름승수는 세후현금에 대한 지분투자액의 배수이다.

- **조 소득승수 = 총 투자액/조 소득**
- **순소득승수 = 총 투자액/순 영업소득**
- **세전현금수지승수 = 총 투자액/순 영업소득**
- **세후현금수지승수 = 지분투자액/세후현금수지**

(2) 수익률법

수익률이란 여러 종류의 현금수지를 수익률의 형태로 표시하는 방법이다. 경험셈법에 의한 수익률로는 종합자본환원율, 지분배당율, 세후 수익률의 세 가지가 있다. 종합자본환원율은 총 투자액에 대한 순영업소득의 비율이다. 종합자본환원율의 역수는 순소득승수가 된다. 지분배당률은 지분 투자액에 대한 세후현금수지의 비율을 의미한다. 경험셈법의 가장 큰 한계는 한 가지 방법에 의하여 계산된 비율은 다른 방법에 의해서 계산된 비율과 직접 비교하기 곤란하다는 점이다.

- **세전현금수지승수종합 환원율 = 순 영업소득/총 투자액**
- **세전현금수지승수지분 배당율 = 세전현금수지/지분투자액**
- **세후 수익율 = 세전현금수지/지분투자액**

3) 비율분석법

(1) 대부비율(loan to value ratio)

부동산 가치에 대한 융자액의 비율을 말한다. 대부비율이 높아지면 채무 불이행시 원금 회수가 곤란해진다. 높은 대부비율은 대출자의 입장에서는 큰 위험이 된다. 따라서 은행과 같은 저당대출기관 등은 부동산의 가치에 대한 일정비율을 대부비율의 한도로 정하는 수가 많다. 대부비율이 높아짐에 따라 부채비율도 급격히 증가하므로 작을수록 좋다.

- **대부비율 = 부채잔금/부동산의 가치, 부채비율 = 부채/지분**

(2) 부채감당율(debt coverage ratio)

부채감당률은 순영업소득이 부채서비스액의 몇 배가 되는가를 나타내는 비율이다. 부채서비스액은 매월 또는 매년 지불하여야만 되는 원금 상환액과 이자지급액을 가리킨다. 대부비율과 부채비율은 밀접한 관계가 있다. 대부비율이 높아지면 부채비율도 급격하게 증가하게 된다. 부채 감당율이 1에 가까울수록 대출자나 차입자는 모두 위험한 입장에 처하게 된다(증가 → 양호, 부채 감당율 < 1 → 소득으로 부채감당 불가).

- **부채 감당률 = 순 영업소득/부채 서비스액**

(3) 부채 불이행률(default ratio)

비율분석에서의 부채 불이행률은 차입자가 채무불이행할 가능성을 나타내는 비율을 나타내는 것으로 사용되고 있다. 부채 불이행률이란 유효조소득이 영업

경비와 부채서비스액을 감당할 수 있는 능력이 있는가를 측정하여 구하는 데 있다. 영업경비와 부채 서비스액의 유효조소득에서 차지하는 비율이 높을수록, 그만큼 채무불이행의 가능성은 커진다.

(4) 총자산회전율(total asset turnover ratio)

투자된 총자산, 즉 부동산 가치에 대한 조소득의 비율을 말하며 조소득승수의 역수이다. 조소득으로는 가능 조소득과 유효조소득 둘 다 사용할 수 있다. 총자산매상률은 경험셈법에서 살펴본 조소득승수의 역수가 된다.

- 총자산 회전율 = 조소득/부동산의 가치

(5) 영업경비비율(operating expense ratio)

영업비용이 소득에서 차지하는 비율이다. 영업비율은 투자 대상 부동산의 재무관리상태를 파악하는 하나의 지표로 사용된다. 이것이 비교부동산의 평균보다 높다고 한다면 영업비용에 대한 통제가 적절하지 못한 상태에 있다고 판단할 수 있다.

- 영업경비비율 = 영업경비/조 소득

(6) 편익 · 비용비율(benefit cost ratio)

투자사업으로 발생된 편익흐름에 대한 현재가치의 총체를 비용흐름의 현재가치의 총체로 나눈 비율을 말한다. 계산된 비율이 높을수록 사업효과가 크며 투자순위가 높은 것으로 판정된다. 이 비율을 투자효과의 판정기준으로 적용하는 데에는 문제점이 있는데, 첫째는 적정할인율의 결정에 관한 것이고, 둘째는 편익 · 비용비율 자체의 현실적 타당성에 관한 것이다.

(7) 레버리지비율(reverage ratio)

비교적 저렴한 비용의 부채를 이용함으로써 투자자의 이익을 증대시키는 능력을 말한다.

① **부채비율**(debt ratio)

타인자본을 자기자본으로 나눈 비율이다. 일반적으로 부동산 투자자는 단기적 채무변제를 받지 않는 한 호경기라면 높은 부채비율을 선호한다. 그 이유는 타인자본을 조달, 운영해서 얻을 수 있는 수익률이 이자율을 상회하면 타인자본을 사용함으로써 자기 자본이익률을 상회할 수 있기 때문이다.

② **자기자본비율**(net worth to total ratio)

자기자본비율은 총자본 중에서 자기자본이 차지하고 있는 비중을 표시하는 비율로서 부채비율과 함께 기업의 안전성을 측정, 판단하는 비율로 이용된다.

③ **이자보상비율**(times interest earned)

이자 및 납세 전 이익이 타인자본의 사용으로부터 발생하는 이자비용의 몇 배에 해당하는가를 나타내는 비율이다. 이자보상비율은 부동산 투자의 부채사용에 따른 이자비용을 지급할 능력이 있느냐를 파악하는 데 이용된다.

- 이자 및 납세 전 이익/이자비용 = 납세전 이익 + 이자비용/이자비용

④ **고정재산보상비율**(fixed charge coverage)

고정적으로 지출하는 고정재무비, 즉 임차료 등을 이자 및 납세 전 이익에 더하여 이를 이자비용 및 고정재무비의 합으로 나눈 것이다. 고정재산의 확보정도를 파악하는 주요비율이다.

3. 부동산 투자 위험관리

위험이란 투자손실의 가능성을 말하는 것으로 미래의 불확실성 때문에 발생한다. 위험과 수익률의 상관관계란 높은 기대수익을 위해서는 높은 위험을 부담하여야 하며 낮은 기대수익에 만족하는 경우에는 높은 위험을 택하지 않아도 됨을 의미한다. 대체로 위험성이 높을수록 수익률이 높다.

1) 위험과 수익의 관계

부동산 투자의 의사결정은 예상되는 결과를 기대하고 행하게 된다. 실현된 결과가 예상한 결과로부터 벗어날 가능성을 불확실성 또는 위험이라고 한다. 일반적으로 투자자들은 미리 위험을 계산하고 행동을 한다. 기대수익률이 동일한 두 개의 투자대안이 있을 경우 어느 대상 물건이 다른 대상 물건보다 더 위험하다면 사람들은 대부분 덜 위험한 쪽을 선택하려고 할 것이다. 투자자들의 이러한 행동을 위험 혐오적이라고 하는데, 사람들이 전혀 위험을 감수하려고 하지 않는다는 것을 의미하는 것은 아니다. 위험을 전혀 수반하지 않는 투자는 진정한 의미의 투자라고는 볼 수 없다. 투자자들이 위험 혐오적인 행동을 한다고 하는 것은 수익률이 동일할 경우 덜 위험한 쪽을 택한다는 뜻이다. 위험 혐오적인 투자자라 할지라도 감수할 만한 유인책이 있는 위험이거나 회피할 수 있는 위험일 경우 투자자는 기꺼이 위험을 감수한다.

2) 투자 사업의 타당성 분석과 위험분석법

(1) 부동산 사업의 타당성 분석

투자사업의 타당성 분석 단계는 투자사업 추진상의 여러 단계 중에서 가장 중요한 단계의 하나로서, 사업의 구체적 계획이 수립되고, 이의 추진을 위한 타당성이 조사·분석되는 단계이다. 타당성 조사는 사업 규모와 성격에 따라 예비

타당성 조사와 본 조사로 구분되기도 하는데, 예비조사는 보통 현존자료를 중심으로 하며 본 조사는 현지조사에 의해 수집된 자료를 중심으로 사업의 타당성을 조사하게 된다.

(2) 위험 측정의 기초가 되는 지표

부동산 투자분석의 대상이 되는 리스크의 본질은 불확실성에 있고, 이 불확실성은 장래수익의 분산으로 나타내어진다. 따라서 일반적으로 위험의 측정은 수익률에 착안해서 얻어질 부동산 사업의 수익률의 확률분포를 검토해서, 이 분산을 측정하는 방법으로 행해진다. 즉 측정의 기초가 되는 지표는 수익률이 된다.

(3) 위험분석방법

① 수익요소 분석법

수익의 요소를 초년도 기간의 수익, 그 성장 부분으로 인한 수익, 투자기간 말의 부동산매각에 따른 소득, 세 부분으로 분석한다. 소득 불확실성은 다르며 이에 따른 구성요소도 다르다. 초년도 기간의 수익예측은 사업개시 시점의 예측으로 비교적 가까운 시점에 있어 불확실성은 낮고, 다른 요소에 비해 위험도 낮다. 현금흐름(Cash flow)의 성장부분의 예측은 투자기간중의 모든 예측을 포함하는 것으로 불확실성은 높다. 그러나 임대사업의 경우 임대차계약에서 임대료 상승조항을 넘는 등 불확실성을 저하시킬 수 있다. 투자기간 말의 부동산 매각에 의한 현금흐름의 경우 투자기간말의 예측이 된다. 이상의 3요소를 분류해서, 각 요소의 불확실성으로부터 수익의 분산을 검토해서 요소마다의 위험을 합해서 부동산 투자 전체의 위험도를 파악한다.

② 감응도 분석법

감응도 분석법은 임대료의 신장률, 차입금리 등 수지에 영향을 미치는 요인이 변화하는 경우에 내부수익률 등의 투자분석지표가 어떻게 변화하는가를 분석하는 수법이다. 확률 분석법과 같이 엄격한 분석은 아니므로 위험의 파악은 대략적인 것으로 되나, 확률 분석법의 적용이 곤란한 경우 위험을 검토하는데 유효한 수법이다.

③ **확률 분석법**

확률 분석법은 수지에 영향을 미치는 모든 요인을 경험적 또는 주관적인 확률변수를 부여해서 각 요인의 무수한 조합으로부터 내부수익률 등을 구해 그 결과로부터 생기는 확률을 곱하여 내부 수익률 등의 지표의 확률분포를 구하는 수법이다. 이 기법은 위험분석수법으로서 매우 전진된 것이지만 각 요인의 주관적 확률분표를 부여하여야 한다. 이 수법에서는 몬테카를로(Monte Carlo) 시뮬레이션이 사용된다. 이 기법은 위험분석기법으로서는 극히 발전된 기법이지만, 각 요인에 주관적인 확률분포를 부여하지 않으면 안되므로 실무에 적용하기가 어렵다.

3) 부동산 투자의 위험 및 종류

위험이란 미래의 불확실성 때문에 기대수익과 실현수익이 달라지게 나타날 변동 가능성을 말한다. 부동산 투자의 위험은 다양하다. 〈표 9-1〉에 제시한 바와 같이 체계적 위험과 비체계적 위험으로 구분할 수 있다. 또한 부동산 투자위험은 〈표 9-2〉에 제시한 것처럼 사업상 위험, 금융적 위험, 법적 위험, 인플레이션 위험으로 구분하기도 한다.

표 9-1 부동산 투자 위험 종류(총위험=체계적 위험+비체계적 위험)

체계적 위험	비체계적 위험
· 피할 수 있는 위험 · 개별적 부동산의 특성으로부터 야기되는 것(투자대상을 다양화하여 분산투자함으로써 피할 수 있는 위험은 제거 가능함)	· 피할 수 없는 위험 · 시장의 힘에 의하여 야기되는 것으로 모든 부동산에 영향을 주는 위험(예: 경기변동, 이자율, 인플레)

표 9-2 부동산 투자위험의 유형

① 사업상 위험	시장위험	부동산에 대한 수요위축(미분양)(예: 수요예측 실패)
	운영위험	관리곤란, 근로자의 파업, 영업비 변동
	위치적 위험	예) 입지선정의 실패
② 금융상 위험		부채비율↑→ 지분수익률↑, 원금과 이자 상환부담↑
③ 법률상 위험		부동산 정책의 변화 → 공법상 규제변화 정도
④ 인플레이션 위험		원금가치↓→ 대출자 손해 → 고정에서 변동이 자율로 변경 → 채무자들은 원금상환 부담↑

(1) **사업상의 위험**(business risk)

부동산 사업 자체로부터 연유하는 수익성에 관한 위험이다.

① **시장의 위험**(market risk)

시장의 위험은 부동산 수요와 공급의 변화는 부동산 산업의 수익성에 대한 위험을 증대 시키는 중요한 요인으로서 시장상황의 변동에 따른 위험을 말한다(경제위축 → 사무실 등의 공실율 증가 → 부동산 수요 감소 → 임대료 감소 등).

② **운영위험**(operating risk)

운영위험은 사무실의 관리, 근로자의 파업, 영업경비의 변동 등으로 인하여 야기될 수 있는 수익성의 불확실성(uncertainty)을 폭 넓게 지칭하는 개념이다.

③ **위치적 위험**(location risk)

부동산의 위치고정 때문에 사업상 안게 되는 위험을 위치적 위험이라고 한다. 부동산과 부동산을 에워싼 환경은 끊임없이 변화한다. 따라서 현재의 위치가 최고라고 하더라도 장래에도 계속해서 최고일 것이라는 보장이 없다.

(2) 금융 위험(financial risk)

부동산 투자에 있어서 투자재원의 일부를 부채로 하였을 경우 채무불이행으로 인한 위험을 말한다. 부채의 비율이 크면 원금과 이자에 대한 채무불이행(default)의 가능성이 높고 파산할 위험도 높다.

(3) 법적 위험(legal risk)

부동산에 대한 공법상의 제한의 변경, 세제의 변화 등의 법적인 환경의 변화로 인한 위험을 말한다.

(4) 인플레이션 위험(inflation risk)

인플레이션이란 물가의 전반적인 상승을 의미한다. 인플레이션에 의해 투자자금이나 소득의 실제적인 구매력이 감소되는 위험을 말한다. 인플레가 심하게 되면, 대출자는 원금의 실질적 가치가 하락하는 위험을 안게 된다. 따라서 대출자는 고정이자율(fixed rate) 대신 변동이자율(variable rate)을 선호하게 된다. 그러므로 부동산의 장기계약에는, 장래의 인플레 위험에 대한 세심한 배려가 필요하다.

4) 부동산 투자위험과 위험관리

(1) 순수위험과 투기적 위험

순수위험은 투기적 위험이 양한 위험에 대해 정리하면 다음과 같다.

① 순수위험(정태적 위험)

- 재산의 물리적 영향에 의한 위험 : 지진, 수해, 화재
- 순수입의 위험 : 임차인의 경영부진 등에 의한 손실
- 손해배상의 위험 : 관리 불충분
- 사회적 일탈행위에 의한 위험 : 사기 등

・기술적 위험 : 설비의 사고
・인사적 위험 : 종업원의 사망 등

② **투기적 위험**

・경영적 위험 : 경영상의 의사결정에 관한 불확실성에 기인
  –시장위험(마케팅위험) : 시장의 수요공급의 예측에 관한 불확실성에 기인
  –재무위험 : 장래수익 등의 불확실성에 의한 자금조달 등에 관한 의사결정에 관련된 위험
  –생산위험 : 생산 및 인사문제의 의사결정에 관련된 위험
・정치적 위험 : 토지이용 규제의 변경, 세제의 변경 등 정치적 변화에 수반하는 위험
・기술혁신 위험 : 기술혁신에의 대응과 관련된 위험

(2) 위험 관리

투자계획에 포함된 위험은 다양한 근원으로부터 발생한다. 그러나 주어진 형태의 위험이 모든 투자형태에 적용되는 것은 아니다. 부동산 투자의 위험관리는 순수위험과 투기적 위험 두 가지로 구분하여 설명할 수 있다.

① **순수 위험의 관리**

・위험 컨트롤 : 제어 가능한 위험
  –위험 회피 : 어느 특정의 위험에 관계하지 않는 것
  –손실의 제어 : 위험을 보유하면서 손실이 발생될 기회를 감소시키는 것
  –위험의 이전(보험이외의 방법에 의한 이전) : 위험을 다른 사람에게 이전하는 것
・리스크 파이낸싱(risk financing) : 회피 불가능한 위험으로 화재보험 등

② **투기적 위험의 관리**

・마케팅 메니지먼트

-리스크 헷징(risk hedging) : 가격변동의 위험을 중립화하기 위한 것 -선물거래
-판매촉진 : 고객이 가지는 불안을 제거하여 수요변동에 의한 위험을 경감시키는 것
-브랜드화

위험을 관리하는 방법은 크게 두 가지로써 포트폴리오 분석과 재무분석을 활용하는 것이다. 포트폴리오 분석은 장래수익의 불확실성(리스크)을 분산과 표준편차를 표시하고 각 자산의 기대수익률과 위험에 착안해서 보유하는 자산의 조합을 결정하는 것이다. 재무 분석은 각 기업의 재무상태를 분석해서 위험을 감소시킬 수 있는 재무상황을 검토하는 것이다.

5) 부동산 투자의 위험측정

(1) 위험의 측정

위험을 측정하는 방법은 기대되는 수익이 실현 수익과 달라지는 정도를 통계기법으로 측정하는 것이다. 측정방법은 분산, 표준편차를 이용하는데, 투자대상의 선택 방법은 〈표 9-3〉처럼 수익은 높고 위험은 작을수록 좋은 투자대상이 된다.

표 9-3 평균, 분산원리(모형)

수익기대치(기대수익률)	분산(위험)	투자대안 선호
A > B	A < B	A
A = B	A < B	A
A ≥ B	A = B	A
A > B	A > B	평균-분산원리의 오류

(2) 위험의 관리방법

부동산 투자의 위험을 줄이거나 관리하는 방법은 다음과 같다.

① 위험한 투자를 제외시키는 방법

위험성이 있는 투자대상은 제외하고 안전한 투자대상(예: 국채, 정기예금)에만 투자를 하는 것이다. 즉, 이때 투자자는 무위험률밖에 얻지 못한다.

② 보수적 처리방법

투자수익을 최대, 중간, 최소를 추계하여 그중에 최소 추계치를 판단기준으로 삼는다. 투자대상으로부터 예측되는 투자수익을 가능한 한 낮게 추계하는 방법이다. 이는 투자대상으로부터의 예측되는 수익을 낮게 조정하여도 그 투자대상이 양호하다고 판단되면 그 투자는 좋은 투자대안으로 보고 투자를 결정한다는 것이다. 그러나 이는 위험은 회피할 수는 있을지언정 투자자들의 투자 목적이 투자자의 부의 극대화라고 했을 때 이를 달성하기는 어렵다.

③ 위험조정 할인율의 사용

장래 기대되는 소득을 현재 가치로 환원할 때, 위험한 투자일수록 높은 할인율을 적용하는 것이다. 투자에 대한 요구수익률을 결정 하는 데에 있어서, 감수해야 하는 위험의 정도에 따라 위험 할증률을 더하는 방법을 사용한다. 앞의 두 가지 보다 개념적으로 우수하나 위험 할증률을 결정하는데 주관성이 많이 개입되는 단점이 있다. 투자자를 결정할 때 위험이 높은 투자대상일수록 투자자들은 높은 위험에 대한 대가를 요구하게 되므로 요구수익률이 높아지게 된다. 따라서 기대되는 미래수익을 현재 가치로 환원할 때 높은 위험이 존재하는 투자안일수록 높은 위험조정할인율을 적용하여 할인을 하게 된다.

4. 포트폴리오 이론과 투자위험

포트폴리오(portfolio)는 좁은 의미에서는 주식투자에서 위험을 줄이고 투자수익을 극대화하기 위해 여러 종목에 분산투자하는 방법을 말하는데, 이는 부동산 투자에도 적용할 수 있다. 부동산 폴리오는 여러 개의 자산에 분산투자함으로써 하나에 집중되어 있을 때에 발생할 수 있는 위험을 제거하는 것이다. 위험은 체계적 위험과 비체계적 위험이 있는데 비체계적 위험을 대상으로 한다. 〈그림 9-1〉에 제시한 바와 같이, 평균-분산 지배원리에 의해 선택된 포트폴리오를 효율적 프런티어라 하며, 효율적 포트폴리오의 집합을 효율적 프런티어라 한다.

1) 포트폴리오의 위험과 수익

① 무작위적으로 자산을 배합한다면 포트폴리오를 구성하는 자산의 수가 많으면 많을수록 불필요한 위험은 통계학적으로 제게 된다.

② 재산 3분법도 포트폴리오의 일종이다(표 9-4 참조). 그러나 단순히 재산 3분법을 한다고 하여 좋은 결과를 얻는 것은 아니다. 왜냐하면 재산 3분법은 단지 포트폴리오의 일종이지 최선의 배합은 아니기 때문이다.

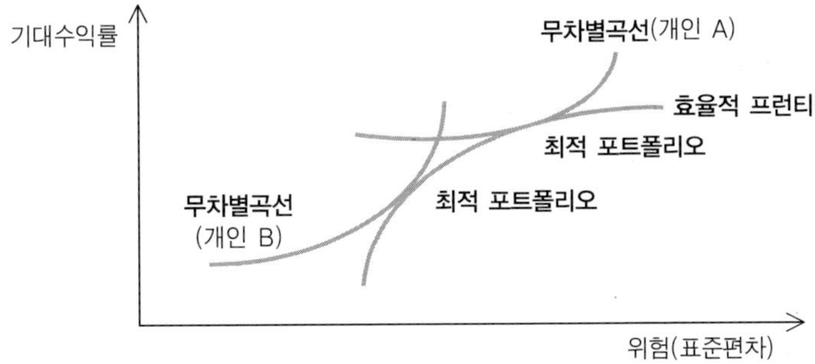

그림 9-1 최적 포트폴리오의 선택

표 9-4 재산 3분법의 예

구 분	예금	주식	부동산
수익성	×	○	○
안정성	○	×	○
환금성	○	○	×

③ 포트폴리오 관리는 부동산 투자에 있어서 투자에 따른 위험, 수익률, 환금성 등이 고려되어야 하며, 단순히 분산투자를 하는 것만 의미하는 것이 아니라 투자대안이 갖고 있는 위험과 수익을 분석하여 불필요한 위험을 제거하고 안정된 투자수익을 얻을 수 있는 포트폴리오를 선택하는 것이 필요하다.

2) 최적 포트폴리오의 선택

투자자들은 여러 가지 자산들 중에 포트폴리오를 구성하는 가장 중요한 목적은 분산투자를 함으로써 투자위험을 감소시키는데 있다. 투자자는 포트폴리오 분석을 통해 원하는 수준의 기대수익률에 대하여 위험을 최소화시키거나, 혹은 부담하고자 하는 위험수준에서 가장 높은 기대수익률을 실현 해주는 효율적 포트폴리오를 선택하고자 할 것이다.

최적 포트폴리오 선택이란 수많은 효율적 포트폴리오 중에서 개별투자자의 위험수준에 적합한 최적의 포트폴리오를 선택하는 과학적 방법론을 제시해 주는 것이다.

결론적으로 포트폴리오의 선택은 분산법으로 판단하기 어려운 투자안의 위험과 수익과의 관계를 쉽게 분석하는 것이며, 비체계적 위험과 체계적 위험을 제거하는데 있다. 통계학적으로 자산의 구성 수가 많으면 위험제거확률이 높다. 그러나 자산 포트폴리오의 대안에 자산을 균등분배 하는 것은 아니다. 자산 포트폴리오를 구성하는 개별자산은 그 구체적 내용을 어떻게 하느냐의 문제이며, 부동산 시장은 국지화된 시장으로 분류되기 때문에 그리고 부동산 종류가 다양하기 때문에 포트폴리오가 가능하다.

3) 포트폴리오의 한계

부동산 포트폴리오의 구성 및 수익은 객관화된 논리적이고 계량적인 접근을 필요로 하고 있으나 다음과 같은 제약이 있다.

첫째, 부동산 시장은 불완전 시장이므로 정기적으로 시장 포트폴리오 수익률을 계량하기 곤란하다. 둘째, 투자자의 능력에 따라 수익률이 다르게 산출되므로 평균적 수익률을 산정하기 곤란하다. 셋째, 포트폴리오 모형은 단기간의 모형이나 부동산 투자는 다기간의 모형이다. 넷째, 부동산 투자는 분할이 어려운 한계가 있다.

5. 부동산의 가치평가

이론적으로 부동산은 그 가치와 동일한 가격으로 시장에서 매매되어야 하지만 현실은 그렇지 못하다. 그 이유는 부동산시장은 불완전 경쟁시장의 대표적인 사례이기 때문이다. 부동산시장에서는 정보의 유통이 원활하지 못하고 부동산의 가치라는 것 자체가 객관성이 낮고 활용방법에 따라 가치가 달라질 수 있으며 부동산은 표현화된 상품이 아니기 때문에 〈표 9-5〉에 제시한 바와 같이 '가치'와 '가격'간의 차이가 있다. 부동산 가치평가의 3면성은 첫째, 비용성으로서 어느 정도의 비용이 투입되어 만들어진 재화인가이며 둘째, 시장성으로서 어느 정도의 가격으로 시장에서 거래되고 있는가이다. 셋째는, 수익성으로서 어느 정도의 수익과 편익을 얻을 수 있는가이다.

표 9-5 부동산의'가치'와'가격'의 개념 비교

구분	예금	주식	부동산
시장에서 실제로 거래되는 부동산 가격으로 검증가능하며 객관성을 가진다.		개념에 대한 정의가 다양하며, 다분히 주관적이고 전략적이며 완벽한 검증이 어렵다.	

1) 부동산 가치평가 기법

부동산 가치평가는 성립근거에 따라 〈표 9-6〉에 제시한 바와 같이 원가방식, 비교방식, 수익방식으로 한다.

표 9-6 부동산 가치평가 기법

접근방식	성립근거	주요 구성요소	평가방식 및 결과		성격
			방법(가격)	방법(임료)	
원가방식 (Cost Approach)	비용성	역사적 원가, 신축비용, 감가수정	복성식평가법 (복성가격)	적산법 (적산임료)	자산가치 공급가격
비교방식 (Market Approach)	시장성	매매(임대)사례, 시장가격(임료)	거래사례비교법 (비준가격)	임대사례비교법 (비준임료)	상대가치 균형가격
수익방식 (Income Approach)	수익성	장래수익, 현금흐름, 자본환원, 수익률	수익환원법 (수익가격)	수익분석법 (수익임료)	수익가치 수요가격

(1) 원가방식에 의한 산정

① 복성식 평가방법

이 방법은 기회원가 개념을 중시한 방법으로서, 가격시점에 있어서 대상물건의 재조달원가에 감가수정을 하여 대상물건이 가지는 현재의 가격을 산정한다.

- **복성가격 = 재조달원가 − 감가누계액**

예 신축 후 3년이 지난 어떤 건물의 경우, 유사한 입지특성을 가진 토지를 구입하는데 30억원이 예상되고 유사한 규모/질의 건물을 짓는 건축비가 50억원이 예상되며 제반경비/공과금/세금 등이 15억원이 예상된다면 그 건물의 재조달원가는 95억원이 되며 3년간 8억원 정도가 감가(감가상각 및 기타 감가)되었다면 해당건물의 가치를 87억원 정도로 평가할 수 있다는 논리이다.

복성식 평가방법의 장점은 다음과 같다.

· 건물, 구축물, 기계장치 등 재생산이 가능한 상각자산에 널리 적용
· 비교적 논리적인 작업이므로 감정평가사의 주관이 혼입될 여지가 적기 때문에 감정가격의 편차가 적다.
· 고정자산의 재평가, 기업회계처리 또는 매매사례의 포착이 어려운 공공, 공익용 부동산의 감정평가에 효과적

복성식 평가방법의 단점은 다음과 같다.

· 토지와 같이 재생산이 불가능한 자산에 대해서는 적용이 어렵다.
· 재조달원가와 감가상각액을 파악하는데 기술적인 애로가 있다.
· 재조달원가를 기준으로 하기 때문에 수익성, 시장성이 고려되지 않는 경우가 많다.

② 적산법

가격시점에 있어서 대상물건의 기초자격에 기준이율로 곱하여 산정된 금액에 대상물건을 계속하여 임대차 하는데 필요한 경비를 가산하여 임료를 산정하는 방법이다.

- **적산임료 = (기초가격 × 기준이율) + 필요제경비**

적산법의 장점은 다음과 같다.

· 기초가격과 기대이율에 착안하므로 비교적 이론적이다.
· 임대사례가 없는 물건에 효과적으로 적용할 수 있다.

적산법의 단점은 다음과 같다.

· 복성식평가법에서와 같이 기성시가에 적용하기 곤란하다.
· 수익을 목적으로 하는 물건에는 활용하지 못하다.

(2) 비교방식에 의한 산정

비교방식에 의한 부동산 가치 평가는 판매된 매물의 비교분석에 의해 산정하는 방법이다. 즉, 해당 부동산의 평가는 그것과 유사한 부동산의 판매 선 가격

에 의해 결정된다. 해당 부동산은 비교 대상 부동산과 판매일자, 지역, 토지 사이드, 건물에 사용된 자재, 건물의 외형상태를 비교할 수 있도록 유사해야 한다. 일반적으로 일반 주택과 같이 최근의 유사한 저택의 판매가 발생한 부동산에 매우 유용하다. 반대로 수익을 발생하는 임대 아파트, 쇼핑센터, 오피스 빌딩에는 적용에 어려움이 있다. 가장 중요한 점은 유사한 건물, 주택에 대한 판매 자료를 많이 얻는 점이 중요하며 가능한 한 많은 유사한 건물을 찾아보는 것이 중요하다.

① 거래사례비교법

이 방법은 시장수급동향을 중시한 개념으로서 대상부동산과 유사한 물건의 거래사례를 기준으로 하되, 대상 부동산의 현황에 알맞게 사정보정과 시점수정 등을 가하여 추정하는 방법이다. 부동산의 원격을 구하는 기법은 다음과 같다.

- **비준가격 = 거래사례 × 시점수정 × 지역요인비교 × 개별요인비교 × 면적비교**

거래사례비교법의 장점은 현실적인 시장성을 반영하기 때문에 실질적이며, 설득력이 있다는 것이다. 그러므로 감정평가의 방식 중에서 가장 중축적인 역할을 하며 적용 범위가 넓다.

거래사례비교법의 단점은 다음과 같다.

· 통상적으로 거래가 없는 부동산에는 적용이 곤란하다.
· 주로 감정평가사의 경험에 의존하므로 과학적 근거가 희박하다.
· 시점수정, 사정보정, 개별적 요인 및 지역요인의 비교가 부정확할 가능성이 있으며 감정 평가의 편차가 크다.
· 매매사례의 비밀 취급과 자료의 신뢰성의 문제가 있다.

거래 사례비교법의 적용방법은 다음과 같다.

① 거래사례가격의 선택 기준

· 위치의 유사성 : 위치에 있어서 평가대상물건과 동일성 또는 유사성이 있는 지역내에 소재하는 거래사례를 선택

- 물적 유사성 : 사례물건의 규모, 상태, 구조, 재질, 용도 등의 물적인 성격이 동일하거나 유사한 사례를 선택
- 시점수정의 가능성 : 거래사례는 거래시점이 분명하여야 하며, 대상물건의 가격시점과 유사한 시점의 거래사례일수록 효과적
- 사정보정의 가능성

② 임대사례비교법

임료를 구하는 기법은 다음과 같다.

- **비준가격 = 임대사례 × 시점수정 × 지역요인비교 × 개별요인비교 × 면적비교**

이 방법은 주변에 유사특성 물건이 다수 존재하며 거래 또한 활발한 경우에는 매우 현실적이고 실용적인 방법이 될 수 있으나 그렇지 않은 경우 왜곡된 평가 결과를 초래할 수 있다. 그리고 과거 사례를 기준으로 하기 때문에 시장여건이나 입지특성의 변화가 예상되는 경우에는 사용하기 어렵다.

(3) 수익방식에 의한 산정

부동산의 수익을 발생시키는 능력을 평가하는 방법으로, 수익에 착안하여 부동산의 가격 또는 임료를 구하는 방법이다. 종류로는 직접환원법, 현금흐름할인분석(DCF법)법이 있다.

① 수익환원법

수익환원법은 가장 이상적인 방법이나, 한편 가장 전문적인 지식과 분석을 요하는 방법이다. 또한 매우 전략적인 방법이며, 상업성 개념을 중시한 방법이기도 하다. 수익환원법은 부동산이 발생시키는 1년 동안의 소득기대치를 통해 부동산 전체의 가치를 평가하는 방법이다.

- **수익환원법= 부동산의 가치 = 순 영업 소득[1]/환원이율[2]**

1) 평가년도 다음 해의 안정화 된 소득

2) 시장에서 매매된 부동산의 소득과 매매가의 관계

수익환원법의 특징은 다음과 같다.

· 시장 지향적
· 시장에서 일반적으로 쓰이는 자료로서의 역할
· 자본에 대한 수익 및 회수기간이 없음
· 환원이율은 일반 투자자를 만족시킬 수 있도록 충분하여야 함
· 부동산 시장의 상황을 잘 반영하고 있어 비교자료로서 가치가 있음

활용절차는 해당부동산의 최유효 활용 방안 구상, 최유효 활용시의 예상이익 및 비용추정, 부동산가치 평가 순서이다.

② **수익분석법(현금흐름할인분석 = DCF법)**

수익 분석법은 적정한 수익률로 미래의 현금흐름을 할인하거나 대상 부동산의 현금흐름의 형태, 미래의 부동산 가치의 등락, 그리고 투자자의 요구 수익률을 명확하게 반영하는 종합이율을 개발하여 미래의 현금흐름을 현재가치로 전환시키는 방법이다.

수익분석법의 특징은 다음과 같다.

· 수익지향성
· 특정 투자자에 국한하여 요구수익률을 명확히 반영해야 함
· 자본에 대한 수익 및 회수 기간에 대한 분석 필요
· 부동산 시장의 상황을 잘 반영해야 함

수익 분석법의 종류는 다음과 같다.

· 세전현금흐름모형 : 세전현금흐름을 현재가치로 환원하여 부동산 가치를 평가
· 세후현금흐름모형 : 세후현금흐름을 현재가치로 환원해서 부동산 가치를 평가

- **세전현금흐름 = 순 영업소득 − 원리금 상환액**
- **세후현금흐름 = 순 영업소득 − 원리금 상환액 − 소득세(법인세)**

표 9-7 DCF법에 있어 세전모형과 세후모형의 논쟁

세전모형 옹호론자	세후모형 옹호론자
·소득세(법인세) 적용으로 인해 소득창출 능력과 한계소득세율에 따라 틀려지기 때문 ·간편하다는 이점 ·다른 투자대상과의 비교에 유리	·세금과 절세효과를 반영하지 않은 모형은 불완전함 ·다른 투자대상을 세후수익률로 전환하는 것은 어렵지 않음

수익방식에 의한 산정 적용시 문제점은 크게 두 가지로써 다음과 같다.

① **신뢰성 있는 자료수집의 문제**

·평가 대상 부동산과 유사한 사례의 매매가격, 수익, 비용자료 수집이 어려움
·의뢰자가 제공하는 자료에 대한 신뢰성 부족
·수익용 부동산의 일반적인 수익, 경비구조도 잘 알려져 있지 않음
·환원이율 결정시 문제점 극대화

② **임대방식의 문제**

·보증금의 처리문제
 -지분잔여법 : 초기에 보증금을 받고 보증금에 대한 상승분만 수입으로 가산
 -보증금운용이익법 : 보증금에 대한 운용이익만 수입으로 가산하는 방법
·보증금과 월세의 비율문제
 -보증금과 월세의 환산 문제
 -월세의 비중이 커질수록 부동산의 수익률은 커짐
 -월세의 비중을 대상부동산과 비교부동산을 맞추어 환산해야 함

2) 부동산 가치평가를 위한 필수 확인 서류

(1) 토지이용계획 확인서

토지이용계획 확인서는 건축할 수 있는 건물의 용도 및 규모를 결정해 놓은 지역, 지구, 구역 등 도시계획사항이 표시되어 있어 토지에 대한 허용 및 제한 사항을 알 수 있다. 비슷한 위치에 비슷한 면적의 토지라도 주거지역인지 상업지역인지에 따라 건축할 수 있는 용도와 규모가 이미 도시계획사항으로 결정되어 있는 것이다. 일반적으로 도시계획법상 주거지역에는 건폐율 60%, 용적률 200%~300%로 주로 주거용도에 적합한 건물을 지을 수가 있고, 상업지역은 건폐율 80%, 용적률 800~1,300%까지 다양한 상업시설을 지을 수가 있다. 상업지역은 주거지역에 비해 상업시설 용도의 건물을 더 높게, 더 많이 지을 수 있기 때문에 상업지역의 토지가격이 주거지역에 비해 높은 편이다.

도시계획구역내의 토지이용은 지역, 지구, 구역으로 구분되어 있으며 토지에 대한 허용 및 제한사항이 명시되어 있다. 이는 도시계획 구역 내에서 토지의 경제적, 효율적 이용을 위하여 지정된 것이다. 용도지역은 주거지역, 상업지역, 공업지역, 녹지지역 4종류로 구분되어 있다. 주거지역은 전용주거, 일반주거, 준주거로 구분되고 상업지역은 중심상업, 일반상업, 근린상업, 유통상업으로 구분된다. 공업지역은 전용공업, 일반공업, 준공업으로 구분되고 녹지지역은 보전녹지, 생산녹지, 자연녹지로 구분된다. 지역·지구별 건축가능 용도에 대하여는 도시계획법에 명시되어 있다.

- 건폐율 : 부지면적에 대한 건축면적 비율, 건폐율이 높을수록 건물을 넓게 지을 수 있다.
- 용적률 : 부지면적에 대한 건물 지상연면적 비율, 용적률이 높을수록 건물을 높게, 많이 지을 수 있다.

(2) 토지대장

토지면적과 지목, 소유자, 토지의 분할 합병의 역사, 토지등급 등을 알 수 있다. 토지대장을 통해서 정확한 토지의 면적과 소유자의 인적사항을 확인할 수 있는데, 지목이란 24개 종류인데 지역·지구와는 별개로 그 토지의 사용용도를 표시한 것이다. 대지는 '대', 논은 '답', 밭은 '전' 등으로 표시되는데 도시계획상 지역이 주거지역이라 하더라도 그 사용용도가 농지인 경우 '전'으로 표시가 될 수 있다. 토지가 임야인 경우에는 임야대장을 확인해야 한다.

(3) 지적도

토지의 형상과 도로 저촉여부, 향후 도시계획으로 당해 토지의 일부가 도로로 편입되는지 여부를 지적선 등으로 확인할 수 있다. 도로 편입여부는 대부분 건축허가 시 기부체납의 형태로 이루어지기 때문에 편입면적이 많다면 대상 토지의 가격이 주변 시세보다 저렴하다 하더라도 편입면적을 제외한 면적을 가지고 그 가격을 산정하여야 하므로 오히려 고가에 매입되는 경우가 있어 잘 고려하여 판단하여야 한다. 또한 대지에 접한 도로의 폭은 건축법상 도로사선제한으로 건물의 높이를 결정하기 때문에 같은 용적률을 적용 받더라도 넓은 도로에 면해 있어야 건물을 높이 지을 수 있기 때문에 도로의 저촉상태는 매우 중요하다.

(4) 건축물대장

건물의 규모(면적, 층수), 구조, 준공일자, 사용검사일, 건물의 용도 및 용도변경 내역 등을 확인할 수 있는 서류이다. 건물의 용도는 건축법이 정하는 용도 구분에 따라 주차장 확보 기준과 정화조 용량, 부과되는 세금, 교통유발부담금 등 부담금이 정해지기 때문에 일반 음식점으로 사용하던 건물을 학원 등으로 변경하여 사용하려고 한다면 설계변경도면을 작성하여 관청의 허가를 득한 후 공사를 하여야 한다. 예를 들어 기존 건물에 확보된 정화조나 주차장의 면적이 용도변경 시에도 법적요건을 맞출 수 있도록 되어있지 않으면 용도변경이 불가능하여 매입목적의 용도로 사용을 못하는 경우도 있다.

(5) 토지 및 건물 등기부등본

토지(건물)의 면적, 주소, 소유자, 소유권 및 저당권을 확인할 수 있는 서류이다. 등기부등본은 토지 건물의 소재지, 지번, 지목 등을 표기한 표제부, 소유권의 이전 및 보존, 취득자의 주소 및 성명, 압류, 가압류, 가등기, 경매로 인한 기입등기 등에 대한 표기를 한 갑구, 소유권 이외의 저당, 근저당, 전세권 지상권 등을 표기한 을구의 세 부분으로 구성되어 있다. 특히 경매로 부동산을 구입할 경우 순위 번호란을 잘 확인하여 등기부등본의 권리분석을 제대로 하지 않으면 큰 낭패를 볼 수도 있으므로 주의해야 한다. 이에 대하여는 등기법, 민법 등을 통해 지식을 얻을 수 있다.

(6) 개별공시지가 확인서

정부가 매년 1월 1일에 조사해 발표하는 지가 기준으로 부동산 세금을 부과하는데 기준이 되는 것으로 개별적인 부동산에 따라 편차가 있지만 공시지가는 시세의 약 70% 정도라고 보고 있다. 어떤 부동산을 매입하고자 할 때 매입가격에 대한 참고적인 기준이 되는 것이다.

6. 부동산 가격 결정과 영향요인

1) 부동산 가격 결정의 원칙

부동산의 가격원칙이란 부동산의 가격이 어떻게 형성되고 유지되는가에 관한 법칙성을 추출하여 부동산 평가활동의 지침으로 삼으려는 것이다. 가격 결정의 원칙은 대부분 일반 경제원칙에 기초를 두고 있으나 사회적·자연적 요인들도 상당 부분 포함되어 있으며, 각각 고립되어 작용하는 것이 아니라 서로 직접·

간접의 관련 하에 하나의 체계를 형성하고 있다.

① 수요·공급의 원칙

부동산의 가격도 기본적으로는 그 수요와 공급과의 상호관계에 의하여 결정되는 것이지만 토지에 있어서는 부동산의 특성 때문에 이 원칙이 제한을 받기도 한다. 그러나 용도적 관점(택지개발, 주택의 신축 등)이나 효용면에서 대체가 가능하므로 수요·공급의 원칙이 적용되는 것이다.

② 변동의 원칙

모든 현상은 자연 법칙에 의해 항상 변화한다. 부동산에 대한 유용성도 그 내외적 요인의 변화에 따라 부단히 변동하므로 부동산 가격도 가격 형성 요인의 상호 인과관계의 변동과정에서 형성된다는 것이 변동의 원칙이다.

③ 대체의 원칙

대체의 원칙은 경제 합리성을 추구하는 인간의 경제행위는 동등의 효용을 가진 2개 이상의 물건을 선택할 때는 값이 싼 쪽이 선택되고 값이 같을 때에는 효용성이 높은 것이 선택된다는 이론을 바탕으로 한 원칙이다. 일반적으로 대체 가능한 2개 이상의 재화 간에는 상호영향을 미쳐 가격이 형성된다. 부동산도 동일하다. 부동산은 자연적 특성 중 개별성이 있어서 비대체적이지만 이용적인 면에서 보면 대체적이다.

④ 최유효사용의 원칙

최유효사용의 원칙이란 부동산 가격은 최유효사용의 방법을 전제로 하여 파악되는 가격을 표준으로 하여 형성된다는 원칙이다. 최유효사용이란 객관적으로 보아 양식과 통상의 사용능력을 가진 사람에 의한 합리적·합법적인 최고·최선의 사용 방법을 말한다. 최고·최선의 이용방법은 합리적 이용, 합법적 이용, 물리적으로 채택 가능한 이용을 의미한다. 그러나 이 세 가지는 필요조건일 뿐 충분조건은 아니다.

⑤ **균형의 원칙**

부동산의 유용성이 최고도로 발휘되기 위해서는 구성 요소간의 내부결합에 균형이 있어야 한다는 원칙이며 부분과 전체에 관계되는 원칙이다. 특히 부동산의 최유효 이용 여부의 판정에 있어서는 이 균형이 잘 이루어지고 있는가를 분석할 필요가 있다.

· 토지는 접면너비, 회지의 깊이, 형태 등의 균형
· 건물은 건물의 면적, 높이, 방의 배치, 복도, 설비, 계단 등 균형
· 토지와 건물 등 복합 부동산은 건물과 부지의 배치 상태의 균형
· 기업용 부동산은 토지 자본 노동 및 경영의 결합의 최고의 균형
· 관련 원칙 최유효사용과 관련이 있다.
· 균형의 원칙은 기능적 감가의 이론적 근거가 됨

⑥ **수익체증·체감의 원칙**

부동산에 대한 단위투자액을 계속적으로 증가시키면 그에 대응하는 수익이 어느 점(최대수익점)까지는 체증하지만 그 이후는 수익증가율이 체감하게 되는 바 이를 수익체증·체감의 법칙이라 한다.

⑦ **수익배분의 원칙**

토지, 자본, 노동 및 경영의 각 생산 요소에 의하여 발생하는 총수익은 이들 제요소에 배분되는바 자본 노동 및 경영에 배분된 몫 이외의 잔여액(잉여생산성)은 그 배분이 정당하게 행하여지는 한 토지에 귀속된다는 원칙을 말한다.

⑧ **기여의 원칙**

기여의 원칙은 부동산의 어느 부분이 당해 부동산 전체 수익획득에 어느 정도 기여하는지, 그 부분은 부동산 전체의 가격에 어느 정도 영향을 미치는 가로서 부분과 전체에 관계되는 원칙이다.

⑨ 적합의 원칙

부동산이 그 유용성(수익성 또는 쾌적성)을 최고도로 발휘하기 위해서는 부근 환경에 적합하여야 한다는 원칙이다.

⑩ 경쟁의 원칙

초과이윤은 경쟁을 야기 시키고, 경쟁은 초과이윤을 감소 또는 소멸시킨다는 원칙을 말한다.

⑪ 예측의 원칙

예측의 원칙이란 부동산의 가격 형성 요인과 지역 특성, 가격 수준은 부단히 변화하고 이에 따라 부동산 가격도 변동되기 때문에 평가활동에 있어서는 그 요인의 추이나 동향에 대한 예측을 하여야 한다는 원칙이다.

⑫ 기회비용의 원리

기회비용의 원칙이란 어떤 투자대상의 가치평가를 그 투자대상의 기회비용에 대하여 평가하는 원리이다. 기회비용이란 어떤 대안을 선택함으로 인해서 선택되지 않은 다른 기회를 희생한 대가를 의미한다. 기회비용은 실제 지불된 비용이 아니고 계산된 비용, 인식된 비용이다. 따라서 기회비용은 지불에 대한 요구수익률을 측정하는 중요한 기준이 된다.

⑬ 외부성의 원리

외부성의 원칙이란 대상 부동산의 가치는 외부적인 요인에 의하여 영향을 받는다고 보고 평가하는 원리이다. 외부적 요인이 대상 부동산의 가치에 긍정적인 영향을 미칠 때 이를 외부경제라 하고, 부정적인 영향을 미칠 때 이를 외부불경제라 한다. 따라서 평가사는 외부경제가 있을 때에는 대상 부동산을 그만큼 높게 평가해 주고 외부불경제가 있을 대에는 그만큼 낮게 평가해야 한다.

2) 부동산 가격 형성 요인

부동산 가격은 그 발생요인인 부동산의 유용성, 상대적 희소성, 유효구매력, 욕망 등 네 가지 요인의 상관결합에 의하여 발생하는 경제 가치이므로 이들 네 가지에게 영향을 주며, 또 이들을 움직이고 규정하는 요인을 부동산 가격 형성 요인이라고 한다.

① **유용성**(utility)

유용성이란 부동산의 용도적 이용가치를 말하는 것으로 주거용 부동산은 쾌적성, 상업용 부동산은 수익성, 농업용 부동산은 생산성을 각각 의미하는 것이다. 부동산은 개인의 주관적인 만족이나 수요와는 상관없이 고유한 부증성[3], 개별성, 적재성 등의 특성을 갖기 때문에 효용과는 달리 유용성 또는 사용가치가 중시된다.

② **상대적 희소성**(scarcity)

본래 부동산은 일반 경제재보다 희소성의 가치가 더 발휘된다. 이러한 가장 큰 원인은 부동산의 부증성, 부동성, 개별성이라는 특성과 인간의 기복욕구 충족의 대상이기 때문이다. 희소성은 토지의 물리적 절대량의 부족 때문에 나타나는데, 이와는 달리 용도적 부족이라는 현상이 희소성을 가중시키는 요인이 된다. 또 어떤 특정용도 필요한 부동산은 특정 위치와 특정한 개별적 상태를 요구하는 경우도 있어, 이러한 것도 희소성으로 작용한다.

③ **유효구매력**(effective purchasing power)

부동산의 가격이 발생하기 위해서는 위에서는 부동산의 구매력이 존재해야 한다. 구매력은 경제 개념이며 때와 장소에 따라 변하는 것이 통례이다. 이를 유효수요라 하기도 한다.

---

3) 부증성 : 토지는 생산비를 투입하여 그 물리적인 양을 임의적으로 증가시킬 수 없다. 다만, 택지의 조성 및 수면의 매립 등을 통하여 다소는 증가시킬 수 있으나 이것 또한 용도의 전환이나 적용의 증가로 파악될 수 있는 것이며, 수면도 광의의 토지자원이라고 볼 때 역시 물리적 량의 증가라고는 볼 수 없다.

④ **욕망**(desire)

어떤 욕구를 충족시키기 위한 부동산을 행한 욕망은 부동산 가격의 창조에 기여한다. 욕망은 유용성, 희소성과 더불어 구매력과 관련을 가지고 있다. 부동산의 가격형성 요인은 일반적 요인, 지역적 요인, 개별적 요인으로 나눈다. 일반적 요인에는 사회적 요인, 경제적 요인, 행정적 요인, 자연적 요인으로 구분되며, 지역적 요인에는 주거, 상업, 공업, 농업 등의 용도별 요인으로 구분되고, 개별적 요인에는 토지에 관한 개별적 요인, 건물에 관한 개별적 요인 등으로 구분된다.

3) 부동산 가격 결정의 영향 요인

부동산 가격결정 영향요인은 크게 거시적 측면과 미시적 측면으로 구분할 수 있다. 먼저 거시적 측면의 요인을 살펴보면 다음과 같다.

(1) 부동산 정부정책

부동산 가격에 영향을 미치는 요소 중 가장 크게 작용하는 것이 부동산의 정부정책이다. 정부의 부동산 정책은 대체로 투기 세력 억제를 통한 가격안정과 실수요자 중심의 시장개편으로 나누어 볼 수 있다. 투기 세력 억제 및 부동산 가격 안정을 위한 최근의 정부정책, 예를 들면, 다주택자 보유세 및 양도소득세 강화, 분양권 전매금지, 재건축 개발이익환수제, 주택거래신고제 등은 부동산 가격에 막대한 영향을 미치고 있다. 또한, 실수요자 중심의 부동산 시장 개편, 즉, 모기지론 도입, 무주택 세대주 공급물량 확대, 그린벨트 해제지역에 임대주택건설 등도 부동산 가격에 영향을 미친다.

(2) 부동산 공급물량

우리나라 부동산 시장은 아파트 가격을 중심으로 부동산 가격이 움직이는 경향이 있다. 2000년 이후 아파트 가격상승 요인 중 하나가 IMF시절 아파트 분양

물량 저조 때문이다. 결국, 부동산의 공급량, 특히 아파트 공급량은 아파트 가격은 물론 부동산의 가격 하락에 영향을 미친다.

(3) 부동산 개발재료

부동산 개발 재료는 부동산 가격에 영향을 미친다. 예를 들면, 고속철 개통에 따른 천안, 아산 지역의 토지 및 아파트 가격상승, 미군부대 이전에 따른 용산, 평택, 오산지역의 부동산 가격상승, 행정수도 이전에 따른 충청도 지역 토지 가격 상승 등의 부동산 개발 재료가 부동산 가격에 영향을 미친다.

(4) 경기 동향

경기 동향은 부동산에 대한 사람들의 관심에 영향을 미치고 결국 부동산 가격에 영향을 미친다. 경기의 활황, 가계소득증가, 소비심리 상승은 부동산에 대한 매도·매수 심리가 살아나 부동산 가격에 영향을 줄 것이며, 이러한 소비심리 회복과 실물경기의 상승은 부동산 가격의 상승요인으로 작용하고 그 반대라면 부동산 가격의 하락요인으로 작용한다.

(5) 은행금리 및 주식동향

은행금리 및 주식가격은 부동산 가격과 밀접한 관계가 있다. 재테크 중에서도 금리, 주식, 부동산은 우리가 생각하는 일반적인 재테크 중에 하나이다. 누구나 3가지 재테크 방법 중 수익률이 높으면서 안정적인 투자처를 선택하여 투자를 하게 될 것이다.

한편, 미시적인 측면의 영향요인은 크게 지역, 부동산 종류, 계절·시기인데 구체적으로 살펴보면 다음과 같다.

(1) 지 역

① 교 통

같은 지역에 속한다 하더라도 대중교통의 접근성에 따라 부동산 가격에 차이가 있다. 특히, 수도권에서는 교통요소 중 지하철이 대표적이라 할 수 있는데, 지하철의 연계노선, 환승역 유무, 역에서 아파트까지 도보로 걸리는 시간 등에 따라 아파트 가격 차이가 있으며, 버스는 연계노선과 승강장과의 거리에 따라 가격 차이가 있다.

② **편의시설**

요즘 맞벌이를 하는 부부가 늘어나다 보니 대형 할인점, 관공서, 대형병원, 피트니스 센터 등등, 편의시설에 따라 가격차가 벌어지며, 여러 편의시설 중 대형 할인점 위치가 아파트 가격에 큰 영향을 준다.

③ **교육환경**

우리 사회에서 교육환경은 부동산 가격에 가장 큰 영향을 준다고 할 수 있다. 명문학원과 학군이 위치한 지역에 따라 아파트 가격차이가 심한 것이 우리의 부동산 시장 환경이다.

④ **환경가치**

환경가치는 조망권(강, 호수, 공원, 산, 녹지율 등)을 말한다. 같은 동의 아파트라 하더라도 한강, 공원을 바라볼 수 있는지 여부, 녹지율에 따라 부동산 가격의 차이가 더 크게 벌어지고 있다.

(2) 부동산의 종류

과거 부동산 가격 변동 경향을 살펴보면 대부분 가격 변동은 부동산의 종류에 따라 변동되었다. 1977년을 전후한 부동산 가격 상승은 대부분 대도시 주택용지를 중심으로 가격 상승이 이루어졌으며, 1987년과 1988년에는 개발지역 토지와 아파트, 1989년에는 단독주택 등이 가격 상승을 주도했다. IMF로 인한 부동산 가격 폭락 후 가격이 가장 먼저 회복된 것은 대도시 지역의 아파트 가격과 수익성 부동산(상가주택이나 빌딩 등)이었으며, 토지의 경우에는 경기도 일원의 전원주택용지와 그린벨트지역 내 토지다. 기타 단독주택이나 연립주택, 기타 토지의 경우에는 그 가격 회복이 더딘 것으로 나타났다.

(3) 계절·시기

우리나라의 경우 주거용 부동산 가격은 봄과 가을의 이사철에 가장 많이 상승하며, 가격 상승 폭은 봄철이 크며, 가을철의 가격 상승은 이사 물량에 따라 그 크기가 달라진다. 또한, 봄철의 주거용 부동산의 가격 상승은 여름까지 이어지지 못하는 경우가 대부분이나, 가을철의 가격 상승은 겨울을 지나 다음해 봄까지 이어지는 경우도 있다. 우리나라의 이사철은 대부분 봄의 경우 3, 4월이며, 가을의 경우에는 9월 혹은 10월이나, 부동산 가격은 계약을 기준으로 이루어지고, 부동산의 계약부터 입주까지는 통상 1개월의 기간이 소요됨에 따라, 대부분의 가격 상승은 이사철보다 1개월 내지 2개월 정도 앞서서 이루어지고 있다. 최근에는 여름철이나 겨울철에 주택을 구입하려는 수요자들이 늘어남에 따라, 아파트의 경우에는 1월에 가격상승이 집중되고, 가을에는 8월 말부터 가격 상승이 집중되는 현상을 보이고 있다. 주거용 부동산은 계절에 따라 변동하나 기타 부동산의 경우에는 계절 등에 따른 변동 시기가 정해지지는 않고 있다. 다만, 여름 휴가철이나 설날과 추석을 전후한 시점에서는 부동산 거래량이 줄어들고 가격 변동 폭도 적게 되며, 전원주택용지의 경우에는 초여름이나 가을에 가격 상승 폭이 크고, 이사철에는 거래량이나 가격 상승 폭이 줄어드는 경우도 있다.

참고문헌

강이주, 김영신, 허경옥(2000). 가계경제학의 이해. 학지사.
김규진, 김영곤, 박원석, 신창득(2004). 부동산금융과 투자. 부연사.
김용창, 양승철 외(2000).부동산시장정보 분석모형 구축방안. 삼성애버랜드 감정평가연구원.
김용창, 양승철(2000). 외국의 감정평가제도. 감정평가연구원.
김재덕(1990). 부동산경영원론. 박영사.
백봉기(2004). 부동산투자운용론. 부연사.
서후석(1999). 아파트 투자지표와 부동산 포트폴리오 효과에 관한 연구. 중앙대학교 경영학과 박사학위 논문.
서후석, 변재현(1999b). 아파트 투자지표 개발에 관한 연구. 한국건설산업연구원.
송영렬(2002). 재무관리의 이해. 학문사.
송재용 외(2003). 부동산학개론. 한겨레플러스.
안승철, 정영숙, 배미경(2002). 신투자와 보험. 신정출판사.
안정근(2000). 현대부동산학. 법문사.
이래영(2000). 부동산투자론. 삼영사.
이용만(2001). 부동산투자의 포트폴리오와 위험관리에 관한 연구–VaR의 측정을 중심으로. 부동산학연구 제7권.
이재웅(2004). 부동산 개발 기획의 이론과 실무. 부연사.
이태교(2001). 토지정책론. 법문사.
임재만(1999). 부동산포트폴리오 분산투자방법에 관한 고찰. 부동산학연구 제5권.
임재만, 이상영(1999). 오피스빌딩 인덱스 개발에 관한 연구. 감정평가연구원.
주인숙, 양세정, 이연숙(2000). 가계재무관리의 이해. 신정.
채천석(2004). 부동산과 사회. 부연사.
최덕희 외(2002). 새로운 통계학. 청문각.

www.rtoday.com (부동산 투데이)
www.kreic.com

제10장 부동산거래 정책

이 장은 정부가 부동산 투기 억제를 위해 시행하고 있는 부동산실명제에 대해 살펴보고 그에 따른 법적인 절차와 방법에 대해 알아보고자 한다. 부동산을 거래할 때에는 세심한 주의와 꼼꼼한 준비가 필요하다. 이렇게 하기 위해서는 여러 준비가 필요한데 이에 따른 법적인 절차와 방법에 대해 살펴보도록 한다.

1. 부동산 소유권 이전 및 등기

1) 부동산실명제

부동산실명제도란 차명을 통해 탈세와 탈법으로 부동산투기를 하는 것을 막기 위한 제도로써, 부동산에 관한 물권(소유권, 전세권, 지상권 등)은 반드시 실제 권리자의 이름으로만 등기하도록 하는 제도를 말한다. 부동산실명제는 1995년 7월부터 시행되었다. 차명거래의 가장 대표적인 유형인 명의신탁은 부동산을 남의 이름을 빌어 등기함으로써 부동산투기와 세금을 회피할 수 있는 수단이었다. 부동산실명제 도입 이전에 명의신탁은 부동산투기, 세금탈루 또는 재산을 감추는 수단으로 이용되어 각종 부정과 부조리의 원인이 되어 왔으며, 실소유자와 명의대여자는 이러한 거래사실을 공증이나 내부계약을 통해 약정하여 형식상 소유자가 자신의 이익을 위해 임의로 사용하거나 처분할 수 없었다. 부동산실명제는 부동산에 관한 권리는 반드시 자신의 이름으로 등기하도록 하여, 명의신탁을 이용한 부동산투기를 없애 부동산 거래질서를 바로잡고, 각종 부정·부조리를 제거하고 부동산 가격 안정을 기하기 위해 도입된 제도이다.

(1) 실권리자의 명의 등기의무

부동산실명법 시행이 시작된 1995년 7월 이후 모든 부동산에 관한 물권은 명의신탁을 이용하여 다른 사람의 이름으로 등기할 수 없고, 반드시 실권리자의 명의로만 등기하도록 의무화되었다. 다만 다음의 경우에는 명의신탁에 해당되지 않는다(법 제2조 1호 및 제8조).

① 재무의 변제를 담보하기 위하여 채무자의 부동산에 가등기를 설정하거나, 부동산에 관한 물권을 채권자가 이전 받는 양도담보의 경우

② 부동산의 위치와 면적을 특정하여 2인 이상이 구분소유하기로 하는 약정을 하고 그 구분소유자의 공유로 등기하는 경우

③ 신탁법과 신탁업법에 의해 신탁재산인 사실을 등기하는 경우

④ 종중 부동산의 명의신탁 또는 부부간의 명의신탁에 의하여 등기를 한 경우에는 조세를 포탈하거나 강제집행 또는 법령상 제한을 회피하기 위한 목적이 아닌 경우

(2) 실명등기의무 위반시 처벌

다른 사람의 이름을 빌어 등기한 실권리자인 명의신탁자에게는 과징금(부동산 가액의 30%)이 부과된다. 과징금 부과 후에도 실명으로 등기하지 않은 경우에는 과징금부과 후 1년경과 시 10%, 2년경과 시 20%의 이행 강제금이 부과된다(법 제6조). 명의신탁자에게는 5년 이하의 또는 2억원 이하의 벌금이 부과되고, 이름을 빌려준 명의수탁자에게는 3년 이하의 징역 또는 1억원 이하의 벌금이 부과된다. 명의신탁행위를 교사하거나 방조한 자에 대하여도 형사처벌이 부과된다(법 제7조).

(3) 장기 미등기자에 대한 처벌

현재 부동산을 취득하고 매도인으로부터 등기를 이전하지 않은 경우 부동산등기특별조치법에 따르면, 60일이 지나면 등록세액의 5배까지 과태료가 부과하

고 있다. 부동산실명법은 이에 추가하여 취득일로부터 3년 내에 등기이전하지 않은 장기미등기는 명의신탁의 경우와 같이 과징금·이행 강제금 형사처벌을 부과 하고 있다.

(4) 명의신탁 관련 상담사례

〈사례 1〉 친구 사이의 명의 분쟁 상담

친구와 합의하에 친구 명의로 아파트를 매입, 등기 이전도 친구 앞으로 했으나 돈은 모두 내가 냈는데 아파트 값이 오르자 친구가 자신의 것이라며 등기이전을 거부하고 있다. 아파트를 반환받을 수 있나요?

상담응답) 부동산실명법은 명의신탁을 엄격히 금지하고 있는데. 위반할 경우 명의신탁자(명의를 빌린 사람)에게 해당 부동산 가액의 30%까지 과징금을 부과합니다. 부동산실명법상 이러한 명의신탁 약정과 물권 변동은 원칙적으로 무효입니다. 명의신탁자는 소유권에 기초해 명의수탁자에게 소유권 이전 등기 말소와 반환을 청구할 수 있으나 제 3자에게는 대항하지 못한다. 즉 명의수탁자가 부동산을 팔아 제 3자에게 등기를 넘기면 제 3자가 이 사실을 알더라도 이 사람에게 반환을 청구할 수 없다는 것입니다. 하지만 명의수탁자는 남의 물건을 동의 없이 처분했으므로 형법상 횡령죄의 처벌을 받고 이에 적극 가담해 명의신탁 재산을 매수한 제3자는 공범으로 처벌된다는 게 판례입니다. 다만 명의신탁 유형 가운데 질문과 같은 계약명의신탁은 좀 다릅니다. 계약명의신탁이란 명의신탁자는 매매 비용만 대고 명의수탁자가 자신의 명의로 산 뒤 등기도 자신 앞으로 이전하는 방식입니다. 이 경우 명의수탁자(친구)는 사법상으로도 유효하게 소유권을 취득한 것이므로 부동산을 마음대로 처분해도 횡령죄가 성립되지 않습니다. 명의신탁자는 명의수탁자에 대해 부당이득으로 매매비용을 청구할 수는 있지만 부동산 자체의 반환은 청구할 수 없는 것이 원칙입니다.

〈사례 2〉 소유권이전에 관한 상담

저는 몇 년 전에 밭을 매수하여 소유권이전등기를 "갑"이라는 사람 앞으로 해두고 "갑"으로 하여금 경작하게 했습니다. 그런데 얼마 전에 등기부를 열람하여 본 결과 "갑"이 위 부동산에 대해 다른 사람에게 근저당권을 설정하여 주고 돈을 융자받았으며, 또 그 일부를 분할하여 매각까지 했습니다. "갑"에게 원상회복을 요구했지만 이에 응하지 않고 있어 형사고소를 하려고 하는데 무슨 죄가 되는지요?

상담응답) "갑"을 상대로 횡령죄로 고소하고 합의가 되지 않으면 민사소송을 제기해야합니다. 귀하가 매수한 토지에 대하여 그 등기명의만을 다른 사람 앞으로 해주었다면 이는 소위명의신탁이라고 하는데 명의신탁은 대외적으로는 소유권의 수탁자, 즉 본 사안의 경우 "갑"에게 있으나 내부적으로는 여전히 위탁자인 귀하에게 소유권이 있으며 "갑"은 남의 토지를 관리하고 있을 뿐입니다. 그러나 위 토지에 대한 대외적인 소유자는 "갑"이기 때문에 "갑"으로부터 위 토지를 매수하거나 근저당권을 설정 받은 제3자는 정당하게 그 권리를 취득한 것이 되어 제3자를 상대로 등기말소청구는 할 수가 없습니다.

〈사례 3〉 친지 명의로 등기한 아파트 상담

개인적인 사정으로 말미암아 친지의 명의로 아파트 등기를 하였습니다. 이분이 그럴 거라고 생각지는 않지만 만약의 경우 자의적으로 아파트를 처분하는 경우 그리고 사망시 명의자 자식에게 상속되는 경우 두 가지를 막을 수 있는 방법이 없을까요? 필요한 절차, 서류, 내용, 준비 사항 등을 알려주시기 바랍니다.

상담응답) 부동산실명에 관한 법률에 의거 명의 신탁은 불법으로서 법의 보호를 받을 수 없으며 형사처벌까지 받을 수 있습니다. 따라서 귀하 앞으로 소유권이전하는 것이 좋을 듯 합니다. 그래도 명의신탁 해소가 어려우면, 친지 명의 아파트에 근저당권이나 가등기 설정을 해두는 방법이 있을 것입니다. 절차 등은 가까운 법무사에 상의하심이 좋을 듯 합니다.

〈사례 4〉 선 · 후배 사이의 명의 문제 상담

A가 1월경에 아파트를 매입해 후배인 B에게 전세로 들어와 살 것을 제의 했습니다 . B는 전세금 1억을 주기로 구두로 약속을 했는데, 갑자기 사정이 생겼다며 A가 B의 명의로 아파트를 사자고 해, B는 구입자금의 담보대출도 자신의 명의로 받고 이사를 하였으나 문제가 생겨버렸습니다. 현재 A의 대출금도 B가 계속 내고 있는 상태이고, 현재 B 명의로 되어있는 아파트는 A가 근저당설정도 하지 않은 상태입니다.

상담응답) 현재 A는 대상 아파트에 대한 어떠한 권리도 없습니다. 아파트 구입자금대출과 그 이자납부도 B가 하고 있고 소유권 또한 B의 명의로 되어있으므로 A는 근저당을 설정할 법적 근거가 없습니다(대출기관의 근저당은 B의 명의로 되어있을 것입니다) 따라서 이 건의 경우 실질적으로 B의 물건이므로 B는 부동산을 마음대로 임대/매매할 수 있습니다.

〈사례 5〉 **채무로 인한 명의변경**

제가 채무가 있는데 저는 재산이 없고 아버지에게 땅이 있는데 채권자가 돈 갚을 때까지 명의변경을 원하고 있고 돈 갚을 때 까지 담보로 가지고 있는 다고 하면서 채무자가 갚을 수 있을 때를 정하면 그때까지 아무런 법 조치를 취하지 않는다는데, 명의 변경하는 절차와 채무자인 내가 명의변경하면서 받아 두어야 할 서류는 무엇인지 알고 싶습니다.

상담응답) 부동산실명법이라는 것이 있습니다. 금융실명제하고 비슷하다고 보아도 되겠는데요. 님께서 아버지의 부동산을 명의이전해 준 이상 나중에 빚을 갚고도 채권자가 협조해주지 않으면 그 부동산을 되찾지 못하는 경우가 있을 수 있습니다. '서류상으로 확실하게 받아 두면 되겠지'하고 생각하실 수도 있으시겠지만, 부동산실명법은 부동산 명의자가 소유자입니다. 그 사항은 소송으로 다투지도 못하는 것입니다.

〈사례 6〉 **친척 명의로 산 땅의 소유권은**

저희 부모님이 1995년쯤에 친척분의 명의로(개인적인 이유로 인해) 땅을 사셨는데 경제적인 이유로 땅을 팔아보려 서류를 조회하니, 그 땅이 근저당설정이 되어 있다면 그 친척분이 그 땅을 담보로 돈을 대출하셨다는 건가요? 가압류는 자신도 모르게 잡히는 것으로 알고 있지만 근저당 설정은 본인이 직접 계약을 해야 하는 걸로 알고 있습니다. 차용증이라도 받아 놓는 게 어떠냐는 주위 분들의 말씀도 있는데, 그게 최선의 방법입니까?

상담응답) 부동산 실명에 관한 법률에 의해 귀하의 경우에는 비록 부동산이 명의 신탁되었다 하더라도 명의신탁자체는 동 법률에 의거 무효이며 보호받지 못합니다. 동 법 접촉시 오히려 귀하가 형벌을 받을 수도 있습니다. 따라서 현재 등기부상의 소유권자가 실소유자로 된다는 것입니다. 귀하가 취할 수 있는 것은 간접적인 방법을 동원하여 차용증 등을 받을 수 있다면, 분명히 도움이 될 수 있을 것입니다. 따라서 이때는 당시 부동산의 취득과정에서 증인확보 및 자금 출처 등 소명 자료 등을 갖춘 상태에서 상대방의 부당행위 및 부당이득취득, 그리고 불법 행위 등에 대한 민·형사상의 법적조치를 강구하여야 할 것 입니다. 자칫 잘못하면 동 법에 의해 명의 신탁 인이 형벌 형을 받을 수도 있기 때문에 조심스러운 부분도 있습니다.

(위 사례 모두 cafe.naver.com/ksj1971에서 발췌)

2) 주택 임차

주택이나 아파트를 전세, 월세 등으로 임차하는 경우 중요한 사항을 살펴보면 다음과 같다.

(1) 주택임대차보호법

주택임대차보호법은 1981년 상대적으로 약자인 임차인을 보호하기 위한 특별법으로 제정되었다. 이 법은 전세 및 월세 계약시의 위법행위 및 부당 계약을 방지하여 전(월)세입자들의 주거생활의 안정을 보장하기 위하여 1981년 제정한 법으로 그 이후 수차례 개정해 왔다.

① 적용 대상

등기부상의 용도나 구조 등에 상관없이 사실상 주거용도로 사용되는 건물이 이 법의 적용 대상이 되며 주거용 건물의 전부 또는 일부의 임대차에 대해서도 적용받을 수 있다. 이때 임대차라 함은 등기하지 않은 전세 및 월세 계약을 포함하는 것이며, 건물의 일부(50% 미만)가 주거 외의 목적으로 사용되는 경우에도 주거용 부분의 면적이 전체의 절반을 초과하면 전체에 관하여 적용된다. 반면 사무실, 점포, 공장, 창고 등 비주거용 건물은 제외된다.

② 대항 요건

임대차 계약을 체결하고 임차한 주택에 실제로 입주, 주민등록을 이전하게 되면 그 다음 날로부터 임차 주택의 소유권을 취득하는 제3자에 대하여 대항할 수 있으며, 이때 제3자에 대항할 수 있다는 것은 임차주택이 소유권이 다른 사람에게 넘어가더라도 새로운 소유주에게 자신의 임차권을 주장할 수 있다는 것을 의미한다.

③ 임대차 계약의 승계

일정한 요건을 갖추게 되어 대항력을 갖게 되면 임대차 기간 중에 집이 매매 또는 상속에 의하여 소유자가 바뀐다 하더라도 임대인의 지위가 새로운 소유자에게 자동 승계되어 원래의 임대차기간 동안은 계속 거주할 수 있을 뿐만 아니라 임대차 계약이 끝나더라도 보증금을 반환받을 때까지 계속 거주할 수 있다.

④ 임대차 계약기간

현행 주택임대차보호법은 임차인의 주거안정을 위해 2년간의 임대차 계약기간을 보장해주고 있으며 만약 기간의 정함이 없거나 기간을 2년 미만으로 정한 임대차의 경우에도 그 기간을 2년으로 보고 있다. 그리고 계약기간 만료일에 집주인은 보증금을 돌려줄 의무가 있으며 세입자는 비워줄 의무가 있다. 임대차가 종료한 경우에도 세입자가 보증금을 돌려받을 때까지는 임대차 관계가 계속되는 것으로 본다.

⑤ 임대료 인상 한도

임대료 인상은 약정보증금 또는 임대료의 1/20의 금액을 초과할 수 없으며, 약정 보증금 또는 임대료의 증액이 있는 후 1년 이내는 이를 다시 인상할 수 없다.

⑥ 우선변제권

우선변제권이란 대항력을 갖춘 임차인이 확정일자를 받으면 전세권 설정등기와 마찬가지로 임차주택이 경매되더라도 경매대금에서 후순위권리자, 기타 채권자보다 우선하여 보증금을 변제받을 수 있는 제도를 말한다. 이러한 우선변제권 효력의 발생시점은 대항요건을 갖춘 날을 기준으로 하는데, 대항요건은 임대차 계약 후 실제로 입주하고 주민등록 전입신고와 계약서상 확정일자인 날인 등이 모두 갖추어야 발생하게 된다.

⑦ 소액임차인 최우선변제

임대보증금이 법이 정한 소액임차인 요건에 해당되는 경우 다른 담보권자보다 최우선하여 변제를 받을 수 있는 권리를 말하는 것으로 〈표 10-1〉에 제시한 바와 같다. 최우선 변제금액은 주택가액의 1/2를 초과하지 못하며 임차인은 실제 입주하여 있고 적어도 경매신청 등기이전에 주민등록 전입신고를 마쳐야 한다.

표 10-1 최우선변제 요건 및 금액

적용 시점	대상 지역	소액임차인 범위 (보증금)	최우선 변제금액
2001년 9월 15일~현재	광역시(인천제외)	3,500만원	1,400만원
	기타지역	3,000만원	1,200만원

(2) 확정일자

임차보증금을 안전하게 지켜주는 장치로써는 가장 기본적인 방법이 확정일자 제도이다. 이 외에도 〈표 10-2〉에서 제시한 전세권 설정 및 임차권등기명령 등을 통해서도 임차인의 권리를 보호할 수 있다. 임차보증금과 관련해 임대인과 임차인의 문제가 발생했을 경우에는 소액심판과 민사조정 등을 통해 해결할 수 있다.

표 10-2 확정일자와 전세권 설정 비교

구 분	확정 일자 날인	전세권 설정
절 차	세입자 단독으로 동사무소나 등기소에서 임대 계약서에 날인	집주인의 동의 및 인감증명서 첨부해 관할 등기소에서 설정
비 용	전세금에 관계없이 600원	전세금에 비례한 등록세, 교육세 납부(등록세 : 전세금의 0.2%, 교육세 : 등록세의 20%)
대항 요건	· 입주와 전입신고 필요 · 주거용 용도에만 적용	· 입주와 전입신고 불필요 · 주거용 외 상가 등 기타 건물도 가능
배당 요구	별도의 배당 요구 필요	배당 요구 필요 없이 순위에 의해 배당
기타 효력	제3자에 효력 승계 불가	제3자에 효력 승계 가능(전대가능)

① 확정일자의 정의

「주택임대차보호법」 3조의 확정일자는 그 날짜에 임대차계약서가 존재한다는 사실을 증명하기 위하여 계약서에 공신력 있는 기관(법원, 공증인, 동사무소 등)에서 확인 인을 찍어주는 것을 의미한다.

② 확정일자 받는 방법

확정일자를 받는 방법은 크게 세 가지로 나누어지는데 임대차 계약서를 지참하고 가까운 법원·등기소에 가는 방법과 공증인 사무소, 법무법인 또는 공증인가 합동법률사무소 등의 공증기관에서 임대차 계약서를 공정증서로서 작성하는 방법 그리고 가장 손쉬운 방법으로 널리 사용되고 있는 동사무소에 주민등록 전입신고를 할 때 계약서를 지참하는 방법이 있다. 이 때 주의할 점은 확정일자를 받을 계약서는 반드시 원본이어야 하고, 계약서를 분실하여 확정일자를 받은 사실을 증명하기 어렵게 되는 경우에는 우선변제권을 행사할 수 없게 될 수 있으므로 계약서를 잘 보관하여야 한다는 것이다.

③ 확정일자 받는 절차

임대차 계약서의 확정일자는 임대인의 동의 없이 임차인 또는 계약서 소지인이 언제든지 계약서 원본을 제시하고 구두로 청구하면 받을 수 있다.

④ 확정일자의 효력

확정일자와 입주 그리고 전입신고를 마친 임차인은 해당 주택에 관한 경매절차의 환가 대금에서 자기 확정일자보다 늦은 후순위 권리자 및 기타 채권자보다 우선하여 보증금을 변제 받을 권리가 있다. 이때 발생하는 우선변제권은 주택의 입주, 주민등록의 전입, 확정일자라는 세 가지 요건을 모두 갖추어야 하고 3가지 요건 중 가장 늦은 날을 기준으로 순위가 정해지게 된다.

한편, 전세권 설정이 있는데, 전세권자가 전세금을 지급하고 다른 사람의 부동산을 점유하여 그 부동산의 용도에 따라 사용·수익하기 위하여 하는 등기로, 이 신청에서는 전세권자를 등기권리자, 전세권 설정자인 소유자를 등기의무자라고 한다. 전세권 설정은 〈표 10-2〉에 제시한 바처럼 집 주인의 동의를 받아야 하는데 보통 집 주인이 이에 동의하지 않는 경우가 많다.

(3) 임차보증금 반환 절차

임차보증금을 반환 받는 방법이나 절차는 다양하다. 이에 대해 살펴보면 다음과 같다.

① 내용증명

집주인이 전세금을 대폭 인상하여 세입자를 구하지 못하고 제때에 보증금을 받기 어려울 때가 많다. 계약기간이 만료하고 전세계약을 갱신하지 않기로 하였음에도 불구하고 전세금지급 할 생각을 하지 않는 경우에는 일단 전세금을 지급하라는 독촉과 법적 조치의 의지를 표명하는 내용의 통고서(내용증명)를 주인 앞으로 보내는 것이 필요하다.

② 재산 가압류하기

임차반환 소송을 제기한 후 채무자(집주인)에게 재산이 있다고 하여 안심하고 판결만 기다리고 있어서는 위험하다. 채무자가 소송 진행 중에 자신의 재산을 제 3자에게 양도한 경우에는 채권자는 승소판결을 받더라도 그 재산에 대하여는 강제집행을 할 수 없게 되기 때문이다. 이러한 경우를 대비하여 확정판결을 받기 전에 훗날 강제집행을 용이하게 하기 위하여 미리 채무자의 재산을 압류하여 채무자의 처분권을 제한할 수 있도록 마련한 제도가 가압류로써 이는 재산 보전절차이다.

③ 지급명령

집주인이 전세보증금반환 의무가 있다는 사실을 인정하고 있으므로 임차인은 법원에 전세금반환청구 소송이나 소액사건 심판보다 빠른 시간과 적은 경비로 전세금을 반환할 것을 명하는 신청을 통해 전세금을 반환 받을 수 있다.

④ 보증금 청구

지급명령신청은 집주인이 지급명령에 순순히 응하지 않고 이의신청을 하게 되면 오히려 시간만 낭비하게 되므로 이때는 바로 최후의 수단인 보증금반환청구소송을 제기해야 한다. 집주인의 주소를 관할하는 법원에 소장을 제출하는데 접수 후 2~3주 사이에 재판일이 통보되고 한번의 재판으로 종료되는 것이 원칙이다. 이때, 집주인이 출석하지 않거나 답변서도 제출하지 않는 경우 즉석에서 승소판결이 나오며 이 확정판결문을 기초로 강제집행도 할 수 있다.

⑤ 확정판결 등 집행권원

강제집행을 신청하기 위해서는 반드시 집행권이 있어야 한다. 집행권원의 대표적인 예가 확정판결이고 확정판결을 받는 방법은 민사소송절차이다. 집행권원이란 사법상의 이행청구권의 존재와 범위를 증명하여 강제집행으로 그 내용을 실현할 수 있는 집행력이 법률상 인정된 공정증서를 말한다. 집행권원의 종류는 확정 판결 외에도 확정된 지급명령, 청구인낙조서, 화해조서, 조정조서, 채무자가 강제집행을 승낙한 취지의 공정증서(집행조서) 등이 있고, 집행권원에 따라 채무명의를 얻는 절차 또한 다르다.

⑥ 강제집행

집행권을 승낙 받은 후 강제집행의 대상을 선택하여 강제집행신청을 해야 하는데, 그 대상이 부동산이나 채권, 기타 재산권일 때에는 법원에, 유체동산인 경우에는 집행관에게 신청하여야 한다.

(4) 거주단계에서 유의사항

전세 임대차 계약에서 임대인(집 주인)은 계약기간 중 임차인(세입자)이 임차부동산을 사용할 수 있도록 제공할 의무가 있고 임차인(세입자)은 전세금(보증금) 등 차임을 지급할 의무가 있다. 이러한 전세 기간동안 발생할 수 있는 문제들에는 여러 가지가 있다.

① 주택임대차의 대항력

임차인이 대항력이 있다는 것은 임차주택의 양수인이 임대인의 지위를 승계하므로 임대기간 동안 계속 거주할 수 있고 임대기간이 만료되면 양수인에게 보증금을 반환 받을 때까지 임차주택을 비워주지 않아도 된다는 것을 의미한다. 양수인에는 매매, 증여, 상속 및 경매, 공매뿐 아니라 미등기인 무허가건물의 소유권을 사실상 양수한 경우도 포함되나 양도담보에 의한 권리취득은 해당되지 않는다. 대항력이 있으면 임차인은 양수인에 대하여만 임대보증금 반환청구를 할 수 있다. 만일 임대차계약 후 입주와 주민등록 전에 이미 저당권이 설정되어 있다면 경락인에게 대항력을 행사할 수 없게 된다. 그러나 계약서에 확정일자를 받아두면 앞으로 경매절차에서 배당요구를 하여 선순위 근저당권자의 채무변제에 충당하고 남은 배당금이 있는 경우 후순위 저당권자와 기타 일반채권자에 우선하여 보증금을 변제받을 수 있으므로 임차주택의 담보가치가 충분하다면 지금이라도 계약서에 확정일자를 받아두는 것이 좋다.

② 임대차 기간

주택임대차에서 계약기간을 2년 미만으로 정하였을 경우 임대인은 2년 미만의 약정기간의 만료를 이유로 임차주택의 명도를 청구할 수는 없지만, 임차인은 2년 미만의 약정기간의 만료를 이유로 보증금의 반환청구나 경매시 우선변제청구를 할 수 있다. 즉, 「주택임대차보호법」에 의하면 임대인이 임대차기간만료 6개월 전부터 1개월 전까지 임차인에 대하여, 갱신거절의 통지 또는 조건을 변경하지 아니하면, 갱신하지 아니한다는 뜻의 통지를 하지 아니한 경우에는 그 기간이 만료된 때에 전임대차와 동일한 조건으로 다시 임대차한 것으로 본다. 이 경우 임대차의 존속기간은 정함이 없는 것으로 본다. 또한 기간의 정함이 없거나 기간을 2년 미만으로 정한 임대차는 그 기간을 2년으로 본다고 규정하므로 묵시적으로 갱신이 된 경우 임차인의 입장에서 임대차 계약 기간은 2년 동안 보장받게 되는 것이다.

재테크코너 10-1

전세분쟁 대처법 : 집주인이 보증금 안 빼주고 버틸 땐?

이사해야 하는데 집주인이 보증금 못 주겠다고 버틸 때

확정일자를 받아놨다고 해도 그냥 주민등록을 옮기면 기존 집이 경매에 넘어갔을 때 대항력이 없어져 보증금을 받지 못한다. 이 경우, 법원에 임차권 등기명령을 신청하면 대항력이 유지돼 보증금을 지킬 수 있다. 임차권 등기명령이란, 임대기간이 끝난 뒤에도 보증금을 받지 못한 세입자가 임차권 등기를 하고 자유롭게 집을 옮길 수 있도록 만든 제도다. 이사하기 전에 관할 법원에 임차권 등기를 신청하면 2~3일 내에 등기명령이 나온다. 신청을 하려면 확정일자가 찍힌 임대차계약서, 주민등록등본 등이 필요하다.

등기부등본 확인, 확정일자는 필수

이사 전에 가장 먼저 해야 할 일이 등기부등본 확인이다. 등기부등본은 표제부, 갑구, 을구 등 세 부분으로 나뉜다. 가장 중요한 '을구'에 근저당권, 전세권 등 권리관계가 표시돼 있다. 근저당이나 가압류 등이 없는 집이 가장 안전하다. 기본적으로 중개업소에서 확인 할 수 있지만, 대법원 사이트(sourt.go.kr)에서 직접 확인할 수 있다. 계약이 끝나면 곧바로 구청이나 동사무소 등에 가서 전입신고를 하고 확정일자를 받아야 한다. 1순위 근저당권에 앞서 확정일자가 설정되면 집이 경매에 넘어가도 보증금을 모두 돌려받을 수 있다.

살던 집이 경매 넘어가면 배당 요구해야

세 들어 살고 있는 집이 경매에 넘어가면 배당요구를 해야 보증금을 받을 수 있다. 법원으로부터 세입자에게 권리 신고 및 배당요구 통지서가 날아오면 확정일자가 찍힌 임대차 계약서 사본을 우편으로 보내거나 직접 해당 법원 경매계에 제출해야 한다. 배당요구서는 반드시 첫 번째 경매 입찰일 이전까지 접수시켜야 한다.

출처 : 조선일보(2005년 2월 24일자)

③ 임대인의 수선의무

민법 제 623조는 '임대인은 목적물을 임차인에게 인도하고 계약존속 중 그 사용, 수익에 필요한 상태를 유지하게 할 의무를 부담 한다'라고 규정하고 있다. 또한 대법원 판결에 의한 임대인의 수선의무의 한계에 관하여 살펴보면, 목적물에 파손 또는 장해가 생긴 경우 그것이 임차인이 별비용을 들이지 아니하고도 손쉽게 고칠 수 있을 정도의 사소한 것이어서 임차인의 사용 수익을 방해할 정도의 것이 아니라면 임대인은 수선의무를 부담하지 않지만, 그것을 수선하지 아니하면 임차인이 계약에 의하여 정해진 목적에 따라 사용·수익할 수 없는 상태로 될 정도의 것이라면 임대인은 그 수선의무를 부담한다. 따라서 예컨대 천정에 비가 새거나 보일러 등이 고장 난 경우 임대인은 이를 수선해 주어야 한다.

(5) 임차 종료 단계시 주의사항

① 임차인의 갱신거절의사 통지의무

주택임대차보호법에 따르면 임차인의 경우에도 기간만료 1개월 전까지 집주인에게 나가겠다는 의사표시를 하지 않으면 묵시적 갱신이 되는 것으로 간주하므로 집주인에 대하여 기간만료와 동시에 보증금을 돌려달라고 할 수 없다. 다만, 임대차가 묵시적으로 갱신된 경우 임차인은 언제든지 임대차의 종료를 임대인에게 통지할 수 있고 그로부터 3개월이 지나면 임대차가 해지되므로 원래의 임대차기간이 만료됨과 동시에 임대인에게 임대차종료의 통지를 하면 3개월 후에는 집주인에 대하여 보증금의 반환을 청구할 수 있다.

② 주택의 명도와 시설비(유익비) 청구

원래 임차인은 임차한 건물을 명도할 때 원상복구를 할 의무를 부담하게 되므로 원칙적으로는 원상복구를 해야 한다. 그러나 민법에는 점유자가 점유물을 개량하기 위해 지출한 금액, 기타 유익비에 관해서는 그 가액의 증가가 현존한 경우에 한해 회복자의 선택에 따라 그 지출금액이나 증가액의 상환을 청구할 수 있다고 규정하고 있고, 점유자가 점유물을 반환할 때에는 회복자에 대해 점유물

표 10-3 전세 분쟁 관련 상담기관

기 관	문의전화
서울시청 임대차분쟁조정 상담실	(02)731~6720~1
법률구조공단	국번없이 132
법률구조공단 서울 동부출장소	(02)453~5888
법률남부출장소	(02)2648~5966
법률북부출장소	(02)972~1765
법률서부출장소	(02)713~6009
YMCA 시민중계실	(02)733~3181

※ 서울 이외의 지역에서도 상담 가능. 지방에 있는 법률구조공단 각지부에서도 상담

을 보존하기 위해 지출한 금액 기타 필요비의 상환을 청구할 수 있다고 규정하고 있으므로 그에 해당하는 경우에는 원상복구의무를 부담하지 않고 오히려 비용을 받을 수 있다.

③ **점포의 권리금**

점포 운영자가 점포운영으로 가치를 상승시켜 새로 점포를 인수하려는 자에게 웃돈을 요구하는데 이를 권리금이라 한다. 권리금은 대체로 건물(점포)주인이 묵시적으로 인정해 주지만 법적인 보장을 받지 못한다. 따라서 건물을 사용하고자 하거나 타인에게 점포매매시 분쟁이 발생할 수 있다. 권리금이 붙은 점포를 얻을 때에는 이와 같은 사항에 대한 권리금 인정여부를 계약서에 기재하는 것이 좋으나 현실적으로 점포주의 동의를 얻는 것은 불가능하다.

상가의 임대료와 월세는 단순히 시세가 얼마에 형성돼 있거나 주인이 제시하는 금액에 임차인을 맞출 것이 아니라 점포의 입지지역과 형태 등을 확인하고 점포 주변의 전반적인 환경과 노후상태, 점포 앞 통행인구 등을 자세히 조사해 주인이 제시하는 임대료, 권리금 등의 임대차 계약조건과 영업을 통해 얻을 수 있는 수익 등이 적합한가의 여부를 판단해야 한다.

임대기간이 종료된 후 재계약을 하지 않는 경우 임대인은 만료전 6개월에서 1개월 전까지 임차인은 내용증명우편을 통하여 통고하여야 한다. 임대기간 중 점

포가 타인에게 매매 되었을 경우 임차권 등기를 하지 않았다면 새로운 주인이 점포의 명도를 유구하여도 대항력은 없으나 임대기간 중 매매가 되었다면 종전의 주인에게 건물 임차보증금과 통상의 이사비용 및 중개 수수료 정도는 받을 수 있다. 임대차기간은 보통 1~2년의 단기간이 대부분이며 임대인이 점포계약을 갱신해 주지 않으면 인도하여 주어야 한다. 이때 임차보증금은 되돌려 받지만 권리금은 회수할 수 없다. 아울러 경제여건의 변화로 임차료의 증감요인이 발생할 때 민법에서는 이에 대한 규정이 없어 임대차기간 만료 후 임대인이 상당한 액수의 보증금과 임대료를 증액요구해도 대항력이 없다.

④ 임차권 등기 후 집 비워주기(이사가 급한 경우)

집 주인의 사정으로 임대보증금을 제때 주지 않는 경우에 무작정 이사도 못하고 기다릴 수만은 없는 것이므로 이 때는 이사 가기 전에 법원에 임차권등기명령신청을 하여 임차권 등기를 완료한 후에 주민등록이전을 하고 임차주택을 명도하여 주어야 우선변제권이나 대항력을 지속할 수 있게 된다. 즉, 임차권등기명령절차는 임대차 종료 후 보증금을 반환 받지 못한 임차인에게 단독으로 임차권등기를 완료 할 수 있도록 함으로써 자유롭게 주거를 이전할 수 있는 기회를 보장하기 위한 절차를 말한다.

3) 부동산 소유권 이전등기

부동산 소유권 이전등기란 부동산 물권을 승계 취득한 경우 권리자의 명의이전을 하는 등기를 말한다. 소유권 이전 등기는 매매, 증여, 상속 등을 원인으로 하는 경우가 대부분이지만, 이 밖에 지상권, 전세권 등의 용익물권, 저당권 등 담보물권에 관한 것도 있다. 이전등기의 절차는 원칙적으로는 등기권리자(이전받는 자)와 등기의무자(이전한 자) 양자가 공동으로 등기신청 하여야 하지만, 등기의무자의 위임장을 받아 등기권리자가 단독으로 등기신청을 할 수도 있다. 소유권 이전등기 신청 절차에 대해 살펴보면 다음과 같다.

① 매매계약체결과 매매계약서 작성

매매란 당사자 일방이 재산권을 상대방에게 이전할 것을 약정하고 상대방이 그 대금을 지급할 것을 약정하여 효력이 생기는 계약을 뜻한다. 여기에는 소유권 전부에 대한 매매, 소유권 일부에 대한 매매, 공유 부동산의 매매, 공유 지분 또는 일부 매매 등의 형태가 있으며, 이러한 매매가 소유권 이전등기의 원인이 된다.

② 토지, 건축물대장등본, 개별공시지가확인원 발급

등기신청대상 부동산의 종류에 따라 부동산 소재지 관할 시·군청에서 토지대장등본, 임대대장등본, 건축물대장등본을 발급받고, 타 관할 등본 발급 시에는 팩스민원신청을 동사무소 및 기타 시·군청에서 신청하여 발급받아야 한다.

③ 매매계약서 검인 및 정부수입인지 첨부

계약서 원본 또는 판결서(판결이 소유권이전의 원인인 경우) 등의 정본과 그 사본 2통을 그 부동산을 관할하는 시장·구청장·군수에게 제출하여 검인을 받아야 한다.

④ 소유권 이전등기 신청서 작성

매매로 인한 소유권 이전등기에서는 매도인이 등기의무자이고 매수인이 등기권리자가 되며, 신청서의 기재사항을 요건에 맞게 기재해야만 한다(1억 이하 주택 면제).

⑤ 등록세 고지서 발급 및 납부

관할 시·군·구청 세무과에 가서 토지, 임야, 건축물대장사본 및 검인받은 매매계약서 등을 제시하면 등록세 납부고지서를 발급 받을 수 있다.

⑥ 제3자의 동의·허가 또는 승낙

제3자의 동의·허가 또는 승낙을 증명하는 서면이 없는 경우 등기원인이 무효 또는 취소가 되는 경우가 있다.

⑦ 국민주택채권매입(의무적인 경우), 대법원수입증지 매입, 관할 등기소에 등기신청서 제출

4) 근저당

근저당은 당좌대월계약이나 계속적 어음할인계약 또는 상품공급계약 등과 같은 기본계약 관계로부터 발생하여 증감 또는 변동하는 채권은 일반 저당권으로는 그 담보의 목적을 달성할 수 없는 경우 사용한다. 다시 말해, 일시적으로 피담보채권이 소멸하여도 저당권은 그대로 존속하도록 저당권의 부종성을 완화할 필요에서 강구된 제도를 말한다. 근저당권은 채권의 최고액만을 정하고 채권의 확정을 장래에 보류하는 점과 그 채권이 확정될 때까지의 채무의 소멸 또는 이전은 저당권에 영향이 없으므로 저당권의 소멸에서 부종성의 예외가 된다는 점이 일반 저당권과 다르다(민법 제357조).

근저당권은 그 설정계약과 등기로써 성립한다(186조). 등기에는 근저당이라는 뜻과 채권의 최고액이 명기되어야 하지만(부동산등기법 제140조), 결산기는 등기되지 않아도 된다. 최고액은 원본뿐 만 아니라 이자도 포함하므로(357조) 이자는 등기할 수 없다. 근저당권은 등기된 최고액의 한도 내에서 채권을 담보하며 그 최고액을 초과한 부분은 담보되지 않는다. 피담보채권의 범위는 일반 저당권의 규정에 따라 원본, 이자, 위약금, 채무불이행으로 인한 손해배상 등으로 하지만(360조) 일반 저당권과 달리 지연배상은 이행기일 후 1년분에 한정되지 않으며, 근저당권의 실행비용은 포함되지 않는다. 또한 근저당권은 결산기에 채권액이 확정되면 일반 저당권으로 된다. 근저당권의 처분은 근저당권자, 그 양수인과 채무자의 3면 계약으로 한다.

5) 가등기

가등기는 본등기의 순위보전을 위한 예비등기이다. 가등기는 부동산물권 또는 임차권의 설정, 이전, 변경, 소멸의 청구권을 보전하려 할 때 또는 그 청구권이 시기부, 조건부이거나 장래에 있어서 확정될 때 그 본등기의 순위보전을 위하여 하는 것이다. 매매 등의 이유로 부동산의 소유가 바뀌는 경우 부동산의 소유를 법적으로 인정받으려면 등기를 해야 하는데, 서류의 미비나 가등기 담보 등 기타의 이유로 등기를 하지 못하는 경우에 관계자는 가등기를 해둠으로써 자신의 권리를 지킬 수 있다. 가등기는 가등기 의무자의 승낙이 있을 때에는 신청서에 그 승낙서를 첨부하여 가등기 권리자가 이를 등기소에 신청할 수 있다. 또한, 가등기 의무자의 승낙이 없을 때에는 가등기 권리자의 신청에 의하여 가등기 원인의 소명이 있는 경우 그 목적인 부동산의 소재지를 관할하는 지방법원의 가처분명령의 정본을 첨부하여 이를 신청할 수 있다(37 · 38조). 가등기는 그것만으로는 등기로서의 효력이 없으나, 후에 본등기를 하면 그 본등기의 순위는 가등기의 순위에 의한다(6조 2항). 가등기의 효력은 다음과 같다.

① 본등기 순위보전의 효력 - 본등기의 순위는 가등기의 순위에 의한다.

② 실체법상의 효력 - 가등기자체만으로는 실체법상 어떤 효력도 인정되지 아니한다. 따라서 가등기의무자는 부동산의 처분권한을 제한받지 아니한다.

③ 추정력 - 예비등기의 일종인 가등기에는 가등기에 따른 어떤 법률관계가 있다는 추정력이 생기지는 않는다.

④ 가등기 자체의 효력 - 가등기 자체로는 실체법적인 어떤 효력도 없지만 가등기 자체의 이전등기, 가등기의 압류등기, 처분금지가처분등기, 상속등기 등을 인정 하는 것이 대법원의 견해이다(대판 1998. 11. 19. 선고98다2105).

재테크코너 10-2

예고등기란

등기원인이 전혀 없는데도 인감증명등 위조하여 소유권을 이전 했거나 저당권을 설정 또는 말소한 경우에 그 등기를 말소 또는 회복해 줄 것을 소송으로 청구하는 때에 그러한 소송이 제기되었음을 제3자에게 알려서 불의의 피해를 입지 않도록 법원이 촉탁하여 등기가 된 경고적 의미의 등기이다. 구체적으로 경매절차의 진행 상황이나, 가압류 채권자의 청구채권금액이 얼마인지 또는 가처분권자가 확보하고자 청구하는 권리관계는 무엇인지, 그리고 누가 어떤 원인을 들어 예고 등 예고등기를 하였는지 등을 알고 싶으면 등기부에 기재된 사건 번호를 당해 법원에 가서 제시하고 기록을 열람하면 이를 자세히 알 수 있다.

⑤ 청구권보전의 효력 - 가등기 후에 그 부동산에 대하여 경료 된 등기는 본등기 후에는 직권말소 되므로 가등기된 청구권을 침해하는 한도에서 상대적으로 무효 시킬 수 있는 효력을 청구권보전의 효력이라고 보는 견해가 있다.

⑥ 담보가등기의 효력 - 담보가등기에는 본등기 하기 전이라도 그 자체에 의하여 우선변제효과와 경매권 등이 인정되고 있으므로 저당권과 유사한 실체법상의 효력이 인정되고 있다.

재테크코너 10-3

근저당권 설정시 유의사항

① 반드시 토지와 건물을 공동담보로 설정해야 한다. 둘 중 어느 하나만 근저당 설정 후 채무불이행을 이유로 경매가 된다면 토지 소유는 건물소유자에 대해서 법정지상권을 설정 해 준 결과가 되므로 함께 경매가 되는 경우에 비해 경매가가 현저하게 하락될 것이다.
② 나대지인 경우 반드시 지상권을 동시 설정토록 한다. 지상권을 설정하지 않은 경우에는 토지소유자가 건물을 못 짓게 할 수 없으나, 지상권을 설정해 놓은 경우에는 지상권자의 동의 없이는 건물을 못 짓게 할 수 있고 동의 없이 지어진 건물은 철거할 수도 있다.
③ 담보 제공자가 미성년자인 경우에는 법정대리인과 계약을 체결하고 설정행위를 하여야 한다.
④ 감정 평가시 지정감정기관을 이용토록 하며 담보감정인을 명시하여야 한다.
⑤ 근저당설정계약서, 연대보증서, 담보제공승낙서, 임대차확인각서 서류에는 본인의 자필서명, 무인을 받도록 한다. 왜냐하면 경매 처분시 사실을 부인할 수 있기 때문이다.
⑥ 담보 제공자는 반드시 부동산 등기부등본상의 소유자여야 한다.
⑦ 담보물의 가치 중 건물의 비중이 큰 경우 화재보험에 등록해야 한다.
⑧ 주거용 또는 주거용 복합건물을 근저당 설정코자 할 때에는 반드시 임대차 현황을 파악하고 이를 선순위로 간주해야 한다.
⑨ 단일 목적물이 고가인 경우 평가의 편차가 크고 환가성이 약하므로 담보액 산출시 참작해야 한다.
⑩ 채무자 및 담보제공자의 주소가 주민등록등본, 근저당설정계약서, 설정 후 등기부등본, 인감증명, 사업자등록증, 담보제공승낙서상의 주소와 모두 일치해야 한다.

2. 부동산 취득, 처분, 보유시 세금

부동산과 관련한 세금은 크게 부동산 취득, 보유, 처분(양도)시 부과되는 세금으로 구분할 수 있다.

1) 부동산 취득시 세금

부동산을 취득한 경우 무상취득 또는 유상취득과 관계없이 지방세인 취득세와 등록세가 부과되고, 상속과 증여에 의해 무상 취득한 경우에는 국세인 상속세와 증여세가 추가로 부과되게 된다. 그리고 취득세 과세시에는 농어촌특별세가 부수적으로 부과되고, 등록세 과세 시에는 교육세가 부수적으로 부과된다.

(1) 취득세

부동산 취득시 내는 세금으로 매매·교환·낙찰로 인한 취득(유상승계 취득)뿐만 아니라 상속·증여에 의한 취득(무상승계취득)도 취득으로 간주되어 취득세가 부과된다.

① 과세대상

실질적인 취득뿐만 아니라도 건축물을 증개축한다거나 토지의 지목을 변경하는 경우도 취득으로 간주되어 과세대상이 되며, 증개축이나 지목변경으로 인한 부동산의 가치의 증가분이 과세표준이 된다.

② 납세 의무자

사실상 부동산을 취득한 사람이 납세의무자가 된다. 등기 유무, 무상 또는 유상 취득을 불문하고 사실상 취득이면 취득세가 과세되게 된다. 취득세는 사실상 취득이 과세 요건이므로, 미등기 건물의 취득이나 이전등기를 하지 않고 제 3자에게 전매를 하는 경우도 그 대상이 되며, 또 건축허가를 받지 않고 건물을 신축하는 경우에도 특별한 규정이 없는 한 과세대상이 된다.

③ 과세표준

취득세의 과세표준은 취득가액이다. 그러나 연부로 취득하는 경우에는 연부금액으로 한다. 취득가액에는 매매대금이나 분양대금 등 직접적인 소요비용 외에도 중개수수료, 보수비 등 제반적인 비용도 포함이 된다. 과세표준이 되는 취득가액은 신고 가격을 원칙으로 하지만 신고 가격이 시가표준액에 미달하는 경우에는 시가표준액을 과세표준으로 하게 된다. 일반적으로 부동산을 분양 받았을 때는 분양가격이 과세표준이 되며, 매매에 있어서는 검인계약서의 취득가액이 과세표준이 된다. 부동산경매나 공매의 경우에는 낙찰가격이 과세표준이 된다.

④ 일반세율

취득세의 표준세율은 취득물건의 가액 또는 연부금액의 2%이다. 도지사는 조례가 정하는 바에 따라 표준세율을 기준하여 50% 범위 내에서 가감 조정할 수 있도록 규정하고 있으나 현재 가감조정하고 있는 지방자치단체는 없다.

⑤ 비과세 및 감면

토지 수용 등 특별한 경우에만 비과세 대상이 되며, 감면은 신축 공동주택과 임대주택에 한해 적용된다.

(2) 등록세

부동산 취득시 취득자가 그 권리자임을 나타내기 위하여 등기부에 그 권리를 등기하는데 필요한 세금을 등록세라 한다. 소유권 등기뿐만 아니라 전세권등기, 임차권등기, 근저당권등기, 가압류·가처분, 말소등기 등 등기부에 등기할 수 있는 모든 권리들은 등기부에 등기하기 위해서는 등록세를 내야한다.

① 과세대상

과세대상은 유형재산과 무형재산으로 나뉜다. 유형재산에는 부동산등기, 차량, 건설기계, 항공기, 선박의 등록이 속하며 무형재산에는 광업권, 어업권의 등록, 저작권, 출판권의 등록, 특허권, 실용신안권, 의장권, 상표등록, 법인 상호

등기, 공장 및 광업재단 등기, 영업허가 등록이 포함된다. 그러나 국가가 권리자가 되는 등기·등록, 비영리사업자가 공익사업을 위하여 토지를 취득한 경우, 토지수용 등에 의한 대체취득, 천재 등으로 인한 대체취득의 경우는 비과세 대상이다.

② 납세 의무자

부동산에 대한 이전, 변경, 설정, 말소 등기에 대한 권리자(이익을 얻는 자)가 원칙적인 납세의무자가 된다. 즉, 부동산을 취득하여 소유권이전등기를 하는 경우, 부동산등기부등본 상의 소유자로 등재되는 소유권이전 등기권리자가 등록세 납세의무자가 되는 것이고, 근저당권말소등기 시에는 근저당권 설정자(소유자)가 납세의무자가 된다. 결국, 등록세는 등기로 인하여 이익을 보는 자가 납세의무자이다.

③ 과세표준

과세 표준은 등기·등록 당시의 신고가액을 원칙으로 한다. 그러나 신고가액이 시가표준액 보다 적은 경우에는 시가표준액을 과세표준으로 한다. 사실상의 취득가액을 과세표준으로 하는 경우는 다음과 같다.

· 국가 지방자치단체로부터 취득한 경우
· 판결문이나 법인장부 등으로 인하여 취득가액이 입증되는 경우
· 경매·공매에 의하여 취득하는 경우

한편, 시가표준액을 과세표준으로 하는 경우는 다음과 같다.

· 취득가액을 신고하지 않는 경우
· 무상 취득으로 취득가액이 없는 경우
· 신고가액이 과세시가표준액에 미달하는 경우
· 신고가액의 신빙성이 없다고 판단되는 경우

재테크코너 10-4

취득세에서 비과세 또는 감면에 해당하는 경우

비과세

- 토지수용법 등에 의해 소유 부동산이 매수 또는 수용되거나 철거돼 받은 보상금으로 다른 부동산을 취득한 경우
- 재개발사업 등의 시행으로 토지구획정리사업법의 규정에 따라 종전의 토지 대신 다른 토지로 환지 받는 경우
- 상속으로 받은 부동산, 단 1세대 1주택과 농어촌 후계자가 상속 받은 농지에 대해서만 취득세 감면, 등록세는 과세

감 면

- 건축주가 5세대 이상의 공동주택을 신축하는 경우 전용면적 18평 이하 주택에 대해 취득세 · 등록세 100% 감면
- 공동주택을 분양받아 잔금 지급일 현재 무주택 세대주인 경우
- 임대주택사업자가 임대할 목적으로 신축 공동주택을 취득한 경우
- 재개발 · 재건축 최초 조합원이 1999년 6월 30일 전에 사용 승인이나 가사용 승인을 받은 경우(잔금 지급일 현재 무주택 세대주여야 함)

④ 일반 세율

등록세 세율은 등기권리와 원인에 따라 차이가 있다. 부동산을 취득할 경우 세율은 과세표준의 3% 세율이, 건물을 신축해 소유권 보전등기를 할 때는 0.8%의 세율이 적용된다.

(3) 상속세

상속세는 자연인의 사망으로 인하여 상속인에게 무상으로 이전되는 재산을 과세대상으로 부과하는 조세이다. 상속세의 존재는 소득배분의 필요성 및 공평한 조세부담 등으로 인하여 정당화된다. 상속세 제도는 크게 유산세방식과 유산취득

재테크코너 10-5

등록세 비과세 또는 감면에 해당하는 경우

비과세

- 토지수용법 등에 의해 소유 부동산이 매수 또는 수용되거나 철거돼 받은 보상금으로 다른 부동산을 취득한 경우
- 재개발사업 등의 시행으로 토지구획정리사업법의 규정에 따라 종전의 토지 대신 다른 토지로 환지 받는 경우
- 상속으로 받은 부동산, 단 1세대 1주택과 농어촌 후계자가 상속 받은 농지에 대해서만 취득세 감면, 등록세는 과세

감 면

- 건축주가 5세대 이상의 공동주택을 신축하는 경우 전용면적 18평 이하 주택에 대해 취득세·등록세 100% 감면
- 공동주택을 분양받아 잔금 지급일 현재 무주택 세대주인 경우
- 임대주택사업자가 임대할 목적으로 신축 공동주택을 취득한 경우
- 재개발·재건축 최초 조합원이 1999년 6월 30일 전에 사용 승인이나 가사용 승인을 받은 경우(잔금 지급일 현재 무주택 세대주여야 함)

세방식이 있다. 유산세방식은 피상속인의 유산전체를 과세대상으로 하여 상속세를 계산하는 방식이다. 피상속인이 남긴 전체 재산을 계산단위로 하여 과세하는 것이므로 상속세의 부과·징수에 따른 행정이 편리하며 누진적 세율 체계 하에서 조세액도 상대적으로 많이 과세된다. 반면 유산취득세방식은 각 상속인별로 그 상속받은 재산에 대하여 상속세를 계산하는 방식이다. 상속인별로 과세하므로 상속인이 증가하면 전체적으로 부담하는 세액도 유산세방식보다 적게 된다.

우리나라의 경우는 미국·영국 등과 같이 유산세방식으로 상속세를 부과하여 피상속인의 유산액을 통합하여 상속세를 과세하고 있다. 또한, 상속세와 증여세를 단일법으로 「상속세와 증여세법」에 규정하고 있다. 사망한 사람 또는 실종된 사람을 피상속인이라고 하며, 재산을 상속받을 사람은 상속인이라고 한다. 상속개시일은 증여와 달리 사망일·실종신고일이 된다〈표 11-33 참조〉. 재산 상속의 순위와 법정상속분은 〈표 10-4〉와 〈표 10-5〉에 제시한 바와 같은데 민법에 규정되어 있다.

① 납세의무자

상속세의 납세자는 상속인 또는 수유자이다. 재산을 상속받은 사람은 상속개시일(사망일)로부터 6개월(외국에 주소를 둔 경우 9개월) 안에 사망자의 주소지 관할 세무서에 상속세를 신고·납부해야 하며, 법정기한 내에 신고하면 신고세액공제로 세액의 10%를 공제받을 수 있다. 영리법인은 취득원인에 관계없이 순자산증가액은 모두 법인세의 과세대상이 된다. 이 결과 영리법인이 상속받거나 증여를 받으면 그에 대하여 법인세가 부과되므로 동일한 상속재산에 대하여 법인세와 상속세·증여세가 이중으로 부과되는 것을 방지하고자 영리법인에 대하여는 상속세·증여세를 면제하고 있다. 다음과 같은 재산에 대하여는 상속세를 과세하지 않는다.

- 전사 및 이에 준하는 사망 또는 전쟁 및 이와 유사한 공무로 사망한 경우 피상속인의 모든 재산
- 국가, 지방자치단체, 기타 공공단체에 유증(유언에 의한 증여)한 재산
- 문화재보호구역 안의 토지
- 분묘에 속한 3,000평(9,900m^2) 이내의 금양임야와 600평(1,980m^2) 이내의 묘토인 농지(한도액 : 2억원)

표 10-4 재산상속의 순위

상속순위	상속인
1순위	직계비속, 배우자
2순위	직계존속, 배우자
3순위	형제, 자매
4순위	4촌 이내의 방계가족
최종순위	국가

표 10-5 법정상속분

<table>
<tr><th rowspan="2">구 분</th><th rowspan="2">상속인</th><th colspan="2">법적 상속인</th></tr>
<tr><th>상속분</th><th>배분율</th></tr>
<tr><td rowspan="10">피상속인의 자녀 및 배우자가 있는 경우</td><td rowspan="2">장남, 배우자</td><td>장남 1</td><td>2/5</td></tr>
<tr><td>배우자 1.5</td><td>3/5</td></tr>
<tr><td rowspan="3">장남, 장녀(미혼)
배우자</td><td>장남 1</td><td>2/7</td></tr>
<tr><td>장녀 1</td><td>2/7</td></tr>
<tr><td>배우자 1.5</td><td>3/7</td></tr>
<tr><td rowspan="5">장남, 장녀(출가)
2남 2녀
배우자</td><td>장남 1</td><td>2/11</td></tr>
<tr><td>장녀 1</td><td>2/11</td></tr>
<tr><td>2남 1</td><td>2/11</td></tr>
<tr><td>2녀 1</td><td>2/11</td></tr>
<tr><td>배우자 1.5</td><td>3/11</td></tr>
<tr><td colspan="2" rowspan="3">피상속인의 자녀가 없고 배우자 및 직계존속(부모) 있는 경우</td><td>부 1</td><td>2/7</td></tr>
<tr><td>모 1</td><td>2/7</td></tr>
<tr><td>배우자 1.5</td><td>3/7</td></tr>
</table>

표 10-6 상속과 증여의 비교

<table>
<tr><th>구 분</th><th>공통점</th><th>차이점</th></tr>
<tr><td>상속</td><td rowspan="2">자신의 재산을 상대방(타인, 친인척관계에 있는 사람)에게 무상으로 수여함</td><td>피상속인이 사망한 후에 이루어짐</td></tr>
<tr><td>증여</td><td>피증여인이 살아있는 시점에서 이루어짐</td></tr>
</table>

② **과세대상**

거주자의 모든 상속재산과 국내에 있는 비거주자의 모든 상속재산에 대하여 상속세를 부과한다. 상속재산은 피상속인에게 귀속되는 재산으로서 금전으로 환가할 수 있는 경제적 가치가 있는 모든 물건과 재산적 가치가 있는 법률상 또는 사실상의 모든 권리를 포함하며, 일정한 보험금, 신탁재산, 퇴직금 등은 상속재산으로 본다. 재산의 가액은 상속개시일 현재의 시가에 의함을 원칙으로 하며, 재산의 종류에 따라 평가규정이 있다.

③ **과세가액**

상속재산의 가액에서 공과금·장례비용·채무 등을 공제하고 상속개시일 전에 증여된 일정한 재산가액을 가산한 금액으로 하며, 공익 목적의 출연재산은 산입하지 않는다.

④ **상속세의 계산**

과세표준은 과세가액에서 기초공제, 배우자상속공제, 기타 인적 공제, 금융재산공제, 재해손실공제 등을 차감한 금액으로 하되, 과세표준이 20만원 미만인 때에는 상속세를 부과하지 않는다. 상속세 세율은 〈표 10-7〉에 제시한 바와 같이 5단계의 누진세율로 하며, 세대를 건너 뛴 상속에 대하여는 할증세율로 한다. 산출세액에서 증여 세액공제, 외국납부세액공제, 단기재산상속세액공제를 한다.

표 10-7 상속세 세율

과세표준	세 율
1억원 이하	과세표준의 100분의 10
1억원 초과 5억원 이하	1,000만원+1억원을 초과하는 금액의 100분의 20
5억원 초과 10억원 이하	9,000만원+5억원을 초과하는 금액의 100분의 30
10억원 초과 30억원 이하	2억4,000만원+10억원을 초과하는 금액의 100분의 40
30억원 초과	10억4,000만원+30억원을 초과하는 금액의 100분의 50

재테크코너 10-6

재산상속 순위

배우자 상속에서 앞순위에 해당하는 사람이 있을 때에는 뒷순위에 해당되는 사람은 상속을 받을 수 없지만 사망자가 별도의 유언을 남긴 경우는 법정 상속인의 순위나 분배 비율에 상관없이 재산을 분배받게 된다. 사망자의 배우자(법률상의 배우자)는 사망자의 자녀가 있는 경우에는 자녀와 공동으로 상속인이 된다. 그러나 자녀가 없고 2순위인 사망자의 부모나 조부모가 있는 경우는 사망자의 부모나 조부모와 공동으로 상속인이 된다.

직계비속에서는 1순위로 상속을 받을 수 있는 자는 사망자의 직계 비속인 자녀이다. 자녀가 여러 명인 경우는 자녀 모두 공동 상속인이 되며 유복자도 상속인이 된다. 직계존속의 경우에는 사망자의 자녀가 없는 경우 사망자의 부모가 생존해 있으면 조부모는 상속권이 상실되고 부모 모두 생존해 있을 때에는 두 명 모두 공동 상속인이 된다.

또한, 형제·자매의 경우에는 사망자의 자녀, 부모와 조부모, 배우자가 없는 경우는 사망자의 형제·자매가 성별, 결혼유무, 자연혈족과 법적혈족, 동복과 이복의 구별 없이 모두 공동상속인이 된다. 4촌 이내의 방계혈족에서는 사망자의 자녀, 부모와 조부모, 배우자 그리고 형제·자매가 없는 경우에는 3촌이 되는 방계혈족으로 백숙부, 고모, 외숙부, 이모, 조카 등과 종형제·자매, 외종형제·자매, 이종형제·자매 등이 공동상속인이 된다. 물론 3촌의 방계혈족이 있으면 4촌에 우선하여 상속인이 된다. 상속인이 모두 없을 경우 상속인의 부존재 상태가 생겨서 그 재산은 국고에 귀속된다. 상속지분은 원칙적으로 같은 순위의 상속인에게 똑같이 배분된다. 다만 배우자에게는 다른 공동 상속인의 지분에 5할을 더해 주고 있다. 자녀가 공동 상속인이라면 성별, 결혼의 유무, 장남·차남의 구별 없이 똑같은 지분을 적용한다.

(4) 증여세

증여세란 증여에 의한 재산의 이전을 과세물건으로 하여 부과하는 조세이다. 즉, 증여세란 무상(無償)으로 재산을 양도받은 사람이 아무런 대가없이 얻은 불로소득에 대하여 부담하는 세금이다. 상속세와 증여세는 〈표 10-6〉에서 제시한 바와 같이 재산의 무상이전이라는 점에서는 동일하며 단지 재산의 이전시점이 기증자의 사후시점이냐 아니면 생존시점이냐가 다를 뿐이다. 증여자가 재산을 무상으로 수증자에게 주겠다는 의사표시를 하고 수증자(受贈者)가 이를 승낙(承諾)하므로 성립하는 계약이다. 쌍방의 의사로 성립되는 계약이므로 수증자가 거절하면 성립하지 않는다.

증여세는 원칙적으로 증여 받은 사람이 내야 한다. 하지만 증여한 사람이 대신 납부해야 될 경우도 있다. 증여를 받은 사람이 비거주자이거나 주소 또는 거소가 분명하지 않아 조세채권의 확보가 곤란한 경우, 증여를 받은 사람이 세금을 납부할 능력이 없어 체납처분을 하여도 조세채권의 확보가 곤란한 경우 등은 증여한 사람이 증여세를 대신 납부할 의무를 지게 된다. 특히, 증여세는 완전포괄주의 과세제도 도입으로 재산을 민법상 증여 및 세법상 예시된 경우뿐만 아니라 사실상 재산의 무상이전에 해당하는 경우에는 그 행위 또는 거래의 명칭, 형식, 목적 등에 불구하고 증여세를 내야하는 경우가 있으므로 부동산 등을 거래할 때에는 주의하여야 한다.

① 납세의무자

증여세의 납세의무자는 타인의 증여에 의하여 재산을 취득하는 자이다. 영리법인 이외의 수증자는 증여세를 납부할 의무가 있으나, 일정한 사유에 해당하는 경우에는 증여자가 수증자와 연대하여 증여세를 납부할 의무를 진다(증여세율은 〈표 10-8〉참조).

② 과세대상

증여세는 수증자가 거주자인 경우에는 모든 증여재산, 수증자가 비거주자인 경우에는 증여받은 재산중 국내에 있는 재산에 대하여 부과하되, 수증자에게 소득세가 부과되는 때에는 증여세를 부과하지 않는다.

표 10-8 증여세율

과세표준	세율(%)	누진공제액
1억원 이하	10	-
1억원 초과~5억원 이하	20	1,000만원
5억원 초과~10억원 이하	30	6,000만원
10억원 초과~30억원 이하	40	1억 6,000만원
30억원 초과	50	4억 6,000만원

③ 증여의제

자유로운 계약으로 인하여 결과적으로 일방의 당사자가 타방의 계약자에게 재산적 가치 또는 경제적 이익을 무상으로 이전한 결과가 발생할 수가 있다. 이러한 경우 법적인 관계없이 사실상의 증여로 보는 것이 증여의제이다.

증여세의 면제 · 비과세 경우는 다음과 같다.

- 증여재산을 반환하거나 재증여 하는 경우
- 농지 등에 대한 증여세
- 공익법인 등이 출연 받은 재산
- 장애인이 증여받은 재산

④ 증여세 계산방법

증여받은 재산의 가액은 증여 당시의 시가로 평가하되, 그 시가를 산정하기 어려울 경우는 다음과 같은 방법에 의한다.

- 토지 : 개별 공시지가
- 건물 : 국세청 기준시가(공동주택, 상업용 건물, 일반건물 등에 대하여 국세청장이 매년 산정 · 고시하는 가액)

- **증여재산 − 증여재산공제액 = 과세표준 → 과세표준 × 세율 = 산출세액**

표 10-9 증여재산 공제액

관 계	증여 재산 공제 금액
배우자	3억원
직계존비속	3,000만원(수증자가 미성년자인 경우에는 1,500만원)
기타 친족	500만원

증여가 친족 간에 이루어진 경우에는 증여받은 재산의 가액에서 〈표 10-9〉에서 제시한 증여재산공제액을 공제한다.

2) 부동산 처분시 세금

부동산을 처분(양도)해야 할 때 내는 세금에는 양도소득세, 특별부과세, 부가가치세, 주민세가 있다. 부동산을 처분하게 되면 그 양도차익에 대하여 개인의 경우에는 양도소득세를, 법인의 경우에는 특별부가세가 부과된다. 그리고 양도소득세와 특별부가세가 감면되는 경우에는 농어촌특별세가 부과되게 된다.

(1) 양도소득세

양도소득세는 양도차익에 대하여 부과하는 세금이다. 이때, 양도란 매매·교환 등 소유권이 유상으로서 다른 사람에게 이전되는 것을 말하며, 양도차익이란 양도가액에서 취득가액, 필요경비(등기·수리비용), 공제금액을 뺀 나머지 금액을 말한다. 양도소득세는 양도차익에 부과되는 세금이므로, 양도차익이 발생하지 않은 경우에는 부과되지 않는다.

① 과세대상

양도 소득세의 과세대상은 토지와 건물, 부동산에 관한 권리(지상권, 전세권, 임차권 등)이다.

· 토지 : 지적법에 의하여 지적공부에 등록된 지목
· 건물 : 건물에 부속된 시설물과 구축물(무허가 건물도 과세대상 임)
· 지상권, 전세권(등기 여부를 불문하고 사실상의 이전인 경우는 그 대상이 됨)
· 등기된 부동산 임차권(등기된 임차권 만 과세대상이 됨)
· 부동산을 취득할 수 있는 권리(아파트 당첨권, 청약예금증서)

② 납세의무자

양도소득세의 납세의무자는 과세대상 자산을 양도함으로써 발생된 소득을 얻는 개인이며, 법인이 양도차익을 얻는 경우에는 부가가치세가 부과된다.

③ 양도소득의 선정방식

기준시가방식은 양도소득이 실제로 얼마가 발생하였는지를 따지지 않고, 과세관청이 사전에 일정하게 설정한 기준시가로서 계산하는 방식이다. 실질거래가액방식은 양도소득의 계산을 양도자와 이수자간에 실제로 거래한 가액을 기준으로 계산하는 방식이다.

④ 기본 세율

양도소득세의 세율은 〈표 10-10〉에 제시한 바와 같다.

표 10-10 양도소득세율

구 분	세율(%)
2년 이상 보유한 토지, 건물, 부동산에 관한 권리	30~50
2년 미만 보유한 토지, 건물, 부동산에 관한 권리	50
미등기 양도자산	75
비상장주식(대기업)	20
비상장주식(중소기업)	10%

⑤ 비과세 및 감면

양도소득세의 비과세 및 감면은 다음과 같은 사유가 있을 때에 가능하다. 그러나 양도소득세가 면세되는데 적용규정이 다소 복잡하므로 자세한 내용은 세무서에서 반드시 확인해야 한다. 양도소득세 감면 사유는 다음과 같다.

- 파산선고에 의한 처분으로 인하여 발생하는 소득
- 농지의 교환 또는 분합으로 인하여 발생하는 소득
- 1세대 1주택과 이에 부수되는 일정면적의 토지
- 농지의 대토로 인하여 발생하는 소득
- 조세특례제한법상의 감면

(2) 특별부과세(법인세)

법인이 부동산을 양도하여 소득을 얻으면 특별부과세 즉, 법인세를 부담하여야 한다. 특별부가세는 법인의 양도소득세라고 할 수 있다. 법인세법은 기본적으로 순자산증가설을 채택하여 법인의 순자산을 증가시키는 것을 과세소득으로 삼는다.

① 과세대상

법인세의 과세대상은 법인의 소득인데 법인세법상의 소득은 각 사업연도에 속하게 될 익금의 총액에서 그 사업연도에 속하거나 속하게 될 손금의 총액을 공제한 금액으로 한다.

② 비과세 및 감면

특별부가세는, 양도일까지 2년 이상 계속하여 당해 법인의 업무용(목장용, 매매사업용 및 임대사업 용은 제외)으로 직접 사용한 토지를 다른 고정자산을 취득키 위해 양도 한 경우 등에는 면제된다. 세금을 면제받은 법인이 다른 고정자산을 취득하지 않으면 세금을 다시 추징당하게 된다. 특히 업무용 토지 등을 팔아서 매매사업용이나 임대사업용 토지 혹은 휴양소·연수원 등을 살 때는 면제되지 않는다.

③ 부가가치세

제품이나 그 부품이 팔릴 때마다 과세되는 소비세로 '생산자 · 도매업자 · 소매업자 · 소비자'의 각 유통단계마다 증가된 가치(부가가치)의 부분이 과세 대상이 된다. 즉, 영업세나 물품세처럼 기업이 판매한 금액 전액에 대해 과세하는 것이 아니라 판매금액에서 매입금액을 공제한 나머지 금액인 '부가가치'에다 세율을 곱한 것이다. 우리나라는 지난 1977년부터 부가가치세를 실시했다.

④ 주민세

지방자치단체의 주민에게 과하는 지방세이다. 주민이 거주하는 지방자치단체의 자치행정에 참여함과 함께 이에 소요되는 경비를 부담분임의 원칙에 따라 분담하는 지방세의 성격이 가장 강한 세금이다.

3) 부동산 보유시 세금

부동산을 보유하는 동안 소유자는 지방세인 재산세와 종합토지세에 대한 납세의무가 주어지며, 특정지역의 부동산에 대하여는 도시계획세와 공동시설세가 함께 부과된다. 또한 도시계획세와 공동시설세에 부수적으로 교육세가 부과되고, 종합토지세 과세시에는 도시계획세와 공동시설세 외에 교육세와 농어촌특별세가 추가로 부과된다.

(1) 종합토지세

종합토지세는 그 명칭이 시사하듯 전국에 있는 토지를 소유자별로 합산한 후 여기에 누진세율을 적용하여 과세하는 지방세이다. 종합토지세는 1980년대 후반 발생한 토지가격의 상승으로 인하여 많은 사회 · 경제적 문제가 발생하자 이에 대응하는 구조로 되어 있다. 투기를 목적으로 하는 토지의 과다소유를 억제하고 토지를 생산적 · 정상적인 용도로 사용하는 세제를 통하여 유도하고 있다.

① **과세대상**

전국의 모든 토지는 종합토지세의 과세대상이 된다. 단 비영리사업자의 공익사업용 토지, 자연보존지역 안의 임야와 전통사찰의 토지, 군사용 토지, 수익사업으로 보지 않는 토지는 과세 대상에서 제외된다.

② **납세의무자**

사실상의 토지 소유자가 납세의무자가 된다. 그러나 공부상의 소유자 및 그 사용자, 매수 계약인, 위탁자, 상속인의 경우에는 예외를 두고 있다.

③ **과세표준 및 세율**

종합토지세의 과세표준은 종합합산 과세표준, 별도합산 과세표준, 분리과세 과세표준으로 구분하여 산정된다.

- 종합합산 과세표준 : 과세기준일 현재 납세의무자가 소유하고 있는 토지 중 별도합산과세표준과 분리 과세표준을 제외한 토지의 가액을 합한 금액으로 한다.
- 별도합산과세표준 : 전국의 별도합산대상을 소유자별로 별도로 합산하여 과세표준을 계산하게 된다.
- 분리과세표준 : 해당되는 토지를 다른 토지와 구분하여 독립적으로 과세하는 방식이다.

(2) **재산세**

과세대상 재산을 소유하고 있는 동안 매년 부과되는 조세로 해당 재산의 보유사실과 이로 인한 수익창출에 착안하여 과세하는 수익세적인 재산세이며 보유세에 속하는 지방세이다.

① **과세대상**

재산세의 과세대상은 재산인데 여기서 재산이란 건축물, 선박, 항공기를 말한다. 비과세 대상에는 국가소유의 부동산, 비영리사업자의 공익사업에 사용되는 부동산이 포함된다.

② 납세의무자

재산세 과세기준일 현재의 부동산 소유자가 납세의무자가 된다. 즉, 갑이라는 사람이 4월 30일까지 부동산을 소유하고 5월 1일 부동산을 을에게 양도 및 소유권이전등기를 경료 하였다면 을이 당해 년도 재산세의 납세의무자가 되는 것이다. 단, 공부상의 소유자와 사실상의 소유자가 일치하지 않는 경우 예외가 존재한다.

③ 과세표준 및 세율

- 과세표준 : 재산가액은 소유자의 유형에 관계없이 일률적으로 지방세법상의 시가표준액으로 한다. 과세표준은 각 1구의 건축물을 단위로 하여 각각 계산된다.
- 세율 : 주택의 경우에는 누진 제도를 채택하여 면적이 큰 주택에 대하여는 최고 7%까지 과세하고 있다. 반면 일반 건축물은 일률적으로 0.3%를 부과하며, 골프장·별장·고급 오락장용 건축물은 5%, 대도시내의 공장의 신·증설에 대하여는 5배를 중과한다. 동일한 재산에 대하여 2 이상의 세율이 해당되는 경우에는 그 중 높은 세율을 부과한다.

(3) 도시계획세

도시계획 사업에 필요한 비용에 충당하기 위하여 구토의 계획 및 이용에 관한 법률에 의하여 고시한 도시지역 안에 있는 일정한 토지 및 건축물을 과세대상으로 하여 부과하는 지방세이다. 과세대상은 도시지역 안에 있는 토지 및 건축물이며, 납세 의무자는 토지의 경우 과세기준일 현재 종합토지세의 납세의무가 있는 자가 되며 건축물의 경우에는 과세기준일 현재 재산세의 납세의무가 있는 자이다. 종합토지세 또는 재산세의 납세의무가 없으면 도시계획세의 납세의무도 없다. 과세표준은 토지의 경우 과세기준일 현재 종합토지세의 과세표준액으로 하고 건축물의 가액은 시가표준액으로 한다. 도시계획세의 표준세율은 0.2%이다. 시장·군수는 조례가 정하는 바에 의하여 방해 연도분의 세율을 0.3%의 안에서 표준세율과 다르게 정할 수 있다.

(4) 공동시설세

소방시설·오물처리시설·수리시설 기타 공공시설에 필요한 비용에 충당하기 위하여 그 시설로 인하여 이익을 받는 자에게 부과하는 지방세이다. 과세대상은 소방시설로 인하여 이익을 얻는 건축물 또는 선박으로 한다. 납세의무자는 그 이익에 대하여 이익을 받는 자인데, 이것은 실질적으로 소유자를 의미한다. 과세표준은 건축물 또는 선박의 가액을 과세표준으로 하는데, 가액은 시가표준액으로 의미한다. 세율은 일반세율과 중과율로 나뉘는데 이는 화재의 발생 및 피해 예상액의 경중에 따른 것이다.

3. 부동산 투기 및 억제정책

부동산 투기란 장기적인 건설이나 개발을 목적으로 하여 매매하는 것이 아니고 단기의 차익을 목적으로 하여 매매하는 행위이다. 투기를 위한 매매가 실수거래와 다른 점은 그 동기가 가격의 등락차의 취득에만 있는 점이다. 따라서 투기의 거래대상이 되는 것은 가격 변동이 심함과 동시에 전망을 예측하기 어려운 주식이나 상품, 부동산 등이 있다. 이중 부동산 투기로 인한 해악은 특히 심각하다. 이는 단지 땅값만을 상승시킬 뿐 엄청난 자원의 낭비를 초래하게 되며 서민의 수탈을 강화함으로써 소득의 불평등을 심화시키고 서민의 세금부담을 증가시킨다. 정부는 이를 저지하기 위하여 부동산 정책에 강도 높은 규제정책을 펴는 경향이 있다. 그 결과 부동산 시장은 정부의 정책에 가장 크게 영향을 받는

다고 할 수 있겠다. 부동산 투기로 인한 불로소득을 줄여 빈부 격차를 줄이고 부의 재분배를 이룬다는 것이 부동산 투기억제 정책의 취지이다. 최근 정부의 주요 정책 내용을 대략 살펴보면 개발이익환수제, 부동산종합과세 적용, 주택거래신고제, 투기지역·투기과열지역지정 등이 있다.

부동산투기가 발생하는 요인은 크게 두 가지이다. 첫째, 사회가치관의 문제로써 우리의 부동산 투기 과열은 자본주의의 폐단인 재화 중시주의의 산물이라고 하겠다. 둘째, 투기자금의 문제로써, 유동성이 풍부한 경우 부동산 투기가 심화된다. 그러데 정부의 투기근절 의지가 약한 경우, 투기자금을 적절하게 유인해서 생산자금으로 돌리려는 능력이 부족한 경우, 장기적인 해결책 제시가 없다는 경우 부동산 투기는 근절되지 않는다.

부동산투기의 사회적 문제는 불로소득의 누증으로 인한 빈부격차로 사회불안 문제, 불로소득으로 인한 사치·낭비·범죄적 소비 등이 만연하여 사회의 건전한 기풍이 흔들리는 문제, 저소득층 근로자들의 주거문제를 악화시켜 근로의욕이 저하되는 문제, 사회간접시설축조 비용의 천문학적 부담으로 국가재정이 막대한 손해를 입는 문제 등이 있다.

주거비 부담 가중과 내집마련에 대한 불안감·위화감 조성은 국민통합에 장애요인이 된다. 또한, 주택가격 상승은 임금인상 요구로 이어져 경제의 경쟁력 저하 요인이 되며 근로의욕 저하·물가불안심리 등으로 이어지는 부작용을 초래하며 부동자금이 생산적인 부문으로 흘러가지 못하고 주택부문으로 계속 유입될 경우 자금흐름과 경제구조를 왜곡시킨다.

이처럼, 부동산 투기의 문제가 심각해지자 정부에서는 2003년 「주택시장 안정 종합대책」, 2004년 「토지시장 안정대책」 등 부동산 투기를 억제하고자 노력하고 있다. 최근 정부에서 시행하고 있는 부동산 투기 억제정책은 주택거래신고제의 본격 도입, 주상복합 청약제도 변경, 공공택지 원가연동제 및 채권입찰제 추진, 재건축 개발이익환수제 도입 추진, 주택가격공시제 도입 추진, 리모델링 증축제한 및 안전기준 강화, 중개업소 실거래가 신고의무화, 재산세, 종토세 합산과세, 보유세 강화, 종합부동산세 부과 등이다.

표 10-11 주택거래신고지역과 투기지역의 차이점

투 기	투기 지역	주택거래신고지역
지정기준	·전월의 주택가격상승률이 전국 주택가격상승률보다 30% 이상 높은 지역 ·전월의 주택가격상승률이 전국 소비자물가상승률보다 30% 이상 높은 지역 ·1년간의 주택가격상승률이 3년간 전국주택가격 상승률보다 높은 지역	·전월의 아파트·연립주택가격 상승률이 1.5% 이상인 지역 ·3개월간 아파트·연립주택가격 상승률이 3% 이상인 지역 ·1년간 아파트·연립주택가격 상승률이 전국의 2배 이상인 지역
지정 및 해제절차	건교부장관의 요청에 의해 재경부장관이 부동산 가격안정심의 위원회의 심의를 거쳐 지정 및 해체	건교부장관이 해당 지자체와 협의 후 주택정책 심의위원회의 심의를 거쳐 지정 및 해체
지정효과	기준시가 대신 실거래 가액으로 양도소득세 부과	과세표준액 대신 실거래 가액으로 취득세·등록세 부과

1) 주택투기지역 지정

정부에서는 부동산 투기를 억제하기 위해 주택투기 지역을 지정하는 제도를 도입하였다〈표 10-11 참조〉. 주택투기지역으로 선정되면 우선 소유권 등기 이전 시점까지의 아파트 분양권의 전매가 금지되며 투기지역 내의 부동산을 양도할 때 양도소득세가 기준시가 대신에 실거래가를 기준으로 과세표준을 정한다. 같은 양도소득세 세율을 적용한다고 하더라도 실거래가로 양도차익을 계산하면 세금이 증가한다. 또한 필요시 탄력세율까지 적용되면 세금 부담은 더욱 커지게 된다. 단 1가구 1주택 양도의 경우는 해당되지 않는다.

2) 분양권 전매

정부는 서울, 수도권, 부산, 대구, 광주 등 6대 광역시와 도청소재지로 대폭 확대하여 분양권 전매를 금지하였다. 분양권 전매란 아파트를 청약하고 그 청약이 당첨되어서 아파트 입주권을 받게 되는 사람이 입주하지 않고 그 권리를 다

른 사람에게 파는 것을 분양권 전매라고 한다. '떳다방'은 전매를 중계하는데, 보통 분양권 전매의 대가로 엄청난 시세차익과 수수료를 얻는데 이에 대해서는 세금을 내지 않기 때문에 세무서의 단속대상이 되고 있다.

3) 주택거래신고제

주택거래신고제는 분양회사에서 분양계약 체결 후 즉시 계약내용을 시·군·구청에 신고하고, 분양받은 사람이 양도계약을 하면 즉시 계약서를 시·군·구청에 신고하도록 규정하여 실제 거래에 의혹이 있는 경우 두 계약서를 비교하는 자료로 사용한다. 또 투기혐의자로 주목되면 계좌를 추적할 수 있도록 하여 실제 거래시 오고간 금액을 추적하여 현실적으로 이면계약서를 작성하더라도 거래의 문제점이 있을 경우 증거로 쓰기 위해 통장계좌로 입금을 한다는 점을 이용하여 강하게 추적한다는 의미이다. 쉽게 분양한 사람, 분양받은 사람, 분양 권을 산 사람의 계약서를 모두 검토하겠다는 제도이다. 투기지역 내 일정 구역에서 주택 등을 매매한 사람은 매매일로부터 15일 이내 해당지역 시·군·구청에 신고해야 하며, 허위 신고시 과태료(집값의 10%)가 부과된다.

4) 종합부동산세

정부에서는 종합부동산세를 2005년 도입하였다. 종합부동산세는 토지 및 주택 등 보유 부동산 가액이 일정액 이상인 경우에 대해 보유 세를 중과, 투기성 부동산 보유를 차단하기 위한 것이다. 또 투기지역 내에서 1세대 2가구 이상자에 우선적으로 탄력세율을 추가, 적용하고 1세대 3주택 이상일 경우 양도세율을 최고 60% 수준까지 인상하는 내용이다. 이럴 경우 2004년에 탄력세율을 적용한 3주택 자는 최고 양도차익의 75%, 주민세를 포함하면 83%를 양도소득세로 환수하게 된다.

재테크코너 10-7

주택거래 신고제란?

시행지역

투기지역 중 주택에 대한 투기가 성행하거나 성행할 우려가 있는 지역으로서 주택거래 신고지역으로 지정된 지역에 한한다.

· 투기지역이란? 전국 부동산가격이 급등하거나 급등할 우려가 있어 소득세법 제96조의 규정에 의거하여 재경부장관이 부동산가격안정심의위원회의 심의를 거쳐 지정하는 지역을 말한다. 투기지역에서는 주택·토지에 대한 양도소득세를 실거래가로 부과하고 필요시 탄력세율(기본세율±15%범위 내)을 적용할 수 있다.

신고 대상주택

주택거래신고지역의 공동주택의 종류에 따라 다음과 같이 구분된다.

· 아파트거래신고지역 : 전용면적 60㎡초과 아파트, 재건축·재개발 정비구역 안에 있는 모든 아파트

· 연립주택거래신고지역 : 전용면적 150㎡초과 연립주택, 재건축·재개발 정비구역 안의 모든 연립주택

· 아파트·연립주택거래신고지역 : 전용면적 60㎡ 초과 아파트, 전용면적 150㎡ 초과 연립주택, 재건축·재개발 정비 구역 안에 있는 모든 아파트 및 연립주택

· 종전의 주택건설촉진법에 의하여 설립인가를 받은 재건축조합의 사업부지가 1만㎡ 이상이거나 기존 또는 신축 주택수가 300세대 이상인 경우 조합설립인가를 받은 때에 정비구역이 지정된 것으로 본다.

· 재건축·재개발 정비구역 안에 있는 아파트 및 연립주택이 철거·멸실된 때에는 신고대상에서 제외되나, 건축물관리대장이나 건물등기부상 멸실 정리가 되지 아니하면 신고대상이 된다.

신고 의무자

거래당사자인 매도인 및 매수인이 주택거래계약신고서를 공동으로 작성·기명날인하여 당해 주택소재지의 관할 시장·군수·구청장에게 제출하여야 하며, 거래당사자가 부득이한 사유로 신고할 수 없는 경우에는 대리인으로 하여금 신고토록 할 수 있다. 또, 거래당사자 일방이 신고를 거부한 때에는 당해 거래의 상대방이 단독으로 신고할 수 있다.

신고기간

주택거래계약은 계약체결일부터 15일 이내에 관할 시장·군수·구청장에게 신고하여야 한다. 다만, 신고지역 지정 전에 체결된 계약으로서 검인을 받지 아니한 계약은 지정일부터 15일 이내에 신고하여야 한다.

- 검인 계약서란? – 부동산등기특별조치법에 따라 지자체 장의 검인(확인도장)을 찍은 부동산매매계약서로서 지방세 등 세금납부 및 등기시에 제출하여야 한다.

신고 내용

주택거래계약의 신고내용은 다음과 같다.

- 계약일, 주택의 소재지, 주택의 종류와 규모, 거래가액, 소유권이전 예정일자, 부동산 중개업자, 계약의 조건·기한

위반자조치

미신고자 및 신고 해태자에 대하여는 해태기간에 따라 취득세의 1배~5배의 과태료를 부과한다. 허위신고자에 대하여는 허위신고내용 및 신고가액의 차액에 따라 취득세의 1배~5배의 과태료를 부과한다.

탄력세율이란?

탄력세율이란 정부가 법률로 정한 기본세율을 탄력적으로 변경하여 운영하는 세율제도로써 국회의 의결을 거치지 않고 물가나 수급 상황 등 경제여건에 따라 세율을 탄력적으로 적용할 수 있는데 현행법상 최대 30% 인상 또는 인하할 수 있다. 이러한 제도는 조세의 경기조절 기능을 보다 원활하게 활용하기 위한 제도의 하나로서 경기가 과열되어 있는 때에는 세율을 높게 함으로써 조세에 의하여 초과수요를 흡수함과 아울러 소비를 억제할 수 있게 되고, 반대로 경기가 침체되어 있는 때에는 세율을 낮게 함으로써 수요를 유발시킬 수 있게 된다.

4. 부동산 거래시 소비자피해 및 구제

부동산 매매, 전세임차 및 임대 등과 관련하여 소비자들은 부동산 중개업자들의 서비스를 받게 된다. 이때, 중개업무의 범위, 중개수수료의 금액과 수수방법, 중개를 위한 광고요금 등과 관련하여 중개업자와 소비자 간의 분쟁이 발생하기도 하며, 이 과정에서 소비자피해가 발생하고 있다. 현행법에 근거하여 소비자는 부동산 중개수수료를 과다 지불한 경우 차액을 환급 받을 수 있으며, 부동산 중개대상물의 확인·설명 소홀로 인한 재산피해를 입은 경우 손해액을 배상 받을 수 있다. 부동산 중개서비스와 관련하여 발생하는 대표적인 소비자피해유형은 중개 물건에 관한 확인 설명 부족이나 계약서 부실 작성으로 계약금이나 임차보증금 손실, 부동산매매 알선 광고료 사기피해, 중개업자의 사기나 계약금의 횡령 등으로 나타나고 있다. 중개업자와 소비자 간의 분쟁이 발생한 경우 손해배상을 받는 방법은 쌍방합의, 중개업 분쟁조정위원회의 중재, 소비자단체나 한국소비자보호원의 합의 권고 등이다. 본 장에서는 부동산 거래에서 발생하는 피해유형 및 구제, 그리고 주의사항 등에 대해 살펴보고자 한다.

한국소비자보호원(2003)에 접수된 부동산 거래 관련 소비자 상담을 분석한 결과 부동산 거래와 관련한 대표적인 소비자 피해는 매매와 관련한 허위·과장광고 피해가 가장 많은 것으로 나타났다. 생활정보지, 인터넷 등에 개제된 광고를 믿고 직거래를 시도하는 과정에서 소비자 피해가 많이 발생하는 것으로 나타났다. 특히, 임대보다는 매매 광고로 인한 피해가 많은 것으로 밝혀지고 있다. 이외에도 불법중개행위, 과다한 중개 수수료 청구, 부동산 촉진 광고 기재 관련 피해 등이 부동산 거래관련 대표적인 소비자피해이다.

1) 분양 허위·과장광고 피해

분양 과정에서 허위·과장 광고가 남발되고 있다. 한국소비자보호원(2003)은 최근 49개 업체의 분양 광고 234건을 분석한 결과 절반 이상이 입증되지 않은 허위사실을 내세워 소비자를 현혹한 것으로 나타났다고 밝혔다. 소비자보호원에 따르면 '유일의 초특급 대단지 프리미엄 상가' 등 상권이나 유동 인구와 관련해 과장표현을 '시중 은행권보다 5배 이상 높은 임대수익률', '지하철 ○○역 1분 거리' 등 교통여건을 사실과 다르게 광고, 융자 조건(무이자 융자 50~70%)이나 부대시설(대형 멀티플렉스 입점확정)을 부풀린 광고가 많은 것으로 나타났다. 그런데, 현행법상 부동산 분양 광고에 반드시 표시해야 하는 건축허가 취득 여부, 대지소유권 확보 여부, 분양대금 관리 방법, 시행사·시공업체명, 분양물의 용도·규모·지번 등을 분명히 밝힌 업체는 2개에 불과한 것으로 드러났다. 이들 표시항목을 1개도 표시하지 않은 업체도 7개나 되는 것으로 나타나 부동산 분양과 관련한 허위·과장 광고의 문제가 심각한 상황이다.

2) 토지분양관련 피해

'신도시 개발 예정지로 고시된 땅이 있다, 관광지구로 개발된다, 막대한 시세차익이 기대된다' 등 투자자를 유인하여 거래를 성사시킴으로써 이로 인한 피해가 늘어나고 있다. 분양사업자들은 텔레마케터를 동원하여 무차별적으로 소비자에게 전화하여 충동계약을 유도하고, 특히 제한된 정보만 알리거나 유리한 정보만 부풀리는 등의 허위·과장 선정으로 분양 계약을 유도하고 있다. 피해자 대부분은 계약 당시 현장 확인이나 수익성 검토 없이 토지분양 계약을 체결한 후 충동 계약임을 알고 계약금 환급 또는 계약 취소 등을 요구하는 것으로 나타났다. 매수자가 충동계약을 한 후 현장 답사를 한 결과 분양사업자의 허위·과장 선전, 가격 문제 등을 인지하고 사업자에게 계약해제 및 계약금 반환을 요구하였으나 분양사업자들은 정상적인 계약이라는 이유로 이를 거절하는 경우가 많이 발생하고 있다. 일부 투자자들은 중도금 및 잔금까지 지급한 후 당초의 선전과 다르다는 이유로 계약 취소나 손해배상을 요구하는 경우도 빈번하다. 일부 분양사업자들은 계약시 투자자들에게 현장 확인 후 문제가 발생하면 계약해제 및 계약금을 환급한다는 구두 약속을 하는 경우도 있으나 막상 투자자들이 계약해제를 요구하면 민법의 해약금 조항(제565조)을 들어 계약금 환급을 거절하는 것으로 파악되고 있다. 토지분양과 관련한 피해유형에 대해 살펴보면 다음과 같다.

① 신도시 개발 정보 등 전통적 허위·과장 선전

분양 사업자들은 '신도시 개발 예정지로 고사된 땅이 있다, 관광지구로 개발된다.' 등 막대한 시세 차익이 기대된다고 투자자를 유인하여 계약을 체결한다.

② 텔레마케터를 이용한 기획 부동산 업체로 인한 피해 발생

분양 사업자들은 텔레마케터를 동원하여 개발 계획이 있으므로 곧 땅값이 폭등한다는 식으로 무차별적으로 전화를 하여 충동 계약을 유도한다.

③ 영업사원을 이용한 계약 체결 후 책임회피

분양 사업자들이 영업사원(임시직으로 1~2개월 근무)을 고용한 후 '영업사원의 허위 과장으로 판매하지 말라고 교육하였다', '임시직이기 때문에 회사는 모르는 일이며 판매를 위해 명함을 만들어 주었을 뿐이다'라며 책임을 회피하고, 해당 영업사원과는 연락이 두절되는 경우가 많다.

④ 주변 시세보다 지나치게 고가로 분양

기획 개발사를 통한 분양의 경우 주변의 시세보다 지나치게 고가여서 초과수익을 얻기가 어려우나 현지 사정에 어두운 투자자를 유혹하여 분양 계약을 체결한다.

⑤ 등기부 상, 토지 이용에 법적인 하자가 있는 토지 분양

현장 확인 없이 분양 사업자의 권유만으로 토지 매입 후, 나중에 확인한 결과 토지 이용을 하지 못하는 피해가 발생한다.

3) 불법중개행위로 인한 피해유형

(1) 공인중개사 자격증 대여행위

무자격자가 공인중개사 자격증을 대여 받아 중개사무소를 개설 등록하고 중개 업무를 하는 행위와 공인중개사는 해당 중개 업무에 실질적으로 종사하지 않

으며 자격을 대여 받은 자가 대표행세를 하는 행위가 발생하고 있다. 무자격자와 거래를 한 후 소비자 피해가 발생하면 피해구제를 받기 어렵다(무자격자의 경우 사기죄에 해당하나 도주하는 경우 피해구제가 어려움). 예를 들면, 중개업자가 주인이 사정상 직접 계약을 하지 못한다는 식으로 속여 허위로 계약을 한 뒤 사라져 소비자가 피해를 보는 경우가 있다. 따라서 소비자는 부동산 계약시 공인중개사의 사업자등록증, 자격증 소지여부, 그리고 실제 매도자인지의 여부를 직접 확인하는 것이 필요하다.

(2) 중개수수료 과다수수

중개수수료 과다청구행위로 인한 소비자불만 및 피해가 증가하고 있다. 법정 중개업 수수료는 〈표 10-12〉에 제시한 바와 같은데, 소비자피해보상규정에 의하면 부동산 중개업자가 중개 수수료를 과다하게 징수했을 때는 그 차액을 환불하도록 되어 있다. 소비자는 중개수수료와 관련한 피해를 입지 않으려면(중개업체가 중개수수료율표를 눈에 잘 띄지 않는 구석에 게시하는 경우가 많음) 법정수수료율을 미리 알아 두고 거래 전에 중개수수료를 확정한 후 거래하는 것이 좋다. 중개수수료와 관련한 실제 피해유형은 다음과 같다.

- 부동산을 매도·매수할 경우 중개의뢰인 대부분이 거래세액을 줄이기 위해 계약서를 이중으로 작성하는 약점을 이용하여 법정수수료보다 과다하게 요구
- 임차기간이 경과되어 이사 갈 경우 보증금 등의 회수기간이 중개업자의 노력 여하에 달려 있다는 것을 내세워 법정 수수료보다 과다하게 요구
- 중개 수수료에 대한 법정요율이 있음에도 관행대로 법정수수료 보다 일정 수수료를 높여 수수하는 행위
- 법정수수료보다 높은 수수료를 받으면서 영수증을 법정수수료로 맞춰서 발행하는 경우

한편, 부동산 중개소의 도움으로 거래가 성사되어 수수료를 지급하였는데, 후일 거래가 제대로 이루어지지 않거나 계약이 취소된 경우 중개수수료 지불여부

표 10-12 법정 부동산 거래 수수료

종 별	거 래 가 액	수수료 요율상한 (%)	한도액 (천원)	비 고
매매·교환	5,000만원 미만	0.6	250	중개수수료 = 거래가액 × 중개수수료율
	5,000만원 이상 2억원 미만	0.5	800	
	2억원 이상 6억원 미만	0.4	한도액 없음	
	6억원 이상 거래 가액, 일반주택을 제외한 중개 대상물	법정중개수수료요율 0.2%~0.9% 내에서 중개의뢰인과 중개업자간의 상호계약에 따라 협의 결정		
매매·교환 이외 임대차 등	5,000만원 미만	0.5	200	중개수수료 = 거래가액 × 중개수수료율
	5,000만원 이상 1억원 미만	0.4	300	
	1억원 이상 3억원 미만	0.3	한도액 없음	
	3억원 이상 임대 가액, 일반주택을 제외한 중개 대상물	법정중개수수료요율 0.2%~0.8% 내에서 중개의뢰인과 중개업자간의 상호계약에 따라 협의 결정		

에 대한 분쟁이 발생하기도 한다. 보통의 경우 중개업자를 통해 계약이 성사된 후 당사자끼리의 계약취소가 발생할 경우 이는 중개인과 무관한 일이므로 중개료는 환불되지 않는다.

(3) 의뢰 가격보다 높은 가격으로 거래 후 차액 횡령

중개업자가 매매요청자의 의뢰한 가격보다 높은 가격으로 계약하고 그 차액을 가로 챘다면 중개인을 상대로 손해배상을 청구할 수 있다. 소비자는 이런 피해를 입지 않도록 매도인과 중개인이 한 자리에 있을 때 계약서를 쓰거나 매도인에게 직접 가격을 알아보아야 한다.

(4) 중개보조원이 계약금을 가지고 도주한 경우

중개보조원으로 발생하는 소비자 피해는 중개사무소의 대표자가 배상해야 한다. 만약, 중개보조원에게 계약금을 송금하였는데 중개보조원이 계약금을 착복하고 도주한 경우 공인중개사무소의 대표자를 상대로 손해 금액을 배상 받을 수 있다.

재테크코너 10-8

부동산 사기계약 피해사례

어떤 소비자가 땅주인으로부터 계약체결을 위임받았다는 중개인을 믿고 2억원에 계약하였으나, 다음날 중개인은 도주하고 땅주인은 중개업자에게 땅을 내놓은 적이 없다고 주장하는 사건이 발생하였다. 이 경우 땅주인을 확인하지 않은 것은 일단 소비자의 잘못이라고 할 수 있다.

조사결과 도주한 중개인은 전국부동산중개업협회에 가입되어 있어 전국부동산중개업협회에서 소비자의 과실분 40%를 감한 손해배상금을 지급받을 수 있었다.

- 일정한 대여내용을 정기 또는 비정기적으로 지불
- 공인중개사와 자격대여자는 혈연관계 또는 친분관계가 두터운 관계로 대부분이 표면상으로는 노출이 잘 안됨
- 자유업을 영위하는 경우 대여행위 입증의 어려움

4) 부동산 관련 피해 사례 및 판례

(1) 불법 부동산 거래 피해 및 판례

불법 부동산 거래 피해는 불법 텔레마케팅업자, 무등록 중개업자 등의 위·탈법 행위로 인한 피해가 주를 이루고 있다.

〈사례 1〉 개발가능성이 없는 땅을 악용

2004년 강남구 역삼동 소재 한 컨설팅 회사는 가정주부를 텔레마케터로 고용, 개발이 분명치 않은 지방의 땅을 "개발될 수 있으니 저가로 구입해 놓으라"고 무차별적으로 전화하도록 시켜, 13명이 재산피해를 당하였으나, 투자자 과실이 인정되어 이 컨설팅 회사는 사기죄가 인정되지 않았다.

〈사례 2〉 거래가 금지된 특별 분양 입주권 악용

2004년 강남구 대치동에 있는 한 중개법인과 컨설팅업자는 거래가 금지된 특별 분양

입주권을 주변시세의 1/3 가격으로 살 수 있는 것처럼 사람들을 유인, 불법계약을 맺게 하였는데, 그 후 입주할 수 없다는 사실을 확인한 매수자들이 항의하자 '계약자가 불법행위 당사자'라며 오히려 공갈 협박하여 매수자들은 투자금을 돌려받지 못하게 되었다.

(2) 부동산 거래 촉진 광고비 피해

부동산 판매촉진을 위한 광고비 요금과 관련한 소비자 불만이 증가하고 있다. 부동산업자들이 일간 신문지나 지역 생활정보지에 광고를 게재하여 빨리 처분해 주겠다는 조건으로 광고료를 지불케 하여 성사여부와 관계없이 상당액의 광고비를 챙김으로서 소비자 불만이 급증하고 있다. 광고비 피해액수가 작게는 20~30만원에서 70~80만원, 심한 경우 몇 1,000만원에까지 이르고 있어 문제가 되고 있다. 일간지에 광고를 하면 팔린다는 중개업자의 말을 듣고 광고비를 지불하였으나 거래가 성사되지 않았다 해도 부동산 거래를 진행시키는 소비자는 광고비를 환불받기 어렵다. 일간지 광고는 부동산 거래의 판촉수단일 뿐, 거래를 보장하는 것은 아니기 때문이다. 따라서 소비자들의 주의가 요구된다.

〈사례 1〉 가격을 많이 받으려면 광고를 하여야 한다고 하여 광고비 지불

충남 논산에 거주하는 소비자는 단독주택을 6,500만원에 매매하기 위하여 대전 '교차로'에 광고를 게재하였다. 그 이후 이 광고를 보고 서울 소재 모 부동산에서 이 소비자에게 전화를 걸어와 광고를 하면 8,000만 원까지 받아 줄 수 있다고 하여 이 소비자는 2회에 걸쳐 광고비 196만원을 지불하였다. 이후 부동산에서는 구매자와 같이 방문하겠다며 권리대장 및 토지대장까지 준비를 하라고 하였으나 현재까지 거래 성사가 안되고 있고, 중개업자는 계속 추가 광고 할 것을 요구한다.

〈사례 2〉 미리 광고를 게재한 후에 광고비를 요구하여 광고비 지불

부동산 중개업자로부터 높은 금액으로 거래를 성사시킬 수 있다는 전화연락이 왔다. 이후 일방적으로 중개업자가 광고를 게재한 후에 100만원의 광고비를 요구하여 50만원을 지불하였다.

〈사례 3〉 구매자가 계약을 망설이고 있으니 광고를 내면 계약될 것이라고 하여 광고비 지불

소비자가 지역정보지에 게재한 광고를 보았다며 중개사에서 전화를 걸어왔다. 학원을 인수할 사람이 있으나 계약을 망설이고 있는데 광고를 하면 다음날로 계약을 할 수 있다고 하여 광고한 다음날로 계약을 하는 조건으로 광고비 39만8천원을 지불하였다. 그러나 이후 연락이 두절되었다.

〈사례 4〉 구매자가 지방에 있으므로 광고를 하여 알려 주자고 하여 광고비를 지불

소비자가 임대한 상가를 다른 사람에게 임대 하고자 지역정보지에 광고를 게재하였다. 이후 모 공인중개사에서 전화를 걸어와 구매자가 있으나 구매자의 아버지가 거동이 불편하여 광고를 통하여 확인을 시켜주면 바로 계약이 될 것이라며 광고비를 요구하여 40만원을 입금하였다. 광고비 입금시 계약 성사가 되면 광고비를 환불하여 주겠다고 하였으나 거래 성사도 안 되고 영업장소를 옮겨 연락도 불가능한 상태이다.

〈사례 5〉 광고 후 구매자가 있다고 하였으나 갑자기 구매자 마음이 바뀌어 구매를 포기하였다며 다시 광고 하여 다른 사람과 거래를 하자고 하여 추가로 광고비를 지불

빌라 매매를 위하여 지역정보지에 부동산 광고를 게재하였는바 신설동 소재 부동산에서 전화를 걸어와 광고를 하면 바로 매매가 될 것이라 하여 광고비를 지불하였다. 이 후 중개업자와 함께 구매자가 방문을 해왔으나 이후 구매자 마음이 바뀌었다며 추가로 광고할 것을 요구하였다. 이에 광고비를 2회에 걸쳐 60만원을 지불 하였으나 현재 연락도 되지 않고 있다.

(3) 매매 중개 수수료 관련 피해

〈사례 1〉 아파트 매매 중개 수수료가 너무 과다한데 …

중개 수수료로 140만원을 지불했는데. 아파트의 매매가가 2억원인데 반해 중개 수수료가 너무 과다한 것 같다. 중개업소에서는 '통상 시세보다 더 많이 받아줬고 다른 업소에서도 다 똑같이 받는데 뭘 그러냐'며 오히려 큰소리를 친다.

처리결과) 법정 수수료율에 따른 중개 수수료 80만원을 제외한 60만원 환급

〈사례 2〉 부동산 중계 수수료 횡포가 너무 심한데 …

김모씨는 부동산 중개업자를 통해 5천만원짜리 단독 주택을 사면서 수수료로 2백만원을 요구하기에 50만원을 깎아 150만원을 지불하고 좋아했다. 뒤늦게 매매 수수료가 법정 기준인 20만원의 7.5배에 달한다는 사실을 알고 차액을 돌려받으려 했지만 영수증을 받지 않아 이를 입증할 자료가 없어 피해 보상 접수를 포기할 수밖에 없었다.

처리결과) 주택 매매, 전세와 관련된 부동산 중계 수수료를 둘러싸고 중개업자와의 분쟁이 끊이지 않는다. 지난해 한국소비자보호원의 조사에 의하면, 부동산 중계수수료가 터무니없이 비싸 10명중 8명은 법정 기준보다 초과해 지불한 것으로 나타났다. 부동산 중개 수수료의 정확한 기준을 알고 있는 소비자는 56%에 불과했다.

〈사례 3〉 부동산 중개 수수료를 기준보다 높게 계약한 경우

32평 아파트를 2억 5,000만원에 매매할 때 중개업자는 계약서에 중개 수수료율을 0.5%로 기입했다. 다른 중개업소에 확인해 보니 2억~6억원까지는 수수료율이 0.4%라고 해 이의를 제기했다. 중개업자는 매매 계약서에 매도가액을 낮게 적어 취득세·등록세 부담을 줄이는데 협조하지 않겠다고 해 난처하다.

처리결과) 취득세·등록세는 지방세로 과세표준에 세율을 곱해 결정한다. 과세표준이 되는 취득가액은 신고 가격을 원칙으로 하지만 이를 모두 취득가액으로 인정하는 것은 아니다. 신고 가격이 확실한 경우만 인정하고 신빙성이 없을 경우 지방세 시가표준액을 기준으로 한다. 신고한 취득가액이 시가표준액에 미달할 경우도 시가표준액을 기준으로 한다. 취득세와 등록세를 낮춰서 신고해도 지방세 시가표준액 이상이면 문제가 없고 그 이하로 해도 시·군·구청 직권으로 시가표준액을 적용하기 때문에 걱정할 필요가 없다. 부동산 중개업법은 수수료 외에 사례를 받지 못하도록 하므로 중개 수수료를 0.5%로 기재한 것은 원천 무효이다.

(4) 부동산 중개사고에 대한 판례

〈판례 1〉

소비자가 계약 전에 직접 소유권을 확인하지 않고 입주했다가 재산 피해를 입게 되면 소비자 본인과 부동산 중개업자가 각각 절반의 과실 책임을 진다(서울민사지법 항소4부,

1991. 11. 12). 이는 중개업자가 소비자에게□확인 설명서를 건네주어야 하는 의무를 다하지 못한 점과 중개업자의 구두설명만을 믿고 소유권 등을 직접 확인하지 않은 소비자의 과실을 같이 보기 때문이다. 확인 설명서란 중개업자가 중개대상물의 권리관계 등을 확인하여 소비자에게 성실하게 설명하고 계약 시 교부해야 하는 것이다. 반드시 기재되어 있어야할 내용으로는 대상물에 대한 기본사항, 권리관계에 관한 사항, 공법상 이용제한 및 거래규제에 관한 사항, 부담해야 할 조세의 개략적 사항, 거래예상금액과 공시되지 않은 중요시설 및 물건의 소유관계 등이다.

〈판례 2〉

매도인의 의뢰가격보다 높은 가격으로 부동산을 사고 중개인이 그 차액을 가로챘다면 중개인을 상대로 손해배상을 받아낼 수 있다(대법원 1991년, 12. 24).

〈판례 3〉

분양권이 없는 딱지를 확인도 하지 않고 중개업자를 통해 샀다면 소비자가 80%의 책임을 져야 한다(서울고법 민사 9부, 1994년, 11. 30).

〈판례 4〉

중개업자가 법정 수수료보다 많은 중개료를 받았을 경우 비록 사전에 소비자와 합의과정을 거쳤더라도 명백한 위법행위가 된다(서울지법 1995년, 6. 3). 또한 중개보조원에게 피해를 입었다 해도 중개사무소의 대표자(허가자)를 상대로 손해배상을 받아낼 수 있다.

5) 부동산 거래시 주의 및 손해배상

(1) 부동산 거래시 소비자가 주의해야 할 사항

① 부동산 관련 전화권유 제의를 거절한다

부동산업체나 컨설팅회사 등에서 거래 성사를 보장하며 전화를 걸어오는 경우에는 계약을 자제해야 하며, 최근에는 부동산 개발업체들이 허위·과장된 선전으로 투자자를 유혹하여 토지분양 등의 충동계약을 유도하는 사례가 많으므로 현장 확인 및 관련 기관에 사실 확인 등을 통해 신중하게 대처해야 한다.

② 중개업 등록 여부를 확인한다

자신을 중개업자라고 소개하는 경우 중개업소 소재지를 확인하고 관할 구청 등에 등록 여부를 반드시 확인해야 한다.

③ 계약서를 작성하고 보관한다

구체적인 계약내용을 기재한 계약서를 작성·교부 받아야 하며 계약이 성립 이행될 때까지 보관해야 한다.

④ 개인계좌 송금을 주의한다

소비자가 대금을 지불하면서 온라인송금을 중개업소 상호가 아닌 개인 명의의 예금 계좌로 송금할 경우 계약 불이행시 피해 입증이 곤란하므로 개인계좌 송금을 피하도록 한다.

(2) 부동산 거래와 관련한 손해배상 청구 방법

부동산 거래에 관련하여 피해가 발생한 경우 손해배상을 받는 방법은 크게 세 가지로 쌍방합의, 중개업분쟁조정위원회의 중재, 법원소송이다. 이 세 가지 방법을 통해 손해배상을 받는 것에 대해 구체적으로 살펴보면 다음과 같다.

① 쌍방합의

가장 간편하고 빠른 방법은 중개인과 직접 합의를 보는 것이다.

② 중개업분쟁조정위원회의 중재

합의가 이루어지지 않으면 법원에 민사소송을 내기 전에 중개업분쟁조정위원회에 조정을 신청할 수 있다. 신청서를 작성할 때 배상 사유의 인관관계가 정확해야 한다. 그렇지 않으면 허가관청의 검토 과정에서 기각될 수도 있다. 중개업분쟁조정위원회는 소비자와 중개업자 간의 분쟁을 조정·처리하기 위하여 허가관청(중개업 영업허가를 내주는 시·군·구청)이 1994년부터 설치·운영해 오고 있다. 과다한 중개수수료 등의 문제를 해결할 수 있는 가장 적당한 곳이다. 중개업자와 합의가 이루어지거나 중개업분쟁조정위원회의 조정을 받아들였다면 손해배상합의서를 허가관청에 제출하여 공제금지급 사유발생 확인신청을 한다.

③ 법원 소송

합의나 중재를 통해 손해배상을 받지 못하는 경우 소송을 시작하게 된다. 소송결과 법원으로부터 배상액이 정해진 경우 부동산 중개업자로부터 배상을 받는다. 그러나 중개업자의 도주, 재산 부족 등으로 손해배상을 받지 못할 경우 중개업자의 업무를 보증하고 있는 기관(공제조합, 보증보험회사, 공탁기관)으로부터

재테크코너 10-9

부동산중개 사고방지를 위한 주의사항

① 믿을만한 중개업소를 찾는다. 소비자는 중개업소에 들어서면 벽에 붙은 허가증과 업무보증서를 먼저 확인해야 한다. 허가증의 허가번호와 대표자 성명을 확인, 허가관청과 전국부동산중개업협회에 전화를 걸어 확인하면 허가업소 여부가 밝혀진다. 업무보증서에서는 보증기간을 눈여겨보아야 한다. 보증기간이 지난 업무보증서는 무용지물이기 때문에 피해를 입어도 보상받을 수 없다.

② 중개업자의 말만 믿고 덥석 계약을 해선 안 된다. 반드시 중개업자로부터 계약서, 중개대상물 확인·설명서, 업무보증서를 받아두어야 한다. 이에 앞서 물건의 시세와 실소유자, 등기부등본, 토지대장, 건축물 관리대장 등의 공부를 스스로 확인해야 한다. 특히 공부를 확인할 때 수입인지의 부착여부와 발급날짜를 눈여겨보아야 한다. 발급날짜가 오래된 것은 권리변동의 위험성이 있다.

③ 계약서를 정확하고 상세하게 작성한다. 계약서란 특별한 양식이 정해져 있는 것이 아니다. 매도자와 매수자가 합의한 모든 내용을 기록하는 것이다. 공법상 규제내용, 권리관계에 하자가 있을 경우 처리방법, 계약해지조건과 해약금 문제, 융자금 처리문제, 세금문제, 하자보수기간 등의 내용이 들어가는 특약사항은 반드시 기록해 두어야 한다.

손해배상을 받을 수 있다. 소비자가 현실적으로 받아낼 수 있는 최대금액은 중개법인의 경우 5,000만원, 공인중개사나 중개인은 2,000만원이다. 소비자의 손해액이 이를 넘을 경우에는 별도로 법적 절차를 밟아 중개업자로부터 직접 받아낼 수밖에 없다. 이때, 중개업자가 배상을 대비해 보증보험이나 공제에 가입해 있지 않으면 이런 절차도 아무런 소용이 없다. 따라서 소비자는 거래를 하기 전에 중개업소의 벽에 걸린 업무보증서를 반드시 확인하고 계약서를 작성한 후에는 보증금액, 보증기간, 보증보험회사, 공제사업을 행하는 자, 공탁기관과 그 소재지가 명확하게 들어있는 업무보증서 사본을 받아두는 게 좋다(중개업법 제19조 5항). 만일 중개사고가 생겨 법원에 소송을 제기할 때 업무보증서가 소명자료로 쓰일 수 있기 때문이다.

5. 부동산 거래과정에 따른 유의사항

일상생활에서 많은 사람들이 토지나 집 등을 사고파는 부동산 거래를 하게 된다. 그러나 만약, 무주택자가 오랫동안 모은 돈으로 집을 장만하려다가 사기를 당하는 경우 그 심각성은 이루 말할 수 없다. 부동산 거래를 함에 있어서 피해를 예방하기 위하여 거래과정에 따라 구분하여 유의하여야 할 사항에 대해 살펴보면 다음과 같다.

1) 부동산 계약 전 주의사항

① 거래 부동산 자체에 문제는 없는가? - 현장 확인

부동산을 사고자 하는 자는 먼저 해당지번을 확인하고, 임야대장, 토지대장, 등기부등본, 가옥대장, 도시계획확인원, 용도지역 확인원 등을 떼어보고 현장을 반드시 확인하여야 하고, 직접 가서 서류와 차이가 없는지 조사·확인해야 한다. 만일 건물 등 부동산 자체에 물리적 결함이 있다면 서류에 적은 비용을 초과하는 수리비용이 소요되고 그것이 부동산 전체의 기능에 영향을 준다면 뜻하지 않은 분쟁에 휘말릴 수가 있기 때문이다.

토지의 경우 법률적 규제는 없는지 살펴보아야한다. 특히 토지는 국토이용관리법, 도시계획법, 농지법, 지적법, 산림법, 건축법, 군사시설보호법, 수도법, 자연공원법 등 각종 법률의 규제를 받고 있다. 실제는 자동차가 다니는 도로와 접해 있어도 지적도상에 도로가 없으면 각종 인허가를 받을 수 없으므로 주의해야 한다. 단독주택이 밀집해 있는 지역에서는 토지이용계획확인서에 집이 도로로 편입돼 있는지 여부를 살펴봐야 한다. 사전에 확인하지 않으면 일부가 도로로 잘려나갈 집을 살 수도 있다. 군사시설보호구역, 농림지역, 보전임지, 자연녹지, 그린벨트 등은 사지 않는 것이 좋다. 또한 매입할 집에 전세 세입자가 생활하고 있으면 계약기간이 얼마나 남았는지 확인해야 한다. 세입자에 대한 의무 관계는 사는 사람이 승계 받게 된다.

② 매도하려는 자가 실제 소유자인가? - 거래상대방 확인

많은 경우에 있어서 여러 이유로 실제 소유자가 아닌 부인, 아들, 회사직원, 바빠서 대신 나왔다고 주장 하는 자 등과 계약의 교섭/상담을 하는 경우가 많다. 하지만 이는 후일 분쟁의 소지가 있게 된다. 엄밀하게 따지면 이런 계약은 무효가 된다. 부부든 부자든 원칙적으로 대리권은 없다. 그렇기 때문에 현재 거래의 교섭을 하고 있는 자가 당해 부동산의 실제 소유자인지 등기명의 등을 확인해 보아야 한다.

③ 권리관계 법적 규제에 문제는 없는가? - 공적 장부 등의 확인

당해 부동산에 관한 임야대장, 토지대장, 등기부등본, 가옥대장, 도시계획확인원, 용도지역 확인원 등을 떼어보고, 권리관계를 확인해보지 않고서는 나중에 이를 몰랐다고 항변할 수 없게 된다. 당연히 알 수 있었고 알아야 할 것이기에 확인해보지 않은 자의 과실 책임이 인정되기 때문이다. 토지대장과 건축물관리대장은 관할 구청에서 발급받을 수 있다. 또 건축과 관련하여 도시계획 여부, 개발제한구역 여부 등도 반드시 확인하여야 한다.

예를 들어, 등기부등본 상에 하자가 전혀 없는 부동산을 매입한 경우도 구청에서 도시계획을 세우면서 도로 예정지로 편입시켜 수용대상 토지로 책정해 놓았을 경우 후일 헐값의 보상만을 받게 된다. 등기부등본에 근저당이 설정됐으면 채권액 등을 해당 금융기관에 문의한다. 이 같은 재산상 제한은 잔금처리 전에 반드시 해결한다는 단서를 계약서에 쓴다. 저당권이 설정됐거나 가등기, 가압류가 있으면 계약 전에 해결하거나 계약을 재검토해야 한다. 그리고 재산세 납세자가 소유자와 다른 경우에는 그 이유를 알아보아야 한다.

④ 부동산 중개업소 등을 통해 거래하는 경우

부동산 중개업소를 통해 거래하는 경우도 본인이 직접 모든 것을 확인하고 알아보는 것이 좋다. 중개업자들은 중개수수료 취득을 위해 매도인측의 말만 믿고 전달하는 경우도 있고, 다소 과장하여 전달하는 경우도 있기 때문이다. 상대방이 보여주는 등기권리증도 자세히 살펴보고 원본인가를 확인하여야 한다.

⑤ 위험성이 있는 부동산은 거래를 회피해야 한다 - 위험 회피

단시일에 권리자가 수명씩 바뀌는 등 권리변동 관계가 빈번하고 복잡한 것은 일단 의심을 하고 사지 말아야 한다. 문제가 발생할 경우 전혀 알지도 못하는 전전 거래된 부동산의 원래의 권리자로부터 소송을 당하게 되어 결국 권리분쟁에 휩싸이게 되기 때문이다. 여러 가지 담보물권이나 특히 예고등기, 가등기, 가압류, 가처분이 되어 있는 것은 사지 않는 것이 현명하다. 또한, 주변시세에 비해서 현저히 싸거나, 가격폭등을 이유로 권유하는 것도 신중히 검토해 볼 필요가 있다.

계약전 일반적 유의사항을 요약해 보면 다음과 같다.

① 매도자는 양도소득세를 확인하여야 한다.

② 매수자는 등록세와 취득세 확인, 계약 상대방이 등기부상 적절한 소유자인지 실제 소유자인지를 확인하고, 실소유자가 아닌 대리인과 계약을 체결할 때는 소유자의 대리권에 관한 위임장과 인감증명 첨부를 확인하여 적절한 대리인인지를 확인하고 계약을 체결한다.

③ 완전한 소유권을 획득하기 위해서는 소유권에 제한이 되는 가등기, 예고등기, 근저당, 저당권, 압류, 가압류 등을 확인하고, 향후 처리방법에 대한 약정을 명확히 한다.

④ 단시일 내에 권리자가 수명씩 바뀌는 등 권리변동 관계가 빈번하고 복잡한 것, 매수 전에 비로소 소유권 보존 등기가 되거나 기타 상속 등기나 회복등기가 된 것은 일단 의심하여야 한다.

⑤ 소송으로 확정 판결을 받은 물건을 매수할 때는 패소 판결을 받은 사람을 찾아 사실여부를 확인하는 것이 좋다.

2) 부동산 계약시 주의사항

① 신원 확인

거래하는 양쪽 모두 안심하고 계약할 수 있도록 반드시 서로 상대방에게 주민등록증 등을 통해 신원을 확인하고 매입자와 세입자는 계약 당사자가 부동산 실소유자 인지를 반드시 확인한다. 대리인일 경우 위임장, 인감증명서, 주민등록증, 매매계약서 등 소유권이전에 필요한 서류를 제시받아 확인한 후 계약에 임한다. 또한 매도인이 실제 소유자라도 그 부동산을 처분할 수 있는 능력이 있는지를 살펴야 한다. 법률상 무능력자인 미성년자, 금치산자, 한정치산자가 거래를 할 때에는 원칙적으로 법정대리인에 의하든지, 아니면 법정대리인의 동의가 필요하다.

② 방문 및 계약

아파트나 주택 등에 방문할 경우, 방문자의 신원 즉 이름과 연락처를 확인하고 방문 약속시간은 가족이나 이웃이 함께 있는 시간으로 한다. 또한 방문시에는 되도록 여자 혼자서 찾아가지 않도록 한다. 토요일 또는 일요일이나 당일에는 되도록 계약을 피하고 계약을 급하게 서두를 경우 계약 내용을 더욱 자세하게 살핀다. 계약서 작성시 양쪽 모두 입회인을 배석시키면 좋고 권리관계가 복잡한 경우나 등기 절차는 공인중개사 또는 법무사에게 의뢰하면 더욱 안전하다.

3) 계약서 작성시 주의사항

계약서는 시중에서 판매되는 부동산 매매계약서를 이용한다.

① 계약서에 명시할 것

- 부동산 표시 란에 물건소재지와 면적(임대차의 경우는 임대할 부분)
- 계약내용 란에 계약금, 중도금, 잔금 및 기일
- 인적사항 란에 임대인(매도인), 임차인(매수인)의 기재사항을 명시하고 인장날인

② 특약 사항에 명시할 것

- 계약당시 등기상 권리 관계 상태를 잔금 지불시 까지 유지하여 양도한다는 내용
- 잔금지불과 동시에 등기이전에 관련된 일체의 서류를 교부한다는 내용
- 잔금일 기준 공과금과 세금을 정산한다는 내용
- 계약을 이행하지 않을 때는 손해배상을 한다는 내용
- 각종 권리 제한 등에 대한 말소 또는 인수에 대한 내용

③ 영수증에 명시할 것

지급내역, 도장, 연월일, 등기부등본상의 권리관계 변동사항 확인. 계약서 작성당일, 중도금 지불 당일. 잔금 지불 당일(계약서 지참).

4) 부동산 계약 후 주의사항

잔금 지급시에는 등기 이전에 필요한 서류를 함께 받아 소유권 이전 등기를 하는데 불편이 없도록 하며 법무사의 도움을 받는 것이 좋다. 잔금기일이 장기인 경우 중도금과 잔금 지급전에 등기부등본을 재확인하여 계약 후 중요한 권리변동이 있는지 확인한다.

(1) 계약해제 요건

계약 후 잔금을 내기 전까지는 해약할 수 있다. 단 집을 산 사람은 계약금을 포기하고, 집을 판 사람은 위약금을 배상해야 한다. 그러나 중도금까지 지불한 경우라면 상대방이 일방적으로 해약할 수 없다. 계약은 양 당사자의 의사합치에 의해 이루어지기 때문에 당사자가 한 자리에 모여 계약을 체결하였다면 체결 즉시 계약은 유효하게 된다. 반면 계약을 해제하는 경우는 세 가지가 있다.

첫째, 계약 당시, 계약서상에 '이러 이러한 경우엔 계약을 해제할 수 있다.'라는 해제 조건을 명시한 경우 해제가 가능하다. 둘째, 계약금에 의한 해제로서, 상대방이 계약 이행에 착수하기 전, 중도금을 지급하기 전까지는 매수인은 계약금을 포기하고, 매도인은 그 배액을 상환함으로써 해제할 수 있다. 끝으로 법정해제가 있는데, 상대방의 채무불이행(이행지체, 이행불능, 불완전이행)에 따른 해제이다. 이 경우 상당한 기간 최고를 하고 계약을 해제할 수 있다. 그러나 중도금이 지불된 경우에는 일방에 의한 해약이 불가능하다. 또 실제 거래에서 약정금, 보증금, 계약금 등 다른 이름으로 지불되었더라도 해약시 이 금액은 해약금으로 간주된다.

(2) 잔금지급시 주의사항

등기이전에 필요한 서류를 함께 받아 소유권 이전등기를 하는 데 불편이 없도록 한다. 잔금 지급시 법무사의 도움을 받는 것이 좋다. 잔금 기일이 장기인 경우에는 중도금과 잔금 지급전에 등기부 등본을 재확인하여 계약 후 중요한 권리변동이 있는지 확인한다. 계약하기 전에 등기부등본을 확인하고 하자가 없다고 해도 안심해서는 안된다. 사기수법으로 계약서 작성시 등기부등본에 하자가 없게 한 후 중도금이나 잔금 지불시기, 소유권이전 시기에 맞춰 집을 담보로 잡히는 방법이 있으므로 주의한다. 이런 피해를 방지하기 위해서는 중도금이나 잔금을 치를 때에도 등기부등본을 반드시 확인해야 한다. 이 같은 문제를 예방하기 위해 계약서를 작성할 때 '계약 후 저당권 등이 설정되었을 경우 해약하거나 위약금으로 문제 발생자가 얼마를 배상한다.' 등의 특약사항을 명시해 공증을 받아 두는 것이 좋다. 상가 매매시 권리금은 보증금처럼 법적으로 확실히 보장받을 수 있는 성격이 아니므로 권리금에 대한 실수를 하지 않으려면 권리금을 주고 점포를 얻을 때 건물주인에게 그 사실을 알린다. 또한 권리금의 인정에 대해 계약서의 단서조항으로 삽입하거나 별도의 서면으로 받아 놓는 것이 안전하다.

(3) 소유권 이전 등기 신청

소유권 등기이전시 필요한 서류는 다음과 같다.

① 매도인의 구비서류 : 매도용 인감증명 1통(매수인 성명, 주소, 주민등록 기재), 주민등록등본 1통, 등기권리증, 인감도장

② 매수인의 구비서류 : 주민등록등본 1통, 도장, 토지대장 1통, 건축물 관리대장 1통, 공시지가 확인원 1통

③ 부동산 양도신고 대상인 경우 : 매도인의 주민등록등본 1통, 일반용 인감증명 1통, 토지 및 건물 등기부등본 각 1통, 매매계약서 1통, 토지대장 1통, 건축물 관리대장 1통, 공시지가 확인원 1통

④ 토지거래 신고 또는 허가대상인 경우 : 토지대장, 공시지가 확인원, 매매계약서

재테크코너 10-10

부동산 사기 예방방법

부동산 시장 침체 속에서 부동산 거래 사기가 빈번하게 발생하고 수법도 점점 다양해지고 있다. 세입자가 집주인 행세를 하면서 거래를 하는가 하면 주민등록증과 등기권리증을 위조하기도 하며 중개업자 행세를 하면서 돈을 가로채기도 한다. 부동산 사기를 막을 수 있는 방법은 다음과 같다.

등기부등본을 직접 확인하라

등기부등본은 표제부와 갑구, 을구로 구성돼 있는데 표제부에는 해당 주택의 위치, 면적 등에 대한 개괄적인 설명이 있고 갑구에는 가처분 등과 같은 권리제한과 소유권의 이동이, 을구에는 근저당과 같은 담보 내용이 각각 들어 있다. 거래를 할 때 중개업소에서 미리 등기부등본을 매수자에게 보여주기도 하지만 시차가 발생할 수도 있기 때문에 매수자가 직접 확인해야 한다. 대법원 홈페이지(www.scourt.go.kr)에서 계약전과 중도금 지급전, 잔금 전에는 반드시 등기부등본을 확인하는 것이 좋다.

매도자의 신분증과 인적사항을 확인하라

계약시 상대방이 등기부상의 명의인인지 반드시 확인해야 한다. 신분증이 위조되지 않았는지, 사진과 현재 모습이 일치하는지, 현재 주소가 어디로 돼 있는지 등을 확인해야 한다. 부득이하게 본인이 아니라면 인감증명서와 위임장을 받아 둬야 뒤탈이 없다. 배우자 역시 부동산 처분에 있어서는 대리권이 인정되지 않으므로 배우자일 경우에도 위임장과 인감증명서를 꼭 받아둬야 한다. 이혼을 앞두고 배우자가 몰래 상대방의 재산을 처분하는 경우도 있다는 점을 유의해야 한다.

등기권리증 확인하라

집문서라고 불리는 등기권리증에는 소유자의 변동내역이 기록돼 있다. 일반적으로 매도자가 잔금을 치를 때 등기권리증을 가지고 나오는 경우가 대부분이지만 계약시점부터 이를 확인해야 한다.

공휴일은 계약을 삼가라

등기부등본은 인터넷으로 확인이 가능하지만 근저당이 설정돼 있는 경우 이를 은행에 직접 문의할 수 없기 때문이다. 예를 들어 매수 자가 대출을 받아놓고 등기부등본에 기재되기 이전에 매도를 하는 경우 일요일이나 공휴일에는 확인할 방법이 없기 때문에 이 사실을 모르고 계약을 하면 낭패를 볼 수 있다.

시세보다 가격이 낮은 물건은 신중 하라

시세에 비해 지나치게 가격이 낮은 물건은 한번쯤 의심해 봐야 한다. 시세보다 낮은 가격의 물건에 대해서는 매도 자에게 왜 급매물로 내놓았는지, 무슨 사정이 있는지 확인해 보고 의심이 나면 다시 한번 등기부등본을 확인해야 한다.

손이 많이 탄 물건은 한 번 더 생각하라

거래가 빈번하게 이뤄진 물건은 의심을 해봐야 한다. 거래에 이상이 없더라도 물건에 하자가 있을 경우가 있기 때문이다.

기간을 지나치게 짧게 하지마라

부동산 거래시 계약금, 중도금, 잔금 등으로 나눠 매매대금을 일반적으로 1~2달에 걸쳐 지급하게 된다. 간혹 급한 사정이 있다'는 핑계로 계약금과 중도금, 잔금의 지급기간을 짧게 해달라고 요구하는 경우가 있는데 집주인을 가장해 사기를 치는 경우 대부분 기간을 짧게 해 돈을 챙겨 달아나므로 주의해야 한다.

참고문헌

김일수(2002). 부동산 재테크 리츠에 투자하라. 청림출판사.

매일경제 TV부동산팀, 생보부동산신탁금융팀(2001). 리츠시대 돈 버는 부동산. 매일경제신문사.

문윤태, 전상철, 이규성(2001). 초보자를 위한 알기 쉬운 리츠 투자가이드. 굿인 포메이션.

부동산등기법- 법제처(http://www.moleg.go.kr).

소비자보호단체협의회(1990). 소비자 고발사례집 제2권.

오영관(2003), 부동산등기법. 서울. 도서출판 문성.

오창수(1995). 법과 소비자 보호 법률대책. 法律界.

윤재호(2002). 3,000만원으로 시작하는 부동산 투자 101가지. 국일증권경제연구소.

이영철, 고재훈 외(2003). 2004 최신개정판 공인중개사1차 부동산학개론. 한국법학교육원.

장성림, 박철 외(2003). 2004 최신개정판 공인중개사1차 민법 및 민사특별법. 한국법학교육원.

한국소비자보호원(1996~2001). 소비자상담 연보 및 피해구제 사례집.

한국소비자보호원(1998). 알쏭달쏭 소비자피해 101가지 사례여행.

허경옥, 김혜선, 정순희(2002). 소비자상담. 시그마프레스.

www.asiareal.co.kr (아시아부동산컨설팅)

www.co-op.co.kr (코업레지던스)

www.darlingstar.com (다링스타공인중개사)

www.delcoi.com (델코아이닷컴)

www.jeilland.co.kr (제일부동산경제신문)

www.kira.co.kr (부동산키라)

www.serve.co.kr (부동산써브)

제5부 위험관리와 보험

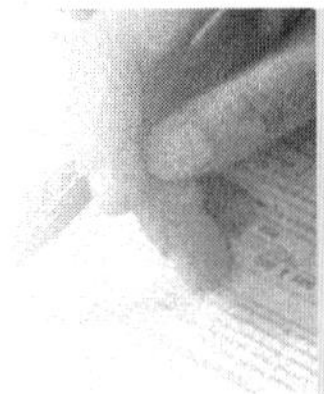

제11장 위험관리와 보험

이 장에서는 위험의 개념과 종류를 이해하고, 위험관리의 개념과 의의 그리고 위험관리의 절차와 기법에 대해 살펴보도록 한다. 또한 위험관리의 방법으로 보험의 개념과 원리에 대해 알아보고, 보험의 대상이 되는 손실, 보험의 종류 그리고 실생활에서 이루어지는 보험계약의 기본조건에 대해 살펴본다.

1. 위험의 개념과 종류

1) 위험의 개념

위험관리 또는 보험에서 말하는 위험의 개념은 경제적 손실의 발생 가능성을 의미한다. 따라서 위험이란 손실발생에 대한 불확실성을 의미하며, 위험관리의 측면에서 경제적 손실의 발생가능성이 없거나 경제적 손실이 없는 경우는 위험으로 간주하지 않는다.

2) 위험의 종류

(1) 객관적 위험 대 주관적 위험

위험은 객관성의 여부에 따라 객관적 위험과 주관적 위험으로 구분할 수 있다. 객관적 위험(objective risk)은 기대손실과 실제손실의 차이에 의한 위험을 의미한다. 즉 기대되는 손실과 실제 발생하는 손실의 차이를 통계적인 방법을 이용한 객관적인 관찰과 평가가 가능한 위험이다. 따라서 보험의 담보대상이 되는 위험이라고 할 수 있다. 주관적 위험(subjective risk)은 개인의 정서상태, 심리상태 등과 관련이 있는 위험으로 주관적인 요인에 의해서 발행되는 위험을 의미한다. 객관적 위험과 달리 통계적인 방법을 이용하여 객관적인 관찰과 평가가 불가능하다. 따라서 일반적으로 보험의 대상에 포함되지 않는다.

(2) 순수 위험 대 투기적 위험

순수 위험은 손실의 가능성만 존재하고 이익의 가능성은 존재하지 않는 위험을 말한다. 대수의 법칙(the law of large numbers)이 적용되어 보험의 대상이 되는 위험이다. 순수 위험에는 개인적 위험(personal risk), 재산 위험(property risk), 배상책임 위험(liability risk)이 있다.

개인적 위험은 개인에게 발생하여 영향을 미치는 위험을 말한다. 예를 들면 개인의 사망, 질병, 실직 등과 관련된 위험을 들 수 있다.

재산 위험은 재산에 손해가 발생할 수 있는 불확실성이 존재하는 위험을 말한다. 어떠한 사고가 재산과 직접적으로 연관된 손실을 직접손실, 직접손실로 인해 간접적인 손해를 입는 경우를 간접손실이라고 한다. 예를 들면 주차장에 세워 둔 택시에 화재가 발생하여 택시가 전소되었다면, 자동차 자체의 손실은 직접손실이고 자동차 화재로 인해 택시영업을 하지 못하여 발행하는 손실은 간접손실이다.

배상책임 위험(liability risk)은 제3자에게 재산상의 또는 신체상의 손상을 일으켜 그 피해가 결국은 손해에 대한 책임을 지게 되어 경제적인 손실이 따르게 되는 위험이다. 예를 들면 적절치 못한 의료행위로 인한 의료배상책임 등이 배상책임위험에 속한다.

투기적 위험(speculative risk)은 이익의 가능성과 손실의 가능성이 함께 존재하는 위험이다. 예를 들면 도박에 따르는 위험, 부동산 투자에 따르는 위험 등을 투기적 위험으로 볼 수 있는데, 이처럼 손실의 가능성을 고려하기 보다는 이익을 얻고자 하는 동기에서 투기적 위험이 발생하는 경우가 대부분이다.

(3) 동태적 위험 대 정태적 위험

동태적 위험(dynamic risk)은 시간의 흐름, 사회의 변화 등과 함께 달라지는 위험이다. 기술의 진보로 인해 발생되는 위험, 새로운 제품의 개발 생산에 따른 위험 등 사회·경제 환경의 변화와 연관되어 있다. 정태적 위험(static risk)은 항상 존재하는 위험으로 자연재해로 인한 손해발생의 불확실성 등이 정태적 위험의 예가 될 수 있다.

(4) 근본적 위험 대 특정 위험

근본적 위험과 특정 위험을 구분하는 기준은 손실 원인의 발생범위이다.

근본적 위험(fundamental risk)은 손실의 원인과 발생범위가 개인적이지 않은 것에 있다. 사회적·경제적·정치적인 현상들이 위험의 원인이 되며, 집단적인 영향을 주는 집단적 위험이다. 반면 특정 위험(particular risk)은 손실의 원인이 개인의 생활에 있고, 손실의 발생범위도 집단보다는 개인에게 국한된다. 지진, 홍수 등과 같은 자연재해, 실업, 인플레이션과 같은 사회·경제적인 현상들이 근본적 위험의 예가 될 수 있고, 살고 있는 집에 화재가 발생한 경우, 개인의 자동차 도난 등은 특정 위험의 예가 될 수 있다.

이처럼 근본적 위험은 특정인의 잘못이나 실수에 기인하는 것이 아니기 때문에, 개인이 통제할 수 없는 차원에 원인이 있어 개인보다는 사회가 위험관리의 책임을 지는 경우가 많다. 예를 들면 실업이라는 근본적 위험을 관리하기 위하여 우리나라는 고용보험이라는 사회보험제도를 운영하고 있다. 반면 근본적 위험 관리를 위한 민간보험도 있으나 상당히 제한적이다.[1)]

---

1) 근본적 위험관리를 위한 민간보험의 예로 '농작물재해보험'을 들 수 있다. 농작물재해보험은 농업인이 농사를 짓는 과정에서 태풍, 우박 등의 자연재해로 인하여 농작물피해가 발생하였을 때 보험금을 지급하는 제도이다. 우리나라는 사업시행초기로서 제도가 안정되지 않은 상태에서 2002년도의 태풍 루사 피해와 2003년도의 태풍 매미 피해가 연속적으로 발생하여 민영보험사들이 큰 손실(02년에 268억원, 03년에는 326억원의 손실 발생)을 입고 2003년, 2004년에 재보험에 참여하지 않았다. 하지만 2005년에 제도개선을 통해 미국, 일본, 스페인 등 외국의 예와 같이 국가재보험을 통해 위험을 분산 할 수 있는 안전망을 구축하였으며, 민영보험사도 재보험에 참여하였다.

2. 위험관리의 의의, 절차 및 기법

1) 위험관리의 의의

위험관리는 최소의 비용으로 위험에 대한 손실을 최소화하는 체계적인 과정이라고 할 수 있다.

2) 위험관리의 절차

위험관리의 절차를 4단계로 나누어 설명하면 위험 발견 및 확인(risk identification), 위험 분석 및 평가(risk evaluation), 위험관리 기법 선택(selection of risk treatment device), 시행 및 수정이다.

위험 발견 및 확인 단계는 위험관리를 위해 위험을 발견하고 확인하는 것으로 관리절차의 첫 단계라고 할 수 있다. 다음 단계로 위험의 분석 및 평가는 위험의 발생 빈도와 영향정도, 즉 확인된 위험이 얼마나 자주 발생하는지, 얼마큼 위협적이고 심각한 수준으로 영향을 미치는가를 분석하여 평가하는 것이다.

세 번째 단계인 위험관리 기법의 선택은 분석 평가된 위험을 관리하기 위한 적절한 방안을 선택하는 것이고, 마지막 단계는 선택한 관리기법을 시행하고 그 결과를 평가하여 원래 목표했던 바와 같이 진행되었는가를 확인 수정하는 것이다.

3) 위험관리의 기법

(1) 위험 회피(risk avoidance)

위험을 피함으로써 위험에 대비하는 것, 즉 손실의 발생 가능성이 있는 행동을 하지 않음으로써 위험에 대응한다. 극단적인 예로 주택에 화재발생을 염려하여 일상생활에 필요한 전기기구, 취사도구 등을 일체 사용하지 않는 것, 자가운전으로 인한 교통사고를 방지하기 위해 소유한 차를 팔아버리는 것 등이 위험회피를 통한 위험 대비라고 할 수 있다. 현실 생활에서 나타나는 위험들 중 회피가 가능한 것은 극히 적기 때문에 위험 회피는 위험에 대한 소극적인 대응방식이라 볼 수 있다.

(2) 위험 보유(risk retention)

개인에게 발생할 수 있는 손실을 스스로 부담하는 것을 위험 보유라고 한다. 스스로 위험을 가지고 있다는 것을 모르기 때문에 의식하지 않은 상태에서 위험을 감수하게 되는 경우를 수동적 보유(passive risk retention)라 하고, 위험에 대해 인지하고 있으면서 의도적으로 위험의 일부나 전부를 감수하는 것을 적극적 보유(active risk retention)라고 한다. 수동적 보유의 경우 단순히 위험이 있다는 것을 인지하지 못한 상태에서 개인의 의도나 판단에 의해서 위험을 관리하는 것이 아니므로 위험관리의 기법이라고 하기에 무리가 있을 수 있다. 우리가 현실생활에 존재하는 모든 위험을 인지하고 있을 수 없고, 항상 확인되지 않은 위험이 존재하기 때문에 수동적 보유도 위험관리 방법의 하나라고 본다.

반면, 적극적 보유는 개인이 위험에 대해 인지하고 있기 때문에 그것을 감수하기 위해 행동을 취하는 것을 말한다. 예를 들면 습관적 흡연을 하는 사람들이 폐암에 걸릴 확률이 일반인 보다 높다는 것은 많은 연구결과들을 통해 알려져 있다. 흡연을 하는 사람이 예상되는 폐암에 대비하기 위해 매월 일정금액을 폐암치료를 위한 비용으로 적립을 하는 것이 위험의 적극적 보유의 예라고 할 수 있다.

(3) 위험 전가(risk transfer)

예측되는 위험을 제 3자에게 넘기는 것을 위험전가라 한다. 보험은 위험 전가의 기법을 사용한 위험관리의 대표적인 예이다. 미래에 닥칠 것이라 생각되는 위험을 보험회사에 넘기고 그의 대가로 보험료를 납입하는 것으로 위험에 대비하는 방법이다.

(4) 손실 통제(loss control)

손실 통제란 손실이 발생하지 않도록 예방하는 '손실방지'와, 만약 손실이 발생될 수밖에 없다면 그것을 최소화하려는 노력을 하는 '손실 최소화'를 포함한다. 예를 들면 주택에 화재가 발생하는 것을 막기 위해서 전열기구 사용을 자제하는 것, 충격시에 자동소화장치가 있는 전열기구를 사용하는 것 등은 화재 자체의 발생을 막으려는 행동이므로 손실방지에 해당한다. 반면 주택에 화재경보기, 소화기 등을 설치하는 것은 화재가 발생한 후에 그에 따르는 손실을 줄이려는 것으로 손실최소화 행동이라 할 수 있다.

3. 보험의 원리

1) 보험의 개념 및 특성

보험은 동질적인 위험의 결합을 통해서 실제손실(actual loss)을 평균손실(average loss)로 대체하는 제도라고 할 수 있다(김동훈, 2002). 즉 많은 보험가입자들이 소액의 보험료를 내면 거액의 기금이 마련되어, 소수의 사람들이 사고를 당했을 때 손실을 보상해 줄 수 있어 소수의 사람들이 감당해야할 큰 손실을 수많은 보험가입자들에게 분산시키는 것이다. 즉 '위험결합'을 통해 거액의 실제손실을 수많은 사람들이 나누어 부담하기 때문에, 손실을 입은 사람은 실제 손실액을 보험에 가입한 수많은 사람들이 나누는 금액(평균손실)으로 대체하는 효과를 갖는 것이다(김동훈, 2002).

2) 보험의 원리

(1) 대수의 법칙(the law of large numbers)

대수의 법칙이란 독립적으로 발생하는 어떤 사건에 대하여 그 관찰대상과 관찰 횟수를 늘리면 늘릴수록 어떤 사건의 발생확률의 실제결과가 예측결과에 점점 가까워지는 현상을 말한다. 즉 측정대상의 숫자, 측정횟수가 많아질수록 예상치와 실제관측치가 가까워진다는 원칙이다. 보험자가 예상되는 손해를 정확하게 계산하기 위해서는 개별위험(또는 모집단)의 숫자가 충분히 커야한다는 것, 즉 대수(large numbers)가 되어야 한다는 것이다(김두철 · 서병남, 2003 ; 한낙현 · 김흥기, 2003).

예를 들면 주사위를 한 번 던졌을 때 어떤 숫자가 나올지를 정확하게 예측하는 것은 어렵다. 그러나 주사위를 던지는 횟수가 많아지면 주사위 각 면이 나오는 횟수가 점점 비슷해지게 된다. 주사위를 무수히 많은 횟수로 던진다면 각 면의 숫자가 나오는 비율은 던진 횟수의 1/6에 가까워진다. 이처럼 일상생활에 존재하는 위험들 중에 어떤 특정한 위험이 누구에게 발생할지에 대하여 알 수는 없지만, 일정 기간동안 여러 사람을 대상으로 특정 위험의 발생 여부를 관찰한다면 일정한 발생률을 구할 수 있는 경우도 있다. 예를 들면 교통사고 사망률, 영아 사망률 등은 일정기간 동안 다수의 사람들을 대상으로 관찰한 결과를 바탕으로 미래의 발생확률을 예측한 것이다. 개개인에게는 매우 우연적으로 발생한 사건이지만, 다수의 사람을 대상으로 일정기간 동안 관찰을 하면 통계적 법칙을 발견할 수 있고, 이것을 대수의 법칙이라고 한다.

(2) 수지상등의 원칙(principle of equivalence)

대수의 법칙을 이용하여 특정한 사고의 발생확률을 파악하고 그것을 기초로 보험료를 산출한다. 수지상등의 원칙은 개별 보험계약자에게 부과 징수한 보험료의 총액과 특정사고 발생시 지급하는 보험금의 총액이 균등해야 한다는 법칙이다(한낙현 · 김흥기, 2003). 이러한 원리는 개별 보험계약자와 보험자 간의 수지는 불균형하더라도 집단 전체를 놓고 보면 전체 수지는 균형을 이루어야 함을 의미한다.

(3) 급부·반대급부 균등의 원칙

급부·반대급부 균등의 원칙은 보험계약자가 지불하는 보험료는 개별 계약자에게 보험사고 발생시 받을 수 있는 보험금과 수학적 기대치인 사고발생의 확률(사고율)을 곱한 적정수준으로 책정한다는 원칙이다(한낙현·김흥기, 2003). 이 원칙은 개별 보험계약자의 보험료를 책정하는 원리이며, 사고 확률이 높은 계약자가 많은 보험료를 부담하고 사고 확률이 낮은 계약자가 낮은 보험료를 부담하는 보험료의 공평성을 설명하는 것이다.

3) 보험의 대상이 되는 손실

앞서 살펴본 바에 의하면 순수위험만이 보험의 대상이 될 수 있다고 했는데, 어떤 순수 위험이라도 보험의 대상이 될 수 있을까? 현실적으로 우리는 보험으로 처리하고 싶은데 보험사에서는 받고 싶지 않은 위험들이 있을 수 있다. 보험의 대상이 되는데 필요한 이상적인 위험의 요건은 다음의 4가지와 같다(김동훈, 2002 ; 김억헌, 1999 ; Vaughan & Vaughan, 2001). 단, 다음의 요건들을 갖추지 않은 위험들 중 보험의 대상이 되는 위험도 있다.

① 손실의 규모를 합리적이고 정확하게 예측하기 위하여 많은 수의 동질적인 위험이 존재해야 한다

다수의 동질적인 위험이 존재할 때 보험사는 위험으로 인한 손실의 발생횟수와 그 규모를 정확하게 측정할 수 있다. 다수의 위험을 강조하는 것은 측정대상과 측정횟수가 많을수록 손실예측의 정확도가 실제의 손실규모와 횟수에 근접한다는 대수의 법칙(the law of large numbers)을 적용하여 보험료를 산출 할 수 있기 때문이다. 최소 몇 개(몇 명)의 측정대상을 가지고 몇 번의 측정을 해야 실제 손실 규모에 근접한 예측(보험료)을 할 수 있는가는 위험의 종류에 따라 달라진다.

다수의 위험이 존재해야 하는 것에 더하여 위험의 성격이 동질적이어야 하는데 이는 공평한 보험료를 부과하기 위해서이다. 예를 들면 동일한 제품의 소형

승용차 운전자 두 사람이 있다고 하자(다른 모든 조건은 같다고 가정하고). 한 사람은 그 차를 이용하여 대전에서 서울까지 매일 출퇴근을 하고, 다른 한 사람은 일주일에 한번 동네 할인매장에 장을 보는 경우에만 그 차를 이용한다. 두 사람은 교통사고에 대한 동질적인 위험을 가졌다고 볼 수 있을까? 동질적인 위험이라고 볼 수 없으며, 두 사람에게 동일한 보험료를 책정한다면 그것은 불합리한 일이다.

② 확정적이고 측정 가능한 손실이어야 한다

보험의 대상이 되는 손실은 발생원인, 시기, 장소, 금액의 측정이 가능하고 명확해야 한다. 이러한 점들이 불명확하고 측정이 불가능 하다면 보험료 산출이 어렵고 보험에 필요한 자료를 객관적으로 처리할 수 없다.

③ 운명적이거나 우연하게 발생한 손실이어야 한다

보험의 대상이 되는 손실은 우연히 발생하는 것으로 개인이 손실발생을 예측할 수 없는 것으로 개인의 고의성, 통제, 조작 등과는 무관한 손실이다.

④ 비재난적 성격을 띤 손실이어야 한다

대량실업, 태풍, 홍수, 전쟁 등과 같은 재난으로 인한 손실은 그 규모나 심각성이 개별 보험회사가 감당할 수 있는 수준을 넘어서는 경우가 많다. 이러한 손실을 민영보험으로 처리하는 경우 보험회사는 지급불능, 파산의 위기에 이를 수 있으므로 보험의 대상에서 제외한다. 그러나 현실적으로 보험회사는 이러한 위험을 부분적으로 취급하고 있으며 이를 대비하기 위하여 재보험(reinsurance)[2], 위험의 분산 등의 방법을 사용한다.

---

2) 재보험은 최초의 보험자와 보험가입자간에 체결한 계약을 바탕으로 그 후의 보험자 상호간에 책임의 일부 또는 전부를 이전하는 계약을 말한다.

4) 보험의 분류

보험은 다양한 기준으로 분류할 수 있으나 본서에서 다룰 내용과 관련 있는 분류만 소개하기로 한다.

(1) 개인보험 / 사회보험

보험사업 경영주체의 성격에 따른 분류이다. 개인보험은 보험회사가 취급하는 생명보험, 화재보험, 자동차보험 등을 말하며, 당사자의 임의계약에 의해서 보험계약을 체결하면 보험관계가 성립된다. 사회보험은 국가가 국민의 경제생활 안정과 복지를 목적으로 시행하는 것으로 일정한 나이나 신분이 되면 사회보험에 의무적으로 가입해야 한다.

(2) 대인보험 / 대물보험

보험사고 대상에 따른 분류이다. 대인보험은 보험사고 발생의 객체가 사람인 보험을 말하며, 생명보험, 질병보험, 상해보험, 국민건강보험 등이 있다. 대물보험은 보험사고 발생의 객체가 물건인 보험으로, 해상보험, 자동차보험 등이 있다.

5) 보험계약의 기본조건

(1) 보험계약의 기본요소

생명보험과 손해보험의 보험계약 요소는 보험목적물, 보험료, 보험금, 보험사고, 보험기간 등이 있다(한낙현 · 김흥기, 2003).

① 보험의 목적물

보험의 목적물은 보험사고 발생의 객체가 되는 경제상의 재난 또는 자연인을 의미한다. 손해보험의 경우는 피보험자의 재화가, 생명보험에서는 피보험자의 생명 또는 신체가 보험의 목적물이 된다.

② 보험료

보험료(premium)는 보험계약자가 보험자에게 위험부담료로 지불하는 금전을 의미한다. 즉 보험계약에 있어서 계약의 한쪽 당사자인 보험계약자가, 다른 한쪽 당사자인 보험자가 부담하는 위험에 대한 대가를 지불해야 하는 의무를 금전적으로 지는데 이것을 보험료라고 한다. 보험료는 보험금 지불에 사용되는 순보험료(net premium)와 회사의 경비, 사원급여, 광고비 등의 사업비에 사용되는 부가 보험료(loading charge)로 나눌 수 있다.

③ 보험금액

보험금액(claim paid, insured amount)은 보험사고 발생시에 보험자가 피보험자에게 지급하는 금액이다. 손해보험의 경우 보험자가 피보험자의 재산상의 손실을 보상하는 의미에서 보험금을 지급하고, 생명보험과 같은 정액보험의 경우 보험자가 보험사고의 발생을 조건으로 약정한 금액을 보험금으로 지급한다. 보험금액을 설정할 때 보험가입자의 도덕적 해이에 의한 위험을 방지하고 위험의 합리적인 선택을 위해서 피보험자의 직업이나 직종에 따라 보험금액의 한도를 다르게 정할 수 있다.

④ 보험사고, 보험기간

보험사고는 보험계약에서 보험자가 보험금 지급책임을 구체화시키는 사고를 말한다. 보험기간은 보험자가 보험금지급에 대한 책임이 시작되어 종료되는 시점까지의 기간을 의미한다. 보험기간을 책임기간, 위험기간이라고도 하는데, 보험자의 책임이 시작되어 종료할 때까지의 기간, 보험자가 위험을 부담하는 기간이라는 의미를 갖기 때문이다.

(2) 보험계약 관련자

보험계약 관련자는 보험계약자, 보험자를 포함하는 보험계약당사자와 피보험자, 보험수익자를 포함한다(윤일현 · 이정호, 2004).

① 보험계약자

보험계약자는 본인의 명의로 보험자와 보험계약을 체결하고 보험료 지급 의무 등을 지는 보험가입자이다. 보험계약자의 자격은 자연인, 법인의 제한이 없고, 1인의 보험계약자가 될 수도 있고 다수의 보험계약자가 될 수도 있다. 미성년자의 경우 법정대리인의 동의를 받아야 보험계약자가 될 수 있으며 보험계약자가 2인 이상일 경우 대표자 1인을 선정하고 그에 대한 책임은 연대해야 한다.

② 보험자

보험자는 보험사업을 하는 자로서 보험을 인수하는 자를 말한다. 보험자는 보험사고가 발생하면 보험금의 지급과 기타 급여를 지급할 의무가 있다.

③ 피보험자

피보험자는 손해보험의 경우 보험금 청구권자로서 보험사고가 발생한 경우에 보험자로부터 보험금을 지급받는 자를 말하며, 생명보험의 경우 자신의 생명 또는 신체를 보험의 대상으로 정한 자연인을 말한다.

④ 보험수익자

보험수익자는 생명보험에서만 사용되는 용어인데, 보험사고 발생시에 보험자로부터 보험금을 지급받는 보험금청구권자로서 보험계약자가 보험계약시에 지정할 수 있다. 만약에 특정인을 보험수익자로 지정하지 않은 경우 법적 상속인이 보험수익자가 된다.

(3) 보험계약의 성립

보험계약에 대해 상법의 보험편에 규정한 보험계약의 정의를 살펴보면 다음과 같다.

상법 제 638조 “보험계약은 당사자 일방이 약정한 보험료를 지급하고, 상대방이 재산 또는 생명이나 신체에 관하여 부정확한 사고가 생길 경우에 일정한 보험금액 기타의 급여를 지급할 것을 약정함으로써 효력이 생긴다.”

보험계약이 법적인 효력을 발휘하기 위해서 갖추어야 할 기본조건은 청약과 승낙, 약인, 법적 행위능력, 보험계약목적의 합법성 등이 있다(한낙현 · 김흥기, 2003). 청약과 승낙은 보험계약자가 청약서를 작성함으로써 보험계약을 청약하는 것이고, 보험자는 그 청약에 대해 승낙 혹은 거절 의사를 표시하여야 한다. 보험가입신청자가 보험가입에 필요한 서류를 갖추고 1회분의 보험료를 지급하거나 지급할 것을 약속하면 '청약'은 성립하고, 보험자가 이를 '승낙'함으로써 계약이 성립된다.

약인이란 계약성립을 위해 계약당사자간에 서로 대가를 지불하는 것을 의미한다. 보험계약에서 피보험자측의 약인은 1회분의 보험료 납부와 보험증권에 명시되어 있는 조건들을 준수하는 것이다.

법적 행위능력은 계약당사자 모두가 법적 유자격자이어야 보험계약이 효력을 가지게 된다는 것을 의미한다. 예를 들면 미성년자, 한정치산자, 금치산자 등은 스스로 법적 행위를 할 수 없으므로 보험계약을 체결할 수 없다.

마지막으로 보험계약의 합법성은 보험계약의 목적이 법의 테두리 안에 있어야 한다는 것을 의미한다. 예를 들면 귀중품 밀수에 따르는 위험은 공익을 해치고 법을 위반하는 데에 따르는 위험이므로 보험계약의 대상이 될 수 없다.

참고문헌

김동훈(2002). 보험론, 제3판. 학현사.
김두철 · 서병남(2003). 생명보험론. 형설출판사.
김익헌(1999). 보험의 이론과 실제. 대학문화.
윤일현 · 이정호(2004). 현대인과 보험. 형설출판사.
이윤호(2001). 현대 생명보험. 두남.
한낙현 · 김흥기(2003). 위험관리과 보험의 이해. 우용출판사.

Vaughan, E. & Vaughan, T. (2001). *Essentials of risk management and insurance*. John wiley & Sons.
www.maf.go.kr (농림부)

제12장

인적위험관리 - 생명보험

이 장은 인적위험관리에 대하여 학습하는 장으로 개인이나 가계의 입장에서 구매할 수 있는 생명보험을 다루고 있다. 생명보험의 기본개념과 원리에 대해 알아보고, 생명보험을 구매하는 소비자로서 꼭 알아야 할 생명보험계약 관련 사항을 연구한다. 또한 생명보험이 어떻게 분류되는가를 알아보고, 시중에 판매되고 있는 생명보험 상품의 종류를 간략하게 살펴본다. 마지막으로 소비자들이 시장에서 생명보험 상품을 구매할 때 고려해야 할 사항들을 점검해 본다.

1. 생명보험의 개념

생명보험의 기본원리는 다음과 같다.

(1) 상부상조의 정신

생명보험은 상부상조의 정신을 기본으로 하는 제도이다. 언제 일어날지 모르는 사고에 대비해서 많은 사람들이 일정 금액을 예치하여 공동으로 재산을 마련해 두고 그 구성원 가운데 예기치 못한 불의의 사고를 당한 사람에게 미리 정해진 금액을 지급하여 서로 돕는 제도를 의미한다(생명보험협회, 2004). 이러한 기능의 수행을 과학적인 논리에 근거하여, 생명보험이 설계되고 개발되어 왔다.

(2) 공평한 위험분담

상부상조의 정신을 구현하는 생명보험의 합리적인 보험료 산출은 공평한 위험부담을 원칙으로 한다. 보험사고 발생에 대한 공평한 위험부담은 대수의 법칙에 기초한 생명표와 사망률을 예측하고, 이를 바탕으로 보험료를 산정하는데 기본을 두고 있다(권오, 2001 ; 김두철 · 서병남, 2003).

① 대수의 법칙

대수의 법칙은 실손보상을 원칙으로 하는 손해보험이나 사전에 약정된 일정한 금액지급을 약속하는 생명보험에 모두 적용되는 원칙이다. 앞장에서 살펴본 대수의 법칙을 생명보험에 적용시키려면, 보험계약자가 구성하는 가입자 단체의 구성원이 가능한 동일한 조건을 가지고 있어야 한다. 이것은 안정적인 위험률을 추정하여 보험료와 보험금의 대가관계에 있어서 공평을 기하기 위한 것이다.

② 생명표

한 개인이 특정시점에서 사망할 확률을 미리 예측하여 보험료 계산에 적용하는 위험률을 예정사망률이라고 한다. 이 위험률 계산에 기초가 되는 것이 생명표이다. 예정사망률이 낮아지면 생존보험료는 올라가고, 사망보험료는 상대적으로 저렴해진다.

생명표는 어느 특정 시점에 10만 명이 동시에 태어났다고 가정하고 그 사람들이 해마다 어떻게 감소하는가를 보여주는 표이다. 각각의 연령에 생존자 수와 사망자 수로 분류하고 생존율, 사망률, 평균여명 등을 표기한 표이다. 생명표에 표기된 평균여명은 특정 연령의 사람이 미래에 생존할 수 있는 기간의 평균을 의미한다. 0세의 평균여명을 평균수명이라고 한다.

생명표는 국민생명표와 경험생명표가 있다. 국민생명표는 국민전체에 대한 생존, 사망을 일정기간 동안 관찰하여 작성한 전 국민 통계자료이고, 일정한 범위 내의 생명보험가입자를 대상으로 작성한 사망률에 관한 기록이 경험생명표이다.

③ 수지상등의 원칙, 급부 · 반대급부 균등의 원칙

앞장에서 언급한 수지상등의 원칙과 급부 · 반대급부 균등의 원칙 또한 공평한 위험부담을 보장하기 위한 보험료 산정 원칙이다. 수지상등의 원칙에 따르면 보험계약자가 보험사에 납입하는 보험료(순보험료)의 총액이 보험사고 발생으로 지급되는 보험금액의 총액과 같아야 하다는 것이다. 실제 보험 상품의 보험료는 순보험료와 부가보험료로 구성되어, 일반적으로 생명보험에서는 동일보험종목에 대하여 부가보험료를 포함하는 보험료총액과 관리운영경비와 지출 보험금의 총액이 균등하게 한다. 급부·반대급부의 원칙은 사고 확률이 높은 계약자가 많은 보험료를 부담하고 사고 확률이 낮은 계약자가 낮은 보험료를 부담하여 보험료의 공평성을 유지하기 위한 원칙이다.

2. 생명보험 계약

1) 생명보험 계약의 성립절차

앞장에서 간단히 살펴본 것처럼 생명보험 계약은 보험계약자의 청약과 보험회사의 승낙으로 이루어진다. 보험사가 보험계약을 체결할 때 계약자에게 약관 및 청약서 부본을 교부한다.

다음의 경우에는 보험계약자가 청약을 한 후에 보험계약을 취소할 수 있다.

첫째, 보험계약자가 청약을 한 날 또는 1회 보험료를 납입한 날로부터 15일 이내에 청약을 철회할 수 있다. 보험 상품은 장기간 보험료를 납부하는 계약을 체결하는 경우가 많아 중도에 계약을 파기할 경우 해약 환급금이 상대적으로 적다. 따라서 소비자들의 보험 상품 충동구매로 인한 피해를 예방하기 위하여, 15일간의 청약철회기간을 정한 청약철회제도를 두고 있다. 청약철회신청이 접수된 즉시 보험사는 지체 없이 기 납입한 보험료를 돌려주어야 하며, 보험료 반환이 지체된 기간에 대하여 약관대출이율을 연단위 복리로 계산한 금액을 더하여 지급한다. 단 청약철회를 요청한 계약자가 1회 보험료를 신용카드로 납입한 경우는 신용카드 매출을 취소하고 이자는 지급하지 않는다.

둘째, 보험계약 청약시에 계약자에게 약관 및 청약서 부본을 전달하지 않은 경우, 계약자에게 약관의 중요한 내용을 설명하지 않은 경우, 계약 체결시 계약자가 청약서에 자필서명을 하지 않은 경우 계약자는 청약일로부터 3개월 이내에 계약을 취소할 수 있다. 이 경우 계약자는 계약 취소 전에 납입한 보험료를 보험사로부터 반환 받으며 보험사는 보험료를 받은 기간에 대하여 약관대출이율을 연단위복리로 계산하여 납입한 보험료에 가산하여 환급하여야 한다.

보험사는 계약자의 청약에 대하여 승낙 또는 거절을 할 수 있다. 보험사가 보험계약의 청약을 받고 제1회 보험료를 받은 경우, 건강진단이 없는 무진단계약은 청약일로부터 30일 이내에 승낙 또는 거절을 해야 한다. 건강진단을 포함하는 진단계약의 경우는 진단일로부터 30일 이내에 보험사의 승낙 또는 거절이 있어야 한다. 보험계약자에게 보험사로부터 30일 이내에 승낙 또는 거절의 통지가 없으면 승낙한 것으로 본다.

보험사가 승낙을 하면 계약자에게 보험증권을 교부한다. 보험증권은 보험계약의 성립과 그 내용을 증명하기 위하여 보험회사가 기명날인하여 보험 계약자에게 교부하는 증서이다(생명보험협회, 2004). 증권번호, 보험종목, 보험기간, 보험계약의 내용 등이 기재되어 있다.

2) 보험계약의 효력

보험사가 계약의 청약을 승낙하고 제 1회 보험료를 받은 시점(신용카드의 경우 매출승인이 된 시점)부터 약관에 정해진 바에 따른 책임을 지게 된다. 이 것을 책임개시일이라고 하며 제1회 보험료를 받은 날을 책임개시일로 하고 있다.

따라서 계약자가 청약시에 제1회 보험료를 납부한 경우, 즉 청약 승낙일 이전에 보험료를 납부한 경우도 제1회 보험료를 납부한 날(비록 청약 승낙일 이전일지라도)을 보험계약의 책임개시일로 산정한다. 즉 보험사가 1회 보험료를 받았으나 아직 청약 승낙을 하기 전에 보험금 지급사유가 발생하면 약관이 정하는 바에 따라서 보험사가 책임을 진다[1].

1) 다음의 경우는 예외로 한다.
가입자의 계약전 알릴의무 위반을 적용하여 회사가 책임을 지지 않는 경우
계약자나 피보험자가 회사에 알린 내용(건강진단 내용 등 포함)이 보험금 지급사유 발생에 영향을 미쳤음을 회사가 증명하는 경우

생명보험계약이 무효가 되는 경우 당연히 보험계약의 효력은 없어지며 다음과 같은 경우에 해당한다.

첫째, 타인의 사망을 보험금 지급사유로 하여 보험계약을 체결하는 경우 계약체결 시까지 피보험자의 서면에 의한 동의를 받지 않았으면 보험계약 무효로 처리한다. 보험계약자가 아닌 다른 사람의 사망을 보험사고로 하는 계약에서 피보험자의 동의 없이 계약이 가능하다면 어떤 일이 발생할까? 악의를 가진 계약자라면 보험금을 노리고 피보험자의 생명에 위협을 가할 수도 있기 때문에, 계약체결에서 피보험자의 동의가 필수적인 것이다. 부부간 가족원간에 피보험자와 계약자를 달리하여 생명보험에 가입하는 경우가 많은데, 남편이 계약자이고 아내가 피보험자인 경우 보험계약체결 시에 피보험자인 아내의 서면동의가 있어야 추후에 보험사고 발생시 보장을 받을 수 있다.

둘째, 만15세 미만자, 심신상실자 또는 심신박약자를 피보험자로 하여 사망보험금 지급을 사유로 계약한 경우도 무효로 처리한다. 이성적 판단력이 현저하게 떨어지는 사람들을 피보험자로 하여 보험계약을 체결하고 고의로 피보험자의 생명을 위협할 가능성이 높기 때문에 이러한 경우 계약을 무효로 하고 있다.

3) 보험계약자의 의무

(1) 계약전 알릴 의무(고지의 의무)

① 계약전 알릴 의무

보험계약자(또는 피보험자)는 청약시 청약서에서 질문한 사항에 대하여 사실대로 알릴 의무가 있다. 이를 보험가입자의 '계약전 알릴 의무'라고 한다. 계약전에 알려야 할 사항은 일반적으로 보험계약청약서의 질문표에 명시되어 있다. 특히 중요한 알릴 의무 대상이 되는 사항(피보험자의 현재 및 과거의 질병, 장애상태, 운전여부 등)은 보험사가 그 사실을 알았더라면 계약에 영향을 미칠 수 있는 사항들이다. 즉 보험사가 청약을 거절하거나 보험가입금액의 한도를 제한하거나, 보험금 삭감, 보험료 할증 등과 같은 조건을 붙여서 계약을 체결할 수도 있기 때문에 계약자가 꼭 알려야 한다.

보험계약자와 피보험자 모두 계약전 알릴 의무를 갖는다. 계약자가 다수인 경우 전원이 계약전 알릴 의무를 갖으며, 그 중 1인이 고지의무를 위반한 경우 그에 대한 책임은 계약자 모두가 지게 된다.

② 계약전 알릴 의무 위반

보험사는 계약자 또는 피보험자가 계약전 알릴 의무에도 불구하고 고의 또는 중대한 과실로 중요한 사항에 대하여 사실과 다르게 알린 경우에는 회사가 별도로 정하는 방법에 따라 계약을 해지하거나 보장을 제한할 수 있다. 이러한 사유로 보험사가 계약을 해지하였을 때에는 해약환급금과 이미 납입한 보험료 중 많은 금액을 지급하며, 보장을 제한하였을 때에는 보험료, 보험가입금액 등이 조정될 수 있다.

그러나 계약자 또는 피보험자가 계약전 알릴 의무를 위반하더라도 다음 중 한 가지의 경우에 해당되는 경우에는 보험사가 계약을 해지 할 수 없다.

1. 회사가 계약당시에 그 사실을 알았거나 중대한 과실로 인하여 알지 못하였을 때
2. 회사가 그 사실을 안 날부터 1개월 이상 지났거나 또는 책임 개시일부터 보험금 지급사유가 발생하지 아니하고 2년(진단계약의 경우 질병에 대하여는 1년)이 지났을 때
3. 회사가 이 계약의 청약시 피보험자의 건강상태를 판단할 수 있는 기초자료(건강진단서 사본 등)에 의하여 승낙통지를 한 때(계약자 또는 피보험자가 회사에 제출한 기초자료의 내용 중 중요사항을 고의로 사실과 다르게 작성한 때에는 제외)
4. 보험을 모집한 자가 계약자 또는 피보험자의 계약전 알릴 의무 사항을 임의로 기재한 경우

또한 계약전 알릴 의무 위반으로 계약을 해지하기 전에 발생한 보험사고에 대하여, 계약전 알릴 의무 위반사실이 보험금 지급사유 발생에 영향을 주었다는 것을 회사가 입증하지 못하면 보험사는 보험금을 지급하여야 한다.

(2) 보험료와 보험료의 납입

① 보험료의 구성

보험료는 보험계약을 체결할 때 보험자가 보험계약자에게 부과하는 보험 상품의 가격이다. 생명보험 상품의 보험료는 예정위험률, 예정이율, 예정사업비율에 기초하여 책정된다.

- 예정위험률 : 예정위험률은 한 개인에게 특정 보험사고가 발생할 확률을 대수의 법칙에 의해 예측한 것을 말한다. 앞서 살펴본 생명표의 예정사망률이 생명보험의 보험료 계산에 적용되는 예정위험률의 대표적인 예이다.

- 예정이율 : 예정이율은 보험사가 적립하는 보험료 운용에 대해 기대되는 수익에 따라 일정비율을 할인하여 보험료를 계산하는데, 이때 적용하는 할인비율이다. 보험사는 계약자로부터 보험료를 받아서 그 일부를 미래의 보험금 지급을 위해서 적립해 둔다. 적립된 보험료를 운용하여 수익을 발생시키는데, 어느 정도 수익이 날 것인가를 미리 예측하여 계약자들의 보험료 책정 시에 예상되는 수익만큼 보험료를 할인해서 책정하게 된다. 적립금 운용을 통해 예상되는 수익에 따라 보험료의 할인비율을 결정하므로, 이때 적용되는 할인비율이 바로 예정이율이 되는 것이다. 예정이율이 낮아지면 보험료는 올라가고, 예정이율이 높아지면 보험료는 저렴하게 된다.

- 예정사업비율 : 예정사업비율은 보험료에서 보험사가 보험계약의 유지관리를 위해 사용하는 비용의 구성비율을 말한다. 보험사들은 보험사업의 운영에 필요한 경비를 미리 예상하고 계산하여 보험료에 포함시킨다. 예정사업비율이 낮아지면 보험료가 저렴해지고, 예정사업비율이 높아지면 보험료가 상대적으로 비싸진다.

② 영업보험료

보험계약자가 지불하는 보험료를 영업보험료(gross premium)이라고 하며 이것은 순보험료(net premium)와 부가보험료(loading premium)로 나뉜다. 순보험료는 예정위험률과 예정이율에 의해서 계산되며, 부가보험료는 예정사업비율에 기초하여 계산된다.

- 순보험료 : 순보험료는 미래에 지급될 보험금의 재원이 되는 부분으로서 위험보험료(사망보험금, 장해급여금 등을 충당하는 부분)와 저축보험료(만기보험금, 중도급부금 등을 충당하는 부분)로 구성된다.

- 부가보험료 : 부가보험료는 보험사가 보험계약의 체결, 유지, 관리를 위해 사용하는 비용을 충당하는 보험료의 부분이다. 부가보험료는 모집수당, 보험설계사 급여 등을 포함하는 신계약비, 직원급여, 계약 조사비용, 직원 후생비 등을 포함하는 계약 체결 후부터 계약 종료 시까지 유지를 위해 필요한 경비인 예정유지비, 제2회 이후의 보험료를 수금하는데 쓰이는 경비(수금원 급여, 실효계약 부활경비, 납입안내서 발송비 등을 포함)인 예정수금비로 나눌 수 있다.

③ 보험료 납입

보험료 납입은 보험계약 유지를 위한 보험계약자의 중요한 의무이다. 부주의로 보험료가 연체되어 보험계약이 해지되어 불이익을 보는 일이 없도록, 보험계약자는 보험료 납입방법, 연체시 대처방안, 해지된 계약을 복원하는 법 등에 대하여 잘 숙지하고 있어야 한다.

보험사는 계약의 청약을 승낙하고 제1회 보험료를 받은 때부터 약관이 정한 바에 따라 책임을 지게 된다. 보험계약자는 제2회 이후의 보험료를 계약 체결시 납입하기로 약속한 납입기일까지 납입하여야 하며, 회사는 계약자가 보험료를 납입한 경우 영수증을 발행한다. 보험계약자가 제2회 이후의 보험료를 납입기일까지 납입하지 않으면, 납입기일 다음날부터 납입기일이 속하는 달의 다음달 말일까지를 납입 최고기간으로 한다. 제2회 이후의 보험료가 납입기일까지 납입되지 아니하여 보험료 납입이 연체중인 경우, 보험사는 보험계약자에게 납입 최고기간 안에 연체된 보험료를 납입하여야 한다는 내용과 납입 최고기간이 끝나는 날까지 보험료가 납입되지 않은 경우 납입 최고기간이 끝나는 날의 다음날부터 계약이 해지됨을 알려야 한다. 이때 보험사는 납입 최고기간이 끝나기 15일 이전까지 서면 또는 전화(음성녹음)로 알린다.

보험사가 보험계약자에게 약관에 정해진 바에 따라서 보험료의 연체사실을 알렸으나 납입 최고기간 안에 보험료가 납입되지 않은 경우, 납입 최고기간이 끝나는 날의 다음날로 계약이 해지된다. 단 납입 최고기간(보험료 납입기일 다음날부터 납입기일이 속하는 달의 다음달 말일) 안에 발생한 사고에 대하여 보험사는 약정한 보험금을 지급한다. 또한 보험사의 책임이 있는 사유(회사의 방문수금 불이행, 은행 납입통지서의 미교부, 자동이체 미신청 등)로 인하여 계약자가 보험료를 납입하지 못한 경우는 납입기일부터 3개월이 되는 날을 납입 최고기간으로 한다. 다만, 회사가 보험료를 수금 또는 자동이체하기로 하거나 은행납입통지서를 교부하기로 한 경우에는 그 수금(자동이체) 또는 재교부일부터 15일이 되는 날을 새로운 납입기일로 하여, 보험료 납입기일 다음날부터 납입기일이 속하는 달의 다음달 말일을 최고기간으로 한다.

보험계약자가 보험료 연체로 인한 계약 해지를 피할 수 있는 방법으로 자동대출납입제도가 있다. 납입최고기간이 지나기 전까지 보험계약자는 보험료의 자동대출납입을 약관대출금의 형식으로 신청할 수 있다. 자동대출납입은 반드시 서면으로 신청해야 하며, 약관대출금으로 보험료가 자동 납입되어 계약을 유효하게 유지할 수 있다. 보험료 자동대출납입 기간은 최초 자동대출납입일로부터 1년을 한도로 하며 그 이후의 기간에 대해서는 재신청을 해야 한다. 그러나 해약환급금을 약관대출금(약관대출이자 포함)이 초과하게 되면 보험료 자동대출납입을 할 수 없게 된다.

보험료의 납입연체로 인하여 계약이 해지되었으나 해약환급금을 받지 않은 경우 보험계약자는 해지된 날부터 2년 이내에 계약의 부활을 청약할 수 있다. 보험사가 이를 승낙하면 보험계약자는 보험계약의 부활을 청약한 날까지의 연체된 보험료에 이 계약의 예정이율 +1% 범위 내에서 각 상품별로 회사가 정하는 이율로 계산한 금액을 더하여 납입하여야 한다.

4) 보험사의 보험금 지급 절차

(1) 보험금 지급 사유

보험사가 보험금을 지급해야 하는 경우는 다음과 같다. 이때 보험사는 피보험자에게 다음 사항 중 어느 한가지의 경우에 해당되는 사유가 발생한 때에 수익자에게 약정한 보험금을 지급한다.

1. 보험기간중의 특정시점에 살아있을 경우 : 중도보험금
2. 보험기간이 끝날 때까지 살아 있을 경우 : 만기보험금
3. 보험기간 중 사망하거나 장해등급분류표 중 제 1급의 장해상태가 된 경우 : 사망보험금
4. 보험기간 중 발생한 재해로 인하여 장해등급분류표 중 제 2급 내지 제 6급의 장해상태가 되었을 때 : 장해보험금
5. 보험기간 중 질병이 발생하거나 입원, 통원, 요양, 수술 또는 수발이 필요한 상태가 되었을 때 : 입원보험금 등

이와는 달리, 피보험자에게 보험계약에 정해진 보험금 지급사유가 발생하더라도 다음과 같은 경우는 보험사가 보험금을 지급하지 않고, 동시에 보험계약을 해지 할 수 있다.

1. 피보험자가 고의로 자신을 해친 경우 : 단, 피보험자가 정신질환 상태에서 자신을 해친 경우와 계약의 책임개시일부터 2년이 경과된 후에 자살하거나 자신을 해침으로써 장해분류표 중 제1급의 장해상태가 되었을 경우는 제외한다. 피보험자가 고의로 자신을 해친 경우 보험사는 이미 납입한 보험료를 보험계약자에게 환급한다.
2. 수익자가 고의로 피보험자를 해친 경우 : 그 수익자가 보험금의 일부 수익자인 경우에는 그 수익자에 해당하는 보험금을 제외한 나머지 보험금을 다른 수익자에게 지급한다. 수익자가 고의로 피보험자를 해친 경우 보험사는 지급하지 않은 보험금에 해당하는 해약환급금을 계약자에게 지급한다.
3. 계약자가 고의로 피보험자를 해친 경우 : 이 경우 보험사는 납입한 보험료를 환급하지 않는다.

표 12-1 장해등급분류표

등 급	신 체 장 해
제1급	1. 두 눈의 시력을 완전 영구히 잃었을 때 2. 말 또는 씹어 먹는 기능을 완전 영구히 잃었을 때 3. 중추신경계 또는 정신에 뚜렷한 장해를 남겨서 평생토록 항상 간호를 받아야 할 때 4. 흉·복부 장기에 뚜렷한 장해를 남겨서 평생토록 항상 간호를 받아야 할 때 5. 두 팔의 손목이상을 잃었거나 완전 영구히 사용하지 못하게 되었을 때 6. 두 다리의 발목이상을 잃었거나 완전 영구히 사용하지 못하게 되었을 때 7. 한 팔의 손목이상을 잃고, 한 다리의 발목이상을 잃었을 때 8. 한 팔의 손목이상을 잃고, 한 다리를 완전 영구히 사용하지 못하게 되었을 때 9. 한 다리의 발목이상을 잃고, 한 팔을 완전 영구히 사용하지 못하게 되었을 때
제2급	1. 중추신경계 또는 정신에 뚜렷한 장해를 남겨서 평생토록 수시 간호를 받아야 할 때 2. 흉·복부 장기에 뚜렷한 장해를 남겨서 평생토록 수시 간호를 받아야 할 때 3. 한 팔 및 한 다리를 완전 영구히 사용하지 못하게 되었을 때 4. 10손가락을 잃었거나 완전 영구히 사용하지 못하게 되었을 때 5. 한 팔 또는 한 다리 중에서 제3급의 2 내지 7중의 신체장해가 생기고 다른 한 팔 또는 한 다리 중에서 제3급의 2 내지 7중 또는 제4급의 5내지 11중에서 신체장해가 발생 되었을 때 6. 두 귀의 청력을 완전 영구히 잃었을 때
제3급	1. 한 눈의 시력을 영구히 잃었을 때 2. 한 팔의 손목이상을 잃었을 때 3. 한 팔 또는 한 팔의 3대 관절 중 2관절을 완전 영구히 사용하지 못하게 되었을 때 4. 한 다리의 발목 이상을 잃었을 때 5. 한 다리 또는 한 다리의 3대 관절 중 2관절을 완전 영구히 사용하지 못하게 되었을 때 6. 한 손의 5손가락을 잃었을 때 7. 한 손의 첫째손가락 및 둘째손가락을 포함하여 4손가락을 잃었을 때 8. 발가락을 잃었을 때 9. 척추에 고도의 기형 또는 고도의 운동장해를 영구히 남겼을 때(추간판탈출증은 제외) 10. 한팔 또는 한 다리 중 제4급의 5 또는 6의 신체장해가 있고 다른 한 팔 또는 한 다리 중 제4급의 5 또는 6의 신체장해가 발생하였을 때
제4급	1. 두 눈의 시력에 각각 뚜렷한 장해를 영구히 남겼을 때 2. 말 또는 씹어 먹는 기능에 뚜렷한 장해를 영구히 남겼을 때 3. 중추신경계 또는 정신에 뚜렷한 장해를 남겨서 평생 일상생활 기본동작에 제한을 받게 되었을 때 4. 흉·복부 장기에 뚜렷한 장해를 남겨서 평생 일상생활 기본동작에 제한을 받게 되었거나, 양쪽 고환을 잃었을 때 5. 한 팔의 3대 관절 중 1관절을 완전 영구히 사용하지 못하게 되었을 때 6. 한 다리의 3대 관절 중 1관절을 완전 영구히 사용하지 못하게 되었을 때 7. 한 다리가 영구히 5cm이상 단축되었을 때 8. 한 손의 첫째손가락 및 둘째손가락을 잃었을 때 9. 한 손의 첫째손가락 또는 둘째손가락 중 1손가락을 포함하여 3손가락 이상을 잃었을 때 10. 한 손의 5손가락을 완전 영구히 사용하지 못하게 되었을 때

등 급	신 체 장 해
제4급	11. 한 손의 첫째손가락 및 둘째손가락을 포함하여 3손가락 이상을 완전 영구히 사용하지 못하게 되었을 때 12. 10발가락을 완전 영구히 사용하지 못하게 되었을 때 13. 한 발의 5발가락을 잃었을 때 14. 한 귀의 청력을 영구히 잃고 다른 귀의 청력에 뚜렷한 장해를 영구히 남겼을 때 15. 척추에 중도의 기형 또는 중도의 운동장해를 영구히 남겼을 때(추간판탈출증은 제외) 16. 고도의 추간판탈출증
제5급	1. 비장 또는 한쪽의 신장을 상실한 때 2. 한 팔의 3대관절 중 2관절의 기능에 뚜렷한 장해를 영구히 남겼을 때 3. 한 다리의 3대관절 중 2관절의 기능에 뚜렷한 장해를 영구히 남겼을 때 4. 한 손의 첫째손가락 또는 둘째손가락을 잃었을 때 5. 한 손의 첫째손가락 또는 둘째손가락 중 1손가락을 포함하여 2손가락을 잃었을 때 6. 한 손의 첫째손가락 및 둘째손가락 이외의 3손가락을 잃었을 때 7. 한 손의 첫째손가락 및 둘째손가락을 완전 영구히 사용하지 못하게 되었을 때 8. 한 손의 첫째손가락 또는 둘째손가락 중 1손가락을 포함하여 3손가락 이상을 완전 영구히 사용하지 못하게 되었을 때 9. 한 발의 5발가락을 완전 영구히 사용하지 못하게 되었을 때 10. 한 발의 첫째발가락을 포함하여 2발가락 내지 4발가락을 잃었을 때 11. 두 귀의 청력에 뚜렷한 장해를 영구히 남겼을 때 12. 한 귀의 청력을 완전 영구히 잃었을 때 13. 코가 결손 되거나 또는 그 기능에 뚜렷한 장해를 영구히 남겼을 때 14. 척추에 경도의 기형 또는 경도의 운동장해를 영구히 남겼을 때 (추간판탈출증은 제외) 15. 두부 및 안면부에 현저한 추상을 남겼을 때 16. 중도의 추간판탈출증
제6급	1. 한 눈의 시력에 뚜렷한 장해를 영구히 남겼을 때 2. 한 팔의 3대관절 중 1관절의 기능에 뚜렷한 장해를 영구히 남겼을 때 3. 한 다리의 3대관절 중 1관절의 기능에 뚜렷한 장해를 영구히 남겼을 때 4. 한 다리가 영구히 3cm 이상 5cm 미만 단축되었을 때 5. 한 손의 첫째손가락 또는 둘째손가락을 완전 영구히 사용하지 못하게 되었을 때 6. 한 손의 첫째손가락 또는 둘째손가락을 포함하여 2손가락을 완전 영구히 사용하지 못하게 되었을 때 7. 한 손의 첫째손가락 및 둘째손가락 이외의 2손가락 이상을 완전 영구히 사용하지 못하게 되었을 때 8. 한 손의 첫째손가락 또는 둘째손가락 이외의 1손가락 또는 2손가락을 잃었을 때 9. 한 발의 첫째발가락 또는 다른 4발가락을 잃었을 때 10. 한 발의 첫째발가락을 포함하여 3발가락 이상을 완전 영구히 사용하지 못하게 되었을 때 11. 한 귀의 청력에 뚜렷한 장해를 남겼을 때 12. 두부 및 안면부에 추상을 남겼을 때 13. 성기능에 영구적으로 장해가 남았을 때 14. 경도의 추간판탈출증

(2) 보험금 지급을 위한 보험계약자의 할 일

첫째, 보험금의 수익자는 보험금 지급사유가 발생하였을 때에는 지체 없이 이를 회사에 알려야 한다.

둘째, 수익자 또는 계약자는 다음의 서류를 제출하고 보험금 또는 해약환급금을 청구해야 한다.

1. 청구서(회사양식)
2. 사고증명서(사망진단서, 장해진단서, 입원치료확인서 등)
3. 보험증권
4. 신분증(주민등록증 또는 운전면허증 등 사진이 부착된 정부기관발행 신분증, 본인이 아닌 경우에는 본인의 인감증명서 포함)
5. 기타 수익자가 보험금 등의 수령에 필요하여 제출하는 서류

셋째, 보험금 청구권은 2년간 유효하다. 2년 이내에 행사하지 않으면 소멸된다. 해약환급금, 배당금청구권도 2년간 유효하다.

넷째, 계약자는 주소 또는 연락처가 변경된 경우에는 지체 없이 그 변경내용을 회사에 알려야 한다. 보험계약자가 변경된 주소나 연락처를 알리지 않은 경우 보험사가 계약자가 회사에 알린 최종의 주소 또는 연락처로 알린 사항은 계약자에게 도달한 것으로 본다. 따라서 계약자가 변경된 연락처를 보험사에 알리지 않아 불이익을 받을 수 있으므로 주의해야 한다.

(3) 보험금의 지급

보험사는 보험금 청구관련 서류를 접수하고, 접수증을 교부하며, 그 서류를 접수한 날부터 3일 이내에 보험금 또는 해약환급금을 지급해야 한다. 단, 보험금의 경우 지급사유의 조사나 확인이 필요한 때에는 접수 후 10일 이내에 지급한다. 중도보험금이나 만기보험금을 지급할 시점이 다가오면 보험사는 지급일 7일 이전에 지급사유와 지급금액을 계약자(또는 수익자)에게 알린다. 보험사가 보험금 지급사유의 조사 및 확인을 위하여 지급기일이내에 보험금을 지급하지 못

할 것으로 예상되는 경우, 보험사는 구체적인 사유, 지급예정일 및 보험금 가지급 제도에 대하여 피보험자 또는 수익자에게 서면으로 통지해야 한다.

5) 보험계약 해약과 약관대출

(1) 보험계약 해약

보험계약자가 계약을 해지하고 신계약을 체결하는 경우 초기에 과다한 비용이 소요될 수 있다. 계약초기 기간은 납입한 보험료 중 상당부분이 보험사의 사업비에 책정되기 때문에 기존의 계약을 해지하고 새로운 계약을 체결하면 초기비용이 다시 지출되어 소비자의 부담이 증가할 수 있다. 이러한 부담을 인지하고도 새로운 계약을 체결하고자 한다면, 신계약의 효력이 발생한 후 기존 계약을 해지함으로써 보험의 보장이 유지되도록 한다.

① 해약환급금

보험계약자가 계약을 해지하는 경우에 보험사가 지급하는 금액을 해약환급금이라고 한다. 동일한 보험에 가입한 계약자라도 계약연령, 성별, 보험기간, 보험료납입 정도 등에 따라 해약환급금액이 달라진다. 일반적으로 보험계약 초기에는 신계약체결을 위한 비용 등이 커서 영업보험료 중 부가보험료 부분이 높게 책정된다. 부가보험료로만 초기비용을 충당하기가 어려워 순보험료 부분에서 차입을 하여 초기비용을 충당하고 후에 변제하는 경우도 있다. 초기비용을 충당하기 위해서 순보험료에서 차입한 금액을 변제하기 전에 해약을 하는 경우, 다른 보험가입자들의 순보험료적립액에 피해를 주지 않는 범위에서 해약환급금을 결정하게 된다. 따라서 보험계약의 초기 해약 시 해약환급금이 적거나 거의 없게 된다. 보험계약의 이러한 특성으로 소비자들이 피해를 당하는 일이 없도록 보험사는 경과기간별 해약환급금에 관한 표(해약환급금액표[2])를 계약자에게 제공해야 한다.

---

2) 보험종목별, 성별로 나누어 계약연령, 보험기간 등 대표적인 경우에 대한 보험료납입 연월 수에 따른 해약환급금액을 표시한 표.

책임준비금은 보험회사가 보험계약자에게 미래의 보험금, 해약환급금 등의 지급을 이행하는데 필요한 금액이다. 만약 모든 계약자가 동시에 계약을 해지한다고 가정하면 보험사가 모든 계약자들에게 해약환급금을 지급할 수 있어야 하는데 이를 지급능력이라고 한다. 책임준비금의 적립수준이 높을수록 보험사의 지급능력이 충실한 것으로 평가할 수 있어 책임준비금은 보험사의 지급능력을 평가하는 기준이 되며 생명보험사의 경영상태를 알 수 있는 지표가 된다.

(2) 약관대출

보험계약자는 이 계약의 해약환급금 범위 내에서 회사가 정한 방법에 따라 대출을 받을 수 있는데, 이를 약관대출이라고 한다.

3. 생명보험의 분류와 종류

1) 생명보험 상품의 분류

생명보험 상품을 보험사고에 따라서, 배당유무, 보험금의 정액유무, 피보험자의 수, 보험가입 목적, 보험료 납입 방식 등에 따라 분류할 수 있다(김두철, 서병남, 2003 ; 생명보험협회, 2004).

(1) 보험사고에 따른 분류

피보험자의 사망 및 1급 장해를 보험사고로 하는 사망보험, 피보험자가 일정기간 동안 생존을 보험사고로 하는 생존보험, 사망보험과 생존보험의 혼합형태인 생사혼합형 양로보험이 있다.

사망보험은 피보험자가 사망하거나 1급 장해상태가 되었을 때 약정한 보험금이 지급되는 보험이다. 보장기간에 따라 5년, 10년, 20년 등 일정한 기간동안 보장해 주는 정기보험과 피보험자가 사망할 때까지 보장하는 종신보험으로 나눌 수 있다. 사망보험은 만기보험금이 없기 때문에 비교적 저렴한 보험료로 고액의 보장을 받을 수 있는 장점이 있다.

생존보험은 피보험자가 보험기간 만기일까지 생존했을 때 보험금이 지급되는 보험이다. 즉 생존보험은 피보험자가 보험기간 중에 사망을 하면 보험금이 지급되지 않고, 납입한 보험료 환급도 받을 수 없는 것을 원칙으로 한다. 실제 보험시장에서는 이러한 단점을 보완하기 위하여 순수생존보험 상품은 거의 판매되고 있지 않으며, 사망보험(사망보험금을 지급받을 수 있는 보장사항을 부가)의 성격과 혼합한 혼합형보험으로 판매되고 있다.

생사혼합보험(양로보험)은 피보험자가 일정기간 동안 사망하거나 중도 또는 만기 생존시 보험금이 지급되는 보험이다. 즉 피보험자가 보험기간 중 사망했을 때 사망보험금을 지급하는 사망보험과 만기까지 생존했을 때 보험금을 지급하는 생존보험의 장·단점을 보완한 것이다.

(2) 배당유무에 따른 분류

보험사가 보험사업을 통해 얻은 이익의 일부 또는 전부를 가입자에게 분배하는 경우 유배당보험이라 하고, 이익을 분배하지 않는 경우를 무배당보험이라고 한다. 생명보험계약은 장기계약이므로 보험료를 산정할 당시 예측했던 상황과 보험금을 지급할 시기의 실제 상황의 차이가 생길 수 있다. 예를 들면 국민 경제의 향상, 보건위생수준의 향상 등으로 예정사망률이 실제 경험사망률과 크게 달라질 수 있는 것이다. 일반적으로 보험사의 경영 안정의 측면에서 보험료를 보수적으로 산정하기 때문에, 예측과 실제의 차이로 생명보험회사의 잉여금이 생길 수 있다. 잉여금을 계약자에게 환원하는 방식이 계약자배당이다.

무배당보험은 유배당보험과 비교할 때 보험료 계산의 기초 자료가 되는 위험률이 경험률에 가깝게 설정(유배당계약보다 예정이율은 높게, 예정사망률은 낮게 설정)되어 있기 때문에 보험료가 저렴하다.

(3) 보험금의 정액 유무에 따른 분류

보험금이 정액으로 지급되는 경우와 부정액으로 지급되는 경우로 나눌 수 있다. 보험금이 지급되는 시기에 관계없이 일정한 액수로 지급되는 보험을 정액보험이라고 한다. 부정액보험은 물가상승률에 따라 보험금이 증가하는 것과 같은 체증식보험, 보험금이 일정기간이 지나면서 감소하는 체감식보험, 보장사고가 가입시부터 일정 기간 이내에 발생하는 경우 보험금을 줄이는 감액보험, 그리고 운용자금을 주식 등에 투자하여 투자수익에 따라 보험금이 변동하는 변액보험으로 나눌 수 있다.

특히 변액보험은 고객이 납입한 보험료를 모아서 기금으로 구성한 후 주식, 채권 등 유가증권에 투자하여 발생한 이익을 배분하여 주는 보험이다. 우리나라에는 2001년에 변액종신보험이 도입되었고, 최근 변액보험 상품의 판매가 활성화되고 있다.

(4) 피보험자의 수에 따른 분류

1인을 피보험자로 하는 경우 단생보험, 2인 이상을 피보험자로 하는 경우 연생보험이라 한다. 연생보험의 주된 보장 대상자를 주피보험자, 주피보험자에 종속되어 보장을 받는 피보험자를 종피보험자라고 한다.

수십 명 이상 다수의 사람이 한 장의 보험증권으로 가입하는 보험을 단체보험이라고 하는데, 보험가입의 용이성, 계약체결의 편의성, 보험료 일괄 납입 등의 편리함으로 보험료가 저렴한 것이 장점이다.

(5) 보험가입 주목적에 따른 분류

보장성보험은 생존시 지급되는 보험금의 합계액이 이미 납입한 보험료를 초과하지 않는 것을 특징으로 하며, 보험의 본래기능에 충실하게 사망, 질병, 각종 재해에 대해서 큰 보장을 받을 수 있는 보험이다. 보장성보험은 생존시에는 보험금이 전혀 지급되지 않는 순수보장성보험과 만기까지 생존했을 경우에 납입한 보험료의 일부를 환급해 주는 만기환급형보험으로 나눌 수 있다.

저축성보험은 생존시 지급되는 보험금의 합계액이 납입한 보험료를 초과하는 보험으로 보험의 본래기능인 위험보장 보다는 목돈마련과 노후대비 등을 위한 상품이다.

(6) 보험료납입 방식에 따른 분류

보험료 납입횟수에 따라서 월납, 반년납, 년납, 일시납으로 분류할 수 있고, 보험료납입기간에 따라 일시납(보험료 전액을 일시에 납입), 단기납(일정기간 동안 납입), 전기납(전 보험기간 동안에 납입), 종신납(종신 동안 납입)으로 나눌 수 있다.

2) 생명보험 상품의 종류

생명보험 상품 중 종신보험, 정기보험, 개인연금보험, 변액보험에 관하여 간략하게 알아보고자 한다(이윤호, 2001).

(1) 종신보험

종신보험은 피보험자가 사망할 때까지 평생을 보험기간으로 정하는 피보험자의 사망을 보장하는 보험이다. 종신보험의 구조상 보통종신보험, 정기부종신보험(종신보험에 정기보험을 추가한 형태), 연생종신보험(피보험자가 2명 이상인 형태)으로 나눌 수 있다.

종신보험은 정기보험과 비교했을 때 생애 말기의 의료비용, 장례비용, 상속 등의 목적을 위한 비용을 조달할 수 있는 장점이 있다. 또한 해약환급금이 정기보험에 비해서 많다는 특징이 있다. 이것은 종신보험이 정기보험에 비해 저축적인 요소가 더 많다는 것을 의미하며 종신보험의 납입기간이 끝난 후 종신보험을 해약한 해약환급금으로 다른 종류의 투자를 고려해 볼 수 있다.

정기부종신보험은 주계약은 종신보험으로 하고 특약을 정기보험의 형태로 설계하는 것이다. 예를 들면 가족 생활주기가 자녀들이 학령기에 있는 경우, 결혼

전 자녀들을 부양하고 있는 경우 등 피보험자가 가족원에 대한 부양책임이 높은 기간을 정기보험기간으로 설정하고, 설정된 정기보험 기간에 피보험자가 사망하는 경우, 지급되는 사망보험금을 높게 책정하는 것이다.

연생종신보험은 피보험자가 2명 이상인 종신보험으로 보통 부부 2인을 동시에 피보험자로 정한다. 부부 중 한 사람이 사망하면 사망보험금이 지급되고 계약이 소멸되는 1인 보장형, 부부 중 한 사람이 사망하면 이후 보험료납입은 면제되고 생존한 배우자가 사망하면 보험금이 지급되는 2인 보장형이 있다. 1인 보장형은 일반적으로 생존한 배우자가 보험금 수령인이 되어 배우자의 생활보장을 주목적으로 한다. 부부가 각각 종신보험을 가입하는 것 보다 상대적으로 저렴한 보험료를 특징으로 한다. 2인 보장형은 부부 모두 사망한 후에 보험금이 지급되므로 보험금의 수혜자는 자녀, 다른 가족 등 제3자가 된다.

(2) 정기보험

정기보험은 일정한 보험기간을 정하여 보험기간 내에 피보험자가 사망한 경우 보험금이 지급되는 보험이다. 보험기간은 1년, 3년, 5년, 10년, 20년 등으로 일정 기간을 지정할 수도 있고, 피보험자가 70세 되는 해, 80세 되는 해 등으로 특정 연령에 도달하면 보험이 만기하는 만기형으로 설계할 수도 있다.

정기보험은 보험금액의 변동유무에 따라서 보통정기보험, 체감식 정기보험, 체증식 정기보험으로 나눌 수 있다.

체감식 정기보험은 보험료는 일정하게 하고, 보험금액을 기간에 따라 감소시키는 것이고, 체증식 정기보험은 보험료는 일정하게 하고 보험금을 기간에 따라 증가시키는 것이다. 일반 가계에서는 가족생활주기에 따라 자녀 양육기에는 보험금액을 높이 책정해 두었다가 자녀들이 독립할 시기에 맞추어 보험금을 줄이는 체감식 정기보험을 택할 수 있다.

정기보험은 종신보험에 비해서 동일한 보장내용에 대해 저렴한 보험료를 부과하는 특징이 있다. 그러나 종신보험과 달리 정기보험은 정해진 보험기간 경과 후에 발생하는 사고에 대해서는 보험금지급이 되지 않는다. 이러한 점을 보완하기 위해서 자동갱신제도[3]를 두고 있는데, 정기보험기간이 만료되기 15일 전까지

가입자가 특별히 반대신청을 하지 않으면 동일한 보험금액 한도 내에서 의사의 진찰 없이 보험계약이 자동으로 갱신되는 것이다.

정기보험을 갱신할 경우 처음 보험에 가입했을 때와 비교해서 피보험자의 연령이 증가했고, 연령증가에 따른 사망률이 높아졌으므로 보험료는 상승하게 된다. 피보험자의 연령이 낮은 경우 동일한 사망보험금 보장에 대해서 단기 정기보험(예, 5년)의 보험료가 장기정기보험(예, 20년)의 보험료보다 낮다. 이런 이유로 가족부양의 의무가 있는 젊은 층이 단기정기보험을 선택한다면 상대적으로 낮은 보험료로 일정기간 높은 보험보장의 혜택을 누릴 수 있다. 그러나 정기보험 만기시에 자동갱신을 통하여 계속 보험혜택을 이어 간다면, 장기적으로 단기정기보험을 여러 번 갱신하는 것이 장기정기보험에 가입한 것과 비교했을 때 더 많은 보험료를 지불하는 결과를 낳을 수도 있다.

(3) 개인연금보험

개인연금보험은 계약 후 일정 시점까지 보험료를 납입하고 연금 개시 시점에 도달하면 연금이 지급되는 보험이다. 연금은 조기에 사망하여 더 이상 소득을 보장할 필요가 없는 사람이 분담금을 내서 평균수명보다 오래 사는 사람들에게 그들의 분담액보다 더 많은 소득을 제공할 수 있도록 하는 분담제도이다.

연금지급 기간에 따라 사망시점까지 연금이 지급되는 보통종신연금, 보증기간 동안에는 연금이 지급되고 보증기간이 끝난 후에도 피보험자가 생존해 있으면 연금이 지급되는 보증기간부 종신연금, 생사에 관계없이 일정기간 동안 연금이 지급되는 보통확정연금, 일정기간 동안 생존해 있는 경우에 한해서 연금이 지급되는 유기연금으로 구분할 수 있다. 개인연금보험은 노후생활자금을 준비하는 목적으로 개발된 보험으로 활동기에는 사망, 상해 등을 보장하고 연금지급개시 후에는 연금을 지급한다. 개인연금보험 중 1994년부터 2000년까지 판매된 '개인연금저축'과 2001년부터 현재까지 판매되고 있는 '신연금저축'제도의 보험료의 소득공제와 이자소득세 면세 혜택의 특징이 있다.

---

3) 갱신제도에는 자동갱신제도와 계약자로부터 신청이 있는 경우에 한해서 진찰 없이 현재의 보험금액으로 갱신하는 조건갱신제도가 있다.

표 12-2 개인연금저축과 신연금저축 비교

구 분	개인연금저축	신연금저축
세제혜택	연간 보험료의 40%(72만원 한도) 소득공제, 연금소득에 대한 비과세	연간보험료전액(240만원 한도) 소득공제, 연금소득에 대하여 11% 원천징수 후 종합과세
중도해지 시 불이익	이자소득세 부과	지급액(연 240만원 초과 납입액 누계)에 22% 기타 소득세 원천징수 후 종합과세에 합산 과세
5년 이내 중도해지 시 추가 과세	저축금액(연간 72만원 한도) 누계액에 4.4% 추징세 부과	저축금액(연간 240만원 한도)누계액에 대해 5.5% 해지가산세 부과
상품형태	보장과 저축	순수한 연금 (특약을 통한 위험보장 가능)
자산운용	구분계리	특별계정

(4) 변액보험

변액보험은 자산의 운용 결과에 따라 보험금 등이 변동하는 보험을 말한다. 일반적인 생명보험은 보험금액이 계약 당시에 약정되어 보험기간 동안 보험금액이 변하지 않는 정액보험의 형태를 갖는 것과 달리 보험금이 자산운용 실적에 따라 변한다는 차이가 있다.

변액보험은 실적연동형 보험으로 자산운용수익이 많이 발생하면 보험계약자는 높은 수익을 얻을 수 있는 장점이 있으나, 자산운용에 따르는 위험까지 계약자가 부담해야하는 단점이 있다. 정액보험은 자산을 안정적으로 장기간에 걸쳐 운용하지만, 변액보험은 자산 운용에 따르는 수익과 손실이 계약자에게 귀속되므로 높은 위험을 감수하고 높은 수익률을 낼 수 있는 방법으로 자산이 운용된다. 투자실적이 악화되어도 보험의 본래의 기능을 보장하기 위해서 사망시에는 최저사망보험금을 지급하도록 규제하고 있다.

변액보험은 투자에 따른 실적을 배당하는 측면이 강하기 때문에 타 상품의 자산과 분리한 변액보험을 위한 특별계정을 운영한다. 특별계정은 일반계정의 안정적인 투자방식과는 달리 수익성이 높으나 위험부담도 큰 주식이나 채권에 집중 투자된다. 변액보험의 보험료는 일반 정액보험과 마찬가지로 순보험료와 부가보험료로 나뉘는데, 변액보험의 특성상 부가보험료는 일반계정으로 순보험료는 특별계정으로 관리한다. 변액보험은 변액종신/양로보험, 변액연금보험, 변액유니버설보험 등으로 나눌 수 있다.

변액종신보험은 사망시 보험금은 최저보증금액 이상 지급되고, 변액양로보험은 보험기간 중 사망시 사망보험금이 지급되고 만기시에는 투자실적에 따른 만기보험금이 지급된다. 변액연금보험은 연금지급 개시 후 실적배당의 성격을 지닌 종신연금을 지급한다. 변액유니버설보험은 유니버설보험의 단순한 상품구조와 자유입출금의 장점을 변액보험에 결합한 상품이다.

현재 보험시장에 판매중인 변액보험은 2001년 7월에 시작한 변액종신보험, 2002년 10월부터 판매되고 있는 변액연금보험과 변액유니버설보험, 그리고 변액CI보험 등 4종류가 있다.

변액종신보험과 변액연금보험은 기본보험금에 자산운용에서 발생한 변동보험금을 가입자 사망시 또는 연금형태로 지급한다. 변액종신보험은 일반종신보험과 같이 배우자나 자녀보장, 암 및 질병보장, 수술보장 특약 등을 갖추고 있다. 변액연금보험은 보험사의 자산운용 실적에 따라 지급되는 연금액이 달라진다.

변액유니버설보험은 자유로운 보험료 납입방식이라는 특징을 갖는다. 생명보험의 순수기능인 사망보장을 그대로 유지하면서 의무납입 기간 2년 후부터 보험료를 자유롭게 납입할 수 있는 보험이다. 변액CI보험은 사망보장의 기능에 암 등 치명적 질병이 발생할 경우 소요되는 치료비를 지급하는 CI(치명적 질병)보험의 장점을 결합한 보험이다.

4. 생명보험 상품 선택전략

생명보험 상품을 선택할 때 유의해야 할 사항은 다음과 같다.

1) 나의 욕구는 무엇인가?

① 보험을 가입하는 목적을 명확히 한다

보험에 가입하고자 하는 주된 이유를 파악한다. 노후생활에 대한 보장, 자녀의 학자금 마련, 사망이나 질병 등 위험에 대한 보장 등 어떤 목적으로 보험에 가입을 하려고 하는지 판단하여 목적에 맞는 생명보험 상품에 가입해야 한다. 보험 상품은 장기간에 걸쳐서 지속적으로 이루어지는 거래이므로 단순히 가격을 비교하는 것보다는 종합적인 판단이 필요하다.

② 가계의 경제적 상황과 능력을 파악한다

가입목적을 명확히 했으면 가계가 처한 경제적 상황을 고려하여 상품을 선택한다. 생명보험에 가입하는 목적이 사망이나 질병 등의 위험으로부터 가계경제를 보호하는 것이라면 가족 부양에 필요한 경비를 계산하여 보험금액의 수준을 정하는 것이 좋다. 이 때 현재 가계의 경제상태가 가입하고자 하는 보험 상품에 대한 보험료를 꾸준히 지불할 수 있는 수준인가를 판단하여 상품에 가입하여야 한다. 생명보험은 일반적으로 장기간 보험료를 납입해야하는 상품이 많고 초기 중도 해약시에 해약환급금이 납입한 보험료의 합보다 적기 때문에 현재 가계의 경제능력에 맞는 상품을 선택하는 것이 중요하다.

2) 보험 상품의 질

생명보험 상품을 선택할 때 중요하게 고려해야 하는 것은 상품의 질이다. 생명보험 상품의 질을 판단하는데 고려해야할 사항들은 보험사의 재무상태의 건실성, 계약자 서비스, 경영성과, 보험계약 조건 및 보험급여의 내용 등이다. 상품 선택에 있어서 상품요약서의 보장내용 확인은 필수적인 절차이다. 여러 보험사의 유사상품 내용을 비교하기 위해서 생명보험협회에서 제공하는 상품비교공시 서비스를 이용하면 좋다. 또한 회사별 경영공시 현황을 매년 6월 30일까지 직전 회계연도(전년 4/1~동년 3/31)의 경영실적에 대한 자료를 작성하여 회사 본사와 지점에 3년간 비치하도록 되어 있으므로 참고할 수 있다. 보험사의 경영실적도 생명보험협회(http://www.klia.or.kr)에서 확인할 수 있다.

3) 보험 상품의 가격

생명보험 상품의 가격인 보험료의 비교 분석 또한 보험 상품 선택에 중요한 요소이다. 생명보험 상품의 특성상 보험료의 단순 비교만으로 저렴한 상품을 선택하는 것은 바람직하지 못하다. 보험료의 단순비교로는 영업보험료 중 실질적으로 보장의 목적으로 사용되는 부분이 어느 정도인지 파악할 수 없기 때문이다.

① 보험료의 책정원리를 알고 상품을 선택한다

동일한 보장이라도 보험료 계산시 적용하는 예정기초율에 따라 납입보험료가 달라지므로 회사별로 예정기초율(예정위험률, 예정이율, 예정사업비율)을 확인한 후 가입하면 보험료 부담을 줄일 수 있다. 납입보험료는 영업보험료로 보장을 위해 사용되는 순보험료와 보험계약의 유지관리를 위해 사용되는 부가보험료로 나뉜다. 보험료의 구성 중 순보험료 비율이 높은 것이 좋다.

② 상품요약서상 보험료 비교표를 잘 활용한다

보험료 비교표상 예시는 개인형과 월납을 원칙으로 하여 주보험가입금액, 보험료납입기간, 보험기간을 회사가 표준적으로 정한 후 대표연령별(20세, 30세, 40세, 50세, 60세)로 예시하고, 각 보장담보별로 구분하여 담보별 보험료를 표시

표 12-3 보험료의 구성

보험료 산출의 기초			
예정위험율/예정사업비율	증가	보험료	증가
예정이율	증가	보험료	감소
영업보험료 중 순보험료 비율	높다.	좋다	
보험료 책정에 영향을 미치는 주요 요인들			
보험가입액	높다	보험료	높다
피보험자의 가입연령	높다	보험료	높다
보험기간	길다	보험료	높다
보험료 납입기간	짧다	보험료	높다

하는 방식으로 예시하고 있다. 주보험과 특약, 보장부분과 저축부분으로 구분하여 각 보장담보의 영업보험료를 예시한다. 특약을 가입하지 않은 경우 보험료비교표에서 가입하지 않은 특약에 대한 보험료를 제외하고 비교한다. 보험연령은 태어난 날로부터 가입시점까지의 기간으로 계산하며, 1년 이하의 산출일 수가 6개월 이상인 경우 한살 높게 계산한다.

③ 보험기간 동안 보험료의 변화 유무를 살핀다

보험료가 보험기간 동안 일정하게 책정되어 있는지, 체증식인지, 체감식인지 등의 기간에 따라 보험료의 변화가 있는가를 확인한다. 보험료가 일정하게 유지되지 않는 경우 보험계약초기의 보험료 비교만으로는 정확한 가격비교를 할 수 없다.

④ 예금자보호법, 세제해택의 유무를 확인한다

보험사의 파산 등으로 보험계약상의 채무를 이행할 수 없는 경우에 예금자보호법에 의해 지급이 보장되며 현행 예금자보호법상 생명보험 계약은 보험계약체결 시기에 관계없이 파산금융기관 당 1인당 해약환급금(또는 사고보험금이나 만기보험금)에 기타 지급금을 합쳐서 5,000만원을 한도로 하고 있다. 단. 변액보험은 특약부분을 제외하고는 예금자보호의 대상이 되지 않는 점에 유의한다.

보장성보험의 만기보험금은 비과세이며, 저축성보험은 10년 이상 유지 시(보험차익 비과세요건)에는 비과세이다. 단 사망보험금은 금융재산상속공제(최고 2억원 한도)후 상속세를 과세한다. 보장성보험의 경우 연간 납입보험료에 대해 100만원 한도로 소득공제가 적용된다.

⑤ 해약환급금이 보험기간 동안 어떻게 달라지는지 확인한다

계약자가 납입하는 보험료는 그 일부가 불의의 사고를 당한 다른 가입자의 보험금으로 지급되고 또 다른 일부는 회사의 계약체결 및 유지에 필요한 경비로 사용되므로 이러한 것을 제하고 남은 보험료가 해약환급금으로 지급된다. 따라서 보험계약을 중도에 해지하게 되면 해약환급금이 납입한 보험료보다 적을 수도 있으며, 특히 계약초기에는 해약환급금이 없을 수도 있다는 점을 인지하고, 계약하고자 하는 보험 상품의 시기별 해약환급금을 알아둔다.

⑥ 기타 보험료를 낮추는 방법을 활용한다

• 배당상품 대 무배당상품

고가의 보험료가 부담이 되고 배당상품과 무배당상품의 보장사항이 동일하다면, 보험료가 저렴한 무배당상품을 택할 수 있다. 무배당상품은 계약자에게 배당금을 지급하지 않는 대신 미리 보험료를 할인하여 산출하기 때문에 배당상품에 비해 보험료가 저렴하다.

• 보험료 납입

보험료 납입시 금융기관의 자동이체를 이용하는 경우 회사가 정한 할인율에 의해 보험료 할인혜택을 받을 수 있다.

4) 보험계약 약관의 계약자의 권리와 의무 확인

① 자필 서명

보험계약 청약시 피보험자의 건강상태에 대한 작성내용(현재병증, 과거병력, 직업종류)에 대해 청약서에 계약자 본인이 직접 작성하고 서명란에도 계약자 본인 및 피보험자가 자필로 서명해야 한다. 특히 피보험자와 계약자가 다른 경우에는 반드시 피보험자의 서명이 있어야 하며, 자필서명을 하지 않은 경우 계약이 무효로 처리될 수 있다.

② 계약전 알릴 의무 이행

생명보험 계약체결시 계약자나 피보험자가 청약서상에 기술하는 계약전 알릴 의무사항은 보험회사가 계약의 해지권을 행사할 수 있는 '중요한 사항'과 그렇지 않은 '일반적 사항'으로 구분하고 있다. 여기에서 '중요한 사항'이라 함은 회사가 그 사실을 알았더라면 보험계약의 청약을 거절하거나 보험가입금액 한도 제한, 일부 담보 제외보험료 할증과 같이 조건부로 인수하는 등 계약인수에 영향을 미치는 사항을 말하며, 그 예로는 현재 및 과거병력, 신체장애 여부, 직업 및 운전 여부, 위험한 취미를 들 수 있다. 또한 '일반적 사항'으로는 위험지역으로의 출국, 거주환경, 소득, 키 및 몸무게 음주 및 흡연 여부, 부업 또는 겸업, 타회사의 보험가입상황 등을 들 수 있다.

5) 변액보험의 선택

① 나의 투자 성향에 맞는 상품 선택

고수익이 기대되는 상품은 그만큼 손실에 대한 위험 또한 높다. 나의 투자 성향이 고수익 추구(고위험 감수)형인가 안정 추구형인가를 점검한 후에 나의 성향에 맞는 상품을 선택하는 것이 좋다. 변액보험은 보험료 투자 방식에 따라 채권에만 투자하는 '채권형', 채권과 주식에 투자(주식편입비율 최대 50%)하는 '혼합형' 등으로 나뉜다. 채권형은 안정적인 수익확보와 원금보전의 가능성이 높은 반면, 혼합형은 안정성과 수익성을 동시에 추구하나 채권형 보다는 위험도가 높다고 본다. 각각의 특별계정은 자산의 편입비율에 따라 계약자가 부담하는 위험의 정도가 다르기 때문에 계약자의 투자성향을 고려한 상품선택이 필요하다.

② **펀드 변경의 기회 이용**

대다수의 변액보험 상품은 처음에 선택한 펀드의 변경을 허용한다. 선택하고자 하는 변액보험 상품이 연간 몇 회의 펀드 변경을 허용하는가를 점검하여 활용한다.

변액보험은 초기 사업비가 다른 정액보험에 비해 상당히 높다는 것을 인지하고 특히 변액유니버설보험의 경우 다른 금융상품에 비해 초기 해약환급금이 적으므로 장기간 유지할 목적인 경우에 가입한다.

표 12-4 보험사 별 특별계정 운용현황 예시

회사명	상품명	계정구분	기준가격(원)	매월말자산구성내역(백만원)							기간수익률(%)				연환산수익률(%)	수수료율(%)
				주식	채권	대출	수익증권	유동성	기타	계	3개월	6개월	1년	누적		
A	A	혼합형	1,157.34	6294	21699	0	0	820	90	28903	0.36	1.03	7.09	15.73	5.87	0.70
	B	안정 혼합형	1,118.00	577	11803	0	0	389	86	12855	0.39	−0.27	2.58	11.80	4.40	0.60
	C	채권형	1,056.88	0	102430	0	0	1877	97	104404	1.13	0.42	5.69	5.69	−	0.40
	D	혼합형	1,098.38	18735	54561	0	0	5334	29	78659	2.08	3.69	9.84	9.84	−	0.60
B	A	혼합형	1,054.82	2336	8790	0	0	4467	0	15593	1.36	3.22	7.45	5.48	4.99	0.80
	B	채권형	1,026.04	0	10681	0	0	1665	0	12346	0.68	0.21	2.80	2.60	2.37	0.50
	C	혼합형	1,048.24	485	515	0	0	2260	0	3260	1.39	3.22	0.00	4.82	−	0.80
	D	성장형	1,162.81	66379	0	0	0	9650	0	76029	5.53	13.49	0.00	16.28	−	1.00

③ **펀드 운용능력 비교 선택**

변액보험은 초기사업비가 높은 상품으로 장기간 가입할 때 계약자에게 유리한 상품이다. 따라서 보험사의 자산운용능력이 중요하며, 보험사의 자산운용능력을 살펴본다는 점에서 기존 펀드의 수익률을 점검하는 것도 상품선택에 도움이 된다. 회사별 펀드운용수익율은 생명보험협회 홈페이지의 '보험 상품비교·공시'에서 확인할 수 있다.

참고문헌

권오(2001). 보험론. 청록출판사.
김기억(2001). 생명보험요론. 선학사.
김두철 · 서병남(2003). 생명보험론. 형설출판사.
생명보험협회(2004). 생명보험이란 무엇인가?. 생명보험협회.
이윤호(2001). 현대생명보험. 도서출판 두남.

www.klia.or.kr (생명보험협회)

제13장

재산위험관리-손해보험

손해보험은 재산의 보존 및 관리과정에서 발생 가능한 위험에 대처하고, 경제적 손실을 보상하기 위해 만들어진 경제제도이다. 보험계약자는 보험료를 지급하는 대신, 경제적 위험을 보험자에게 이전하여 사고발생시 손실을 보상받는 것이다. 이 장에서는 손해보험의 개념과 기능, 원칙 등에 대해 이해하고, 다양한 분류기준에 따른 손해보험의 유형을 파악하고자 한다. 또한 대표적인 손해보험 상품의 원리 및 특성에 대해 구체적으로 파악함으로써, 재산위험과 관련된 위험관리기법을 심층적으로 이해하고 학습하고자 한다.

1. 손해보험의 의의

1) 손해보험의 개념

손해보험은 재산의 소유, 사용 및 관리과정에서 발생 가능한 위험에 대처하고, 손실이 발생한 경우에 이를 보상하기 위해 만들어진 상호보장적 성격의 경제제도이다. 즉 다양한 위험으로 인해 경제적으로 손해를 입을 수 있는 다수의 개별 주체가 모여서 공동준비금을 마련하고, 이를 가지고 손해를 보상해 주는 것이다. 동질적인 위험에 노출되어 있는 다수의 경제주체가 집단을 이룰 경우, 이 집단에서 발생 가능한 손해를 비교적 정확하게 예측할 수 있으며, 손해보상에 대한 부담을 각 경제주체 간에 공평하게 분담시켜 각각의 부담을 줄여줄 수 있으므로 경제적이면서도 사회적인 제도라고 할 수 있다.

원시농경사회에서는 혈연이나 지역적 유대감, 관습 등에 의해 사회구성원들이 상부상조하여 생산 및 소비활동을 영위하고, 또한 자발적인 공동 부조로 위험에 대처하였다. 그러나 사유재산의 개념이 확대되고, 경제제도가 발달함에 따라 발생 가능한 위험이 다양화되었으며, 이로 인한 경제적 손실도 증가하였다. 이에 따라 손해보험의 필요성이 대두되었다.

손해보험은 보험의 목적에 대하여 생길 우연한 사고로 피보험자가 입을 재산상의 손해를 보험자가 보상할 것을 약정하고, 보험계약자는 보험료의 지급을 약정함으로써 효력이 생기는 보험이다(상법 제638조). 이는 피보험자의 물건 또는 그 밖의 재산에 대해 발생 가능한 위험을 담보로 하므로, 사람의 생명 또는 신체에 생길 우연한 사고에 대비하는 대인보험과 상반되는 개념이다.

손해보험이 성립되기 위해서는 다음의 몇 가지 요건들이 충족되어야 한다.

첫째, 손해보험은 우연적인 사고의 발생을 전제로 한다. 사고발생 여부, 사고발생 시기, 그리고 사고발생으로 인한 손해의 규모 등이 불확실하고 불확정적이어야 한다. 둘째, 보험사고는 발생 가능한 것이어야 한다. 보험사고 발생이 불가능한 경우는 보험의 대상에서 제외된다. 셋째, 보험사고의 범위는 보험계약 체결 당시에 특정할 수 있어야 한다. 즉 손실 발생의 원인이 되는 위험, 보험사고가 발생할 수 있는 대상(건물, 귀중품 등), 보험이 적용되는 지역범위, 기간 등에 대한 기준을 정할 수 있어야 한다. 넷째, 적법한 경우에 한해서만 손해보험이 적용된다. 예를 들어 밀수품과 같이 불법적 행위와 관련된 대상에 대해서 재산보험을 가입한 경우에는 손해가 발생했을 경우에라도 보험의 보호를 받을 수 없다.

2) 손해보험의 기능

(1) 생활의 안정감 확보

손해보험은 유사한 위험 가능성을 가지고 있는 주체들을 집단으로 모아 불확실한 손실의 대략적인 윤곽을 파악함으로서, 각 개인으로 하여금 적고 확실한 비용(보험료)을 지불하고, 대규모의 불확실한 손해를 발생시킬 위험을 이전할 수 있도록 해준다는 것이 가장 중요한 기능이다. 개인이나 가계는 발생 가능한 경제적 손실을 보험회사에게 이전시키는 대가로 일정 보험료를 내며, 보험회사는 유사한 위험을 가지고 있는 집단을 구성하여 공동준비금(보험료)을 모으고, 손실이 발생할 경우 이를 보상해 주는 역할을 한다. 여기서 유사한 위험을 가지고 있는 집단의 규모가 크면 클수록 대수의 법칙(Law of large numbers)에 의해 전체적인 손해의 규모를 예측하는데 있어 오차가 감소하며, 이에 따라 각 개별 주체들은 더 적은 비용으로 발생 가능한 손실에 대비할 수 있다.

결국 손해보험의 본질은 개인으로서는 위험의 이전이며, 집단으로서는 손실의 공유라고 할 수 있다. 손해보험에 가입한 개인이나 가계는 확실한 대가를 치루고, 불확실한 손실을 이전했기 때문에 위험에 대한 불안감을 줄일 수 있을 뿐 아니라, 손실이 발생하더라도 보상을 받을 수 있기 때문에 경제적으로나 심리적으로 생활의 안정감을 확보할 수 있다.

(2) 기업 활동의 능률향상

기술혁신과 경제발전에 따라 기업의 활동이 다양화되고 복잡해지면서, 기업의 사고위험 역시 증가하였으며 사고에 따른 손실이 거대화, 고액화 되고 있다. 더욱이 기업의 사고위험은 물질적인 손해, 조업중단이나 휴업 중 이익손실 뿐만 아니라, 제3자에 대한 손해배상책임 위험까지 수반하기 때문에 사고 발생으로 인하여 기업의 존속이 영향을 받을 정도이다. 손해보험은 이러한 위험부담을 경감시켜줌으로서, 기업 활동의 효율성을 상승시키는 기능을 한다.

만약 손해보험제도가 없다면 기업은 스스로 각종 위험대비책을 강구해야 할 것이다. 그렇게 하기 위해서는 타방면에 유익하게 사용할 수 있는 거액의 자금을 재해나 사고에 대비한 준비금으로 보유해야 하기 때문에 자금을 효율적으로 사용하기 힘들다. 그러나 손해보험은 이러한 위험부담을 보험료라는 소액의 경비로 대체해 줌으로서, 기업 활동을 합리적으로 영위할 수 있게 하며 기업능률을 향상시켜준다. 특히 중소기업의 경우, 사고가 발생하여 제품, 공장, 기계 등 자산이 소멸되고 기업경영 중단의 위기에 처하게 되더라도 손해보험에 가입을 했다면 신속하고 정확하게 보상받게 되므로 중소기업이 경쟁력을 가지고 운영, 발전해 나갈 수 있도록 도와준다.

또한 손해보험은 종업원 복지대책의 일환으로도 널리 이용되고 있으며, 상품과 서비스를 구입하거나 이용하는 사람에게 손해보험을 무료로 제공함으로써 판매촉진을 꾀하는 기업도 늘어나고 있다.

(3) 손해방지 및 감소

손해보험은 단지 발생한 손실에 대해 보상을 해 주는 것에 그치지 않고, 손해 그 자체의 방지에 있어서도 중요한 기능을 담당한다. 안전장치의 설치라든지, 기능의 개선, 사고발생 가능성에 대한 지속적인 경고 등을 통해 손해방지의 중요성을 강조한다. 손해가 발생하고 이를 보상하는 것 보다는 손해 발생을 사전에 방지하는 것이 피보험자나 보험자 모두에게 유리하다. 대부분의 경우 보상금의 수준은 경제적인 손실이나 혹은 재해를 당함으로 인해 상실된 수입을 보상할 만큼 충분하지 못하다. 이는 실손보상의 원칙과 상통하는 얘기인데, 보상금의 수준이 보험사고로 인한 피해를 복구하기에 충분하거나 혹은 넘친다면 사람들이 사고유발을 두려워하지 않고, 심지어는 의도적으로 사고를 유발할 수도 있기 때문이다. 그러므로 사고나 재해의 발생 자체를 방지하는 것이 피보험자 개개인에게 유리하며, 나아가 사회복지 증진에도 이바지하는 것이다. 뿐만 아니라, 사고나 재해의 감소는 손해율의 저하효과를 가져와 보험료를 인하시킴으로써 보험의 보급을 증대시키기 때문에 보험자에게도 긍정적인 효과를 가져다준다.

이처럼 손해방지 활동은 보험 업무에 있어서 기본적인 기능 중 하나이며, 실제로 보험회사들은 보험료 수입의 상당부분을 손해방지 활동을 위해 사용한다. 예를 들어, 자동차보험에서는 무사고할인과 같은 요율제도를 두어 가입자에게 손해방지를 고무하고, 안전운전에 대한 다양한 교육 및 캠페인을 실시하고 있으며, 화재보험에서는 건물구조별 소화설비 할인, 방화문 할인 등과 같은 제도의 활용, 소화기구 기증이나 방화슬라이드, 포스터 제작 등을 통해 화재방지에 힘쓰고 있다.

(4) 신용의 창출

손해보험은 사회 전반에 걸쳐 신용증대의 기능을 수행한다. 예를 들어 기업이 은행으로부터 자금을 차입 받을 때 건물, 설비, 선박 등이 담보로 제공되는데, 그 담보물을 보험에 가입시킴으로서 사고로 인한 담보 멸실에 대비할 수 있으며, 외국무역에서 수출업자가 은행으로부터 수출자금을 선불받기 위해서도 해당 적하보험증권의 제출이 요구된다. 또한 손해보험은 소매상이 외상으로 제품을 인도받고, 제품을 판매하고 난 후에 대금을 결제하는 것을 가능하게 해 준다. 만약 소매상이 제품을 판매하기 전에 재난을 당하여 대금을 지불할 수 없는 상황에 처하더라도 보험이 이를 보상해 줄 것이므로, 도매상의 입장에서 볼 때 신용거래를 해도 안전성을 보유할 수 있기 때문이다. 보험회사들이 보험증권을 담보로 기업이나 개인의 신용을 보증해 주는 것은 전통적인 보증금, 보증인제도를 대신하는 합리적인 제도로 널리 사용되고 있다.

3) 손해보험의 원칙

(1) 대수의 법칙

대수의 법칙(Law of Large Numbers)이란 어떤 행동을 수행하거나 혹은 관찰할 때, 한 번만 수행하거나 관찰해서는 그 결과를 예측하기가 어려우나, 그 횟수를 늘릴수록 결과를 상당히 정확하게 예측할 수 있게 된다는 법칙이다. 예를 들어, 주사위를 던질 기회가 한 번 밖에 없다면 1부터 6까지의 숫자 중 어떤 것이 나올지에 대해 예측하기가 매우 어렵다. 또한 10번을 던진다고 해도 1부터 6까지의 숫자가 각각 몇 번씩 나올지를 예측하는 것은 어렵다. 그러나 몇 천 번, 몇 만 번을 던진다면 결국 1부터 6까지의 숫자가 거의 비슷한 횟수로 나올 것이고, 우리는 1부터 6까지의 숫자가 몇 번이나 나올 것인지에 대해 상당히 정확한 예측이 가능해 진다.

이와 같은 대수의 법칙은 보험영업의 이론적 배경이 된다. 유사한 위험을 보유하고 있는 다수의 구성원들이 집단을 이룰 경우에, 관찰을 통하여 그들이 가지고 있는 위험으로부터 실제로 손해가 발생할 확률을 예측하는 것이 가능하다. 보험회사는 위험발생률과 발생가능한 손해의 크기를 예측하여 적절한 보험료를 산정하고 이를 구성원 간에 공평하게 분담하게 된다. 위험을 공유하는 집단의 크기가 클수록 예측은 실제와 근접할 것이며, 보다 적절한 보험료 산출을 통해 보험영업이 가능해 지는 것이다.

(2) 수지상등의 원칙

동질의 위험을 공유하는 집단 내의 구성원이 부담해야 하는 보험료는 하나의 사고당 지급되는 평균보험금에 사고발생 확률을 곱한 값이 된다. 이를 급부・반대급부의 원칙, 혹은 개별수지상등의 원칙이라고 한다. 물론 실제로 보험계약을 체결할 때 납부해야 하는 보험료는 아래의 식에 의해 산출된 금액에 보험회사가 보험사업을 하는데 필요한 부가적인 비용이 합산된다.

- **보험료 = 사고발생확률 × 하나의 사고 당 지급되는 평균보험금**

급부・반대급부의 원칙에 의해 결정된 보험료를 위험집단내 개별 구성원들이 납입하면, 그 금액이 모여 집단 구성원 전체를 위한 기금이 형성되고, 이 기금은 손해를 입은 보험가입자에게 보험금으로 지급된다. 이러한 과정의 업무를 담당하는 보험자(보험회사) 입장에서 보면, 납입된 보험료 총액과 지급되는 보험금 총액이 각각 수입과 지출이 되며 양자가 같아져야 한다. 물론 실제적으로는 보험회사 사업과 관련된 일반 경비가 지출에 포함되며, 보험료 선납에 따른 이자 등은 수입으로 계산된다. 전체적인 관점에서 수입과 지출이 같아져야 하는 것을 수지상등의 원칙이라고 한다.

- **보험가입자 수 × 보험료 = 사고발생 수 × 평균보험금**

(3) 실손보상의 원칙

실손보상의 원칙(principle of indemnity)이란, 실제로 발생한 경제적 손실에 대해서만 보상을 해준다는 원칙으로서, 손해보상의 원칙이라고도 한다. 이는 재산보험(property insurance)에서 가장 중요한 원칙 중 하나인데, 보험가입자가 실제로 입은 경제적 손실을 산출하여 이를 보상함으로서, 손해를 입은 보험가입자가 손해발생 이전 상태로 돌아갈 수 있도록 돕는다는데 그 의의가 있다. 보험가입자의 실손은 대체비용(replacement costs)에서 감가상각비(depreciation costs)를 차감하여 산출한다.

실손보상의 원칙은 발생한 손해의 범위에 한해서 보상을 해주기 때문에, 피보험자는 손해를 야기한 위험(손인, cause of loss)의 결과로 이득을 취할 수 없다. 이를 이득금지의 원칙이라고도 한다. 만일 피보험자가 손해보험을 통해 오히려 이득을 얻을 수 있다면, 아마 사람들의 부주의가 증가할 것이고 손실을 야기하는 공공연한 행동이 증가할 것이다. 그리하여 손해발생 빈도가 증가하면, 보험회사의 보험료 산정시 손해발생 가능성이 높게 책정되어 보험료가 증가할 것이고, 궁극적으로는 보험의 기능을 상실할 것이다.

(4) 피보험이익

피보험이익(insurable interest)이란, 사고 혹은 법적인 배상책임을 지게 되어 재산상의 손해를 가져오게 될 모든 관련 사항을 포함한다. 이는 보험으로 대비하고자 하는 사고와 피보험자의 관계를 암시하며, 사고가 발생했을 때 부상이나 손해를 야기하는 객체이다. 어떤 재산에 대해서 피보험이익을 가지고 있는 사람은 그 재산에 대해 손해보험을 가입할 조건을 갖추고 있는 것이다. 그러므로 피보험이익을 보험계약의 목적이라고도 한다.

우리나라 상법(제668조)에서는 경제적인 가치를 갖는 이익, 즉 금액으로 산정할 수 있는 이익에 한하여 피보험이익을 규정하고 있다. 경제적 가치로 산정할 수 없는 도덕적 가치나 철학적 가치, 지극히 개인적인 가치 등은 피보험이익이 될 수 없으며, 이를 근거로 보험계약을 체결할 수 없다. 손해보험은 대부분 보험계약의 목적을 보험사고로 인하여 손해를 입을 수 있는 재산으로 하고 있으며, 책임보험의 경우에는 피보험자의 법률상 배상책임을 보험계약의 목적으로 하고, 상해보험은 피보험자의 사망이나 상해로 인하여 발생하는 경제적 손실을 그 보험계약의 목적으로 한다.

피보험이익은 결국 피보험자가 보험의 목적에 대해 가지고 있는 경제적 이익이다. 피보험자의 손해는 피보험 이익의 범위 이내에서 일어날 것이고, 보상 역시 피보험 이익의 한도 이내가 될 것이다. 피보험 이익을 금전으로 평가한 것이 보험가액이 되며, 보험가액은 곧 보험자(보험회사)가 법률상 갖게 되는 보상책임의 한도가 된다. 피보험 이익은 시간이나 상황의 변화에 따라 변하게 되며, 그 변화분은 보험사고가 발생하여 보상액을 결정하는데 반영된다.

(5) 보험자 대위변제

대위(代位)란, 다른 사람의 위치에 대신한다는 의미이다. 이는 손해보상의 원리에서 형평성에 기인한 것으로서, 정당한 이유 없이 이중 이득을 취하는 것을 방지하기 위해 정립되었다. 보험자대위(subrogation)란 피보험자 혹은 보험계약자가 보험의 목적이나 책임 있는 제3자에 대해 가지게 되는 권리를 보험금을 지급한 보험자가 대신한다는 의미이다. 상법 제681조에서는 보험자가 보험사고로 인한 손해를 피보험자에게 보상해 주고, 그 피보험자 또는 보험계약자가 보험의 목적이나 제 3자에 대해 갖는 권리를 법률상 당연히 취득한다고 규정하고 있다. 즉 피보험자의 손해가 제 3자의 고의나 과실, 불법행위로 인해 생긴 경우에, 보험금액을 지급한 보험자는 지급한 금액의 한도에서 제3자에 대한 보험계약자 또는 피보험자의 권리를 취득하는 것이 당연하다는 것이다.

보험자 대위변제의 기본 취지는 피보험자가 보험가입을 통해 이득을 취득하는 것을 방지하는데 있다. 다시 말해, 피보험자가 보험자로부터 손해배상을 받고, 손해를 야기한 제3자로부터 또 다시 보상을 받아 이중 보상의 이득을 취득하는 것을 방지하기 위한 것이다.

2. 손해보험의 분류

1) 사업형태에 따른 분류

(1) 화재보험

화재보험은 가장 오래된 보험 분야 중 하나로서, 현재 통용되고 있는 보험약관은 화재보험의 약관을 모태로 하고 있다. 화재보험에는 일반화재보험, 주택화재보험, 산림화재보험 등이 포함된다.

(2) 해상보험

해상보험은 해상사업과 관련하여 발생하는 사고로 인한 손해를 보상하기 위해 만들어졌으며, 선박보험, 적하보험, 운송보험 등으로 분류된다.

(3) 자동차보험

자동차보험은 자동차를 소유, 사용 또는 관리하는 동안 발생하는 사고로 인한 손해에 대비하기 위해 만들어졌으며, 자동차손해배상책임보험, 개인용 자동차종합보험, 업무용 자동차종합보험, 영업용 자동차종합보험, 운전자보험, 자동차취급업자 종합보험, 이륜차보험 등이 포함된다. 개인용, 업무용, 영업용 자동차보험 중 대인배상 부분은 강제보험이다.

(4) 특종보험

특종보험(casualty insurance)이란, 손해보험의 한 분류방법으로 기존의 전통적 보험제도인 해상보험, 화재보험, 자동차보험, 보증보험 등을 제외한 모든 새로운 형태의 보험을 일컫는다. 이는 보험업계에서 통칭하여 사용하고 있는 용어인데, 상해보험으로는 국내 및 해외여행보험, 학생안전보험, 소득보상보험, 연탄가스보험 등이 있고, 배상책임보험으로는 근로자 재해보상책임보험, 가스사고 배상책임보험, 도로운송업자 배상책임보험, 원자력손해 배상책임보험이 있다. 기술보험으로는 조립보험, 건설공사보험, 기계보험 등이 포함된다. 그 외에 종합보험 형태로 동산종합보험, 가정종합보험, 주택상공종합보험, 해외주재원종합보험, 레저종합보험, 빌딩종합보험 등이 있고, 원자력보험, 도난보험, 유리보험, 동물보험 등도 특종보험에 포함된다.

(5) 장기손해보험

일반적으로 손해보험 기간은 1년인데 반해, 장기손해보험은 보험기간을 3년 이상 5년이나 10년으로 하는 경우를 일컫는다. 장기화재보험, 장기상해보험, 장기종합보험, 장기운전자보험, 복지상해보험, 적립형 교통상해보험 등이 있으며, 이들 장기손해보험은 일반 손해보험에 비해 여러 가지 장점과 혜택을 제공한다.

2) 담보위험에 따른 분류

(1) 재산보험

재산보험은 구체적인 물건에 대해 생긴 사고로 인해 발생하는 손해를 담보로 하는 보험으로서, 재물보험이라고도 칭한다. 화재보험, 선박보험, 적하보험, 주택상공종합보험, 동산종합보험, 도난보험, 원자력보험, 자동차차량보험, 기관기계보험 등 다양한 종류의 보험들이 포함된다.

(2) 이익보험

이익보험은 이익의 상실이라는 간접손해에 대비하기 위한 보험으로, 휴업보험이라고도 일컫는다. 이는 재산의 손실이나 물리적 손상으로 인해 영업을 지속하지 못함으로서 발생하는 재정적 손실에 대비하는 보험으로서, 여기에서 말하는 재정적 손실은 영업중단으로 인한 순소득의 상실뿐 아니라, 영업을 조속하게 재개하기 위해서 통상의 비용 보다 더 많은 추가적 경비를 투입하는 경우도 포함한다. 이익보험에는 기업휴지보험, 일반이익보험, 선박불가동 손해보험 등이 있다. 그러나 현재 우리나라에서는 별도의 독립된 보험으로는 판매되지 않으며,

물건보험의 특약형태로 존재하거나 또는 화재보험이나 기계보험의 휴업손해담보 등과 같이 보통약관 담보위험 중 일부로 존재한다.

(3) 책임보험

책임보험이란 피보험자가 사고로 인하여 제3자에게 손해배상책임을 지게 되어 재산상의 손해를 입는 경우에 대비하는 보험이다. 일반적으로 타인의 재산이나 신체에 손상을 입힘으로서 초래되는 법적 배상책임으로 인해 경제적 손실을 입게 될 위험을 배상책임위험(liability risk)이라고 하는데, 책임보험은 이러한 배상책임위험을 담보로 하는 보험이다. 책임보험은 대인배상책임보험과 대물배상책임보험으로 나누어지는데, 자동차보험은 대인배상책임과 대물배상책임 부분을 모두 담보로 하고 있으며, 근로자재해보상책임보험 등은 대표적인 대인배상책임보험이고, 선박의 충돌약관에 의해 담보되는 충돌책임 등은 대물배상책임보험이다.

(4) 보증보험

보증보험이란 채무자가 채권자에게 계약상 채무불이행 또는 법률의 규정에 의한 위법행위로 손해를 입힌 경우에 그 배상을 목적으로 하는 보험이다. 보증보험에는 신원보증보험, 이행보증보험, 납세보증보험, 할부판매보증보험, 인·허가 보증보험, 리스보증보험, 소액대출보증보험 등이 있다.

(5) 인보험

우리나라 상법에서는 보험을 크게 손해보험과 인보험으로 나누고 있다. 손해보험은 보험계약자가 보험료를 지급하고, 보험사고로 피보험자가 입을 재산상의 손해보상을 약정함으로써 효력이 생기는 보험(상법 제638·665조)이고, 인보험은 사람의 생명 또는 신체에 관해 보험사고가 생길 경우에 보험계약이 정하는 바에 따라 보상을 해주는 보험(상법 727조)이다.

그러나 인보험 중에서도 생명보험을 제외하고 상해보험, 질병보험 등에서는 보험사고로 피보험자가 지출한 치료비, 혹은 휴업 보상비를 지급하는 등 손해보험의 성격을 포함하고 있다. 또한 상해보험이나 질병보험은 상법의 규정상 인보험에 속하지만 보험업법상으로는 생명보험회사와 손해보험회사가 모두 취급할 수 있도록 되어 있다. 그러므로 보험을 손해보험과 인보험으로 크게 구분하는 것은 다소 문제가 있다고 지적되기도 한다.

3. 대표적 손해보험상품

1) 화재보험

(1) 화재보험의 의의

화재보험은 화재로 인해 발생한 재산상의 우발적인 손해를 보상하기 위해 만들어진 경제적 제도이다. 화재보험은 해상보험과 함께 가장 오래된 역사를 지니고 있는 재산보험으로서, 보험회사가 화재(폭발 및 화염, 벼락 포함)로 인해 보험의 목적물에 발생한 손해를 보상할 것을 약정하고, 보험계약자가 보험료를 지급할 것을 약정함으로서 성립된다.

화재보험은 개인이 소유하는 주택, 가재도구, 상점, 창고, 기업의 생산시설, 제품 또는 원재료 등에 화재로 인해 발생한 멸실, 손상 등 직접적인 손해뿐 아니라 이익의 상실, 잔존물 제거비용, 피난손해, 소방손해 등과 같은 간접손해에 대해서도 담보하고 있다. 또한 단순히 화재위험만을 대상으로 하는 화재보험도 있지만, 최근에는 화재 이외의 각종 위험이나 이익을 동일 증권으로 함께 담보하는 종합보험, 혹은 계약자의 요구에 부응하기 위해 주계약인 화재보험에 다양한 특약을 부가하여 담보내용을 확대하거나 피보험자의 범위를 확대하는 형태의 화재보험들이 증가하고 있다.

화재보험은 화재로 인한 각종 재산상의 손해를 보상함으로써 가계의 생활안정 확보, 기업의 경영활동 보장 등의 기능을 수행한다. 또한 개인이나 기업이 자금을 대출받을 때 담보가 되는 주택, 공장, 기계 등에 화재보험을 담보함으로써, 화재가 발생했을 때 지급되는 보험금으로 채권을 보전하는 기능도 한다.

(2) 화재보험의 담보위험

화재보험의 보험사고는 화재이며(상법 제683조), 화재로 인한 손해를 담보위험으로 한다. 그러나 화재가 무엇인지, 화재가 손인으로 작용한 범위가 어디까지인지를 결정하는 것은 쉬운 문제가 아니다. 화재의 개념은 상법이나 화재보험약관에서 특별히 규정하고 있지 않으므로 사회적 통념에 따라 정의된다. 여전히 다양한 논쟁의 여지가 남아 있지만, 일반적으로 화재는 '보통의 용법에 의하지 아니하고 독립한 연소력을 가진 화력의 연소작용으로 인한 재해 또는 사회 통념상 화재라고 인정할 수 있는 성질과 규모를 가진 연소작용'으로 정의되고 있다. 그러므로 난로 등의 복사열에 의해 보험의 목적물이 손상을 입은 경우는 보험의 대상이 되지 않는다.

또한 화재보험의 담보위험이 되는 화재는 시간적, 장소적인 관점에서 우연 발생적이어야 한다. 시간적 우연성이란 발생시점이 예상되지 못함을 의미하고, 장소적 우연성이란, 예컨대 난로의 불이 균열된 틈새 사이로 새어나와 거실을 태운 것처럼, 불이 제 위치를 벗어나서 손해가 발생한 경우에 담보위험이 된다는 의미이다. 뿐만 아니라 우발적인 화재로 인하여 손해가 발생하는 경우에만 화재보험에서 말하는 화재가 된다. 화재보험에서 보상해 주는 손해는 화재와 상당인과 관계가 있는 손해를 의미하며, 그 손해가 부분적인 손실이든 전체 손실이든지는 상관이 없다.

(3) 화재보험의 목적물

상법 제685조에서는 화재보험의 목적을 건물과 동산 등 유체물이라고 규정하고 있다. 주택이나 점포, 공장이나 창고 등의 건물과 건물에 존치하는 기계나

가재도구, 상품 및 원재료 등이 주요대상이 된다. 그 외에도 화재로 인해 소실 가능한 교량, 삼림, 원료, 기구, 귀금속, 골동품 등 유체물은 동산이든 부동산(토지 제외)이든지에 상관없이 목적이 될 수 있다. 또한 그 유체물이 개별 재산이든, 집합 재산이든 보험의 대상이 될 수 있다. 따라서 화재보험 계약에서는 보험의 목적 범위를 구체적으로 정하게 되어 있다. 보험사고가 발생한 재화가 보험의 목적에 포함되었는지 여부에 관해 당사자들 간에 발생할 수 있는 분쟁의 소지를 없애고, 도덕적 해이를 방지하기 위해서이다.

화재보험은 그 목적에 따라 건물보험과 동산보험으로 나누어 볼 수 있다.

건물보험의 경우, 다른 약정이 없는 한 피보험자의 소유인 칸막이, 대문, 담, 곳간, 간판, 네온사인, 안테나, 선전탑 및 이와 유사한 건물의 부착물 및 피보험자의 소유인 전기, 가스, 난방, 냉방설비 및 이와 유사한 건물의 부속설비가 보험의 목적에 포함된다. 또한 보험증권에 건물의 소재지, 구조와 용도를 명시하도록 하고 있으며, 건축 중인 건물이나 미등기 건물도 화재보험의 목적이 될 수 있다.

동산보험의 경우, 피보험자와 같은 세대에 속하는 사람의 소유물도 보험의 목적에 포함되도록 하고 있다. 집합된 물건을 일괄하여 보험의 목적으로 한 경우에는 가족과 사용인의 물건도 포함된 것으로 보고, 그 보험계약이 가족과 사용인에게도 성립된 것으로 보기 때문이다. 그러나 통화, 유가증권, 우표, 귀금속, 서화, 골동품, 조각, 원고, 설계도, 도안, 증서 및 이와 유사한 것, 그리고 야적(野積)의 동산은 보험증권에 기재했을 경우에만 보험의 목적이 된다. 또한 동산험에서는 추후의 도덕적 해이 문제를 방지하기 위해 해당 동산을 둔 장소와 용도를 보험증권에 기재하도록 하고 있다.

(4) 화재보험의 손해보상책임

화재로 인해 보험의 목적에 발생하는 손해의 형태는 직접적인 결과인 소멸 혹은 손실, 이 외에 열기나 연기로 인한 손해, 변형, 변색, 오손, 물로 인한 손해, 파괴, 도난, 분실 등 다양하다. 이 밖에 특별히 취급하는 손해는 벼락으로 인한 손해, 파열이나 폭발이 화재를 야기하여 발생한 손해, 소방이나 피난에 필요한 조치로 인하여 발생한 손해(피난지에서 보험 기간내 5일 동안 생긴 위의 손해) 등이 있다. 또한 보험의 목적이 멸실, 또는 훼손되어 복구할 가치가 없는 잔해로 남은 것, 즉 잔존물을 제거하는데 드는 비용도 실비(보험목적에 발생한 손해액의 10% 한도)로 보상하는 것이 일반적이다.

그러나 보상책임을 지지 않는 손해도 있다. 즉 화재보험자의 면책사유가 있는 경우에는 보상책임을 지지 않는데, 예를 들어 보험계약자, 피보험자 또는 이들의 법정대리인의 고의 또는 중대과실로 생긴 손해, 피보험자에게 보험금을 받도록 하기 위해 피보험자와 세대를 같이 하는 친족 및 고용인이 고의로 일으킨 손해 등은 대표적인 면책사유에 해당한다. 또한 화재가 발생했을 때 도난 또는 분실로 생긴 손해, 보험의 목적이 자연발화 또는 자연 발열하여 생긴 손해, 전기기기 또는 장치의 전기적 사고로 생긴 손해, 지진, 분화나 전쟁 등으로 생긴 손해, 그리고 핵연료물질의 방사성이나 폭발성 및 유해한 특성으로 인해 생긴 손해 등도 보상책임을 지지 않는다.

(5) 화재보험의 계약

화재보험의 계약은 보험계약자의 청약과 보험자(보험회사)의 승낙에 의해 성립되는데, 보험자는 화재로 인해 발생한 손해를 보상할 것을 약정하고, 보험계약자가 보험료를 지급할 것을 약정하는 것이다. 보험회사는 보험계약자로부터 청약과 함께 보험료 전액 또는 제1회 보험료를 받은 경우에 청약일로부터 30일 이내에 승낙 또는 거절의 통지를 해야 하며, 통지가 없으면 승낙한 것으로 본다. 보험회사가 청약을 승낙한 경우에는 보험증권을 보험계약자에게 교부하고, 청약을 거절한 경우에는 보험료를 돌려주어야 한다.

계약자, 피보험자 또는 이들의 대리인은 청약시 질문한 사항에 대해 반드시 사실대로 알릴 고지의무가 있으며, 계약자가 고지의무를 위반한 경우는 보험자가 계약을 해지할 수 있게 상법(제651조)에 규정하고 있다. 또한 계약을 맺은 후 보험기간 중에 보험목적물의 위험상태에 변경사항이 생기면, 보험계약자는 이를 반드시 통지해야 할 의무가 있다. 예를 들어 중복 보험계약을 체결한 경우, 보험 목적물을 타인에게 양도한 경우, 보험의 목적물 또는 목적물을 수용하는 건물의 구조를 변경, 개축, 증축하거나 수선한 경우, 건물을 계속해서 30일 이상

비우거나 휴업하는 경우, 보험 목적물을 타 장소에 이전한 경우, 그리고 이 외에도 위험 가능성이 뚜렷이 증가할 경우에는 반드시 통지를 해야 한다. 또한 보험계약자 또는 피보험자는 보험 목적물의 화재 손해를 방지하도록 노력할 의무를 가진다.

보험의 계약은 몇 가지 이유에 의해 무효가 될 수도 있는데, 보험계약의 무효라 함은 그 계약이 목적한 효력을 발생하지 않는 것을 의미한다. 화재보험에서는 초과보험부분, 타인을 위하여 보험계약을 체결하는 경우에 그 사실을 보험자에게 고지하지 않은 경우, 계약체결 당시에 이미 보험 목적물에 사고가 발생하였거나 화재원인이 발생하였음을 보험계약자 또는 피보험자가 탐지하고 있는 경우, 사고 발생의 우연성이 없는 경우에는 보험계약이 무효로 된다.

(6) 화재보험료와 지급보험금

화재보험료는 보험자의 화재손해보상의 책임에 대한 대가로 보험계약자가 보험자에게 지불하는 것이며, 보험요율은 보험자의 위험부담료를 보험금액에 대한 비율로 표시한 것이다. 보험 목적물에 대한 위험을 평가하여, 공평하고 적절한 보험료를 산출하는 것은 화재보험사의 중요한 업무 중 하나이다.

보험료는 보험금액에 보험요율을 곱해서 산출한다. 화재보험요율은 대수의 법칙(Law of Large Numbers)에 의해 예측한 화재손해의 발생 확률을 통해 보험원가에 해당하는 총보험요율을 구하고, 여기에 부가보험료 부분을 가산해서 산출한다. 화재보험료의 산출기초는 풍우관계와 기상, 건물의 재료, 성질 및 구조, 목적물의 위치, 목적물의 용도, 연소위험을 고려한 건물의 밀집도, 하천의 수리관계, 소방시설의 유무와 상태 등을 조사하여 산정한 위험도와 과거의 화재손해에 관한 통계자료 등이다.

화재사고가 발생하면, 보험계약자는 우선 소방서나 경찰서 등 관계기관에 자진신고를 하고, 보험회사에 사고를 통보해야 한다. 이때 보험종목, 증권번호, 계약자, 사고장소, 사고일시, 사고경위, 손해정도, 연락처 등을 정확히 통지해야 한다. 보험회사는 화재사고 발생 후 손해가 확대되지 않도록 현장을 보존하고, 현장조사를 실시한다. 보험계약자는 보험금청구서, 화재증명원, 인감증명서와 건물 등기부등본, 건축물 관리대장, 구입영수증, 수리비견적서, 재고 및 손해명세서, 재고장부 등 보험의 목적물과 관련된 서류를 구비하여 보험금 청구서류를 제출한다. 보험회사는 손해사정보고서의 작성 및 검토를 통해 보험금을 결정하고, 보험금 청구서류가 접수된 날로부터 20일 이내에 보험금을 지급한다.

화재손해 발생시 지급하는 보험금은 다음과 같은 방법에 의해 계산된다.

- **일반물건, 창고물건 및 주택화재보험의 지급보험금**

  · 보험가입금액 ≥ 보험가액의 80% : 보험가입금액 한도로 손해액 전액

  (단, 보험가입금액이 보험가액 보다 많으면 보험가액 한도)

  · 보험가입금액 < 보험가액의 80% : $\text{손해액} \times \dfrac{\text{보험가입금액}}{\text{보험가액의 80\% 해당액}}$

- **공장물건 및 동산의 지급보험금**

  · 보험가입금액 = 보험가액 : 손해액 전액
  · 보험가입금액 > 보험가액 : 보험가액을 한도로 손해액 전액
  · 보험가입금액 < 보험가액의 80% : $\text{손해액} \times \dfrac{\text{보험가입금액}}{\text{보험가액}}$

여기에서 보험가입금액은 보험회사가 손해를 보상하기 위해 피보험자에게 지급할 금액의 최고 한도로서 보험계약 체결시에 보험 계약 당사자간에 합의하여 보험증권상에 정하여 놓은 금액을 말한다. 그리고 보험가액은 보험 목적의 평가액을 말한다. 즉 보험사고로 인하여 피보험자에게 발생 가능한 손해의 최고한도액을 의미한다.

일반물건, 창고물건 및 주택화재보험의 경우, 보험가입금액과 보험가액의 80% 해당액을 비교하여, 보험금 산정 근거를 달리 적용한다. 보험가입금액이 보험가액의 80% 해당액과 같거나 그 이상일 때에는 보험가입금액을 한도로 실제 발생 손해액 전액을 보험금으로 지급한다. 다만 보험가입금액이 보험가액보다 많을 때에는 보험가액을 한도로 한다. 이에 반해, 보험가입금액이 보험가액 80% 해당액 보다 적을 때에는 보험가액의 80% 해당액 대비 보험가입금액이 차지하는 비율을 구한 후, 이 값에 손해액을 곱하여 산출한다.

공장물건 및 동산화재보험의 경우에 지급보험금을 계산하는 방법은 보험가입금액과 보험가액의 크기를 비교하여 결정한다. 보험가입금액과 보험가액이 같을 때에는 발생한 손해액 전액을 보상하고, 보험가입금액이 보험가액 보다 많을 때에는 보험가액을 한도로 손해액 전액을 지급하며, 보험가입금액이 보험가액보다 적을 때에는 보험가액 대비 보험가입금액의 비율을 계산한 후, 이 값에 손해액을 곱하여 지급보험금의 액수를 결정한다.

(7) 화재보험의 종류

화재보험은 가입대상 물건에 따라 구분할 수 있는데, 주택, 아파트 등을 대상으로 하는 주택화재보험과 점포, 사무실 및 창고물건을 대상으로 하는 일반화재보험, 공장을 대상으로 하는 공장화재보험, 그리고 특수건물 소유자가 의무적으로 가입해야 하는 특약부화재보험 등이 있다.

① 주택화재보험

주택화재보험은 단독주택, 주택의 부속건물로서 가재만을 수용하는데 쓰이는 것, 연립(다세대)주택, 아파트로서 각 호나 실이 모두 주택으로만 쓰이는 것과 그 수용동산에 대해 적용한다. 또한 주택병용건물로서 교습소(피아노, 꽃꽂이, 국악, 재봉 등)와 치료소(안수, 침질, 뜸질, 조산원 등)로 사용되는 건물 및 그 수용가재도 보험의 목적이 된다.

② 일반화재보험

일반화재보험은 주택, 공장 및 창고물건을 제외한 모든 물건과 그 수용동산에 적용된다. 사무실, 점포 및 이들의 부속건물, 옥외설비, 장치, 공작물, 그리고 각 건물, 옥외설비, 장치에 수용하는 동산, 설치기계 등이 일반화재보험의 대상이 된다. 뿐만 아니라, 소규모 작업장(동력설비 합계 20Kw 미만, 전력설비 합계 40Kw 미만, 작업인원 20인 미만) 건물 및 옥외설비, 장치, 공작물, 그리고 그에 수용하는 동산, 설치기계도 포함된다.

표 13-1 화재보험의 주요종류

구 분	보험목적물	보상하는 손해
주택화재보험	주택으로만 쓰이는 건물 및 그 수용가재(단독주택, 아파트, 주택병용건물 등)	·화재(벼락 포함)에 따른 직접손해, 연기, 변색손해, 소방손해, 피난손해(피난지에서 보험기간내 5일 동안 생긴 위의 손해) ·위의 사고로 인한 잔존물 제거비용, 손해방지비용
일반화재보험	주택, 공장, 창고물건을 제외한 모든 물건 및 수용동산(사무실, 점포, 학교, 병원, 소규모작업장, 소규모창고 등)	
공장화재보험	각종 공장 또는 작업장(부속창고 및 부속동력실 포함)	

③ **공장화재보험**

공장화재보험은 공업상 작업에 사용하는 동력설비 합계 20Kw 이상, 전력설비 합계 40Kw 이상, 또는 상시 작업인원 20인 이상 중 어느 하나에 해당하는 공장의 건물, 장치 및 수용동산, 또는 작업장(광업소, 발전소, 변전소 및 개폐소 포함) 내에 있는 건물, 공작물 및 수용동산, 야적의 동산에 대하여 적용한다.

④ **특약부화재보험**

특수건물 소유자는 그 건물의 화재로 인해 타인이 사망하거나 부상했을 때, 과실여부에 상관없이 그 손해를 보상해 주어야할 책임이 있다(화재로 인한 재해보상과 보험가입에 관한 법률 4조). 또한 이러한 손해배상책임을 이행하기 위해 해당 건물을 손해보험회사가 영위하는 신체손해배상 특약부화재보험에 의무적으로 가입해야 한다. 특수건물의 소유자는 건물이 준공 검사에 합격된 날 또는 그 소유권을 취득한 날로부터 30일내에 특약부화재보험에 가입해야 하고, 매년 이를 갱신해야 한다. 법에 근거한 특약부화재보험 가입의무는 전국의 특수건물에 적용된다.

특수건물이라 함은 연면적 1천 제곱미터 이상의 국유건물, 연면적 2천 제곱미터 이상의 학원, 연면적 3천 제곱미터 이상인 종합병원, 병원, 숙박업체, 공연장, 방송사업장, 대규모점포, 농수산물도매시장, 연면적 2천 제곱미터 이상의 일반음식점, 유흥주점, 연면적 3천 제곱미터 이상인 학교, 16층 이상의 아파트, 아파트 외에 11층 이상인 건물 등을 포함한다.

2) 자동차보험

(1) 자동차보험의 의의

자동차보험은 자동차를 소유, 사용, 관리하는 동안 발생한 사고로 인해 생긴 손해를 보상할 것을 목적으로 하는 보험이다(상법 제726조). 이는 자동차로 인한 사고위험에 대하여 보험가입자와 보험자(보험회사) 사이에 이루어지는 사적계약으로서, 보험가입자는 보험료를 납부해야 하며, 보험회사는 정해진 보험기간(통상 1년) 동안에 발생한 자동차사고로 인한 인적, 물적 손해를 보상할 의무를 진다.

자동차사고는 본인의 신체적 손상이나 재산상 손해를 야기하는 것 외에, 제 3자에게 인적, 물적 피해를 초래하여 그것을 배상하는데 따르는 경제적 손실을 가져오기도 한다. 그러므로 자동차보험은 재산보험과 배상책임보험의 성격을 동시에 가지고 있다고 할 수 있다.

자동차사고로 인해 발생한 손해의 범위에 따라 자동차사고의 유형을 분류하면, 〈표 13-2〉에서 보는 바와 같이 크게 인사사고와 재물사고로 나눌 수 있으며, 인사사고는 자기신체사고와 타인신체사고로, 재물사고는 자기재물사고와 타인재물사고로 분류된다. 또한 자기재물사고는 자기차량사고와 기타 자기재물사고를 포함하고, 타인재물사고는 타인차량사고와 기타타인재물사고로 세분화된다. 자동차사고의 유형에 따라 자동차보험의 담보위험을 크게 두 가지로 나누면, 첫째, 타인신체사고(대인사고)와 타인차량 및 재물사고(대물사고)는 제3자에게 배상책임을 지게 됨으로써 입은 손해를 보상하기 위한 배상책임보험의 담보위험이다. 둘째, 자기신체사고와 자기재물사고는 피보험자가 자동차를 소유, 사용, 관리하는 과정에서 생긴 사고로 피보험자 자신이 직접 입게 된 손해를 보상하기 위한 보험의 담보위험이 된다.

표 13-2 자동차 사고와 담보종목

<table>
<tr><th colspan="4">사고 종류</th><th>담보종목</th></tr>
<tr><td rowspan="6">자동차사고</td><td rowspan="2">인사사고</td><td>타인신체사고
(대인사고)</td><td></td><td>배상책임보험
–대인배상 I
–대인배상 II</td></tr>
<tr><td>자기신체사고</td><td></td><td>자기신체사고
자동차상해</td></tr>
<tr><td rowspan="4">재물사고</td><td rowspan="2">타인재물사고
(대물사고)</td><td>타인차량사고</td><td rowspan="2">배상책임보험
–대물배상</td></tr>
<tr><td>기타타인재물사고</td></tr>
<tr><td rowspan="2">자기재물사고</td><td>자기차량사고</td><td rowspan="2">자기차량손해</td></tr>
<tr><td>기타자기재물사고</td></tr>
</table>

(2) 담보종목별 자동차보험 종류

종전의 자동차보험은 자동차손해배상보장법(자배법)에 의해 의무적으로 가입하도록 규정된 자동차손해배상책임보험(자배책보험)과 계약자의 자유의사에 따라 임의적 가입이 가능한 자동차종합보험, 운전자보험, 외화표시자동차보험 등으로 구분되었다. 책임보험은 대인사고에 대한 배상책임의무를 강제하였으며, 임의보험은 대인배상, 대물배상, 자기신체사고, 차량손실 등을 담보하도록 구성되었다. 그러나 책임보험과 임의보험에 대인배상 종목이 이중적으로 존재하여 오해와 문제가 자주 발생하자, 자동차손해배상책임보험과 임의보험을 일원화하였다. 이에 따라 보험상품으로서의 자배책보험은 사실상 폐지되고, 자동차보험에서 대인배상 부분은 기존에 자배책보험의 담보였던 부분을 대인배상 I, 그리고 임의보험의 대인배상 종목을 대인배상 II로 재편하였다. 그러므로 대인배상 I은 의무적으로 가입해야 하는 강제보험이고, 대인배상 II는 초과담보 부분에 대해 가입하는 임의보험이다.

앞서 살펴본 〈표 13-2〉의 자동차사고 종류를 기준으로 자동차보험의 종류를 구분해 보면, 타인신체사고(대인사고)는 배상책임보험인 대인배상 I과 대인배상 II에서 담보하고, 자기신체사고는 임의보험의 자기신체사고 종목 혹은 자동차상해 종목에서 담보한다. 또한 타인차량사고 및 기타 타인재물사고(대물사고)는 2005년 2월 22일부터 의무가입화된 대물배상책임 종목에서 담보하고, 자기차량사고는 임의보험의 자기차량손해 종목에서 담보한다.

담보종목에 따라 대표적인 자동차보험의 종류를 정리하면, 대인배상 I, 대인배상 II, 대물배상, 자기신체사고, 자동차상해, 무보험자동차에 의한 상해, 자기차량손해로 분류되며, 이 중 대인배상 I, 대인배상 II, 대물배상은 자동차사고로 인한 타인의 피해를 보상하기 위한 담보, 즉 배상책임 담보이고, 나머지는 자동차 사고로 인한 피보험자의 피해를 보상하는 담보이다. 〈표 13-3〉에서는 각 담보종목에 따른 자동차보험의 보상기준을 제시하였다.

① 대인배상 I (책임보험, 의무가입)

대인배상 I (책임보험)은 자동차손해배상보장법 제5조 1항의 규정에 따라 자동차보유자가 의무적으로 가입해야 하는 강제보험이다. 자동차손해배상보장법 제5조 1항은 '자동차를 운행하고자 하는 자는 자동차의 운행으로 다른 사람이 사망하거나 부상한 경우에 피해자에게 대통령령이 정하는 금액의 지급책임을 지는 책임보험 또는 책임공제에 가입해야 한다'고 규정하고 있다. 즉 피보험자가 자동차를 소유, 사용, 관리하는 동안에 생긴 자동차사고로 인하여 다른 사람을 사망하게 하거나 다치게 했을 때, 법률상 배상책임을 짐으로써 입은 손해를 보험회사에서 보상한다는 것이다.

2005년 2월 22일부터 적용되고 있는 대인배상 I (책임보험)의 보장금액은 사망시 피해자 1인당 최고 1억원, 부상시 최고 2천만원, 후유장해시 최고 1억원으로 규정되어 있다.

② 대인배상 II

대인배상 II는 가입이 강제되지 않는 임의보험으로서, 대인배상 I (책임보험) 계약의 보상금을 초과하는 손해가 발생하는 경우를 대비하기 위한 보험이다. 운전자가 자동차 사고로 타인을 사망하게 하거나 부상하게 했을 경우에 대인배상 I (책임보험)의 보상금을 초과하는 손해를 보험가입금액 한도 내에서 보상해 주는 담보종목이다.

피해자 1인당 보험가입금액은 5,000만원, 1억원, 2억원, 3억원, 무한보상 상품이 있으며, 대부분의 상품이 무한보상을 보장한다.

③ 대물배상(의무가입)

대물배상은 자동차를 소유, 사용, 관리하는 동안 생긴 우발적인 사고로 인하여 타인의 재물을 없애거나 훼손하여 손해배상책임을 지게 됨으로써 생긴 손해를 보상해 주는 담보종목이다. 대물배상은 2005년 2월 22일부터 의무적으로 가입해야 하는 강제보험 종목이 되었다.

1사고당 보험가입금액은 1,000만원, 2,000만원, 3,000만원, 5,000만원, 1억원 등의 상품이 있는데, 자동차보유자는 1,000만원 이상 대물배상 종목에 반드시 가입해야 한다.

④ 자기신체사고와 자동차상해

자기신체사고와 자동차상해는 피보험 자동차를 소유, 사용, 관리하는 동안에 생긴 자동차 사고로 인하여 피보험자 자신 또는 가족이 사망하거나 신체에 피해를 입은 경우에 보상하는 담보종목이다.

자기신체사고의 1인당 보험가입금액은 사망을 기준으로 1,500만원, 3,000만원, 5,000만원, 1억원 등의 상품이 있는데, 피보험자가 상해를 입은 직접적인 결과로 사망했을 때는 보험증권에 기재된 사망보험가입금액을 피보험자의 상속인에게 지급하며, 피보험자가 의사의 치료를 요하는 때에는 자기신체사고 지급기준의 '상해구분 및 급별 보험가입 금액표'에 따라 실제 소요된 치료비를 피보험자에게 지급한다. 또한 피보험자가 상해에 대한 치료를 받은 후에도 신체에 장해가 남으면 자기신체사고 지급기준의 '후유장해구분 및 등급별 보험가입 금액표'에 따라 보험증권에 기재된 후유장해 보험가입금액에 해당하는 각 장해등급별 보험금액을 지급한다.

자기신체사고와 유사한 담보종목으로 자동차상해가 있는데, 이 역시 피보험자가 자동차를 소유, 사용, 관리하는 동안에 생긴 자동차의 사고로 인하여 피보험자 자신 또는 가족이 상해를 입은 경우에 보상하는 담보종목이다. 그러나 자동차상해가 자기신체사고와 다른 점은 보험 증권에 기재된 보험가입금액을 한도로

표 13-3 담보종목별 자동차보험의 보상기준

담보종목	보상기준
대인배상 Ⅰ	자동차사고로 다른 사람을 사망하게 하거나 다치게 한 경우에 자동차손해배상보장법에서 정한 한도 내에서 보상
대인배상 Ⅱ	자동차사고로 다른 사람을 사망하게 하거나 다치게 한 경우, 그 손해가 대인배상Ⅰ에서 지급하는 금액을 초과했을 때 그 초과손해를 보상
대물배상	자동차사고로 다른 사람의 재물을 없애거나 훼손한 경우에 보상
자기신체사고 자동차상해	피보험자가 사망하거나 다친 경우에 보상(중복가입불가)
무보험자동차에 의한 상해	무보험자동차에 의해 피보험자가 사망하나 다친 경우에 보상
자기차량손해	피보험자동차가 파손된 경우 보상

보험금을 지급한다는 것이다. 즉 자기신체사고에서는 자기신체사고 지급기준에 따라, 부상보험금과 장해보험금을 산출하여 지급하는 반면, 자동차상해의 경우에는 보험가입금액을 한도로 한다. 자기신체사고와 자동차상해는 중복해서 가입할 수 없다.

⑤ 무보험자동차에 의한 상해

무보험자동차에 의한 상해는 무보험자동차에 의해 생긴 사고로 인해 기명 피보험자와 그 부모, 배우자, 자녀 및 가족이 사망하거나 부상했을 때, 또는 피보험 자동차에 탑승 중인 피보험자가 사망하거나 부상했을 때 그 손해에 대한 배상의무자가 있을 경우 보상하는 담보종목이다.

보험가입금액은 피보험자 1인당 2억원을 한도로 보상하며, 치료비의 경우에는 2,000만원을 한도로 등급별로 책정된다. 그러나 무보험자동차에 의한 상해는 대인배상 I, 대인배상 II, 대물배상, 자기신체사고(또는 자동차상해)에 모두 가입하는 경우에 한하여 가입할 수 있다.

⑥ 자기차량손해

자기차량손해는 피보험자가 자동차를 소유, 사용, 관리하는 동안에 생긴 사고로 인해 피보험자동차에 직접적으로 생긴 손해를 보험가입금액 한도 내에서 보상하는 담보종목이다. 이 경우 피보험자동차에 통상 붙어있거나 장치되어 있는 부속품과 부속기계장치는 피보험자동차의 일부로 본다. 그러나 통상 붙어 있거나 장치되어 있지 않은 부속품과 장치는 보험증권에 기재한 것에 한하여 보상한다.

자기차량손해에서 보상하는 손해는 타차 또는 타물체와의 충돌, 접촉, 추락, 전복 또는 차량의 침수로 인한 손해, 화재, 폭발, 낙뢰, 날아온 물체, 떨어지는 물체에 의한 손해 또는 풍력에 의해 차체에 생긴 손해, 피보험자동차 전부의 도난으로 인한 손해 등이다. 그러나 피보험자동차에 장착 또는 장치되어 있는 일부, 부속품, 부속기계장치만의 도난에 대해서는 보상하지 않는다. 보험가입금액은 통상 차량가액이며, 자기차량손해 가입시에는 사고 발생시 일정금액을 자기가 부담하는 자기부담제도가 있어서, 5만원, 10만원, 20만원, 30만원, 50만원 등의 종류 중 선택할 수 있다.

(3) 자동차 용도별 자동차보험 종류

① 개인용 자동차보험

개인용 자동차보험은 개인 또는 개인사업자가 소유한 자가용 승용차만을 대상으로 하는데, 법정 승차정원을 10인승 이하로 규정하고 있다. 다만, 인가된 자동차학원 또는 자동차학원 대표자 소유의 자동차로서 운전교습, 도로주행교육 및 시험에 사용되는 승용자동차는 제외된다.

또한 자동차의 용도에 따라 주로 출퇴근 및 가정용으로 사용하는 경우에는 출퇴근 및 가정용으로, 상품배달이나 세일즈 등 주로 사업용으로 사용하는 경우에는 개인사업용 및 기타 용도로 보험에 가입해야 한다.

② 업무용 자동차보험

업무용 자동차 보험은 개인 및 개인사업자가 소유한 자가용 승용차를 제외한 모든 비사업용 자동차와 건설기계를 대상으로 하는 종합보험으로서, 그 구성이나 내용은 개인용 자동차보험과 동일하다.

③ 영업용 자동차보험

영업용 자동차보험은 모든 사업용 자동차 및 건설기계를 대상으로 하는 보험으로서, 담보종목은 무보험자동차에 의한 상해 담보종목이 없다는 것만을 제외하면 업무용 자동차보험과 동일하다. 그러나 영업용 자동차의 경우는 운행에 따른 위험도가 크기 때문에, 자동차손해배상보장법에서 대인배상 II 또는 이에 해당하는 공제에 가입해야 하는 최소금액을 강제하고 있다.

(4) 자동차 보험료 산출방법

자동차 보험료는 보험회사가 금융감독원에 신고한 후 사용하는 자동차보험 요율서에서 정한 방법에 의하여 계산한다.

자동차 보험료는 〈그림 13-1〉에서 보는 바와 같이 차량의 종류, 배기량, 용도, 보험가입금액, 성별, 연령 등에 따라 미리 정해 놓은 기본보험료에 특약요율, 가입자특성요율, 특별요율 및 할인, 할증 요율을 곱해서 계산한다. 특약요율은 운전자의 연령범위를 제한하는 특약, 가족으로 운전자를 한정하는 특약 등 보험가입 시 적용하는 요율이고, 가입자특성요율은 보험가입경력과 교통법규 위반경력에 따라 적용하는 요율이다. 또한 특별요율은 자동차의 구조나 운행실태가 동종의 차량과 다른 경우 적용하는 요율이며, 우량할인 혹은 불량할증 요율은 사고발생 실적에 따라 적용하는 요율을 의미한다.

자동차 보험료 = 기본 보험료 × 특약요율 × 가입자 특성요율 × 특별요율 × 우량할인 불량할증 요율

그림 13-1 자동차보험료 산출방법

(5) 자동차사고 보상처리과정

자동차사고가 발생한 경우 보험회사에서는 〈그림 13-2〉와 같은 과정을 거쳐 손해를 보상해 준다. 교통사고가 발생하면, 일단 피보험자는 사고일시, 장소, 상황, 피해 정도, 운전자 성명, 주소 등에 관한 내용을 고지하며 사고를 접수해야 한다. 보험회사는 접수된 차량이 보험에 가입되었는지를 확인한 후, 사고처리절차에 대해 안내하고, 사고조사를 통해 보상책임 유무를 결정한 후, 병원이나 정비공장에 치료비 혹은 수리비 지불을 보증한다. 보험금 산정 절차를 거쳐 지급보험금이 합의되면 보험금을 지급하며, 피보험자에게 구체적인 지급내역과 사고로 인해 향후 보험계약을 갱신할 때 영향을 미치게 될 변동사항에 대해 고지한다.

그림 13-2 자동차사고 보상처리 과정

재테크코너 13-1

알아두면 돈 되는 자동차보험 상식 10가지

1. 더 유리한 보험사를 찾았는가? 가입 후 15일 이내라면 바꿔라.

가입 후 15일 이내라면 우선 유리한 보험사에 중복해서 가입한 후 이전 보험사의 계약을 철회하면 보험료를 돌려받을 수 있다. 물론 중복 가입하기 전의 며칠 보험료는 이전 보험사에서 공제하지만 그 기간 동안 보장을 받았으므로 손해 본 것은 아니다.

[주의] 중복 가입하는 보험은 이전의 보험과 가입조건이 동일해야만 보험료 손해를 보지 않는다. 그리고 중복으로 가입하지 않은 상태에서 가입 철회를 하려면 임의보험만 가능하고 책임보험은 의무가입이므로 불가능하다. 또 보험사고가 발생하여 보상을 받은 담보는 철회할 수 없다.

2. 만 20세, 23세, 25세의 운전자는 생일날 일부 보험료를 돌려받으라

운전자의 생일을 따져 만 연령에 따라 보험료가 달라진다. 그렇다면 보험료가 달라지는 한계 연령에 있는 운전자는 어떻게 될까? 예를 들어 운전자 연령 26세 이상인 경우에는 25세보다 보험료가 저렴한데, 50일 후에 만26세가 되는 운전자는 더 저렴한 보험료로 가입하기 위해서 50일간을 무보험으로 지내야 하나? 일단은 25세 운전자로 가입했다가 만26세가 되는 날에 26세 운전자로 변경하면 된다. 그러면 남은 315일간의 보험료 차액을 돌려받을 수 있다. 한계 연령은 보험회사별로 다소 차이가 있으나 대체로 만20세, 만23세, 만25세 등이다.

[주의] 한계 연령을 막 지나는 날에 운전자연령을 변경하는 것이 좋다. 그 후에 변경신청을 하면, 돌려받는 보험료가 신청일을 기준으로 계산된다.

3. 자녀 운전자가 군대나 유학을 가면 일부 보험료를 돌려받으라

자녀 운전자 때문에 비싼 보험료를 냈는데 자녀가 군대나 유학을 갔다면 보험사에 신청해서 운전자의 범위를 부부 또는 1인 운전자로 변경하고 운전자 연령도 높이면 된다. 변경을 신청한 날로부터 나머지 보험기간 동안의 보험료 차액을 돌려받을 수 있다. 제대를 하거나 귀국을 하면 다시 처음 가입했던 대로 돌려놓으면 된다. 물론 변경을 신청한 날로부터 나머지 보험기간 동안의 보험료 차액을 더 내야 한다. 이렇게 사정에 따라 가입조건을 변경하는 것이 현명한 보험가입자이다.

[주의] 개인 소유 승용차의 가족 운전자 한정운전 특별약관에만 해당되며 승합차, 버스 및 법인소유 승용차의 경우에는 해당되지 않는다. 또한 자녀운전자가 여럿이라면 그들 모두의 운전 여부를 검토하라.

4. 운전자의 범위를 늘린다면 운전자의 연령도 낮춰라

부부운전자 특약으로 가입했다가 자녀 운전자를 추가할 때는 가족운전자 특약으로 변경하는 것뿐만 아니라 운전자의 연령도 자녀 운전자에 맞도록 낮춰야 한다. 또 1인 운전자특약으로 가입했다가 동생을 형제 운전자로 추가한다면 운전자의 연령을 낮추는 것뿐만 아니라 운전자의 범위도 늘려야 한다. 보험사가 알아서 해주지 않으므로, 반드시 신청을 해야 한다.

[주의] 승용차의 운전기사를 채용하여 가족 운전자 특약을 기본계약으로 변경하는 경우에도 운전자의 연령 특약을 꼭 확인해야 한다.

5. 군대 운전병 및 외국의 보험경력이 있다면 보험료를 환급 받으라

군대 운전병, 관공서 및 법인체 운전직, 외국에서의 자동차보험 가입경력은 모두 국내의 자동차보험 가입경력과 동일하게 인정받을 수 있다. 군대에서 3년간 운전병으로 복무한 것은 자동차보험을 3년간 가입했던 경력과 같다. 2004년 5월 현재 3년 경력자는 무경력자보다 보험료를 45%까지 할인받을 수 있다. 보험가입 경력의 유무는 3년간 차등적으로 적용되기 때문에 이를 누적하면 상당한 금액이 된다. 오래 전에 잘못 적용 받아 많은 보험료를 냈더라도 지금 서류로 입증하면 차액 보험료를 돌려받을 수 있다.

[주의] 군대 운전병 경력은 병적증명서, 관공서 및 법인체 운전직 경력은 경력증명서, 외국에서의 자동차보험 가입경력은 보험증권 사본 등의 서류로 인정받을 수 있다.

6. 1년 이내에 팔거나 폐차할 차량이라면 1년으로 가입했다가 해약하라

몇 달 뒤 팔거나 폐차할 자동차라서 몇 달 기간으로 보험을 가입하면 오히려 손해를 본다. 자동차 보험료는 1년 미만으로 가입할 때 상당히 비싸진다. 단기간 쓸 차라도 일단 1년으로 가입하고, 나중에 차를 팔 때 매매계약서를, 폐차할 때 말소증명원을 첨부하여 보험을 해약하는 것이 낫다. 가입일로부터 해약일까지 날짜 계산한 보험료 외에 나머지 금액을 돌려받을 수 있다.

[주의] 매매계약서나 말소증명원을 제출하지 않고 해약하면 단기간으로 가입한 것과 마찬가지의 비싼 보험료를 공제하고 나머지 금액을 돌려받게 된다.

7. 외국에 체류하다 돌아오면 과거에 적용 받던 할인율을 승계 받으라

외국에 나가기 전에 한국에서 자동차보험 할인율을 적용 받았다면 그것을 승계 받을 수 있다. 한국에서 무보험 기간이 1개월을 넘지 않는다면 갱신 할인율을 그대로 적용 받고, 무보험 기간이 1개월 초과 1년 미만이라면 이전 계약의 할인율을 적용 받을 수 있다. 물론 여권이나 출입국증명서 사본을 보험사에 제출하여 외국에서의 거주 기간을 입증해야 한다.

[주의] 외국에 나가기 전에 한국에서 자동차보험 사고가 있었다면 오히려 할증률을 승계 받을 수 있으므로 손익 관계를 잘 판단해서 결정해야 한다.

8. 개인사업을 하다가 취직을 했다면 일부 보험료를 돌려받으라

개인사업을 할 때 자가용 승용차를 개인사업용으로 가입했다가 보험기간 중에 취직을 했다면 출퇴근 및 가정용으로 변경해서 나머지 보험기간 동안의 차액 보험료를 돌려받을 수 있다. 반대로 직장 생활을 할 때 출퇴근 및 가정용으로 가입했는데 보험기간 중에 개인사업을 시작할 때는 나머지 보험기간 동안의 차액 보험료를 더 내고 개인사업용으로 변경해야 한다.

9. 보험료가 싼 보험사라고 해서 보험약관이 부실한 것은 아니다

보험료가 싸니까 보험약관도 부실한 것은 아니므로 안심해도 된다. 보험사는 똑같은 보험약관에 대해서 보험료만 차등을 두는 것이다. 과거 손해율이 높았던 운전자 집단에게 보험료를 더 받고 손해율이 낮았던 운전자 집단에게 보험료를 덜 받는 것일 뿐이지 어느 보험사나 보험약관은 동일하다.

[주의] 보험약관 중에서 긴급 출동 서비스특약 등 소소한 부분은 보험사별로 약간 다를 수 있다.

10. 가입할 때마다 매번 보험사의 보험료 차이를 비교하라

온라인 보험사가 싸다? 기존의 중하위권 보험사가 더 싸다? 상위권 보험사가 더 싼 경우가 있다? 모두 맞기도 하고 틀리기도 한 대답이다. 자동차보험료는 가입조건에 따라 온라인 보험사가 싸기도 하고 기존 보험사가 싸기도 하다. 또 보험사가 수시로 보험료를 변경할 수 있기 때문에 가입 심사를 받아봐야 확정된다. 따라서 현명한 소비자는 가입할 때마다 매번 보험료 차이를 비교한다.

출처 : 인슈넷 www.insunet.co.kr

참고문헌

김두철 외 8인(2001). 보험과 위험관리. 문영사.

박상범(2001). 손해보험론. 문영사.

보험경영연구회(2002). 보험론. 문영사.

안승철, 정영숙, 배미경(2002). 신 투자와 보험-개인의 투자전략과 위험관리. 도서출판 신정.

정희철(1998). 상법학(하).

최기원(1999). 보험법.

한낙현, 김흥기(2004). 위험관리와 보험의 이해. 우용출판사.

황희대(2005). 보험이론 및 실무. 보험연수원.

Ernst & Young Lip (2004). *Personal Financial Planning Guide* (5/e). John Wiley & Sons Inc.

Garman, E. T. & Forgue, R. E. (1997). *Personal Finance* (5th ed.). Houghton Mifflin Company : Boston, MA.

Mayo, H. B. (1997). Investments: *An Introduction*. The Dryden Press.

Redja, G. E. (1998). *Principles of Risk Management and Insurance*. Addison–Wesley Educational Publishers Inc.

www.insunet.co.kr (인슈넷)

제14장 사회보험

앞의 12장과 13장에서는 개인이나 가계의 경제적인 능력에 따라 시장에서 보험 상품을 구매하는 민영보험을 다루었다. 반면 이 장에서는 보험의 원리와 방식을 도입하여 사회경제제도 안에서 개인이나 가계가 위험으로부터 보장을 받는 사회보험에 대하여 학습한다. 먼저 사회보험의 의의를 간략히 살펴보고, 민영보험과의 차이를 이해한다. 또한 우리나라의 사회보험제도 중 건강보험과 국민연금에 대하여 소비자의 입장에서 꼭 알아두어야 할 사항들을 점검한다.

1. 사회보험의 의의

1) 사회보험이란

사회보험은 사회정책을 위한 보험으로서 국가가 사회정책을 수행하기 위해서 보험의 원리와 방식을 도입하여 만든 사회경제제도이다. 다시 말해서 사회보험은 국민을 대상으로 질병 · 사망 · 노령 · 실업 기타 신체장애 등으로 인하여 활동능력의 상실과 소득의 감소가 발생하였을 때에 보험방식에 의하여 그 것을 보장하는 제도라고 할 수 있다(4대사회보험정보연계센터, 2005).

사회보험제도는 국민에게 발생하는 사회적 위험을 보험방식에 의하여 대처함으로써 국민건강과 소득을 보장하는 제도를 말한다. 사회보험은 단기보험과 장기보험으로 나뉜다. 의료보장, 의료비보장, 건강증진을 목적으로 하는 건강보험

표 14-1 우리나라 4대 사회보험

구분	건강보험	국민연금	산재보험	고용보험
관장부처	보건복지부		노동부	
근거법	국민건강보험법	국민연금법	산업재해보상보험법	고용보험법
시행일	1977년	1988년	1964년	1995년
집행기구	국민건강보험공단	국민연금공단	근로복지공단	노동부
보장내용	의료보장/건강증진	소득보장	의료보장/소득보장	소득보장
관리대상	전국민	5인 이상 근로자 18~65세 자영자	상시 1인 이상 근로자	

자료 : 국민건강보험공단(2005)의 13페이지에서 발췌

은 단기보험에 속한다. 반면 소득보장을 목적으로 하는 연금보험, 실업보험 등은 장기보험에 속한다(국민건강보험공단, 2005).

사회보험에서 다루는 보험사고의 유형에 따라 업무상의 재해에 대해서는 산업재해보상보험, 질병과 부상에 대해서는 건강보험, 폐질·사망·노령 등에 대해서는 연금보험, 그리고 실업에 대해서는 고용보험제도가 있으며 이를 4대 사회보험이라 한다(4대사회보험정보연계센터, 2005). 우리나라는 법적으로 4대 사회보험의 가입을 의무화하여, 질병, 장애, 노령, 사망 등의 사회적 위험에 대한 대처와 소득, 의료, 재활 고용의 기회를 보장하는 사회안전망을 구축하고 있다.

2) 사회보험과 민영보험의 차이

개인적 필요에 따라 선택 가입하는 민영보험과는 달리 사회보험은 강제가입을 통해 사회보장의 측면에서 국민의 기본적인 생계보장과 의료보장을 목적으로 한다. 민영보험과 사회보험의 차이점은 〈표 14-2〉와 같다.

표 14-2 민영보험과 사회보험 비교

구 분	민 영 보 험	사 회 보 험
목적	개인적 요구에 따른 보장	최저생계보장 /기본적 의료보장
가입방법	임의가입	강제가입
보험료 징수	사적계약에 의한 징수	법률에 의한 강제징수
보험료	위험의 정도, 급여수준에 따른 부과	소득수준에 따른 차등 부과
보험급여	보험료 부담수준에 따른 차등급여	보험재정 조달규모를 감안한 필요에 따른 균등급여
수급권	계약에 의한 수급권	법적 수급권

재테크코너 14-1

사회보험방식과 국가보건서비스방식의 차이?

다른 나라들도 우리나라와 같은 사회보험 방식의 의료보장제도를 가지고 있을까? 각국의 의료보장제도를 재원조달 방식에 따라 두 가지로 구분할 수 있다.

구 분	사회보험방식	국가보건서비스방식
적용대상 및 관리	국민을 임금소득자, 공무원, 자영자 등으로 구분 관리	전국민을 일괄 적용
재원조달	보험료, 일부 국고지원	정부의 일반 조세
급여특성	치료 중심형	예방 중심형
관리기구	보험자	정부기관
관리운영 방식	보험자 중심 자율 운영	정부기관 직접관리
채택국가	독일, 프랑스, 네덜란드, 일본 한국 등	영국, 스웨덴, 이태리, 캐나다 등
국민의료비	의료비 억제 기능 취약	의료비 통제 효과 강함
보험료 형평성	· 보험자 내 보험료 부과의 구체적 형평성 확보가능 · 보험자가 다수일 경우 재정불균형 발생 우려	조세에 의한 재원조달로 소득재분배 효과 강함
서비스의 질	상대적으로 양질의 의료제공 가능	입원대기환자 급증, 대기기간의 장기화

*국민건강보험관리공단(2005) 10페이지에서 정리・발췌

2. 우리나라의 사회보험제도

우리나라는 산업재해보상보험, 건강보험, 국민연금보험, 고용보험제도의 4대 사회보험제도를 운영하고 있다. 본 서에서는 이 중 전 국민을 대상으로 하며 개별 가계의 재무관리 상 중요한 국민건강보험과 국민연금보험에 대하여 알아보기로 한다.

1) 국민건강보험

(1) 국민건강보험제도의 특성과 체계

국민건강보험제도는 국민의 질병·부상에 대한 예방·진단·치료·재활과 출산·사망 및 건강증진에 대하여 보험급여를 실시함으로써 국민보건 향상 및 사회보장 증진에 기여함을 목적으로 한다(국민건강보험공단, 2005).

우리나라 건강보험제도는 1998년 10월에 지역의료보험과 공무원·교직원의료보험을 통합하여 국민의료보험관리공단의 출범을 계기로, 2000년 7월에 국민의료보험관리공단과 139개 직장의료보험을 통합으로 의료보험은 단일조직으로 완전 통합됨과 동시에 국민건강보험을 출범시켰다. 2003년 7월 1일 건강보험재정 통합으로 건강에 대한 위험부담 분산, 부담형평성과 사회연대를 강화하여 건강보험의 책임성을 제고하였다.

국민건강보험법 상 국가를 대신하여 건강보험사업을 수행하는 주체는 국민건강보험공단, 건강보험심사평가원, 요양기관 등이 포함된다(국민건강보험공단, 2005).

국민건강보험제도 상의 보험자는 국민건강보험공단이다. 국민건강보험공단의 역할은 가입자 및 피부양자의 자격관리, 보험료 부과·징수, 가입자의 건강증진업무 추진, 의료서비스 가격을 요양기관과 계약으로 정하는 등 보험재정 관리 및 포괄적 국민건강보장에 관한 것이다.

건강보험제도의 심사평가기구로 건강보험심사평가원이 있다. 요양기관이 제공한 의료서비스와 서비스 비용의 적정성을 객관적이고 공평하게 심사·평가하여 공단이 지급할 비용을 확정하는 역할을 한다. 요양기관은 피보험자 및 비부양자의 질병·부상 또는 출산시에 요양급여를 제공하는 기관이다. 요양기관에는 의료법에 의하여 개설된 의료기관, 약사법에 의하여 등록된 약국, 한국희귀의약품센터가 있다. 서비스비용은 공단과 계약으로 정하고 있다.

(2) 국민건강보험의 대상

국민건강보험의 적용대상[1]은 직장가입자와 지역가입자로 나뉜다. 직장가입자는 사업장의 근로자 및 사용자와 공무원 및 교직원, 그리고 그 피부양자로 구성된다. 지역가입자는 직장가입자와 그 피부양자[2]를 제외한 자를 대상으로 한다(국민건강보험공단, 2005).

(3) 국민건강보험의 재원

우리나라의 건강보험은 사회보험방식[3]에 의한 재원 조달을 원칙으로 하고 있으며, 보험료와 국고지원금, 건강증진기금으로 충당한다. 보험료는 피보험자와 피부양자의 질병, 부상, 분만, 사망 등의 보험사고에 대하여 보험급여의 실시에

표 14-3 연도별 · 분야별 건강보험 대상자 수 (단위 : 만명)

연 도	지 역				직 장			
	계	가입자	세대원	부양율	계	가입자	피부양자	부양율
2000	2,349	821	1,528	(1.9)	2,240	727	1,514	(2.1)
2001	2,321	856	1,465	(1.7)	2,317	789	1,528	(1.9)
2002	2,291	870	1,421	(1.6)	2,375	832	1,543	(1.9)
2003	2,227	873	1,354	(1.5)	2,483	880	1,603	(1.8)

자료 : 2003년 건강보험 통계연보

1) 전 국민을 대상으로 하는 우리나라 의료보장체계는 공적부조인 의료급여와 사회보험인 건강보험으로 나뉜다.
2) 피부양자 : 직장가입자의 배우자, 직계존속, 및 그 배우자, 형제자매 등
3) 국가의 의료보장제도는 재원조달 방식에 따라 보험가입자의 보험료를 주요 재원으로 하는 사회보험방식과 조세를 주요 재원으로 하는 국가보건서비스 방식으로 나뉜다.

필요한 재원을 충당하기 위하여 피보험자 및 사용자 등으로부터 징수하는 부담금을 말한다(국민건강보험공단, 2005).

보험료 부과체계에 있어 임금근로자를 대상으로 하는 직장가입자의 경우에는 소득비례정률제가 적용되고 있으며, 농·어민과 도시 자영자의 경우에는 대상범위가 광범위할 뿐 아니라, 소득의 형태가 다양하고 정확한 소득 파악에 어려움이 있어 소득비례정률제 대신 소득, 재산, 자동차 등을 감안한 등급별정액제를 실시하고 있다(김화중 외, 2005). 직장가입자의 보험료는 표준보수월액에 보험료율을 곱하여 산정한 보험료를 사용자와 근로자가 50%씩 부담한다.

(4) 국민건강보험의 급여

① 국민건강보험 급여의 종류

건강보험의 급여형태는 의료비의 상환제도인 현금급여와 의료 그 자체를 보장하는 현물급여 두 가지 형태가 있으며, 우리나라는 현물급여를 원칙으로 하고 있다. 현물 보험급여의 종류는 가입자 및 피부양자의 질병, 부상 등의 보험사고에 대하여 급여하는 요양급여와 건강검진 현금급여의 종류는 요양비, 장제비, 본인부담액보상금, 장애인보장구급여비 등이 있다(국민건강보험공단, 2005).

요양급여는 가입자 및 피부양자에게 질병·부상이 발생하거나, 가입자 및 피부양자가 출산을 하게 되는 경우에 보험자가 요양을 직접 행하거나 요양기관을 통하여 요양을 제공하는 것을 말한다. 진찰, 검사, 약제, 처지, 수술, 기타의 치료, 예방, 입원, 간호, 이송 등이 포함된다.

국민건강보험공단은 가입자 및 피부양자에 대하여 질병의 조기발견과 그에 따른 요양급여를 실시하기 위하여 건강검진을 제공하고 있다. 건강검진의 대상, 회수, 절차 등은 대통령령으로 정하고 있다. 실시대상은 지역세대주, 직장가입자, 만 40세 이상의 피부양자 및 세대원이다. 또한, 당해년도 검진 대상자 중 희망자를 대상으로 위암, 대장암, 유방암, 간암, 자궁경부암 등 특정 암 검사를 실시하고 있다. 1차 검진은 기본진찰 및 상담, 소변, 혈액, 흉부방사선검사 등 22개 항목에 대해서 실시하고, 2차 검진은 폐결핵, 고혈압, 간장, 당뇨질환 등 8

개 질환 28개 항목별로 실시하고 있다. 특정 암검사는 위암, 결장암, 직장암, 유방암, 간암, 자궁경부암 등 5대암에 대해 실시하고 있다. 건강검진에 대해서는 공단이 전액 부담하고, 특정 암 검사에 대해서는 공단과 수검자가 각각 50%씩 부담하는데, 예외적으로 자궁경부암은 전액 공단이 부담하고 있다.

현금급여 중 요양비 및 출산비는 가입자 또는 피부양자가 긴급, 기타 부득이한 사유로 인하여 요양기관에서 제외되는 의료기관 등에서 질병, 부상, 출산 등에 대하여 요양을 받았을 경우 요양급여에 상당하는 금액을 지급하거나, 출산의 경우는 출산비로 첫 번째 자녀는 76,400원, 두 번째 이후 자녀 71,000원을 지급한다. 장제비는 가입자(피부양자)가 사망한 때 그 장제를 행한 자에게 장제비를 지급하는데, 25만원이 지급된다.

본인부담액보상금은 요양기관에서 진료를 받고 납부한 법정 본인부담금이 30일간에 120만원을 초과한 경우 초과금액의 50%를 보상하는 제도이다.

장애인보장구 급여비는 장애인복지법에 의하여 등록된 장애인 가입자 및 피부양자가 장애인용 보장구를 구입한 경우 그 구입액에 상당하는 일정금액을 현금으로 지급하는 제도이다. 본인부담상한제는 6개월간 진료비를 합산하여 환자 법정본인부담금이 300만원을 넘는 경우 초과 진료비를 보험자인 국민건강보험

표 14-4 외래진료 시 요양급여비용 중 본인부담율 및 부담액 예시

기관종별	소재지	요양급여 비용 총액에 관한 조건	본인부담액
종합전문 요양기관	전지역		진찰료총액+(요양급여비용총액-진찰료총액)×50%
	동지역		요양급여비용총액 × 50%
종합병원	읍·면지역	15,000원 초과	요양급여비용총액 × 45%
		15,000원 이하	4,600원
병원	동지역		요양급여비용총액 × 40%
의원, 한의원, 보건의료원	전지역	15,000원 초과	요양급여비용총액 × 30%
		15,000원 이하	65세 이상 1,500원 65세 미만 3,000원

자료 : 국민건강보험공단(2005)에서 요약 발췌 (2005년 1월 현재)

공단이 전액 부담하는 제도이다. 중증질환자, 고액질환자의 가계의 어려움을 덜어주기 위한 목적으로 시행되는 제도로서 적용 진료비는 입원, 외래, 약제 등이 포함되며 사전면제를 원칙으로 한다.

② **본인일부부담금제**

가입자 및 피부양자가 요양기관에서 요양급여를 받았을 때 그 중 일부를 본인이 부담하는 제도이다. 사회보험의 목적 상 환자에게 보험급여 비용을 부담하게 하여서는 안되지만, 요양급여의 전액을 보험자가 지급할 경우 요양의 남용 등으로 보험재정의 낭비를 예방하기 위하여 본인부담금제도를 두고 있다. 아래의 표를 살펴보면 종합전문요양기관[4]의 본인부담금비율이 가장 높고, 의원 등의 소형기관으로 내려올수록 본인부담금비율이 낮아짐을 알 수 있다.

(5) 건강보험이 적용되지 않는 경우

자동차보험이나 산재보험 등 다른 법령에 의하여 치료비를 보상받을 경우에는 건강보험이 적용되지 않는다. 비록 산재보험 등에 해당하지는 않지만 공무 중에 사고로서 직장에서 치료비를 부담하는 경우에도 건강보험이 적용되지 않는다. 범죄와 같은 불법행위에 의한 피해의 경우에는 그 가해자에게 배상책임이 있으므로 건강보험이 적용되지 않고, 보험료를 3개월 이상 체납한 상태에서 진료를 받은 경우 공단으로부터 보험급여를 받은 사실을 통지 받은 날로부터 2개월 이내에 밀린 보험료를 완납하지 않으면 진료비가 환수된다.

---

4) 의료기관의 종별 분류
- 종합전문요양기관 : 종합병원 중 시설, 장비, 인력 등을 고려하여 별도 지정한 의료기관으로 주로 대학 부속병원이 해당된다.
- 종합병원 : 입원환자 100인 이상을 수용할 수 있는 시설을 갖춘 중형급 의료기관
- 병원 : 입원환자 30인 이상을 수용할 수 있는 시설을 갖춘 의료기관
- 의원 : 주로 외래환자를 진료하는 소형 의료기관
- 보건기관 : 지역보건법에 의하여 지역주민들의 건강증진을 도모하기 위해 설치된 보건소, 보건진료소, 보건지소

재테크코너 14-2

민영 의료보험시장 흔들?

열에 아홉 가구 꼴로 가입한 민영 의료보험 상품시장이 동요하고 있다.

최근 정부가 건강보험의 보장성 확대 로드맵을 발표해 2008년까지 암 등 중증·고액질환에 대해 진료비의 75% 수준까지 지원해주겠다고 발표하자, 민영 의료보험 상품시장이 위축될 기미를 보이고 있기 때문이다.

또 오는 8월부터 생명보험사에 허용되는 실손형 민영의료보험 상품의 설계와 출시에도 큰 영향을 미치고 있다. 실손형 상품은 실제 들어간 의료비만큼 지급하는 것으로 건강보험의 보장성이 취약한 상황에서 출시될 경우 파급효과가 막대할 것으로 점쳐졌었다.

민간 보험회사들은 그동안 건강보험이 정작 중병이 걸렸을 때는 도움이 안 된다는 사실을 들어, 암보험 등 각종 민영의료보험 상품을 판매해왔다.

실제 암과 같은 질환은 현재 건강보험에서 전체 진료비의 47%를 지원해주고 있을 뿐이어서, 종신보험 등에서의 특약을 포함해 전체 가구의 88.5%가 민영의료보험에 가입한 것으로 2003년 생명보험협회 조사에서 드러났다.

주부 문주영(34·여)씨는 20일 "보험설계사가 암이나 뇌졸중 같은 중증질환으로 한 가정이 파탄 난 사례에 대해서 설명할 때는 귀가 솔깃했다"며 "그러나 최근 남편과 종신보험 등에 대해 상의하던 중 정부의 건강보험 혜택 확대 방안을 듣고, 암이나 중증질환에 대한 특약은 가입하지 않기로 했다"고 말했다.

보험설계사로 일하고 있는 이아무개(50·여)씨는 "건강보험 보장성 강화안이 나온 뒤에 가입이 줄었는지에 대한 조사 결과는 아직 모르겠다"면서도 "지난달부터 회사의 가입 목표 달성을 재촉하는 정도가 심해졌다"고 말했다. 한 보험사 관계자는 "이번 건강보험 보장성 강화 방안 발표로 질병별 보상을 해 주는 민영의료보험 쪽이 영향을 입을 것으로 본다"며 "그러나 암에 걸리면 치료비뿐만 아니라 다른 비용도 매우 많이 들므로 종신보험 등에서의 암 특약 등은 가입이 크게 변동이 없는 것으로 알고 있다"고 말했다.

김미숙 보험소비자협회 회장은 "보험설계사는 중증질환으로 가정이 파탄 난 사례로 가입자를 설득한다"며 "건강보험의 보장성이 확대됨에 따라 가입의 이유가 크게 줄었으므로 암 및 질병에 대한 민영의료보험 시장은 크게 동요가 일 전망이다"고 말했다. 김 회장은 또 "건강보험 보장성 확대에 맞춰 금융감독원이나 보험사는 애초 계약할 때보다 보험료를 적게 내도록 조처를 취해야 한다"고 지적했다.

건강보험 보장성이 확대되면 손해보험사들이 이미 판매중인 실손형 의료보험의 경우, 보험 가입자에게 지불해야 할 치료비, 약값, 식대, 상급병실차액료 등을 보상해주는 보험금이 줄어들고, 따라서 보험사는 줄어든 만큼 보험료를 낮출 필요가 있기 때문이다.

실손형 보험상품을 준비중인 ㅅ생명보험사 관계자는 "공보험인 건강보험의 보장성 강화 수준을 감안해 실손형 보험상품의 보험료 수준과 출시 시기 등을 면밀히 검토하고 있다"며 "실손형 상품판매가 허용된다고 당장 관련 상품을 출시하지는 않겠다"고 말했다.

보험업계는 이번 건강보험 보장성 강화 로드맵이 질병별 보상을 해 주는 민영의료보험 상품의 설계에 영향을 미칠 것으로 보고 있다.

실손형 보험은 현재 정해진 진단자금, 입원비 등을 정액으로 보상해 주는 민영보험과는 달리 가입자가 진료 뒤에 내야 할 법정본인부담금, 건강보험의 비급여 부분을 보상해 주는 상품이다. 최근 일부 보험사는 본인부담금과 비급여의 전액을 보상해 주는 상품을 개발 중이었다.

출처 : 한겨레(2005년 7월 20일자)

2) 국민연금보험

(1) 국민연금의 의의

국민연금은 소득활동을 하는 사람이 조금씩 보험료를 납부하였다가 나이가 들거나, 갑작스런 사고나 질병으로 사망 또는 장애를 입어 소득활동이 중단된 경우, 본인이나 유족에게 연금을 지급함으로써 안정된 생활을 할 수 있도록 해 주는 소득보장제도이다. 또한 국민연금은 보험의 원리를 도입하여 만든 사회보험의 일종으로서 민간보험과는 달리 국민 모두가 가입해야 하고 보험료율과 연금지급에 대한 내용도 법률로 정하여진 공적연금제도로서 국가의 책임아래 운영되고 있다.

(2) 국민연금 가입대상자

국민연금의 가입대상자는 국내에 거주하는 18세 이상 60세 미만의 국민으로 하되, 특수한 신분으로 별도의 연금에 가입하고 있는 공무원, 군인, 사립학교 교직원 등은 제외된다. 국민연금 가입자는 사업장가입자와 지역가입자, 임의가입자 및 임의계속가입자로 구분된다.

사업장가입자는 해당사업장의 사용자가 가입신고를 해야 하며, 국민연금 적용 사업장에 종사하는 18세 이상 60세 미만의 근로자와 사용자가 사업장가입자가 된다. 국민연금 적용사업장은 2003년 7월 1일 이전에는 상시 5인 이상의 근로자를 사용하는 사업장이었으나, 2003년 7월 1일부터는 1인 이상의 근로자를 사용하는 사업장도 당연히 가입하여야 한다.

지역가입자는 사업장가입자가 아닌 자로서 18세 이상 60세 미만인 개인은 지역가입자가 된다. 단 아래의 사람들은 지역가입자에서 제외된다.

- 가입대상제외자, 사업장/지역/임의계속가입자, 별정우체국직원, 노령연금 및 퇴직 연금 등수급권자의 무소득 배우자
- 퇴직연금수급권자
- 18세 이상 27세 미만자 중 소득이 없는 자
- 국민기초생활보장법에 의한 수급자

국민연금에 가입하였으나 보험료를 납부할 수 없는 사유가 있는 경우 일정기간동안 연금보험료 납부를 예외 시켜주는 제도를 두고 있다. 납부예외 사유발생기간 동안 납부예외신청을 하거나 공단 직권으로 납부를 예외 할 수 있다.

사업 중단, 실직 또는 휴업중인 경우, 병역법에 의한 병역의무를 수행한 경우, 학교에 재학 중인 경우, 교도소에 수용 중인 경우, 사회보호법에 의한 보호감호시설 또는 치료감호시설에 수용중인 경우, 행방이 불명한 경우, 산재·사고 등으로 소득이 감소하거나 기타 소득이 있는 업무에 종사하지 않는 경우로서 질병 또는 부상으로 3월 이상 입원한 경우, 재해구호법 등에 의한 보조 또는 지원의 대상이 되는 경우, 재해·사고 등의 발생으로 연금보험료를 납부할 경우 장관이 정하는 기초생활의 유지가 곤란하다고 인정되는 소득감소의 경우이다.

임의가입자는 의무가입대상자(사업장가입자, 지역가입자) 및 적용제외대상자 이외의 자로서 국민연금가입을 희망하여 임의가입신청을 통해 가입한 자를 말한

다. 18세 이상 60세 미만의 국내에 거주하는 국민으로서 사업장가입자 및 지역가입자외의 자로서 본인의 신청에 의하여 가입한 자를 말하며, 사업장가입자나 지역가입자처럼 의무가입이 아니기 때문에 언제든지 탈퇴가 가능하다. 월 보험료는 중위수표준소득월액을 기준으로 결정되며, 그 이상도 가능하다.

표 14-5 국민연금보험과 개인연금보험 비교

구 분	국민연금	개인연금
가입방법	법률에 의한 의무가입	본인 희망에 따라 가입
보험료	표준소득월액의 5~9%	월 100만원 범위내 (1만원 단위로 본인 선택)
연금급여	· 노령, 유족, 장애연금 · 반환일시금	· 노령연금 · 중도해지 일시금
가급연금액 (가족수당)	· 배우자 : 연간 약 17만원 선 · 부모·자녀 : 연간 약 11만원 선	없음
연금 지급기간	· 평생 지급 · 수급자 사망시 유족에게 승계	계약시 별도 설정
가입중 사망 ·장애발생시	유족·장애연금 지급	중도해지 일시금 지급
급여의 실질가치	실질가치 항상 보장 (물가상승률만큼 연금액 상승)	실질가치 보장 미흡
세제혜택	· 소득공제 : 당해연도에 납부한 연금 보험료전액 -지역/임의/임의계속가입자 : 본인이 납부한 연금보험료 전액 -사업장가입자 : 사용자가 부담한 연금보험료(사용자 부담금)를 제외한 근로자 자기부담분 *연금보험료공제의 합계액이 종합소득금액을 초과하는 경우 그 초과하는 공제액은 이를 없는 것으로 함	· 소득공제 : 신개인연금의 경우 보험료 전액에 대해 소득공제 · 연금급여 비과세 -일정기간 이내 해약시 납입보험료에 대한 소득공제 추징

* 국민연금관리공단(http://www.npc.or.kr)에서 발췌

표 14-6 국민연금 적용사업장 기준

변경 전	변경 후
상시 5인 이상 근로자를 사용하는 사업장	1단계(2003. 7. 1) - 근로자 5인 미만 사업장 중 법인 또는 전문직종사업장 - 당연적용사업장의 임시 · 일용직 및 시간제근로자
	2단계(2004. 7. 1) - 1단계 적용대상이 아닌 근로자 5인 미만 사업장 중 2003. 7. 1. 일 현재 국민건강보험 또는 고용보험에 가입한 사업장
	3단계(2006. 1. 1) - 1,2단계 적용대상이 아닌 나머지 사업장

표 14-7 일반적인 납부 예외사유 및 기간 예시

납부 예외사유	기 간
군 입대	병역의무수행기간
학생(학원생, 취업준비생, 유학생)	재학기간(해당기간)
재소자, 감호자	재소, 감호 기간
행방불명	1년 이내
실 직	1년 이내

(3) 보험료율과 보험료 납부

사업장가입자는 표준소득월액의 9%에 해당하는 금액을 본인과 사용자가 각각 4.5%씩 부담하여 매월 사용자가 납부한다.

예를 들면 표준소득월액이 106만원(23등급)인 봉급자의 경우 매월 95,400원을 연금보험료로 납부해야 하는데 그 중 47,700원은 본인이, 47,700원은 사용자가 부담하게 된다.

지역가입자와 임의가입자는 보험료를 본인이 전액 부담한다. 다만, 제도시행 초기 보험료 납부에 대한 부담을 줄여주기 위하여 3%에서 시작하여, 2000년 7월부터 매년 1%씩 상향조정되어 2005년 7월 이후 9%까지 상향 조정될 예정이다.

보험료 납부기한은 법정기한이므로 하루라도 지나면 연체금(5%에서 최고 15%까지)이 부과되며, 계속 미납 시 국세체납처분의 예에 따라 강제징수 된다.

표 14-8 소득수준에 따른 국민연금 보험료율

등 급	소 득 월 액 (이상~미만)	표준소득월액	사업장가입자 연금보험료			지역가입자 연금보험료
			기여금	부담금	계	
1	225,000 미만	220,000	9,900	9,900	19,800	19,800
2	225,000~235,000	230,000	10,350	10,350	20,700	20,700
3	235,000~245,000	240,000	10,800	10,800	21,600	21,600
4	245,000~255,000	250,000	11,250	11,250	22,500	22,500
5	255,000~265,000	260,000	11,700	11,700	23,400	23,400
6	265,000~280,000	270,000	12,150	12,150	24,300	24,300
7	280,000~300,000	290,000	13,050	13,050	26,100	26,100
8	300,000~325,000	310,000	13,950	13,950	27,900	27,900
9	325,000~355,000	340,000	15,300	15,300	30,600	30,600
10	355,000~385,000	370,000	16,650	16,650	33,300	33,300
11	385,000~420,000	400,000	18,000	18,000	36,000	36,000
12	420,000~460,000	440,000	19,800	19,800	39,600	39,600
13	460,000~500,000	480,000	21,600	21,600	43,200	43,200
14	500,000~545,000	520,000	23,400	23,400	46,800	46,800
15	545,000~595,000	570,000	25,650	25,650	51,300	51,300
16	595,000~645,000	620,000	27,900	27,900	55,800	55,800
17	645,000~700,000	670,000	30,150	30,150	60,300	60,300
18	700,000~760,000	730,000	32,850	32,850	65,700	65,700
19	760,000~820,000	790,000	35,550	35,550	71,100	71,100
20	820,000~885,000	850,000	38,250	38,250	76,500	76,500
21	885,000~955,000	920,000	41,400	41,400	82,800	82,800
22	955,000~1,025,000	990,000	44,550	44,550	89,100	89,100
23	1,025,000~1,095,000	1,060,000	47,700	47,700	95,400	95,400
24	1,095,000~1,170,000	1,130,000	50,850	50,850	101,700	101,700
25	1,170,000~1,250,000	1,210,000	54,450	54,450	108,900	108,900
26	1,250,000~1,335,000	1,290,000	58,050	58,050	116,100	116,100
27	1,335,000~1,425,000	1,380,000	62,100	62,100	124,200	124,200
28	1,425,000~1,515,000	1,470,000	66,150	66,150	132,300	132,300
29	1,515,000~1,610,000	1,560,000	70,200	70,200	140,400	140,400
30	1,610,000~1,710,000	1,660,000	74,700	74,700	149,400	149,400
31	1,710,000~1,810,000	1,760,000	79,200	79,200	158,400	158,400
32	1,810,000~1,915,000	1,860,000	83,700	83,700	167,400	167,400
33	1,915,000~2,030,000	1,970,000	88,650	88,650	177,300	177,300
34	2,030,000~2,135,000	2,080,000	93,600	93,600	187,200	187,200
35	2,135,000~2,245,000	2,190,000	98,550	98,550	197,100	197,100
36	2,245,000~2,360,000	2,300,000	103,500	103,500	207,000	207,000
37	2,360,000~2,475,000	2,420,000	108,900	108,900	217,800	217,800
38	2,475,000~2,600,000	2,540,000	114,300	114,300	228,600	228,600
39	2,600,000~2,730,000	2,670,000	120,150	120,150	240,300	240,300
40	2,730,000~2,870,000	2,800,000	126,000	126,000	252,000	252,000
41	2,870,000~3,010,000	2,940,000	132,300	132,300	264,600	264,600
42	3,010,000~3,150,000	3,080,000	138,600	138,600	277,200	277,200
43	3,150,000~3,310,000	3,230,000	145,350	145,350	290,700	290,700
44	3,310,000~3,450,000	3,380,000	152,100	152,100	304,200	304,200
45	3,450,000이상	3,600,000	162,000	162,000	324,000	324,000

(4) 연금급여 산정

연금액은 기본연금액에 연금종별 지급율 및 제한율을 곱하고 가급연금액을 합하여 산정한다. 가급연금액은 수급권 취득 당시 가입자 또는 수급권자에 의하여 생계를 유지하던 배우자·자녀 또는 부모가 있는 경우에 지급하는 일종의 가족수당 성격의 부가급여이다.

- **연금액 = (기본연금액 × 연금종별 지급율 및 제한율) + 가급연금액**

기본연금액의 계산은 크게 가입자 개인의 소득수준과 관계없이 연금수급 전 3년간의 가입자 전체의 평균소득월액을 반영하는 부분(A : 균등부분)과 가입자 개인의 가입기간 동안의 표준소득월액을 반영하는 부분(B : 소득비례부분)으로 나뉜다. 즉 퇴직 전 3년 또는 연급수급 개시 전 3년간의 가입자 전체의 평균 소득이 높을수록, 가입자의 가입기간동안 소득이 높을수록 기본연금액이 높아진다. 또한 물가상승에 의한 화폐가치 하락을 상쇄하는 장치로 가입기간동안의 표준소득월액은 연도별 재평가율(표 15-9 참조)에 의하여 현재가치로 환산한 후에 기본연금액 산정에 반영한다. 연금의 실질가치 반영을 위하여 수급개시 후에는 매년 전년도의 전국소비자물가상승율 만큼 연금액을 인상하여 지급한다. 기본연금액 산정시 가입자의 가입월수(P)와 20년 초과 가입월수(n)가 반영되어, 연금가입기간이 길수록, 20년 넘게 가입한 사람인 경우 높은 연금액을 지급받게 된다.

- **기본연금액** = $[2.4(A+0.75B) \times P1/P + 1.8(A+B) \times P2/P] \times (1+0.05n/12)$

  A = 연금수급 전 3년간의 평균소득월액의 평균액
  B = 가입자 개인의 가입기간 동안의 표준소득월액의 평균액
  P1= '98.12.31 이전 가입월수, P2= '99. 1. 1 이후 가입월수
  P = 가입자의 전체 가입월수, n = 20년 초과월수

표 14-9 연도별 재평가율 예시

재평가 연도	88	89	90	91	92	93	94	95	96	97	98	99	00	01	02
재평 가율	3.771	3.334	2.903	2.427	2.106	1.864	1.642	1.516	1.390	1.257	1.120	1.094	1.110	1.069	1.090

※ 2004. 3. 1이후 수급사유 발생자에게 적용할 연금 수급 전 3년간의 평균소득월액(A) : 1,412,428원
※ 2004. 3. 1이후 수급사유 발생자에게 적용할 연도별 재평가율
보건복지부 고시 제2004-18호(2004. 3. 22)

(5) 국민연금 급여의 종류

국민연금 급여는 지급방법에 따라 매월 정기적으로 지급하는 연금급여와 일시금급여로 분류되며 연금급여에는 노령연금, 장애연금 및 유족연금이 있고, 일시금급여에는 반환일시금, 사망일시금이 있으며, 장애등급 4급에 해당하는 자에게도 연금이 아닌 일시보상금을 지급한다.

노령연금은 가입기간과 연령, 소득의 유무에 따라 분류된다. 노령연금의 종류에는 완전노령연금, 감액노령연금, 조기노령연금, 재직자노령연금 등이 있다. 가입기간 10년(특례노령연금은 5년)이 되고 만 60세(조기 노령연금 및 특수직종근로자는 55세, 소득이 없는 경우)가 되면 본인의 청구로 수급사유발생일 다음달 분부터 연금을 받을 수 있다. 다만, 현재 연금 수급연령은 만 60세이고, 2013년부터 5년마다 1세씩 상향 조정되어 2033년 이후에는 65세가 된다.

장애연금은 국민연금 가입 기간 중 질병이나 부상이 발생하여 치료 후에도 장애가 남는 경우 지급하는 연금이다. 질병의 경우 연금이 지급되기 위해서는 초진일 현재 가입기간이 1년 이상이면서 장애가 존속하여야 한다. 유족연금은 사망당시 가입자, 사망당시 가입자는 아니지만 10년 이상 가입자이었던 자, 노령연금 수급권자, 장애등급 2급 이상의 장애연금 수급권자가 사망한 경우에 그 유족의 생활을 보장하기 위하여 지급 하는 연금이다. 지급받을 수 있는 유족은 사망 당시 그에 의하여 생계를 유지하고 있던 자 중 배우자(남편인 경우는 60세 이상이거나 장애등급 2급 이상), 자녀 (18세 미만이거나 장애등급 2급 이상), 부모(60세 이상이거나 장애등급 2급 이상), 손자녀(18세 미만 또는 장애등급 2급 이상), 조부모(60세 이상이거나 장애등급 2급 이상)의 순으로 최우선 순위자에게

표 14-10 유족연금 지급기준

가입기간	연금액
10년 미만	기본연금액의 40% + 가급연금액
10년 이상 20년 미만	기본연금액의 50% + 가급연금액
20년 이상	기본연금액의 60% + 가급연금액

지급된다.

반환일시금급여는 국민연금에 가입하였던 자가 연금수급을 위한 가입기간요건을 충족하기 전에 중도에 자격을 상실하게 되면 납입한 연금보험료(연금보험료총액)와 그에 대한 일정률의 이자율을 적용하여 반환해 주는 것이다. 연금보험료 총액은 사업장 가입자는 기여금과 사용자 부담금 및 퇴직금전환금을 합한 납부총액이며, 지역가입자와 임의가입자는 본인이 납부한 총액이다. 이자는 연금보험료를 납부한 다음달부터 상실한 달까지의 월수에 대하여 3년 만기 정기예금이자율을 적용하고, 가산이자는 연금보험료총액에 자격상실 다음달부터 지급사유 발생 월까지의 월수에 1년 만기 정기예금 이자율을 적용하여 산정한다.

반환일시금급여를 받을 수 있는 조건은 다음과 같다.

- 가입기간 10년 미만인 자가 60세가 된 때(2000.12.23 이후 60세에 도달한 자의 경우 가입기간 60개월 미만이어야 함)
- 가입자 또는 가입자이었던 자가 국적을 상실하거나 국외에 이주한 때
- 국민연금 가입자가 공무원, 군인, 사립학교교직원, 별정우체국직원 등 타공적연금가입자로 되었을 때
- 타공적연금에서 퇴직연금 등을 수급한 자가 국민연금 사업장가입자 또는 지역가입자 자격을 상실한 때
- 가입자 또는 가입자이었던 자가 사망했으나 유족연금을 지급받을 수 없을 때

사망일시금급여는 가입자 또는 가입자이었던 자가 사망한 때에 법63조[5]의 규정에 의한 유족이 없는 경우에는 그 배우자·자녀·부모·손자녀·조부모·형제자매 또는 4촌 이내의 방계혈족으로서 가입자 또는 가입자이었던 자에 의하여 생계를 유지하고 있던 자에게 장제비 성격으로 지급하는 급여이다.

---

5) 법63조 유족을 인정하는 범위 및 순서
① 배우자(남편인 경우 60세 이상이거나 장애 2급 이상에 한함)
② 자녀(18세 미만이거나 장애 2급 이상에 한함)
③ 부모(60세 이상이거나 장애 2급 이상에 한하며, 배우자의 부모를 포함한다)
④ 손자녀(18세 미만이거나 장애 2급 이상에 한함)
⑤ 조부모(60세 이상이거나 장애 2급 이상에 한함)

(6) 국민연금 급여 지급수준과 특성

① 국민연금 급여 지급수준

연금액의 지급수준은 가입자의 종전 소득수준에 비례하여 지급하여야 한다는 주장과 빈곤퇴치가 주된 목적이므로 소득수준과 상관없이 모든 국민에게 동일한 수준으로 지급하여야 한다는 주장이 대립하고 있으나 우리나라의 연금제도는 두 입장을 모두 충족하는 내용으로 설계되어 있다(김화중 외, 2005).

기본연금액의 산정공식은 크게 균등부분과 소득비례부분으로 나뉜다. 균등부분은 가입자본인의 소득수준과는 관계없이 전체 가입자의 평균소득월액을 반영하는 부분이다. 소득비례부분은 가입기간 중 본인의 표준소득월액의 평균액을 반영하는 부분이다. 이렇게 산정된 기본연금액이 본인의 종전소득에 차지하는 비율을 임금대체율이라 하는데, 국민연금에서 임금대체율은 소득이 낮을수록 높고, 소득이 높을수록 낮아지는 소득재분배적 기능을 포함하고 있다. 또한 가입기간 20년 초과시 매 1년(월 단위까지 계산)마다 기본연금액의 5%씩 가산되도록 되어 있다.

이 산식에 의한 급여수준은 중간등급소득자가 40년을 가입했을 경우 본인 종전소득의 60% 정도를 매월 연금으로 받을 수 있는 수준이다.

② 국민연금 급여의 특성 - 급여액의 실질 가치 보장

국민연금 급여제도는 연금액의 실질가치를 유지시켜 연금수급자의 안정된 생활을 보장하기 위하여 다음과 같은 두 가지 장치를 두고 있다(김화중 외, 2005).

첫째, 국민연금 급여를 처음 지급 받는 시점에 연금액의 실질가치를 보장하는 장치가 있다. 가입자 개인의 가입기간 중 표준소득월액 평균액을 계산함에 있어 연도별 재평가율을 적용하는 것이다. 즉 매년 표준소득월액 평균액을 그대로 적용하는 것이 아니고 연금수급개시 전년도 현재 가치로 환산한 금액을 기준으로 기본연금액을 계산하고 있다. 둘째, 연금을 지급 받기 시작한 후에는 통계청이 매년 고시하는 전년도와 대비한 전국소비자물가 변동률에 따라 지급액(가급연금액 포함)을 매년 조정하고 있다.

참고문헌

권오(2001). 보험론. 청록출판사.
국민건강보험공단(2005). 건강보험제도 개요. 건강보험연구센터.
건강보험관리공단(2004). 2003년 건강보험 통계연보.
김화중 외(2005). 한국 보건복지정책론. 수문사.

www.npc.or.kr (국민연금관리공단)
www.4insure.or.kr (4대사회보험)

찾아보기

ㅊ

저자소개

허경옥

이화여자대학교 경제학과 졸업

미국 University of Wisconsin-Madison 가계경제 및 소비자학 석사·박사

현재 성신여자대학교 가족문화·소비자학과 부교수

저서 가계경제학의 이해(1999), 가족경제학(2000), 정보사회와 소비자(2000), 생활과학연구방법과 통계분석(2000), 소비자의사결정(2000), 소비자상담의 실제(2005), 소비자트렌드와 시장(2006)

여윤경

이화여자대학교 소비자인간발달학과 졸업 및 동대학원 석사

미국 Ohio State University 소비자학 박사

현재 이화여자대학교 경영학과 조교수

저서 소비자트렌드 21세기(2001), 소비트렌드와 마케팅(2005), 자산관리사(FP)자격시험대비도서 I : FP기본지식(2005)

유현정

성균관대학교 가정관리학과 졸업

성균관대학교 대학원 소비자학 석사·박사

현재 충북대학교 주거환경·소비자학과 조교수

고선강

이화여자대학교 소비자인간발달학과 졸업

미국 Iowa State University 가족자원관리 및 가계경제학 석사·박사

현재 성신여자대학교 가족문화·소비자학과 조교수

차경욱

이화여자대학교 소비자인간발달학과 졸업 및 동대학원 석사

미국 University of Missouri-Columbia 소비자 및 가족경제학 박사

현재 성신여자대학교 가족문화·소비자학과 전임강사

저서 여가문화와 가족(2005), 소비자트렌드와 시장(2006)

소비자 투자와 보험

2006년 3월 2일 초판 인쇄
2006년 3월 5일 초판 발행

지은이 허경옥 외
발행인 류제동

편집・제작 김선형
표지디자인 반미현
발행처 **교문사**

(우) 110-044 서울특별시 종로구 필운동 214
TEL (02) 7376-111(代)
FAX (02) 735-3343
등록 1960. 10. 28 제1-2호
홈페이지 www.kyomunsa.co.kr
E-mail webmaster@kyomunsa.co.kr
ISBN 89-363-0778-9 (93590)

값 18,000원
*잘못된 책은 바꿔 드립니다.